中村芳久先生近影

ことばのパースペクティヴ

ことばの
パースペクティヴ

中村芳久教授
退職記念論文集刊行会 [編]

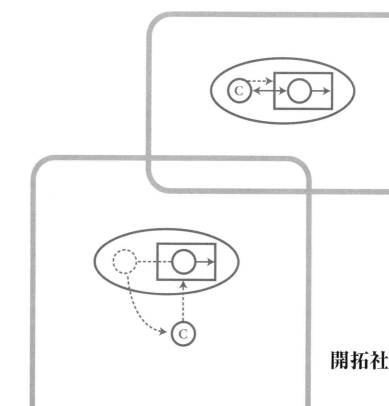

開拓社

は　し　が　き

　本書は，中村芳久先生の金沢大学ご退職を記念して，先生の薫陶を受けた者や研究上所縁のある方々にご寄稿いただき，42 編のことばや認知にかかわる論稿を集めたものです．

　中村芳久先生は，1980 年に島根大学法文学部に赴任されたのち，1988 年 4 月に金沢大学文学部（当時）に着任されました．それから 2017 年 3 月にご退職なさるまでの 29 年間の長きにわたり，金沢大学において研究と教育に力を注いでこられました．

　ご研究面では，認知言語学（意味論・語用論）の分野の研究者として，第一線でご活躍され，精力的に研究を続けていらっしゃいます．中でも，私たちのものの見方（捉え方）が言語形式に反映されているという考えのもと，人間が有している認知の有り様を捉えた，I モード認知（Interactional mode of cognition）と D モード認知（Displaced mode of cognition）という 2 つの認知モードモデルは，言語の主観性・客観性の問題にかかわる様々な現象を的確に捉え，説明の道具立てとしてその有用性が高く評価されており，先生の認知モデルに依拠した多くの研究が国内外で発表されています．

　また，これまで日本英語学会をはじめとする所属学会において要職につかれ，特に日本認知言語学会においては，学会創設時からその運営に深く関わり，2013 年から 2017 年までは副会長として，斯界の充実と発展に尽力されております．

　『ことばのパースペクティヴ』という本書のタイトルは，ことばや認知に関する様々なアプローチの論文が掲載されていることを反映して，中村先生ご自身が命名されたものです．本論集の中には，先生の示されたアプローチに基づく論文がいくつも掲載されています．また，様々なパースペクティヴから，ものごとを捉え，その本質を探っていく，先生ご自身の研究姿勢の一端も反映されたタイトルのように感じられます．

　先生は常々，"sense of wonder" を大切にするよう説きながら，厳しくも温かく学生を指導してこられました．その一方で，ご自身も "sense of wonder" の精神を遵守されて，剛柔様々な分野から常に学問の種を吸収されていらっしゃいます．特に石川県が生んだ不世出の碩学，西田幾多郎，鈴木大拙の哲学

v

的仏教学的思想にも造詣が深く，西洋的なものの見方と東洋的なものの見方の，まさにパースペクティヴの十字路に立って，深い思索を続けてこられました．今日のＩモード，Ｄモードの発想はそうした豊かな学問的経験に源流があるのではないかと想像する次第です．

　本書の企画に当たっては，遅ればせながら，中村先生のご退職予定の2年前に，記念論文集の刊行に向け動き出し，これまで中村先生の学恩に浴した，堀田優子（代表），濱田英人，村尾治彦，轟里香，谷口一美，岩崎真哉，市川泰弘，森貞，川畠嘉美，小林隆が発起人となって刊行会を発足しました．その刊行会発起人の呼びかけに応えて，先生から直接教えを受けた者だけでなく，先生と交友の深い先生方や研究上所縁のある方々からも，多くのご論文をお寄せいただくことができました．ご多忙の中，ご協力いただきました執筆者の先生方，院生の皆さまには，この場を借りて，改めて御礼申し上げます．
　また，本論集の企画を快くお引き受けくださった開拓社，とりわけ，きめ細やかなご配慮と的確なご助言をくださった出版部の川田賢様のご尽力がなければ，この企画を実現することは叶わなかったと存じます．心より感謝申し上げます．
　最後になりましたが，中村芳久先生のご退職をお祝いし，これまでのご指導に深く感謝いたしまして，この記念論文集をお贈りいたします．先生が今後も益々ご健勝で，研究・教育に邁進されますことを心よりお祈り申し上げます．

　　2017 年　初冬

中村芳久教授退職記念論文集刊行会

中村芳久先生略歴・業績一覧

1951 年 7 月 23 日　福岡県大川市に生まれる

学　歴

1970 年 3 月　福岡県立伝習館高校卒業
1975 年 3 月　佐賀大学教育学部中学校教員養成課程英語科卒業
1977 年 3 月　九州大学大学院文学研究科（英語英米文学専攻）修士課程修了
1980 年 3 月　同上　博士課程（単位取得退学）

職　歴

1980 年 4 月　島根大学法文学部講師
1984 年 4 月　同上　助教授
1985 年 8 月　ワシントン州立セントラル・ワシントン大学客員教授（86 年 8 月まで島根大学と併任）
1988 年 4 月　金沢大学文学部・文学研究科助教授
2000 年 4 月　同上 教授
2003 年 4 月　金沢大学人間社会環境研究科教授（改組による大学院の名称変更）
2005 年 4 月　金沢大学人間社会研究域歴史言語文化学系教授（人間社会学域人文学類，改組による学部の名称変更）
2017 年 3 月　金沢大学定年退職
2017 年 4 月　大阪学院大学教授

業　績

編著書

『認知文法研究―主観性の言語学―』（単著，2018 予定），くろしお出版.
『英語学が語るもの』（共編著，2018），くろしお出版.
『ラネカーの(間)主観性とその展開』（共編著，2016），開拓社.
『認知文法論 II』（編著，2004），大修館書店.

学術論文

1. 「『ベーオウルフ』とメタファー：英詩におけるメタファー考察」（1976）*Cairn* 19 号（九州大学大学院英語・英文学会誌）．97-119.

2. 「メタファーの同定と解法について」（1977）同上 20 号．72-85.

3. 「不定詞の実現度」（1978）同上 21 号．92-110.

4. 「時間意識と英語の時制・相：現在完了形を中心に」（1979）同上 22 号．17-37.

5. 「before の語用論」（1980）『島根大学法文学部文学科紀要』第 3 号．159-174.

6. 「沈黙の意味解釈」（1981）同上第 4 号．139-158.

7. 「間接性現象に関する統合理論」（1982）同上第 5 号．213-237.

8. 「前提と論理的含意：意味理論に向けて」（1983）同上第 6 号．263-280.

9. 「ヘルダー以前の言語論：ロックの言語論を中心に」（1984）同上第 7 号．403-415.

10. 「privative ambiguity の提示する意味論的問題」（1987）同上第 10 号．17-31.

11. 「メタ言語的 if 節」（1989）大江三郎先生追悼論文集編集委員会『英語学の視点』九州大学出版会．159-181.

12. "Logic of honorifics and typology" (1990). Proceedings of the XIVth international congress of linguists, ed. Bahner, Werner; Joachim Schildt and Dieter Viehweger. Akademie-Verlag (Berlin). 2406-9.

13. 「before 節のパラドクス・再考」（1991）『英語青年』第 137 巻第 1 号．36-38.

14. 「Neo-Pragmatics: Beyond Neo-Gricean pragmatics——語用論の問題・認知意味論による解法——」（1993）『金沢大学文学部論集』（文学科篇）第 13 号．77-107.

15. 「構文の認知構造ネットワーク：全域的言語理論を求めて」（1993）福岡言語学研究会編『言語学からの眺望』九州大学出版会．247-268.

16. 「unless と if not：複数条件のイメージ」（1994）『金沢大学文学部論集』（文学科篇）第 14 号．1-12.

17. 「構文の認知構造ネットワークの精緻化」（1995）同上第 15 号．127-146.

18. 「認知的言語分析の核心」（1997）『金沢大学文学部論集』（言語・文学篇）第 17 号．25-43.

19. 「認知構文論」（1997）山中猛士先生退官記念論文集編集委員会『英語のこころ』英宝社．225-240.

20. 「認知類型論の試み：際立ち vs. 参照点」（1998）*KLS* 18（関西言語学会誌）．

252–262.

21. 「ヴォイス・システム：態間関係の認知メカニズム」(1999)『金沢大学文学部論集』(言語・文学篇) 第 19 号．39–65.

22. 「認知文法から見た語彙と構文：自他交替と受動態の文法化」(2000) 同上第 20 号．75–103.

23. 「「勝ちは勝ち」「負けは負け」──トートロジーに潜む認知的否定──」(2000) 月刊『言語』11 月号．71–76.

24. 「言語相対論から認知相対論へ：序説」(2001)『金沢大学文学部論集』(言語・文学篇) 第 21 号．1–26.

25. 「二重目的語構文の認知構造──構文内ネットワークと構文間ネットワークの症例──」(2001) 山梨正明他編『認知言語学論考』第 1 巻，59–110. ひつじ書房.

26. 「認知言語学からみた関連性理論の問題点」(2002)『語用論研究』第 4 号．85–102.

27. 「構文と認知──構文の連続性についての争点──」(2003)『英語青年』2 月号．12–15.

28. 「言語相対論から認知相対論へ：脱主体化と 2 つの認知モード」(2003)『研究年報』(日本エドワード・サピア協会) 77–93.

29. 「与格の意味地図：脱主体化と主体化を座標軸として」(2003) 福岡言語学会編『言語学からの眺望 2003』243–257. 九州大学出版会.

30. 「消えたエージェント」(2004) 河上誓作教授退官記念論文集刊行会編『言葉のからくり』371–387. 英宝社.

31. 「主観性の言語学：主観性と文法構造・構文」(2004) 中村芳久編『認知文法論 II』第 1 章，3–51. 大修館書店.

32. 「行為連鎖と構文 III：再帰中間構文」(2004) 中村芳久編『認知文法論 II』第 4 章，137–168. 大修館書店.

33. 「構文と認知プロセス：学校英文法へのその意味合い」(2005)『英語青年』6 月号．137–139.

34. 「言語における主観性・客観性の認知メカニズム」(2006) 月刊『言語』5 月号．74–82.

35. 「構文のネットワーク表示と意味地図表示：Evolutionary path の提案」(2008)『日本認知言語学会論文集』第 8 巻，633–636.

36. 「認知モードの射程」(2009)『「内」と「外」の言語学』坪本篤朗・早瀬尚子・和田尚明編，353–393. 開拓社.

37. 「言語の起源と進化：認知言語学的アプローチ」(2010)『日本認知言語学会論文集』第 10 巻．737–740.

38. 「否定と(間)主観性——認知文法における否定——」(2010)『否定と言語理論』加藤泰彦・吉村あき子・今仁生美編, 424-442. 開拓社.

39. 「認知文法研究——主観性の言語学——」(2011) 学位論文（英文学）. 神戸女子大学.

40. 「認知モード・言語類型・言語進化——再帰性（recursion）との関連から——」(2013) *Kanazawa English Studies* 28. 285-300.

41. 「Langacker 認知構図と認知モード」(2013)『日本英文学会第85回大会 Proceedings』121-122.

42. 「「場」を認知的に捉える」(2014)『日本認知言語学会論文集』第14巻. 657-659.

43. 「学際研究の中の認知言語学：言語とコミュニケーションの進化」(2015)『日本認知言語学会論文集』第15巻. 588-599.

44. 「グラウンディング要素と across 文の意味構造：概念化の本質的側面」(2015)『日本認知言語学会論文集』第15巻. 628-633.

45. 「空間・場所を捉える認知プロセス：content vs. construal」(2016)『ドイツ語と日本語に表れる空間把握：認知と類型の関係を問う』日本独文学会研究叢書. 79-93.

46. 「Langacker の視点構図と(間)主観性」(2016) 中村芳久・上原聡編著『ラネカーの(間)主観性とその展開』1-51. 開拓社.

47. 「文法化を問う：再帰中間構文の受身用法の文法化」(2017)『日本英文学会第88回大会 Proceedings』219-220.

48. 「認知から言語をとらえる」(2018) 米倉綽・中村芳久編著『英語学が語るもの』くろしお出版.

その他

1. 解説「go と come——視点を反映する語彙——」(1985)『話題源・英語』（東京法令出版), p. 123.

2. 共編注. *Language in Action: An Introduction to Modern Linguistics* (Joanne Kenworthy, Longman)（英潮社）(1991). 別冊注 pp. 32-79.

3. 研究ノート「目的語の《変化》と構文ネットワーク」(1994)『英語科会報』（佐賀大学）第34号, pp. 26-33.

4. 紹介「J. レイコフ & M. ターナー著『詩と認知』紀伊國屋書店」(1995) 月刊『言語』3月号, p. 130.

5. 紹介「吉村公宏著『認知意味論の方法』人文書院」(1996) 月刊『言語』6月号, p. 135.

6. 紹介「J. テイラー著『認知言語学のための14章』紀伊國屋書店」(1997) 月

刊『言語』5月号，p. 138.

7. 紹介「F. ウンゲラー & H.-J. シュミット著『認知言語学入門』大修館書店」（1998）月刊『言語』10月号，p. 138.

8. 項目解説（36項目）．『英語学用語辞典』（荒木一雄編，三省堂，1999）．

9. 書評「John Newman: *Give: A Cognitive Linguistic Study* (Mouton, 1996)」（1999）『英文学研究』第76巻第1号，pp. 91-96.

10. 紹介「山梨正明著『認知言語学原理』くろしお出版」（2000）月刊『言語』10月号，p. 136.

11. 書評「宗宮喜代子著『ルイス・キャロルの意味論』大修館書店」（2002）『英語青年』5月号，pp. 135-136.

12. 巻頭言 *NewsLetter* No. 1〜8（2009-2016）金沢大学英文学会．

研究発表・講演

1. 「メタファー解釈のしくみ」（1976）日本英文学会第29回九州支部大会．熊本大学．

2. 「日本語の使役表現について」（1978）九州大学言語科学研究会第18回研究発表会．九州大学．

3. 「等位構造の語用論的考察」（1978）日本英文学会第31回九州支部大会．佐賀大学．

4. 「Indirectness of expressions and utterances」（1979）福岡言語学研究会．

5. 「間接性を司る会話上の原則」（1980）日本英文学会第52回全国学会．甲南大学．

6. 「意味変化と間接発話行為」（1982）福岡言語学研究会．

7. 「語用論の現状と課題」（1983）白馬夏期言語学会「基礎講座」（講師）．

8. 「真理条件意味論における元型意味論」（1983）福岡言語学研究会．

9. 「含意の衝突現象と推論モデル」（1987）日本英文学会第59回全国大会．中央大学．

10. "Logic of honorifics and typology"（1987）第14回国際言語学者会議．東ベルリン．

11. 「Sense から force へ」（1988）第6回日本英語学会シンポジウム『発話文の意味に関する諸問題』青山大学．

12. 「On metalinguistic phenomena」（1989）福岡言語学研究会．

13. 「語用論と認知」（1991）第4回関西認知言語学研究会．大阪大学．

14. 「構文の認知構造ネットワーク」（1993）東京認知言語学研究会．東京大学．

15. 「語用論と認知意味論を再考する：unless と if not の比較を通して」（1994）第11回関西認知言語学研究会．大阪大学．

16. 「Construal and inference」(1994) 第 12 回日本英語学会ワークショップ『認知言語学の現状とその再検討』東京大学.

17. 『英語学の最近の動向——言語と認知——』(1994) 金沢大学英文学会総会・研究発表会 (企画・司会), 金沢大学.

18. 「国際化, 環境そして個人」(1994) 三又中学校・三又小学校・道海島小学校主催『親と子で話しを聞く会』講演.

19. 「認知類型論の試み」(1997) 第 22 回関西言語学会シンポジウム『認知言語学のパラダイム——新しい言語学の潮流——』京都大学.

20. 「二重目的語構文の認知構造: 構文内ネットワークと構文間ネットワークの症例」(1998) 第 22 回関西認知言語学研究会. 京都大学.

21. 「認知文法から見た語彙と構文」(1999) 第 2 回認知言語学フォーラム・シンポジウム『認知言語学から見た構文論と語彙論の接点』京都大学.

22. 『認知言語学の可能性——21 世紀への展望——』(1999) 第 17 回日本英語学会シンポジウム (企画・司会), 成蹊大学.

23. 『文学部教育外国語』(2000.2.21) 神戸大学コア・カリキュラム (文学分野)研究・開発プロジェクトチーム主催シンポジウム (パネリスト).

24. 「関連性理論は発話解釈に内在する主観性と客観性をどこまで正しく捉えられるか」(2001.12.1) 日本語用論学会第 4 回大会シンポジウム『関連性理論との対話: 関連性理論は語用論の新しいモデルになりうるか?』桃山学院大学.

25. 「構文と認知——再帰中間構文と構文の連続性」(2002.9.13) 第 3 回日本認知言語学会『認知言語学セミナー』中京大学.

26. 「The Construction Continuum: Reflexive middles and related constructions」(2002.9.29) ドイツ文法理論研究会講演. 新潟大学.

27. 「言語相対論から認知相対論へ——脱主体化と 2 つの認知モード——」(2002.10.12) 日本エドワード・サピア協会. 金沢大学.

28. 「再帰中間構文の文法化: 構文の連続性」(2002.11.2) フランス語学談話会(パネリスト), 京大会館.

29. 「認知言語学の立場から: 認知プロセスと脳内プロセス」(2005.2.20) 東北大学大学院文学研究科シンポジウム『認知脳科学から観た外国語教育』講演.

30. 「主観性の統合と 2 種類の文法化」(2005.7.2) 同志社大学大学院コロキアム講演.

31. 「Cognitive processes at work」(2006.10.28) 日本英文学会九州支部第 59 回大会シンポジウム『構文論的アプローチの妥当性を探る』西南学院大学.

32. 「認知が言語に反映するということ」(2007.3.5) 第 10 回知識科学セミナー講演, 北陸先端科学技術大学大学院.

33. 「構文のネットワーク表示と意味地図表示：Evolutionary path の提案」(2007.9.16) 第 8 回日本認知言語学会ワークショップ『構文を意味地図で捉える』（企画・司会・講師），成蹊大学.

34. 「Middle as a defocused-agent construction」(2008.3.2) 京都教育大学英語学談話会講演.

35. 「"Explaining generalizations" in a unified way」(2008.3.20) 日本語用論学会第 6 回談話会.

36. 「ことばの認知メカニズム」(2008.12.25) 砺波市中学校教育研究会研修会講演.

37. 「言語の起源と進化：認知言語学的アプローチ」(2009.9.26) 第 10 回日本認知言語学会記念大会ワークショップ『言語進化のアプローチと対話』（企画・司会・講師），京都大学.

38. 『認知言語学の科学的，哲学的基盤』(2009.2.27) 第 10 回日本認知言語学会記念大会シンポジウム司会，京都大学.

39. 「言語と認知（と進化）」(2009.10.25) 熊本県立大学認知言語学研究会講演.

40. 「言葉と文化進化のメカニズム」(2009.12.19) 金沢大学創基 150 年記念人文学類シンポジウム『ことばの力，文化の力，その起源』（企画・司会・講師），石川文教会館.

41. "Cognitive mechanism of language and cultural evolution" (2010.3.11) The International Seminar on the Emergence and Evolution of Linguistic Communication (2010.3.10-12) 基調講演，キャンパスプラザ京都.

42. 「文法と言語進化：認知言語学の観点から」(2010.10.2) 日本英文学会北海道支部大会特別講演，北海道大学.

43. "Linearity of constructional extensions: The case of reflexive middle" (2010.10.7) The 4th International Conference of German International Cognitive Linguistics Association, Oct. 7-9, Universitaet Bremen.

44. 『ラネカー認知構図の射程』(2010.10.20) 中部支部英文学会シンポジウム（企画・司会），金沢大学.

45. 「ことばの仕組みと言語進化：認知言語学の観点から」(2010.12.18) 言語と人間研究会特別講演，立教大学.

46. "The linearity of constructional extensions: The case of reflexive middle" (revised) (2011.7.17) The 11th International Cognitive Linguistics Conference, July 11-17. Xi'an International Studies University.

47. "Japanese, a nondualistic language?" (2011.10.22) Science and Nonduality Conference, Marin Center, San Rafael.

48. 「双方向的認知構図の妥当性」(2011.11.13) 第 29 回日本英語学会シンポジ

ウム『(間)主観性の諸相』（企画・司会・講師），新潟大学．

49. 「I モードの世界：認知文法理論と認知モード」（2011.12.22）札幌大学大学院講演．

50. 「主観性と言語進化」（2012.2.20）金沢大学人間社会研究域特定研究シンポジウム『ことばと認知』

51. 『ラネカー視点構図と(間)主観性』（2012.3.24）言語と(間)主観性研究フォーラム in 仙台（主催・企画），東北大学．

52. 「Langacker 視点構図の要点」（2012.3.24）言語と(間)主観性研究フォーラム in 仙台『ラネカーの視点構図と(間)主観性』（司会・講師），東北大学．

53. 「主観性と言語進化：I モードからの displacement」（2012.3.25）言語と(間)主観性研究フォーラム in 仙台『ラネカーの視点構図と(間)主観性』鼎談，東北大学．

54. 「認知言語学から観る英語教育」（2012.8.10）英語教員研修会講演，札幌大学．

55. 「Langacker 認知構図と認知モード」（2012.9.30）日本英文学会北海道支部第 57 回大会シンポジウム『新しい英語教育の可能性：認知言語学の視点から』北海学園大学．

56. "Types of cognition, types of language and language evolution"（2013.1.30）Invited speech, Indiana University of Pennsylvania.

57. 「ヒトのコミュニケーション：その起源と認知的基盤」（2013.3.7）金沢大学認知科学シンポジウム 2013『ことばと認知：コミュニケーション行動の獲得と成立』．

58. "Modes of cognition and cognitive linguistic typology"（2013.6.28）The 12th International Cognitive Linguistics Conference, June 22–28. University of Alberta, Canada.

59. 「I モード現象と言語進化」（2013.8.31）認知言語学セミナー in Hokkaido, 札幌大学．

60. 「認知言語学と言語進化・言語類型」（2014.7.11）特別講義，札幌大学．

61. 「グラウンディング要素と across 文の意味構造：概念化の本質的側面」（2014.9.20）第 15 回日本認知言語学会ワークショップ『概念化を再考する：認知科学的知見の積極的導入』，慶應義塾大学．

62. 「学際研究の中の認知言語学：言語とコミュニケーションの進化」（2014.9.21）第 15 回日本認知言語学会シンポジウム『認知言語学の将来を考える：日本認知言語学会設立 15 周年にあたって』，慶應義塾大学．

63. "Cognition and constructions in the evolution of language"（2014.10.2）The 6th International Conference of German International Cognitive Lin-

guistics Association, Sept. 30–Oct. 2. Friedrich-Alexander Universität, Germany.

64. "Evolution of language and cognition: Recursion in CG"（2015.4.18）Invited speech, The English Linguistic Society of Japan 8th International Spring Forum, Seikei University.

65. 「空間・場所を捉える認知プロセス：Content vs. Construal」（2015.5.30）日本独文学会春季研究発表会シンポジウム『ドイツ語と日本語に現れる空間把握——認知と類型の関係を問う——』武蔵大学.

66. 「言語と認知（の進化）：Chomsky と Langacker の merge も含めて」（2016.3.2）金沢大学認知科学シンポジウム.

67. 「I モードと D モードの原理：英語の感覚・日本語の感覚」（2016.10.7）中京大学国際学部英語系列講演会講演.

68. 「再帰中間構文の受身用法の文法化」（2016.10.15）日本英文学会中部支部大会シンポジウム『文法化を問う』（司会・講師），富山大学.

69. 「英語教育と現代言語学：Chomsky と Langacker の merge も含めて」（2017.1.21）金沢大学英文学会特別講演・最終講義.

70. "Typology and evolution of language from the perspective of Modes of Cognition"（2017.9.22）Keynote Speech, The 2nd International Conference: Iaponica Brunensia 2017. Masaryk University, Brno.

71. "Cognitive Linguistics and constructions in English and Japanese" Serial lecture（2017.9.25–10.6）Masaryk University, Brno, and Charles University, Praha.

72. "Cognitive Linguistics and the Prague School of Linguistics"（2017.10.2）The Prague Linguistic Circle, Praha.

73. 「認知モードの原理」（2018.2.15）中京大学文化科学研究所言語研究グループ例会講演.

74. 「認知言語学の思考法」（2018.2.26）大阪学院大学外国語学部総会・研究会.

75. 「認知言語学と英語教育」（2018.3.22）応用認知言語学研究会・福岡認知言語学会講演，西南学院大学.

目　次

はしがき　　v

中村芳久先生略歴・業績一覧　　vii

I.　類型論的研究

現代フランス語の ça を主語とする非人称的表現について
………………………………………………………春木　仁孝　　2

日タイ語の聞き手領域への移動を表す「来る」表現に関する一考察
………………………………………………………上原　聡　　14

ドイツ語の事態把握をめぐって
　―日独英対照の観点から―
………………………………………………………大薗　正彦　　28

好まれる画像の向き
　―交通標識の日独比較―
………………………………………………………西嶋　義憲　　41

Application of Extended Semantic Map Model
　to the Korean and Japanese Resultative Constructions
………………………………………………………Yong-Taek Kim　　56

感情の普遍性とその言語化
　―感情表現の類型論的研究に向けて―
………………………………………………………王　安　　71

xvii

人称転移現象について

·· 古賀　恵介　85

II.　日英比較

日英語の自他動詞の志向性と 2 つの Natural Path

·· 村尾　治彦　98

数量類別詞と認知

·· 屈　莉　111

付加疑問文の非照応構造と終助詞「ね」の平行性

·· 中谷　博美　123

疑問文における日英語法副詞のはたらき

·· 岡本　芳和　136

絵本 'The Giving Tree' の英語オリジナル版と日本語翻訳版の一考察

·· 都築　雅子　147

III.　語彙カテゴリー・文法カテゴリー，メタファー

英語の名詞語尾 -s
　―複数より基礎的なその意味について―

·· 嶋田　裕司　162

身体部位名詞の概念拡張と連語環境における意味分布の初期調査

·· 岡田　禎之　174

色らしくない色 Gray のカテゴリー形成

·· 山田　仁子　186

1780 年代英語研究における進行形観

.... 樋口　万里子　199

Talmy (1991) 類型二分論の再考察
　—構文主導の英語移動表現より—

.... 田中 (松本) 瑞枝　211

英語の時間メタファー再考

.... 岩崎　真哉　222

IV.　英語表現・英語構文

非選択目的語を伴う英語使役移動構文から見る動詞と構文の融合

.... 貝森　有祐　234

レトリックとしての No more A than B 構文

.... 廣田　篤　248

英語の同族目的語構文とその類似表現について
　—構文構築とその特性—

.... 堀田　優子　260

I don't {think (that)/know that} ¬p の二義性について

.... 森　貞　273

否定辞繰り上げ述語の規定について
　—文法化の観点から—

.... 守屋　哲治　285

[X *is* X *is* X] 構文について

.... 宮浦　国江　296

話しことばと断片的表現
　―Not XP について―
　　　　　　　　………………………………………………………… 澤田　茂保　307

That said について
　　　　　　　　………………………………………………………… 大橋　浩　319

V.　言語発達・言語習得

有標・無標から見た言語発達の諸相
　　　　　　　　………………………………………………………… 米倉　よう子　332

Get + V-*en* 構文の拡張と幼児の言語習得について
　　　　　　　　………………………………………………………… 市川　泰弘　344

Get-passive の被害性に関する考察
　　―通時的発展と言語獲得の観点から―
　　　　　　　　………………………………………………………… 谷口　一美　356

VI.　談話標識

談話標識をよりよく理解するために
　　　　　　　　………………………………………………………… 廣瀬　浩三　368

間主観性と CDS
　　―談話標識 *I mean* を例に―
　　　　　　　　………………………………………………………… 小林　隆　380

Multiple Occurrences of Discourse Markers and Fillers:
　A Relevance-theoretic View
　　　　　　　　………………………………………………………… Takahiro Otsu　393

VII. 日本語における主観性

日本語の内的状態述語の考察
　—I モード認知と主客の相補性—
　　……………………………………………………… 今泉　智子　406

証拠性「らしい」の文法化を動機づける脱主体化のプロセス
　　……………………………………………………… 髙島　彬　417

「X の中の X」と「望ましさ」主観性
　　……………………………………………………… 阿部　宏　429

VIII. メディア・教育

テレビニュースの言語に見られる現象
　—その要因と背景—
　　……………………………………………………… 轟　里香　442

英語学習者の事態把握に見る日本語の「無限定性」について
　　……………………………………………………… 川畠　嘉美　454

大学初年次生の学術的・実務的文章のスキーマ形成
　　……………………………………………………… 因　京子　464

認知文法におけるグラウンディング理論と学習英文法
　　……………………………………………………… 今井　隆夫　476

IX. 認知モード・言語進化

ヒトの言語の進化的に安定な戦略
　……………………………………………………………… 高橋　幸雄　490

「間」と認知モード
　……………………………………………………………… 向井　理恵　502

脳内現象としての言語
　──認知と言語のメカニズム──
　……………………………………………………………… 濱田　英人　514

執筆者一覧 ……………………………………………………………… 527

I.

類型論的研究

現代フランス語の ça を主語とする非人称的表現について

春木　仁孝

大阪大学名誉教授

1.　はじめに

　現代フランス語では，同じロマンス語派のスペイン語やイタリア語などとは異なり主語人称代名詞が義務的である．しかし英語とは異なり，3人称の主語人称代名詞（il/elle）は有生・無生の区別なく用いられる．また仮主語も含めていわゆる非人称構文の主語としては，3人称代名詞の男性単数形 il が用いられる．つまり，英語で非人称の it が主語として用いられる構文に対応するような場合には，現代フランス語では原則として il が用いられる．ただし，フランス語には ça という指示代名詞があり，たとえば天候を表す非人称構文においては il と競合しているかのような様相を呈する．

(1) a.　Il pleut.　　　　　　　b.　Ça　pleut !
　　　 it rains　　　　　　　　　　that rains
(2) a.　Il gèle　dehors.　　　b.　Ça　gèle　dehors !
　　　 it freezes outside　　　　　that freezes outside

　(1b) のような発話に対しては，俗語的あるいは方言的という否定的な反応をするネイティブもいるが，実際の使用頻度も高く，また否定文にはできないなど統語的にも (1a) と異なる特徴を示し，非人称構文の単なる話し言葉的なバリエーションとは言えない．非人称構文ではないが，天候表現以外でも「～な匂いがする」「～が痒い」といった身体感覚に関する動詞の中には ça を主語に取るものも多い．これらの動詞は非人称動詞ではないので非人称主語としての il を主語に取ることはできない．

(3) a.　Ça　sent　bon　(dans la cuisine).「(台所は) いい匂いがする」
　　　 that smells good　(in the kitchen)

2

b. Ça sent le fromage.「チーズの匂いがする」
   that smells the cheese

(4) Ça me gratte dans le dos.「背中が痒い」
   that me itches in   the back

これらの表現においては ça が何かを指示していると考えることはできない.
たとえば (3) の sentir (＝smell) は英語と同様に匂いの発する場所やもの,
あるいは匂いを感じる人を主語に取ることもできるが,ça を主語とする発話
が圧倒的に多い.その際,匂いがする場所は副詞や前置詞句で表すことができ
るし,匂いの内容を (3b) のように目的語の位置に表すこともできる.[1] gratter
や démanger「痒い,むずむずする」も一般に ça を主語に取る場合が多い.
そもそも痒いというときには原因が分からないことも多く,痒いという感覚と
痒い場所だけが明らかな状態で言語化しなければならないことも多い.英語に
おいてもこの種の発話において指示対象の明確でない it が主語になる発話が
見られるが,フランス語においては非人称主語としては一般に il が用いられ
ること,一方この種の表現では il を主語に取ることはできず日常的には ça を
主語とした発話が一般的で頻度も非常に高い点で英語とは状況が大きく違って
いると言える.

　さらにフランス語では (5) のように主語が ça に固定された慣用表現も多く,
また (6) の barder のように主語として許される要素は ça のみという動詞も
存在する.

(5) Ça y   est !「準備ができた,(答えなどが) 分かった」
   that[2] there is

(6) Ça va   barder   en Syrie !
   that goes (＝is going to) turn-nasty in Syria
   「シリアは大変なことになるぞ」

本稿では以上のようなよく知られた用法も含めて,フランス語に見られる非指
示的な ça を主語とする新しい構文カテゴリーについて考察する.

---

[1] (3b) の le fromage は位置的には目的語に見えるが,目的語ではなく匂いの性格を表す
"副詞的要素" と考えられる.

[2] 本稿では ça は語釈では便宜的に that で示しておく.

2. フランス語と認知モード

　筆者は春木（2011, 2012a）において，中村芳久氏が中村（2009）などにおいて展開している認知モードの観点から現代フランス語について考察した．そして，典型的なDモード言語である英語に比べてフランス語にはIモード的な特徴が多く見られることを指摘した（詳しくは上記を参照されたい）．例を挙げると，フランス語はSVO言語だが，日常語においてはトピックを文頭に立てる左方遊離構文が多用される．

(7) Ah, ce film, je l'ai　déjà　　vu à la télé.
　　 oh　that film　I　it-have already seen on the TV
　　 「ああ，その映画なら前にテレビで見たよ」

トピック同様に参照点・ターゲット認知を反映した構文として，所有動詞avoirと"疑似関係節"による以下のような構文も発達している．

(8) J'ai　 mon père　 qui　est malade.「私は父が病気なんです」
　　 I-have my　father who is　　sick

　フランス語は対格型言語ではあるが，日本語とも似て動作主が存在するような事態でも，動作主を背景化して表す方策が発達している．その一つが再帰構文（伝統的には代名動詞と呼ばれる）の受動用法（(9)）と自発用法（(10)）である．

(9) Le　champagne se　 boit　 frappé.
　　 the　champagne Refl. drinks chilled
　　 「シャンペンはきりきりに冷やして飲むものです」
(10) La　branche s'est　　cassée sous　 la　neige.
　　 the　branch　Refl.-is borken under　the　snow
　　 「雪の重みで枝が折れた」

　またフランス語にはonという代名詞があるが，これは一般的な事態を述べる場合や世間一般の人を指す場合，主語が特定できない場合などに使われ，また話し言葉では一般に1人称複数として用いられる．また，子供に「今日は何を習ったの」とか，医者が患者に「今朝は具合はどうですか」と訪ねる場合など，2人称に代えて用いることもできる．禁止や指示を表す発話もonを主語に取ることが多い．詳述する余裕はないが共感度や視点という観点からこれも

Ｉモード的な現象として説明できる．

　以上はフランス語がＩモード的な性格を強く持つことを示す特徴の一端である．そのようなフランス語において ça を主語とする構文について，筆者は春木 (2014a, b, 2016) で考察を重ねてきた．結論をまとめて言えば，ça は発話をその発話が表す事態が起こっている発話空間＝認知の場に結びつける働きをしており，〈ça＋動詞〉は一つの構文として，行為者あるいは事態を引き起こす原因となるもの，および事態の影響を受ける対象や経験者といった事態の参与者を包み込む形で事態がＩモード的に認知されたことを表しているのである．〈ça＋動詞〉構文が多くの場合，否定発話にできないのはまさに発話の場で起こっている事態を表すからであるし，また天候表現の非人称主語の il と競合する場合，ça を主語とする発話は il を用いた発話と比較して多少とも強意的に感じられるし，天候表現以外でも ça を主語とする発話は多くの場合に感嘆的なニュアンスを伴なうのも，認知主体がまさに自分を事態のただ中において事態をインタラクションを通して認知して言語化していることの現われである．ça がこのような働きをするのは，この語の由来が関係している．ça は一般には指示代名詞 cela が日常語において音声的な縮約を受けた形であると説明される．確かに指示的な用法においては両者は入れ替え可能であるが，ça のみが可能な表現や用法も多く，ça が cela の縮約形というだけではすべての用法を説明することはできない．実際には現代フランス語の ça の発展には Henry (1960) が言うように，古仏語から存在する場所副詞の ça と指示代名詞 ça との混淆があったと考えられる．現代フランス語では çà と綴られる場所副詞の ça は，元来は発話者を中心とする場所を指していたが，この両者が混淆することで，最終的には事態と認知主体を包み込む形で認知の場を指す現在の機能を獲得したと考えられる．[3]

3. 〈ça＋動詞〉構文

3.1. 具体例の分析

　以下では〈ça＋動詞〉という構文がＩモード認知を表していることを具体的な例を通して見ていく．

---

[3] 現代語では場所副詞の方は çà と綴られるが，ici に取って代わられており，熟語など限られた表現でのみ用いられる．

(11) Ça gargouille dans le ventre.「お腹がグルグルいってる」
that gurgles in the stomac

(12) Ça glisse dans les sandales.
that slips in the sandals
「(汗などで) サンダルが滑る，滑りやすい」

(13) Le vélo sous la pluie, ça mouille.
the bike under the rain, that gets-wet
「雨の中を自転車で行くと濡れる」

(14) Ça bourdonne, ça chantonne. La nature est faite de chansons. Ça chansonne, ça boutonne. Tout partout s'éclatent les bourgeons.
that buzzes, that hums / the nature is made of songs / that sings, that buds / all everywhere Refl.-burst the buds
「ブンブンと音がする．鼻歌が聞こえて来る．自然は歌で一杯だ（歌でできている）．歌が聞こえて来る．芽が出てくる．至るところで芽がふいている．」

(11) ではお腹や人を主語にすることも可能だが，その場合はより D モード的な発話になる．(12) では汗でサンダルの中で足が滑ると言っているわけだが，滑る glisser のは足なのかサンダルなのか，日本語でも判然としないがまさにそのような捉え方に対応している．滑る恐れのあるところを歩いている人に注意するときも Attention ! Ça glisse !「気を付けて，滑るよ！」のように言う．あるいは自分自身が凍った道で滑りかけたときも Ça glisse !「あっ，滑る！」のように言う．これらの例から分かるように，主語の ça と動詞は一体化して一つの事態を表しているのである．(13) は一見，左方遊離構文のように見えるが，日本語訳のように ça の前の表現は副詞的な働きをしており，この発話は自転車の乗り手が濡れることを表しており，濡れる経験者＝認知主体は発話の中に包含されているのである．mouiller という動詞は通常は「濡らす」という他動詞であり，したがって (13) では目的語が省略されているかのように見えるが，項構造の問題については後で触れる．(14) は春の自然の様子を描写しており，至る所で自然のたてる音が聞こえる様子，そして至る所で植物の芽が吹いていることを表している．発話者はそのような自然の真っ直中にいるのである．bourdonner は英語の buzz と同様に音を立てる昆虫や，音がしている庭や草原といった場所（セッティング）を主語にすることもできるが，ça を主語にすることで Trajector / Landmark 的認知ではなく，認知主体が事態の

中にインタラクションによって包み込まれる I モード的な認知を表している
のである．ça bourdonne という発話で発話者や共発話者が思い浮かべるのは，
音を立てている昆虫でもなく音がしている場所でもなく，いわばそのような音
がしている状況なのである．もちろん音は必然的に場所を前提とするが，この
発話では具体的な森や草原といった場所もいわば音と一体化して音の存在をさ
さえる場所として，より抽象化されているのである．フランス語には進行形が
なく現在形で進行中の事態を表すことができるが，(14) では動詞の表す事態
が繰り返されているという事態の複数性も〈ça＋動詞〉という構文を取ること
で一層明白になる．ça boutonne も「次々と」とか「至る所で」でというよう
な副詞表現なしで「芽吹く」という事態の複数性，偏在生，さらには勢いまで
も含意している．この発話がインタラクションを通して「芽吹く」という事態
を表現しているからこそである．

3.2. 人を主語とする動詞の場合
　次に通常は人を主語に取る動詞による〈ça＋動詞〉構文の例を見てみよう．

(15)　Dans ce 　film, ça 　tue, 　ça 　viole, pire 　encore!
　　　in 　　this 　film, that 　kills, that 　rapes, worse 　even

(Corblin (1987))

　　　「この映画では，殺人やら，暴行やら，もっとひどいことも起こる」

(15) では tuer「殺す」も violer「暴行する」も通常は人を主語に取る他動詞と
して用いられる．しかし (15) のように ça を主語にした場合は目的語を取る
ことはできない．このような発話においては動詞が絶対的に用いられているよ
うに見えるが，構文的には主語である ça も動作主を表しているとは考えられ
ない．結局，意味構造における意味役割は表層の項には投影されていないと言
える．つまり〈ça＋動詞〉全体で，動作主や対象といった（潜在的）参与者を
も包み込んだ殺人や暴行という事態の生起を表しているのである．これは映画
のことなので発話空間で起こっている事態ではないが，発話者はまさに映画の
中に身を置き，また聞き手をも映画の中に引き込んで，そこで起こる事態のひ
どさを述べているのである．ここでも〈ça＋動詞〉の形を取ることで，事態の
複数性が含意されている．この例からも分かるように，〈ça＋動詞〉構文は自
動詞構文とも他動詞構文とも言えない新しい構文を構成していると考えられ
る．このように，他動詞であれ自動詞であれ再帰構文であれ，〈ça＋動詞〉構

文の形で用いられるときには，事態の参与者は言語的には表現されず，参与者を包み込んで一体化された事態が表されているということなのである．

4. 〈ça＋動詞〉と他の構文との比較

例 (14) で bourdonner（＝buzz）という動詞を見たが，この動詞は英語の buzz と同様に音を立てるもの（昆虫，機械その他）や音のしている場所を主語に取ることもできる．

(16) Les abeilles bourdonnent dans le jardin.
the bees buzz in the garden
「蜂が庭でブンブンいっている」

(17) Le jardin bourdonne d'abeilles.
the garden buzzes of-bees
「庭が蜂でブンブンいっている」

(18) Il bourdonne un papillon qui expire.
it flaps a butterfly which expires
「死にかけている蝶がパタパタと音を立てている」

(17) はいわゆるセッティング主語と呼ばれるタイプの発話であり，事態の生起する場所がトラジェクターになっている．さらにフランス語では，このタイプの現象を (18) のように非人称構文で表すこともできる．(18) では行為者 un papillon「蝶」が主語位置から外されることで背景化されており，英語であれば there flaps … のような there 非人称構文が対応するだろう．Bolinger などはこのような there にも場所的な意味を認めているが，フランス語では構文上の主語はあくまでも非指示的な il である．また，フランス語では理論的には条件さえ整えばすべての自動詞を非人称化することができるし，実際に非人称発話の頻度も高い点が英語と大きく異なる．(18) のタイプの非人称構文では行為者は表現されるものの動作主性も失っていてトラジェクターではなくなっており，その背景化された行為者を含む事態そのものを全体としてメタ的に認知していると考えられる．春木 (2016) でも述べたように，このタイプの非人称構文は認知主体が事態を客観的に描写しているニュアンスが強く，いまだ D モード的な表現であると言える．これに対して本稿で問題にしている ça を主語に取る (19) のような発話では，行為者は背景化されるだけでなく事態の中に包摂されて言語的にも表現されず，発話者＝認知主体は事態の中にあっ

てインタラクションによって事態を認知している．日本語訳では（17）のような セッティング主語の場合と訳し分けるのは難しいことが多い．

(19) Ça bourdonne dans le jardin.
that buzzes in the garden
「庭でブンブンという虫の音がする」

また，既出の「痒い」だけでなく，身体感覚的なものは ça を主語とする発話が多いが，春木（2014b）に挙げた興味深い例を再掲しておく．

(20) Ça rote, ça pète et ça gargouille.
that belches, that farts and that gurgles
「げっぷが出てガスが出て，お腹がグルグルいう」

(21) Je rote, je pète et je gargouille.
「私はげっぷが出てガスが出て，お腹がグルグルいう」

(20) はある質問サイトでの体調の不調についての投稿のタイトルである．ところが，本文で症状を説明するときにはすべて je（＝I）を主語にして，(21)のように書いている．本文では症状の客観的な説明，つまり D モード的な表現になっているのに対して，タイトルでは ça を主語にした I モード的な表現になっている．I モードにおけるインタラクションはもちろん認知主体が事態とインタラクションの関係にあるのだが，I モード的な表現は聞き手（読み手）の視点を認知主体のそれと重ね合わさせる効果があり，聞き手に対してあたかも自分も事態とインタラクションの関係にあるかのように思わせ，事態をよりいっそう身近なものとして認識させるのである．したがって，タイトルではより注意を引くために I モード的な表現を用い，説明では D モード的な表現を用いるという無意識の使い分けがここに見られるのである．記事などでもタイトルと本文でほぼ同じ構文に関して主語が ça と人称代名詞や名詞の間で入れ替わる例は他にも見られた．

〈ça＋動詞〉構文が既存の枠組みに収まらないことは，ここまでに見てきた例からも明らかである．ここで取り上げているような表現の一部は規範的な辞書にも取り上げられているが，他動詞の絶対的用法であるとか，自動詞として説明なしで例文に挙がっていたり，il を主語に取る非人称構文は存在しないにもかかわらず非人称の項目をたてて，ça を主語に取る構文のみを例に挙げていたりと，その扱いは全く満足のできるものではない．辞書編纂者達はこの新しい構文を前にして，その扱いに苦慮しているのである．

5. 非人称主語は何かを意味しているのか

　上で見たように，フランス語には非人称主語としての il と，非人称的な表現の主語としての ça が存在している．筆者は il は意味を持たず，構造的に必要な主語スロットを埋めるために用いられる純粋なダミー主語と考える．一方，本稿で扱ったような構文の主語として用いられる ça は，〈ça＋動詞〉という構文全体で，参与者をその中に含んでインタラクションを通して当該の事態を I モード的に認知したということを表しており，ça そのものの機能は事態を認知主体がいる発話の場，認知の場に結びつける働きをしていると考える．

　認知言語学の立場で非人称主語について論じたものとしては Langacker (2011) や Achard (2015) がある．Achard (2015) はフランス語の非人称的な表現を扱ったものであり，まさにフランス語の il と ça についても論じている．Achard は英語の非人称主語の it について論じた Langacker (2011) とほぼ同様の考え方をしている．Langacker の認知文法では，あらゆる言語要素（記号）は意味内容と音の組み合わせであり，たとえ抽象的で漠然としたものであれ，何かを指示していると考える．Achard は英語の it や there，オランダ語の er，ドイツ語の es などやはり非人称的な要素に何らかの意味を認める研究者の名前を引用する．なかでも Bolinger の研究はよく知られている．特に Bolinger が環境の it と呼ぶタイプの it はフランス語の ça の用法に通じるものがあり，筆者も賛成できる部分も多い．また場所副詞を起源として非人称構文で主語的に用いられる there やオランダ語の er には，かなり抽象化されているとはいえ，ある程度の場所的な意味を表していると考えることは可能であろう．

　Langacker は英語の非人称的な it を抽象的なセッティング（an abstract setting）を表すと述べている．抽象的なセッティングとは何かを理解するにはまず，事態の参与者と参与者間のインタラクションが展開する領域を区別しなければいけない．Langacker はこの領域を field と呼んでいる．物理的・身体的にはこの領域は，「参与者が対象を知覚的・運動的に捉えることができる範囲」を表す．同様に認識的には領域は「所与の実体の認識的なステータスを決定するのに必要な知識の体系によって形作られている抽象的な範囲」を表す．つまり，Langacker 流の認知文法では，知識データベースがプロファイルされた事態の概念化される領域を提供するのである．Langacker は英語の非人称主語の it を，そのような知識データベース（の一部）を指示すると定義し，非人称主語の it は問題になっている事態についての認識主体の意識のスコープを表

すと言う．Achard はこの考えをフランス語の il に適用する．さらに Achard (2015) はこの領域は，当該発話の認識主体だけではなく，同じ状況に置かれたあらゆる認識主体 generalized conceptualizer の意識のスコープであると主張する．この点は重要である．なぜなら，Achard が定義する非人称的な発話というのは，内容が一般的なものであり，誰であれ同じ状況に置かれた者には同じ理解が可能な発話のことであるからである．

　以上のような Langacker や Achard の主張についてはいくつかの問題がある．まず二人とも認めていることであるが，イタリア語やスペイン語のように非人称主語を持たない言語をどのように説明するのかという点が解決できていない．もし二人の言うような働きを非人称主語が持っているのなら，イタリア語やスペイン語では領域を示す要素が，つまり領域を示す必要がないということになり，一貫性に欠けることになる．またフランス語について Achard は事態の内容が一般性が高いもののみを非人称の範疇に属する発話とするが，それでは一般性が低くて彼の定義では非人称に属さないが，伝統的には非人称とされている発話の主語の il は領域を指示していないのか．もしそうなら，何を指示しているのか，という点が全く述べられていない．

　我々が発話を理解するときには，談話上利用できる知識と一般的な百科事典的な知識，記憶といったものが動員される．発話の中にトラジェクターや参照点になるものがない非人称構文においては，一般的な知識データベースが発話の理解に大きな貢献をするのは理解できるが，果たして it や il がその知識データベースを指していると言えるだろうか．これはどう考えても否である．英語やフランス語では it や il を主語にとる非人称構文が慣習化され構文として確立しているので，it や il に遭遇したときに，我々の認識の中に一般的な知識データベースが呼び起こされる準備がなされると考えることは一応可能である．しかし，だからといって it や il が，たとえ「その発話を理解するために必要とされる」という限定が付くにしろ一般的な知識データベースを指しているというのは言い過ぎである．

　指示対象を持つ代名詞に関しては，指示代名詞や人称代名詞が用いられた時に，聞き手は遠・近，性・数などその代名詞が持つ情報を頼りに，現場または文脈上の知識，記憶，百科事典的な知識を走査して正しい指示対象にたどり着く．一方，非人称主語としての it や il には指示対象にたどり着くことを可能にする情報はないのである．もちろん il であれば男性単数という情報はあるが，その情報によってたどり着くことのできる適切な指示対象は現場にも文脈上にもないのである．その結果，聞き手はその発話が非人称的な発話であるこ

とを理解して，解釈のための必要な操作を行なうのである．そのような操作の一つが知識データベースを参照することである．つまり，あくまでも it や il を主語に取る発話全体が，その発話の理解のために一般的な知識データベースの中から関与的な知識を要求するということである．

6. まとめにかえて

　Langacker および Achard の考えを批判したが，フランス語に関しては不定詞や補文を従える非人称構文では主語として il と ça（ce）のいずれも可能な場合がある．Achard はこの事実に対して il は認知主体がある事態の位置づけを評価（計算）することを可能にする領域 field，つまり知識データベースをプロファイルするのに対して，ça（ce）は補文や不定詞の表す事態がその中で同定される抽象的なセッティングをプロファイルしていると説明する．しかし知識データベースと抽象的なセッティングとはどう違うのか．そもそも Langacker は領域を説明するときに抽象的なセッティングと言い換えもしている．さらには Achard（2015）が扱う非人称発話の中には，本稿で対象としているような ça を主語に取る構文は含まれていないのである．現代フランス語において大いに発達しつつある，本稿で対象としてきたようなこの〈ça＋動詞〉という構文こそがまさに非人称（的）という名に値する構文であり，事態をインタラクションを通して認知していることを表していると分析して初めてその機能が理解できるのである．

　最後になるが，今後は指示的な用法の ça との連続性の検討も必要である．

参考文献

中村芳久（2009）「認知モードの射程」『「内」と「外」の言語学』，坪本篤朗・早瀬尚子・和田尚明（編），353-393，開拓社，東京．

春木仁孝（2011）「フランス語の認知モードについて」『言語における時空をめぐって』IX, 61-70，大阪大学大学院言語文化研究科．

春木仁孝（2012a）「フランス語における事態の認知方策について」『言語文化研究』38，46-65，大阪大学大学院言語文化研究科．

春木仁孝（2012b）「英仏両言語における中間構文の違いについて―認知モードの観点から―」『時空と認知の言語学』I, 49-58，大阪大学大学院言語文化研究科．

春木仁孝（2014a）「ça mouille（ça＋動詞）構文のネットワーク」『時空と認知の言語学』III, 41-50，大阪大学大学院言語文化研究科．

春木仁孝（2014b）「ÇA を主語とする発話と認知モード」『フランス語学研究』48, 63-84, 日本フランス語学会.

春木仁孝（2016）「再び ça mouille（ça＋動詞）構文の特性について」『時空と認知の言語学』V, 31-40, 大阪大学大学院言語文化研究科.

Achard, Michel（2015）*Impersonals and other Agent Defocusing Constructions in French*, John Benjamins, Amsterdam.

Bolinger, Dwight（1977）*Meaning and Form*, Longman, London/New York.

Corblin, F（1987）"*Ceci* et *cela* comme formes à contenu indistinct," *Langue française* 75, 75-93.

Henry, A.（1960）"Considération sur la fortune de *ça* en français," *Études de syntaxe expressive*, 75-100, Presses Universitaires de Bruxelles, Bruxelles.

Langacker, Ronald（2011）"On the Subject of Impersonals," *Cognitive Linguistics: Convergence and Expansion*, ed. by M. Brdar et al., 179-217, John Benjamins, Amsterdam.

日タイ語の聞き手領域への移動を表す「来る」表現に関する一考察[*]

上原　聡

東北大学

1.　はじめに

　太郎が家にいる時に花子から電話があり「私の家で明日パーティーするの知っているよね．太郎君は来るの？」と聞かれたとする．その場合，太郎が花子（聞き手）に答える答え方は日英語で次のように異なる：

(1)　日本語：　僕は行くよ．　／×僕は来るよ．
　　　英　語：×I'm going.　　／　I'm coming.

上のように，話し手（領域から）の聞き手領域への移動を表す表現において，方向動詞「行く」と「来る」のどちらを使うかによって言語が2分されると言われている．日本語は前者，英語は後者である．澤田（2011: 176）の類型によると，タイ語は日本語（共通語）とともに「行く」を使う言語に分類されており，実際タイ語では上記の状況で pay '行く' を使い maa '来る' は使わない．

　しかしながら，タイ人日本語学習者の日本語に，(2a) のような聞き手領域への方向を表す場合の「来る」の誤用が見られることがある（日本語教師宛に送ったメールで，自分の添付した画像について）：

(2) a.　送って来た写真は○○という町で撮った写真です．
　　 b.　rûup　thîi　　sòŋ　maa　pen　....
　　　　写真　関係詞　送る　来る　～だ　....

---

　[*] 本稿は，タイ国日本研究国際シンポジウム 2014 にて発表した内容に加筆修正したものである．タイ語のデータ収集・分析・文法性判断において，カノックワン・ラオハブラナキット・片桐氏に大変お世話になった．この場を借りて御礼申し上げる．本研究は学術振興会科学研究費基盤研究 C（課題番号 16K02677）の助成を受けている．

実際, (2a) の「送って来た写真は…だ」の部分の元となっているタイ語に (2b) のような文が考えられ, これはタイ語で頻用される自然な用法の 1 つである.

　小論では, 上記のような聞き手領域への移動を表す表現に関して, 同じ類型に属するはずの両言語において, 日本語では「来る」の使用が非文となるがタイ語では maa '来る' が使用される状況・条件を, 実例のデータをもとに考察する.[1] データは, 日本語学習者の使用例, タイ語のネット上・歌・会話での使用例を中心とし, 対応言語の表現に関して母語話者の文法性判断も参考にする. 本稿の構成は以下のようになる. 2 章で先行研究を紹介し, 3 章で日本語にないタイ語の maa '来る' の用法を取り上げ分析し, 日タイ語間の相違点とその要因を考察し, 4 章で本研究の示唆を述べる.

2. 先行研究

　直示方向動詞 (「行く／来る」) の使用に関しては日英語の対照研究を中心に数多くの先行研究 (大江 (1975), 久野 (1978) など) があるが, 本稿では, 紙幅の関係から, 当該の状況において直示方向動詞の両方が使用される現象とその使い分けを論じた 2 研究, 坂本 (1988) と陣内 (1991) を紹介する.

　坂本 (1988) は, 日本語の「行く／来る」とタイ語の「pay/maa」の用法の包括的な対照研究を行っている. その中で, 話し手が自分以外の視点をとることを「転位」とした上で, 本稿における maa '来る' の用法を「聞き手の場所中心」の用法と呼び, タイ語の手紙文の例として (3) の文 (p. 67) を挙げている.

(3)　phǒm yindii thîi　　cà　　dây　maa　yiâm　yiîpùn[2]
　　　ぼく　喜ぶ　関係詞　未然　可能　来る　訪問　日本
　　　「ぼくは日本に行けることになって喜んでいます」

当該の用法の制限や語用論的意味については, 次のようにまとめることができる：日本語と異なる maa '来る' の「転位」用法は, 手紙文で使用され (p.

---

[1] 本稿では「話し手」「聞き手」という言葉を使うが, 会話以外のネット上の書き言葉や歌なども扱うため, 前者は「書き手」「歌い手」, 後者は「読み手」の場合も含む.

[2] 坂本 (1988: 67) 自身も後述しているように, この文の用法は現代では廃れていると考えられる. 筆者の回りのタイ語母語話者 (20 代～30 代) は揃って不自然であると指摘し, maa '来る' を pay '行く' に置き換えた以下の例文の方が自然であるとした.

(i)　phǒm dii-cay thîi　　cà　　dây　pay　yiîpùn
　　ぼく　嬉しい　関係詞　未然　可能　行く　日本

67），聞き手中心の敬意表現としての機能を持つ（p. 68）が，その用法は「廃れつつある」（p. 67）．「日本語では相手中心の表現は親しさにつながり，敬語表現にはならない. … 日本語の「来る」は常に自分に向かう移動」（p. 73）である.

　陣内（1991）は，日本の北九州地方の方言で英語と同様の「来る」を使用する方言における共通語との言語接触の際に見られる表現の分析を行った．当該の状況で「行く」「来る」の使用をそれぞれ共通語用法・方言用法とし，方言用法地域である福岡市他において，共通語用法地域との境界付近に位置しているなどから両用法の併用される地域に居住する人々に対して面接調査を行っている．調査項目は，以下のような方言用法が容認されるかどうか，また両用法でどのような文体的意味や要因の違いがあるかである.

(4)　B:　今カラコッチニ来ン（来ない）？　　　　　　　　（陣内（1991: 89））
　　　A:　ウン，ジャスグ来ルケン（行くから）

結果として，調査対象者の全員が（4）の用例を自身が使用するか使用せずとも自然であると判断したこと，また方言用法が「親しさと遠慮のなさ」，共通語用法が「改まりと遠慮」を表す（p. 84）ことなどを明らかにしている.

3.　日本語にないタイ語 maa '来る' の移動表現用法

　聞き手領域への話者（領域から）の移動を表す場合で，日本語（以下では「共通語用法」地域の日本語を指す）では「来る」は使わないが，タイ語では maa を使う用例を収集した．タイ語のその表現は，統語的に，大きく分けて次の2つのタイプに分類可能であることが分かった.

　a.　本動詞としての用法 [maa（＋アスペクト辞／＋V）]
　b.　補助動詞としての用法 [V＋maa]

両者は統語的な違いであり，a では maa '来る' は本動詞として機能し，前後にアスペクト辞を伴う場合や他の動詞が後続する場合も含む．タイ語は主要部先行型言語であるため，（動詞の前に生起するアスペクト辞や助動詞を除く）述部の最初に来る maa の用法がこれに当たる．対照的に，b では他の動詞が先行し maa がその補助動詞として先行動詞の方向等を表す機能を果たしている．この違いはタイ語における違いであるが，興味深いことに，この2分類はそれぞれ対応する日本語表現においても大きく異なっている．前者の本動詞

maa '来る' の和訳には,「来る」ではなく「行く」が使用されるが,それに対して,後者の補助動詞 maa の和訳では「来る」も「行く」も,つまり方向動詞自体が使用されないのが普通である.本章では上記の 2 タイプをそれぞれに分けて分析する.

3.1. 本動詞としての maa '来る' の用法

タイ語で maa '来る' が本動詞として使用される場合であるが,これは上記 a の形式を持ち,「話し手」(主語名詞)の「聞き手」領域の方向への移動を表す.しかしながら,上記 (1) の例で述べたように,話し手の聞き手の場所への移動一般では,タイ語は日本語と同じように pay '行く' を使うわけであるから,どういう文脈状況の時にタイ語で maa '来る' の使用が可能となる(が日本語では依然「行く」が使用される)のかが問題となる.

結論から先に述べると,maa の使用例の分析からその文脈状況に共通しているのは「話し手が物理的にかつ/または心理的に聞き手に近いことを聞き手に知らせる場合」ということである.これは物理的(距離的・時間的)近さの場合でアスペクト辞と共に使用される場合の例を図に表すと次のようになる.

つまり,話し手が聞き手のところへ移動するとき,一般的には(日本語と同様)pay '行く' を使って表すのであるが,聞き手に近くなると(そしてそれを聞き手に伝えたい場合に)maa '来る' の使用が可能となるのである.典型的な例とすれば,友人から研究室に電話がかかって来て友人の集まりに来ないのかと問われ,これから研究室を出るという時は pay '行く' を使うが,集まりの場に近づいた時に再び自分の携帯に電話があり「早く!まだなの?」と聞かれた時には maa '来る' を使うといった具合である.

以下では主動詞としての maa '来る' がアスペクト辞と共起する場合と,それに他の動詞が後続する場合に分けて見ていく.

3.1.1. maa '来る' +アスペクト辞

この maa '来る' に完了アスペクト辞の lɛɛ́w をつけた maa lɛɛ́w という形やその反復形の使用は実際よく見られるようである.物理的(距離的・時間的)

に近い場合の例として，タイの人が子供の時によく聞く表現で，タイでよく見られる屋台で食べ物を売り歩いている人の発話の例がある．(5) では，お菓子のカノムクロック（たこ焼き似のココナッツ菓子）が，出来上がったばかりで今子供たちの目の前にもう来る／現れるという様子を表している：

(5)　khanŏmkhrók　　rɔ́ɔn　rɔ́ɔn　maa　lɛ́ɛw　câa
　　　カノムクロック　熱い　熱い　来る　完了　終助詞
　　　「（待ちに待った今出来たばかりの）熱々のお菓子が今行くよ．」

　物理的な近さと心理的な近さを明確に区別することは不可能であるが，より心理的な近さを表す場合の maa の用法というのは，事態が切迫していると話し手が感じていると思われる場合の用法である．聞き手が，自分の目の前にすぐ話し手が現れることを期待もしくは要求しているような場合である．例えば，研究室で1人でヘッドフォンをつけて音楽を聴きながら仕事をしていて，気がついた時には同僚が部屋のドアを何度もドンドンと叩いて「いないの？」と叫んでいたというような状況で，タイ語ではその場で即座に（まだ一歩も踏み出していないのに）次のように返事をすることがある．

(6)　maa lɛ́ɛw!　maa lɛ́ɛw!
　　　来る 完了　来る 完了

日本語では「すぐ行くから／すぐ開けるから，待って！」などとは言うが，「すぐ来るから待って」とは言わない場面である．
　(6) の表現は，リレー競争（バトン・リレー）で走者が，バトンを渡す次の走者（聞き手）の今か今かと待ってこちらを見ている姿が自分の視野に入ったところで発する言葉でもある．その場合も，日本語では「来た，来た」とは言えず，言うとすれば自分が「今行く，今すぐ行く（から）ね」と「行く」を使うような状況である．興味深いことに，日本語でも話者が走者ではなく次の走者（聞き手）の側にいる人の場合は，待っていた前の走者が自分たちの視野に入った際の聞き手への発話として「来たよ，来たよ」と言えるのである．

3.1.2.　maa '来る'＋動詞

　maa が主動詞として使われ他の動詞が後続する場合というのは，pay/maa がその後続動詞と連結構文を構成し，日本語で「〜しに行く／来る」「行って／来て〜する」という意味をもつ場合である．典型的な用例として見つかったものは，歌の例が多いが，いずれも話し手が聞き手との心理的距離が近いこと

を表す状況であり，いわば聞き手の視座[3]に立ち聞き手の視野の中に話者自身が出現／存在することを聞き手に伝えるような状況であるということができる．坂本（1988）にあった手紙文における「敬語表現」とは質を異にするものである．

最初の歌の例では，maa '来る' に hǎa '会う' が後続しており，直訳では「会いに来る」だが日本語では「会いに行く」と言うところである．題名が「maa hǎa thammay」'来る，会う，なぜ'（なぜ（君に）会いに行きたいのだろう）という以下の歌[4]は，女性と別れた男性の気持ちを表していて，その男性が1人で歌っているか，相手の女性に電話をかけてこの歌の言葉を言っている場面が考えられる．

(7)　maa　hǎa　thəə　　　　thammay　thîiciŋ　kôɔ　　kreeŋcay
　　　来る　会う　あなた（女性）　なぜ　　　本当は　（私）も　遠慮する
　　　yàak　cà　　maa　hǎa　thəə　　thammay
　　　〜たい　未然　来る　会う　あなた　なぜ
　　　「なぜ会いに行くのだろう．本当は（行っては）だめなのに．
　　　（でも）会いに行きたいのはなぜ？」

聞き手から離れた場所での歌であるため，この maa が表すのは物理的近さではなく心理的近さということになる．同じ心理的近さを表す例としても，前述のアスペクト辞と共起する用例では，聞き手からの話し手の近さを聞き手が求めて（話し手がその求めに応じようとして）いる場面であるのに対して，(7)の例では，話し手の一方的な（聞き手のもとへ行きたいという）欲求の場面ということができる．ただ，(7)の例で話し手の側の欲求は同文中の yàak（〜たい）が表しているのであって maa の意味ではない．これまでの用例に共通する maa の表す意味とすれば，「聞き手の眼前・視野に話し手が存在／出現すること」であり，それを聞き手に伝えることが maa を使った表現全体の果たす機能であるということができる．[5]

---

[3]　本稿では用語の使い分けで「どこから見るか」を「視座」，その視座から「見える範囲全体」を「視野」とする．

[4]　以下の URL で視聴可能（"maa hǎa thammay" by Maew Jirasak）．該当部分は 1:06-1:10分．

　　　http://www.youtube.com/watch?v=gL9uOV_tkSQ

[5]　本動詞 maa に後続する動詞が hǎa '会う' 以外の動詞の例で，聞き手に近づくことに対する話し手の意志を表す用法の例もある．題名が tɔɔ paynií ná「これからね」という歌で，女性が好きな男性に伝える想いを歌詞にしたものである．相手の男性に迷惑だと思い自分が離れる

20   I. 類型論的研究

　日本語にも，(7) のように愛する人と遠く離れていて会いたいという気持ち
を歌う歌はあるが，離れた場所で歌うのであれば必ず「会いに行きたい」と
「行く」を使わなければならない.⁶

　明らかに敬語表現ではない maa の用法が，(8) に見られる，聞き手を怖が
らせることを意図した場面での用例である. 幽霊映画でよく聞かれる台詞で，
自分をひどい目に遭わせるなどした人に対して「(死んだら) 幽霊としてお前
の前に現れてやる」と言いたい時，タイ語で次のように言う:

(8)　taay　lɛ́ɛw　cà　　maa　hǎa　ná
　　　死ぬ　完了　意志　来る　会う　終助詞
　　　「死んだら (幽霊として) 会いに行くよ.」

(8) も日本語でも「化けて出て来てやる」とその場に戻り来るという意味では，
使えるが，タイ語では聞き手から離れた場所からの電話でも，日本語で例えば
あの世から「今会いに行く」と言う時も，maa hǎa ' 来る , 会う' が可能である.
それを使うことによる聞き手の持つイメージは〈幽霊のこちらを向いた姿が，
自分に向かって来る〉というものである. 同じ maa hǎa の例である (7) の話
し手が聞き手に好意を持っている場合とは反対で，(8) は聞き手に悪意を持っ
ている場合 (「～てやる」にも注意) である. 両者の共通点はやはり聞き手の視
野に映る話し手の姿である.

　タイ語の例で maa '来る' を pay '行く' に置き換えた場合，表現の伝えるイ
メージが異なることが興味深い. 上の (8) の例で maa の代わりに pay を使う
と (使えるが) 聞き手には幽霊が自分に向かって来るようなイメージはなくな
り，ただそれがどこかへ向かって移動し始めるといったものになる.

───────────────

ことを決意し「これからはあなたの邪魔をしないようにするわ」という歌詞に続く部分であ
る:
　(i)　cà　　mây　maa　rópkuan　hǔacay
　　　意志　否定　来る　入り込む　(あなたの) 心
　　　「あなたの心に入りに行かないようにするのよ.」
以下の URL で視聴可能 ("tɔ̀ɔ paynií ná" by Nicole Terio). 該当部分は 1:00-1:05 分.
　　http://www.youtube.com/watch?v=9mniDoUW36E
　⁶ 日本語でも，主節ではなく従属節内であれば話し手の聞き手領域への移動に「来る」を使
用することができる場合がある (例:「あなたは家にいて私が来るのを待っていてね.」). も
ちろんその場合も「行く」の使用が自然である.

3.2. 補助動詞としての maa '来る' の用法

この用法では，maa に他の動詞句が先行する［V（＋物）＋ maa］の形をとる．先行動詞の表す行為で何かが移動し，その移動の方向を maa が表す．本動詞としての用法では聞き手のもとへ（主語である）話し手自身が移動するのであったが，この用法では話し手自身ではなく，話し手が発送・発信した他の何かが聞き手のもとへ移動する点で異なる．[7]

先行動詞に sòŋ（送る），thoo（電話する），khǐan（（メールなどを）書く）などをとり発送・発信の事象を表すこの用法は自然で頻繁に見られるようである．（2′）ではメール添付の例を見たが他にも次のような例が見られる．

(9)　cà　sòŋ　káat　　maa　(hây (thəə))　thúkpii nay wankèət
　　　未来　送る　カード　来る　〜に　あなた　毎年　　時　誕生日
　　　「毎年のお誕生日にカードを［送り／ *送って来］ます.」

(10)　phrûŋ níi cà　　thoo　　maa　(hǎa (thəə))　tɔɔn　sìp
　　　明日　　　未来　電話する　来る　〜に　あなた　とき　10
　　　mooŋ　na
　　　時　　　終助詞
　　　「明日 10 時に電話［し／ *して来］ますね.」

(9)，(10) いずれも，話し手が聞き手とは遠く離れた場所にいて，例えば聞き手に送るメールの中で書く表現として使用できることに注意したい．いずれも話し手領域から聞き手領域への移動を表す表現に maa '来る' を使っている点で（日本語とは異なる）特徴がある．そして，日本語訳では方向動詞自体を使わない表現となっているのである．

このことから本項では，まずタイ語内で補助動詞として使用される maa と pay の使い分けを前節の本動詞としての両方向動詞の使用原理とも比較しながら考察し，続いてタイ語の当該の用法での maa と pay の使用に対して対応する日本語表現においては「来る」も「行く」も使用されない要因を考察する．

3.2.1. 補助動詞としての maa '来る' と pay '行く' の使い分け

用例に見られた補助動詞としての両者の使い分けの原理は，基本的に本動詞

---

[7] 「V＋maa」の形式自体は，本稿での「使役移動」の意味のほかに「動作主移動」（例：dəən maa（'歩く，来る'）'歩いて来る'）の意味も表すが，当該の状況での後者の用例は見当たらない．

の場合と同じである.

　次の（11）は，映画の中の歌の歌詞に見られる例で，同じ歌の中で補助動詞としての maa '来る' と pay '行く' の両方が見られる例である．（11）の先行動詞 fàak は，それだけでは「預ける」という意味であるが，fàak maa や fàak pay のように方向補助動詞とともに使われ，日本語の「届ける」という意味になる.

(11) a.　fàak　　rák　maa　kàp　　　daaw
　　　　　預ける　愛　来る　とともに　星
　　　　　「星に頼んで（私の）愛を（君のところまで）届ける／た」
　　　b.　yàak　　cà　　fàak　pay　dûay　lom
　　　　　〜たい　未然　預ける　行く　手段　風
　　　　　「風で／を使って（愛を）届けたい」

日本語ではどちらも「届ける」で同じに訳されるが，（11a）の fàak maa は星を見る聞き手（君）の元に話し手の愛が届けられて来るニュアンス，つまり届けられる愛の到着点（にある聞き手の視座）に立ってそれを見ているニュアンスがある．対照的に（11b）の fàak pay は，pay を使うことによって，「話し手（私）と聞き手（君）がかなり離れている」（会いたくても会えない）というニュアンスがある．聞き手から遠く離れた話し手の場所（起点）から「風に託してでも愛を届けたい」という意味になる（cf. 上記（8）の例）.

3.2.2.　補助動詞としての maa '来る' と pay '行く' の使用／不使用

　日本語では，聞き手へものを送り届ける（11）のような状況を表す表現は，タイ語とは異なり，補助動詞（maa '来る' や pay '行く'）のない表現となる．その要因として指摘できるのが，両言語の「発送・発信動詞」の指す意味範囲が（訳語としては同じだとしても）異なるということである．より具体的には，発送・発信の事象は何かが送り手の元を離れ受け手の元に到着するまでの局面を持つが，日本語では発送・発信の動詞が 1 語で到着点までの経路と方向性を含意するのに対して，タイ語では送り手がその何かを自分の手元から離す使役の面のみを表す傾向が強いということである．よってタイ語では，物の移動や到着をも意味するかそれを明確に表すために，別の語彙（この場合は補助動詞 maa/pay）を伴う「連結動詞構文」をとる必要があるということになる.

　例で見ると，（11a）で，日本語では「届ける」1 語で表している同じ事象が，タイ語では fàak '預ける' を主動詞に使い，その意味範囲にない移動の方向性

を補助動詞 maa が示す形で表現されている．これはある意味近似の対応をなす英語の動詞 1 語 bring と日本語（とタイ語）の複合動詞表現「持って来る」を考えると分かりやすい．ある言語で 1 語で表される事象が別の言語では複合語に対応する場合があるのである．(9) や (10) でも，タイ語に対してそれぞれ sòŋ＝「送る」，thoo＝「電話する」と日本語では方向性を持つ動詞の訳語が与えられてはいるが，タイ語では聞き手への方向性や到達を明確に示す場合には maa を伴う形式が選択されるというわけである．[8]

　論点をまとめると，発送・発信事象を表す表現で，補助方向動詞 maa を伴う構文となるタイ語に対して，対応する日本語表現で方向動詞自体が現れない 1 語動詞となるのは，同じ事象の切り取り方が言語によって異なるからである．すなわち，発送・発信事象はタイ語ではその主動詞でその使役事象（例：fàak '預ける'）のみを表す傾向が強く，移動の経路や到達の方向を明確に示す場合には補助動詞が用いられる．それに対して，日本語では 1 語で移動事象も含意するため，その 1 語（例：「届ける」）だけの，タイ語に見られる補助動詞自体を伴わない形式に対応するのである．

　なお，発送・発信事象を表す形式において，日本語とは対照的にタイ語はその使役動作と物の移動の方向性を別の語彙で表す「連結動詞構文」をとる傾向があることは，結果事象においても見られることを指摘しておく．日タイ語間の体系的な差異として，本項の論点の傍証ともなる．(12) はタイ語の結果構文の例（Thepkanjana & Uehara (2004)）であるが，タイ語で 2 語の兼語構文で表される出来事が日本語では 1 語であり 2 語の複合語で表すことは不可能である．

(12)　khǎw　khâa　plaa　taay　　「彼は魚を殺した.」
　　　彼　　殺す　魚　　死ぬ

---

[8] 日本語でも例えば「送り届ける」のような複合語も可能である．しかし，(11a) で和訳を「送り届ける」とした場合，つまりタイ語と日本語がどちらも動詞 2 語に対応するとした場合においても，両者は文法構造的に異なっている．日本語では，「愛を送り届ける」で移動物の「愛」は第 2 動詞の「届ける」が他動詞でその目的語となっている．対照的にタイ語では，fàak rák maa（直訳：'預ける，愛，来る'）で「愛を預ける」とそれが「移動・到着する」というように，移動物の「愛」は第 2 動詞「来る（移動・到着する）」が自動詞でその主語となっているのである．タイ語のこの形式は，いわゆる「兼語構文」であり，間にある移動物名詞「愛」を軸としてその前後の 2 動詞の表す事象がつながった形式になっている点で，日本語の複合動詞と異なる．タイ語では，結果構文も「兼語構文」の構造を持つ（例 (12) 参照）．

3.3. maa '来る' の用法まとめ

日本語の「来る」には見られない，話し手領域から聞き手領域への移動を表すタイ語の maa '来る' の「転位」用法は，話し手自身の移動を表す場合と，話し手の発送・発信行為によるその客体の移動を表す場合とがある．その両方の場合に共通して，その移動主体と聞き手との距離が物理的にあるいは（話し手の）心理的に近くなった時に maa '来る' が使用される．その maa の用法は，聞き手の視座からの見えにその移動主体が存在・出現することを聞き手に伝える機能を持つ．心理的な近さとは，話者が，聞き手の切迫感を持った要求などに応えるためや自らの切ない気持ちなどから，自分自身や自らの愛が聞き手の間近にあると主観的に（物理的にはそうでなくても）捉えたものである．この用法は，聞き手にその捉えを促すものと言うことができる．

また，客観的には同じ事象に pay と maa の使い分けがある場合，pay とは異なり maa は同じ移動事象の着点である聞き手の視座からの捉えを表す．

本研究の分析結果から先行研究の論点に考察を加える．まず坂本（1988）では，当該のタイ語の maa の用法は日本語には見られない「聞き手中心」の用法として指摘がある．しかし，この用法が「敬語表現」とは言えないこと，必ずしも手紙文・メール文に限定されていないこと，現在でも廃れているわけではないことが明らかになった．特に最後の点に関して，補助動詞としての maa の用法は現代語でも使用の頻度が高い．

タイ語ではなく日本語の「方言用法」の分析をした陣内（1991）は，物理的・心理的な距離にも言及し，方言用法の「来る」が親しさと遠慮のなさを表しているとしている点で，小論の考察に近い．ただ，方言用法の「来る」に比して共通語用法の「行く」が改まりと遠慮を表すことの要因の一つとして，接触環境でのそれぞれ方言と共通語に対する意識があるとしている点は，タイ語の場合には接触環境での使用ではないため当てはまらない．タイ語の当該用法は，同じ事態内容でのスタイル差のようなものではなく，条件が揃った特定の場面で使用される異なる捉えを表すものと特徴づけられる．逆に，陣内が他の要因として挙げた「「行く」が移動行為の起点，「来る」が到達点に視点のある語」（p. 21）とする概念的意味の違いは，上記のタイ語での両形の使い分けの説明にも通じる指摘である．

3.3.1. maa '来る' の本動詞用法と補助動詞用法

タイ語内での（話し手から聞き手への方向を表す）maa '来る' の2用法を調べると，発送・発信を表す「補助動詞用法」の方が，話し手自身の移動を表

す「本動詞用法」に比べて，より頻繁に見られるようである（上記（2′）の用法も参照）．この要因については以下のことが考えられる．

　両者の概念的な違いは移動物が何かという点である．本動詞用法の主体移動では，話者自身が移動物であり，そのため，話し手が聞き手の視座で「見る」立場に立つ時，同時にその対象として「見られる」立場にあることになり，解決すべきある種の矛盾が生じる．すなわち，移動物である自分自身を他者（この場合は聞き手）の視野に映っているものとして，つまり客体化して見ることになるのである．これは池上（2003/2004）のいう「自己分裂」，中村（2003）の「脱主体化」を起こしていることになる．対照的に，補助動詞用法の発送・発信の事象では，話し手が聞き手の視座で「見る」対象が話し手自身ではなく他の移動物となり，主体移動の時のような自己分裂までは起きないということになる．よって，より成立しやすいと考えられるのである．

　また，統語構造上，発送・発信事象を表すタイ語の連結動詞構文では，補助動詞としての maa‘来る’が，移動事象の到着の局面を焦点化する機能を持つことを述べた．その到着の局面の焦点化が，移動物が（起点の話し手の視野より）着点の聞き手の視野にある状況を想起させる，つまり聞き手の視座からの捉えを動機づけていると考えられる．より具体的には，発送・発信事象の場合は（2′）の例のように，メールの送り手は離れた場所にいる受け手に宛ててメールを書くわけであるが，受け手がそのメールを読む時点では移動物（添付の画像）が聞き手の元にすでに「来ている」，聞き手の視野に存在するという状況にある．それを知る送り手は，上述のように移動物が物理的に聞き手に近い状況であるため maa の使用が動機づけられることになるのである．対照的に，主体移動では，例えば（3）の手紙における，話し手が物理的に離れた位置にある聞き手に向う移動の予定についての表現では，少なくとも手紙到着時での物理的な近さの要因はない．

3.3.2.　日本語で当該の「来る」表現が見られない要因

　前節の議論から，タイ語では条件が揃えば見られる maa‘来る’の用法が，同じ状況で日本語で使用されない要因について考察が可能となる．

　まず，タイ語で maa 用法がより典型的に見られる発送・発信の表現に対応する日本語の表現に「来る」用法が見られないのは，上述のように構造的な理由による．すなわち，話者が聞き手に何かを送る状況で，日本語では動詞「送る」だけを使い，方向動詞の「行く」も「来る」も使用しないからである．

　しかしながら，本動詞としての日本語の「来る」用法には，同様の構造的な

要因は見られない．そのため，タイ語で maa '来る'用法が可能な場合と同じ（話し手が物理的／心理的に聞き手に近い）状況でも日本語の対応表現で「来る」にはならず「行く」が使われることは，語用論的な要因があることになる．小論では，相互に関連する2つの要因を指摘する．

　1つは，すでに坂本（1988），陣内（1991）やそれらに引用のある久野（1978）等に指摘されていることであるが，それは日本語では当該の状況で聞き手の視座をとることは，敬語表現にならないばかりか，「逆に自分の行為を相手に押しつける一種の図々しさが出てくること」（陣内 1991: 84），聞き手の領域に踏み込むことになるということである．陣内は方言用法の「来る」が親しさと遠慮のなさを表すと指摘したが，日本語（共通語）では親しくとも聞き手の視座はとらず，いわば「親しき仲にも礼儀あり」となる．これについては上記先行研究を参照されたい．

　もう1つは，上記の点で日本語で聞き手の視座を取らないということは裏を返せば話し手の視座に留まるということであり，日本語では話者自身の体験する事象の描写においてその傾向が強いということである．前項で，タイ語の maa の転位用法において主体移動の場合のほうが使役移動に比べて少ないことの理由に，前者が話者の自己分裂・脱主体化の過程を意味するからということを指摘した．同じ主体移動でも日本語の場合は，さらに自己分裂・脱主体化を避ける傾向が強いということになる．この点は，中村（2003）が脱主体化の過程を経ない I-mode が日本語に特徴的としたことや，Kuno and Kaburaki（1974）が日本語を特徴づけて speaker-centered language（話者中心的言語）としたのと重なる．移動事象を捉える視座を置くのがその起点であっても着点であってもその事象を体験的に捉えているのに違いはない．しかし，日本語ではあくまでもその起点にある話者の視座が選択されるのである．ただ，その点での日タイ語間の差は，タイ語でも当該事象一般の表現には日本語と同じ pay '行く'が使用されるため，同じタイプの中の程度の差と考えるべきである．

　なお，日タイ語間で日本語のほうが話者中心性，すなわち体験者として話者の視座に限定される傾向が強いことは，両言語の内的状態述語（感情形容詞など）の文法現象の差にも見られる．日本語のほうにだけ，その経験者主語が話者に限定されるといういわゆる人称制限があるのである（Uehara（2012））．

4.　結論

　タイ語は日本語と同様に話し手領域から聞き手領域への移動を表す表現一般

に pay '行く' ／「行く」が用いられるが，タイ語では条件が揃えばその表現に maa '来る' が使用されることがある．その場合対応する日本語の表現に「来る」は使われない．本稿は，そういった両言語の用法のずれとなるタイ語の maa '来る' の特殊用法の使用実態を分析し，その使用の条件となる要因を考察した．本研究の結果から，「来る」の転位用法の対照言語学的研究上次のような示唆が考えられる．1) 当該用法の生起には，タイ語の連結動詞構文などその言語特有の形態統語構造が影響を与えることがある．2) 言語は当該用法のあるなしの二元論に帰されるものではなく，同じ転位用法のないとされるタイプの言語でも場面によってその用法を許す言語があるなど，程度性が見られる場合がある．3) 一般に転位用法のない言語である日本語とタイ語を比べると，タイ語でわずかに許される場面での転位用法も日本語では不可であり，日本語は話者中心性が極めて強い言語であると特徴づけることができる．

参考文献

池上嘉彦 (2003/2004)「言語における〈主観性〉と〈主観性〉の言語的指標 (1)/(2)」『認知言語学論考』No. 3, 1-49, 同 No. 4, 1-60, ひつじ書房, 東京.

陣内正敬 (1991)「「来る」の方言用法と待遇行動」『国語学』167 集, 15-23.

久野暲 (1978)『談話の文法』大修館書店, 東京.

Kuno, Susumu and Etsuko Kaburaki (1977) "Emphasy and Syntax," *Linguistic Inquiry* 8 (4), 627-672.

中村芳久 (2003)「言語相対論から認知相対論へ：脱主体化と 2 つの認知モード」『研究年報』No. 17, 77-93, 日本エドワード・サピア協会.

大江三郎 (1975)『日英語の比較研究：主観性をめぐって』南雲堂, 東京.

坂本比奈子 (1988)「日本語の動詞「行く／来る」とタイ語の動詞 pay/maa の対照研究」『麗澤大学紀要』第 47 巻, 41-74.

澤田淳 (2011)「日本語のダイクシス表現と視点，主観性」『ひつじ意味論講座 5：主観性と主体性』, 165-192, ひつじ書房, 東京.

Thepkanjana, Kingkarn and Satoshi Uehara (2004) "Semantic Types of Resultative Predicate in Transitive-based Resultative Constructions in Thai," *Papers from the 11th Annual Meeting of the SEALS*, 731-747.

Uehara, Satoshi (2012) "The Cognitive Theory of Subjectivity in a Cross-linguistic Perspective: Zero 1st Person Pronouns in English, Thai and Japanese," *Typological Studies on Languages in Thailand and Japan*, 119-136, Hituzi Syobo, Tokyo.

ドイツ語の事態把握をめぐって
―日独英対照の観点から―[*]

大薗　正彦

静岡大学

1.　はじめに

　本稿ではドイツ語学の立場から，日本語，ドイツ語，英語に見られる事態把握（construal）の傾向の異同とその関連現象について論じる．事態把握を構成する要素として，認知文法では，詳述性（specificity），焦点化（focusing），際立ち（prominence），視点（perspective）などが取り上げられるが（Langacker (2008: ch. 3)），このうち，日本語との対照研究でしばしば問題とされるのが，視点の取り方である．「事態の内・外」，「主観的・客観的」，「I モード・D モード」など，いくつかの異なる名称で呼ばれる現象は，前提となる理論的基盤や細かなニュアンスの差を無視してよければ，基本的には類似の現象を捉えようとして提案された概念だといえるだろう．

　一般にドイツ語の事態把握について論じる場合，どうしても「英語・ドイツ語」対「日本語」という大枠で論じられることが多い．このこと自体が大きく間違っているとはいえないが，一方で「ヨーロッパ言語」という括りによって一部の現象がふるいにかけられているという点も否めない．本稿では，限られた紙幅ではあるが，ドイツ語学の立場からこれまでの研究を相対化し，英語学ひいては言語類型論へのささやかな貢献を目指したい．

2.　議論のシナリオ

　すでにさまざまな形で指摘されているとおり，日本語では，事態を「自己中心的」な視座から捉え，「見え」のままに言語化する傾向が強いといえる．その場合，話し手（主体）は，言語化の対象となる事態（客体）にいわば埋め込

---

[*] 本研究は科学研究費助成事業の助成を受けている（課題番号 16K02664, 15H03199）．

まれた格好となり，両者の境界はあいまいになる．そのようなスタンスでは自己は言語化の対象となりにくい．一方，英語やドイツ語では，話し手（主体）は事態（客体）に対し距離を取った形で事態把握を行う傾向が相対的に強い．その場合，主体と客体の境界は明確である．そのようなスタンスでは，自己を含む状況であっても，自己が客体化された形で言語化されるということが起こる（とりわけ Ikegami (2015), Ozono (2008))．

(1) a. まもなく金沢です．（列車のアナウンス）
   b. In Kürze erreichen wir Kanazawa Hbf.
      shortly   reach   we Kanazawa Central

上例において，日本語では「自己中心的」な視座が取られている——自己は見えない——のに対し，ドイツ語では「自己分裂」の構図——自己を把握している自己がいるという構図——になっている．この例に関していえば，ドイツ語は英語と同じである．

さて，事態把握における視点をめぐる一連の議論は中村 (2004, 2009, 2016) に譲ることにして，ここではこれら 2 つの事態把握のタイプを，説明的に「主客未分」の事態把握と「主客対峙」の事態把握としてまとめておく．これまでの対照研究では，一般に 2 つの事態把握のタイプを両極として議論が進められることが多い．ただし本稿では，特に話し手の視点の移動を考慮した 2 つのサブタイプ，「主客未分」＋「自己投入」の状況と「主客対峙」＋「自己分裂」の状況に注意を払っておきたい．

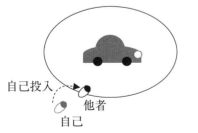 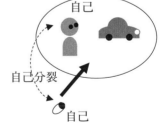

図 1：主客未分＋自己投入　　図 2：主客対峙＋自己分裂

図 1 は，誰か他者の目の前に車がある状況を，その人の視点から「（目の前に）車がある」と捉える場合である．ヨーロッパの言語では比較的まれな把握の仕方かもしれないが，いわゆる「自由間接話法」（ドイツ語文法では「体験

話法」と呼ばれる）では，このタイプの事態把握が根底にある（三瓶（2017））．それに対し図2は，事態の中に自己が含まれる状況を，事態の外から「私の前に車がある」と捉える場合である．この場合，自己が客体化されて言語化されることになる．

　以上が認知主体としての話し手のスタンスに関わる問題だとすると，次に，同じく認知主体としての聞き手のスタンスにはどのようなものが想定され得るであろうか．話し手が「主客未分」のスタンスを取る場合，次の図3に示すように，聞き手のほうでも話し手のスタンスに歩み寄る必要が出てくる．そうすると，聞き手も「主客未分」のスタンスに立つことになるため，結果，話し手，聞き手，事態の三者が未分化な状態となる．[1]　一方，話し手が「主客対峙」のスタンスを取る場合は，図4に示すように，聞き手のほうでも，言語化される事態に対して距離を置いて向き合うことが可能となる．その結果，話し手と聞き手が向かい合う形での「対話」が可能となる．

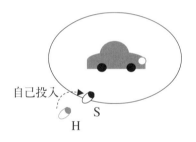 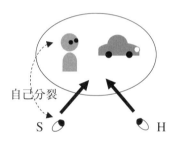

図3：主客未分と聞き手　　　図4：主客対峙と聞き手
　　　　　　　　　　　　　　　　（S＝話し手，H＝聞き手）

　以上のことから導き出される仮説は，「主客未分」の事態把握は話し手・聞き手の「同型的」なスタンスと，「主客対峙」の事態把握は話し手・聞き手の「相補的」なスタンスと，それぞれ親和性が高いというものである（Ozono (2017)）．この点を踏まえ，次節以下では，日本語，ドイツ語，英語に特徴的な話し手・聞き手の振る舞いを具体例に即してみていくことにする．

---

[1] 図1のように，もともと話し手が他者に自己投入して事態を把握していた場合は，さらに聞き手の自己投入も加わり，幾重にも視点が重なり合う状況となる．

3. 主観性をめぐって：話し手のスタンス

有名な「雪国」の冒頭文から始めよう.

(2) a. 国境の長いトンネルを抜けると雪国であった.　（川端康成「雪国」）

b. Als der Zug aus dem langen Grenztunnel herauskroch, lag das „Schneeland" vor ihm weit ausgebreitet.　　　　（O. Benl 訳）

〈直訳：列車が長い国境のトンネルから這い出たとき,「雪国」が彼の前に広大に横たわっていた.〉

c. The train came out of the long tunnel into the snow country.

（E. G. Seidensticker 訳）

日本語では語り手（主体）の「見え」がそのまま言語化されているのに対し, 英語やドイツ語では語り手（主体）と事態（客体）の間に距離が置かれているというものである. しかしながら, よく見るとドイツ語では従属節と主節を用いて, 日本語をなぞるような形で訳出されている（「…したとき, …」）. 少なくとも時間的な経過が「順次的」な形で表現されているわけであるが, 一方英語訳ではそのような構成にはなっておらず, いわば「総括的」な訳出になっている. そう考えると, 次の例のように, ほかにも多くの類例があることに気づく.

(3) a. 片桐がアパートの部屋に戻ると, 巨大な蛙が待っていた.

（村上春樹「かえるくん, 東京を救う」）

b. Als Katagiri in seine Wohnung kam, wartete dort ein riesenhafter Frosch auf ihn.　　　　（U. Gräfe 訳）

〈直訳：片桐が自分の住まいに戻ったとき, そこで巨大な蛙が彼を待っていた.〉

c. Katagiri found a giant frog waiting for him in his apartment.

（J. Rubin 訳）

なお,「雪国」の冒頭文が極めて日本的な表現であるかのように紹介されることがあるが, 類似の例はドイツ語でも簡単に見つかる. 次はドイツのノーベル文学賞作家トーマス・マンによる「魔の山」からの引用である. (4b) の日本語訳はほぼ直訳である. 参考までに英語訳も挙げる.

(4) a. Stockfinstere Tunnel kamen, und wenn es wieder Tag wurde, taten

weitläufige Abgründe mit Ortschaften in der Tiefe sich auf.

(Th. マン「魔の山」)

b. まっくらいトンネルがいくつもつづき，ふたたび明るくなると，底に部落の見えるひろい谷間がひらけた．　　　　　（関・望月訳）

c. There were pitch-black tunnels, and when day-light returned, vast chasms were revealed, with a few villages far below.

(J. E. Woods 訳)

以上，ドイツ語において「主客未分」の事態把握が，萌芽的であれ，確認できる状況を見たわけであるが，そうはいっても，「主客未分」の事態把握はやはり日本語においてより顕著である．次に，「日本語」対「ドイツ語・英語」の対比が確認できる例として，直示表現の例を見ておこう．いずれも村上春樹の「海辺のカフカ」からの引用であるが，(5) は主人公が一人称で描写されている箇所からの，(6) は主人公が三人称で描写されている箇所からの引用である（強調は本稿の筆者による）．

(5) a. 彼女は [...] 身体（からだ）の向きを変えて<u>こちらに</u>視線を向ける．

(村上春樹「海辺のカフカ」)

b. [...] sie [...] dreht sich und richtet ihren Blick <u>auf mich</u>.

(U. Gräfe 訳)

〈直訳：彼女は向きを変えて視線を<u>僕のほう</u>に向ける．〉

c. She [...] turns <u>in my direction</u>.　　　　　(Ph. Gabriel 訳)

(6) a. そのとき<u>背後で</u>小さな笑い声のようなものが聞こえた．ナカタさんが後ろを振り向くと [...] 美しい細身のシャム猫が [...] <u>こちらを</u>見ていた．　　　　　(ibid.)

b. Auf einmal ertönte <u>hinter ihnen</u> ein leises Lachen. Als Nakata sich umwandte, **sah er** [...] eine schöne schlanke Siamkatze, die [...] <u>zu ihnen</u> herüberschaute.　　　　　(ibid.)

〈直訳：突然<u>彼らの後ろで</u>小さな笑い声が響いた．ナカタさんが振り向くと，**彼は**<u>彼らのほう</u>を見ている美しい細いシャム猫を**見た**．〉

c. Just then **Nakata thought he heard** a small laugh <u>behind him</u>. **He** turned and **saw** [...] a lovely, slim Siamese looking <u>at him</u> [...]

(ibid.)

まず下線部分に着目すると，日本語では「こちら」や「背後」などの直示表

現が使われている．指示の原点はどこかと問われれば，通常は語り手のいるところということになろう．本来その場所は読み手のいる場所とは異なるはずであるが，読み手はこれらの文章を読んだとき，特に問題なく語り手の位置に自分を置いていると思われる．一方，ドイツ語訳・英語訳では，いずれも空間指示の参照点が客観的に表示されている (*auf mich, hinter ihnen* など)．

　さらに次の点も指摘しておいてよいだろう．上の日本語の例 (6a) においては，三人称が主人公の場合でも直示表現が用いられている．つまり，語り手は，事態の中に入り込み，そこに臨場する形で，三人称主人公を原点として事態を描写しているわけである（自己投入の状況）．日本人読者であれば，特に違和感なく上のテクストを読むものと思われるが，そうすると読み手の側でも無意識のうちに同じスタンスを取っていることになる．一方で，ドイツ語訳・英語訳のほうは，一人称主人公の場合であっても，直示表現は用いず，主人公（＝僕）自身を明示的に言語化している（自己分裂の状況）．つまり，上例に関していうと，日本語では一貫して「主客未分」のスタンスが，ドイツ語・英語では一貫して「主客対峙」のスタンスが取られているわけである．ついでながら，(6) のドイツ語訳・英語訳では，知覚動詞 *sehen, see* などが補われている点にも注目しておいてよいだろう（太字部分）．注意深く読めば気づくとおり，日本語の原文では主人公（＝ナカタさん）の「見え」が描写されているわけであるが，日本人読者が違和感なく読み進めているとするならば，それは取りも直さず，読み手も主人公（＝ナカタさん）および語り手と視点を重ね合わせている，つまり同型的なスタンスを取っているということにほかならない．

4.　主観性から間主観性へ：　聞き手のスタンス

　すでに聞き手のスタンスにも話が及んだが，ここで話し手と聞き手のスタンスの取り方についてもう少し詳しく考えてみよう．心理学者の浜田によれば，主体と主体が出会った時の心のあり方には，2つの可能性があるという．1つは，能動と受動をやり取りするというもの（相補性の構図），もう1つは，相互に同じ型を取るというもの(同型性の構図)である．視点の取り方でいえば，前者は「目が合う」，後者は「いっしょに見る」ということになる（浜田(1999)）．

 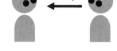

　　　図5：相補的スタンス　　　　　図6：同型的スタンス

　2人の人間が具体的に言葉を交わす場面を考えてみよう．話し手と聞き手が「相補的」なスタンスを取る場合（図5），典型的にはアイコンタクトを伴う対面的なコミュニケーションの状況が生じる．両者は2つの独立した主体として，能動的な役割と受動的な役割を交互に交代する．両者の輪郭も明瞭である．このことはしかし，話し手と聞き手が「同型的」なスタンスを取る場合には当てはまらない（図6）．

　ところで，この同型的スタンスは近年言語研究のレベルでも言及されることのある「共同注意」（joint attention）を想起させる（Tomasello (1999), 本多 (2011) など）．共同注意とは，概略，他者といっしょに，同じものに，同じように注意を向けることであり，事物を仲立ちとして複数の人間の間に意図や感情のつながりを生み出す間主観的なプロセスである．ただし，共同注意は相補的なスタンスでも成立し得る点に注意しておく必要がある（次の図7a）．つまり，共同注意は常に同型的なスタンスと共起するわけではなく，図7a 〜 c に示すように，さまざまな段階を想定することができる．このうち，図7c は2人の人間の視点が完全に重なった状態を示している．[2]

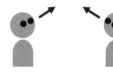 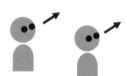

　　a. 相補的　　　　　b. 同型的　　　　c. 最大限に同型的
　　　　　図7：共同注意と相補性・同型性

　一般的に言って，日本語の聞き手は同型的なスタンスを，ドイツ語の聞き手は相補的なスタンスを取る傾向が強い（Ozono (2013, 2017)）．ただし，これ

---

[2] 視点の完全な一致というのは実際には心理的なレベルでしか生じ得ないが，映画やコンピューターゲームでは，「主観カメラ」や「一人称視点」と呼ばれる手法により，仮想的にこの状況を体験することができる．

はもちろん程度問題であり，文脈や場面によるところも大きい．例えば，サッカースタジアムでサッカーの試合を観戦している状況を想像してみるとよい．サポーターが自分たちのチームを応援するときは，ドイツであれ，日本であれ，同型的なスタンスが基本である．そのような場面での発話（例えば，*Schieß doch!*〈打て！〉や *Ach schade!*〈惜しい！〉）は，アイコンタクトなしに発せられるものであり，特定の聞き手を想定することも難しい．したがって典型的な対話と呼ぶことはできないが，ある種のコミュニケーション機能を認めることはできるであろう．[3]

　ではなぜ聞き手のスタンスが，日本語では同型的な傾向を示し，ドイツ語では相補的な傾向を示すのか．これは話し手の事態把握のスタンスと関連していると考えるのが自然であろう．話し手が自己中心的な，「主客未分」のスタンスを取れば，聞き手はその視点に寄り添う形で発話を理解する必要があり，必然的に，同型的なスタンスを取ることになる．これはもちろんドイツ語でも同じである．次のような例がわかりやすい（口語的な表現である）．

(7)　Nach dem Bahnhof kommt gleich　rechts
　　　after the　　station　　comes　at once on the right
　　　ein großes Kaufhaus.
　　　a large department store

　ただし，この関連で注意しておかなければならない重要なことは，話し手と聞き手のスタンスは常に一致するとは限らないということである．俳句の例でみておこう．

(8) a.　此道(このみち)や行人(ゆくひと)なしに秋の暮（芭蕉）
　　 b.　Diesen Weg
　　　　geht niemand
　　　　an diesem Herbstabend. (D. Krusche 訳)
　　　　〈直訳：この道を / 行く人はいない / この秋の暮れに〉

---

[3] この関連で，日本語のモノローグ的な特徴への言及（例えば，池上 (2000)）は興味深い．

 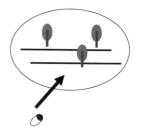

図8: 自己投入的な読み　　図9: 客観的な読み

　学校教育の影響も考えられるとは言え，日本語母語話者にとって，上の句では芭蕉自身が「この道」を行く人であり，その芭蕉が目の前に見えている道について述べているということは，ほとんど自明のことのように思える（図8）．しかしながら，この句はある任意の道の様子を描写したものとして読むことも可能である（図9）．興味深いことに，この句を訳した Krusche 自身が，巻末の解説でこの句の解釈の仕方について注意を促しており，ドイツ語母語話者の読みに揺れがあることを示唆している．[4]

　さて，これまで聞き手側からの視点の歩み寄りにのみ着目して話を進めてきたが，実際には，話し手側でも，聞き手の視点や注意を考慮し，その視点や注意を誘導したり，調整したりするような言語的手段を用いているのがふつうである．すでにいくつかの先行研究で指摘のあるとおり，とりわけ日本語の話し手は共同注意を志向する傾向が顕著であり，そのための言語手段を多用している（池上・守屋（2009））．例えば，間投詞，終助詞，直示，特定の構文などの使用が該当する．その一部は，かなりの程度日本語の文法体系に組み込まれているといってよいであろう．

　一方，日本語との対比を通じて，ドイツ語でも間主観性を反映した言語現象が潜在的・顕在的に存在することが見えてくる．本稿では詳しく取り上げる余裕がないが，間主観性の観点から論じるべきドイツ語の現象として，例えば次

---

[4] 中村（2016）は，「主客未分」の認知モードでは，時間，場所，人称の「無限定性」が特徴的であると述べ，例えば次のような例から，よく言われる日本語の「イマ・ココ・わたし」性は再考を要するとしている（下線は原文のまま）．

　　(i)　その夜，外に出て見た．寒い！春樹はあわてて中に入った．（中村（2016: 42））

ただし，話し手と聞き手の間で誤解が生じ得るという事実などを踏まえると，「無限定」の様相を示す現象の背後にも，認知主体，話し手（語り手），聞き手（読み手）の間の「同型性」の認知プロセスが存在することを考慮しておく必要があると思われる．本稿の (6a) の例も参照．

のようなものを指摘することができる (Ozono (2013)).

(9) Wie fühlen *wir* uns heute? [1人称複数代名詞の使用]
    〈今日の調子はどうかな. 英：*How are* we *feeling today?*〉

(10) *Dieser Peter* ist ein netter Kerl. [直示]
    〈このペーターがいいやつなんだ.〉

(11) *Das Buch da*, ich glaub, ich kenne den Autor. [自由テーマ]
    〈あそこのあの本, 著者を知っていると思う.〉

(12) *Das Buch*, das habe ich doch gestern zurückgebracht. [左方転移]
    〈あの本, あれは昨日戻しておいたよ.〉

(13) Wann schenkst du ihm *denn* den Fußball? [不変化詞（心態詞）]
    〈いつ彼にサッカーボールをプレゼントするの.〉

これら一連の表現に関して, 日独語間の決定的な相違はその定着度・義務性にある. 例えばドイツ語には, 日本語の終助詞と対比し得る一連の不変化詞（心態詞）があるが,[5] その義務性は日本語の終助詞に比してそれほど高くない.

(14) a. いい天気ですね.
    b. Es ist (*ja*) schönes Wetter.
        it is JA beautiful weather

話し手と聞き手の間で情報が共有されている場合, 日本語の対話では「ネ」の使用はほぼ義務的である（例えば, 神尾 (1990)）. 晴れ渡った青空を目の前にして交わす会話として, 日本語で「ネ」のない表現はかなり不自然である（「いい天気です」「ええ, いい天気です」）. ドイツ語の不変化詞 *ja* も, 話し手と聞き手の両方にアクセス可能な証拠の存在を示すとされ（König (1997)）, その点においてドイツ語の *ja* は日本語の「ネ」と機能的な類似性を示す. しかしながら, ドイツ語の *ja* の使用は義務的ではない.[6]

---

[5] 文法書などでは「話法の不変化詞」(modal particle) として分類されることが多い. 日本では特に「心態詞」と呼ばれることがある. 詳しくは岡本 (2013) を参照.

[6] 英語についていえば, 心態詞相当の語はまったく存在しないか, 少なくともごく限られた範囲でしか存在しないとされる (Müller (2014: 5ff.)).

5. おわりに

　以上，主に視点に関する話し手・聞き手の振る舞い方について，日本語，ドイツ語，英語を例に考察してきた．これまでも指摘されてきたとおり，日本語の話し手は，確かに「自己中心的」な視点から事態を把握し，言語化する傾向が強い．そして，考えてみれば当然のことであるが，聞き手の側でも，話し手の発話を「自己中心的」な視点から発話されたものとして理解する傾向が強いといえる．ただし，聞き手が一方的に話し手の視点に歩み寄るというだけでなく，話し手の側でも，聞き手の視点に注意を払い，さまざまな言語手段を用いてお互いの視点を調整している．それらの言語手段の義務性という点からいって，日本語は体系的にそのような仕組みを備えているといえるだろう．

　簡潔にいってしまえば，日本語の話し手と聞き手は「いっしょに見る」という形での対話を好むということがいえる．ただし，この点についてはもう少し説明が必要である．というのも，ある事態について話をするとき，「いっしょに見て」話をしているということは，どの言語の話し手・聞き手にも等しく当てはまることだからである．言語間の相違は，臨場性の度合い，さらには視点の重ね方の度合いの相違として説明されなければならない．すなわち，「いっしょに見る」というときに，日本語母語話者は，臨場的に，視点を重ね合わせながら見ているという点が重要である．

　最後に，視点の取り方についての好みは文化的な問題にも見出すことができる．すぐに思い浮かぶのは，対話における目の合わせ方であろう．日本人が相手の目を見て話さないというのは，次の引用に見るように，すでに知られた事実である．

(15)　目の合わせ方に気をつけてください．相手の目を直視し過ぎると，日本人は不安になることがあります．(R. Menge, *Praxisführer Japan*〈実践日本ガイド〉, 2009: 75; 訳は筆者)

　ほかに北山 (2005) は，日本の浮世絵において「共に眺めること（共視）」という構図が特に好まれているという観察を出発点として，幅広い日本文化論を展開している．この関連で，能におけるワキという役割——観客が視点を合わせる拠り所となっていると見なすことができる——も思い起こされよう．熊倉 (2011: 174ff.) は，この点を捉えて「一人の主観を大勢でシェア」していると

いう言い方をしている.[7]

　ドイツ語に萌芽的にみられる現象を踏まえると，視点に関わる話し手・聞き手間の間主観的な相互作用に関して，言語を超えた共通の基盤が想定できそうである．ただし，言語によってその適用の度合いは異なる．おそらくその相違は，最終的には当該の言語体系の中で十分に動機づけられているとみなすことが可能ではないかと思われる．

主要参考文献

土居健郎（1971）『甘えの構造』弘文堂，東京.

浜田寿美男（1999）『「私」とは何か』講談社，東京.

本多啓（2011）「共同注意と間主観性」『主観性と主体性』澤田治美（編），127-148，ひつじ書房，東京.

池上嘉彦（2000）『「日本語論」への招待』講談社，東京.

Ikegami, Yoshihiko (2015) "'Subjective Construal' and 'Objective Construal'," *Journal of Cognitive Linguistics* 1, 1-21.

池上嘉彦・守屋三千代（編）（2009）『自然な日本語を教えるために』ひつじ書房，東京.

神尾昭雄（1990）『情報のなわ張り理論』大修館書店，東京.

北山修（編）（2005）『共視論』講談社，東京.

König, Ekkehard (1997) "Zur Bedeutung von Modalpartikeln im Deutschen," *Germanistische Linguistik* 136, 57-75.

熊倉千之（2011）『日本語の深層』筑摩書房，東京.

Langacker, Ronald W. (2008) *Cognitive Grammar*, Oxford University Press, Oxford.

三瓶裕文（2017）「心的視点性と体験話法の機能について」『自由間接話法とは何か』，平塚徹（編），143-192，ひつじ書房，東京.

Müller, Sonja (2014) *Modalpartikeln*, Winter, Heidelberg.

中村芳久（2004）「主観性の言語学」『認知文法論 II』，中村芳久（編），3-51，大修館書店，東京.

中村芳久（2009）「認知モードの射程」『「内」と「外」の言語学』，坪本篤朗・早瀬尚子・和田尚明（編），353-393，開拓社，東京.

中村芳久（2016）「Langacker の視点構図と(間)主観性」『ラネカーの(間)主観性とその展開』，中村芳久・上原聡（編），1-51，開拓社，東京.

岡本順治（2013）「心態詞」『ドイツ語の文法論』，岡本順治・吉田光演（編），243-264，

---

[7] さらに，一連の現象を土居（1971）のいう「甘え」の概念との関連で考えてみることも可能かもしれない．例えば例文（9）などを参照．なお，「甘え」の訳語として，ドイツ語では通常，英語訳にならって Abhängigkeit〈依存〉などの語が用いられるが，土居（1971）のドイツ語版では，Freiheit in Geborgenheit〈守られた中での自由〉という副題が付けられている.

ひつじ書房，東京.

Ozono, Masahiko (2008) "Subjektive und objektive Auffassung," *Neue Beiträge zur Germanistik* 7 (1), 75–90.

Ozono, Masahiko (2013) "Intersubjektivität im deutsch-japanischen Kontrast," *Beiträge zur deutschen Sprachwissenschaft* ed. by Japanische Gesellschaft für Germanistik, 88–102, Iudicium, München.

Ozono, Masahiko (2017) "Subjektivität und Intersubjektivität bei der Raumauffassung," *Raumerfassung.* ed. by Akio Ogawa, 77–87, Stauffenburg, Tübingen.

Tomasello, Michael (1999) *The Cultural Origins of Human Cognition.* Harvard University Press, Cambridge, MA.

好まれる画像の向き
―交通標識の日独比較―

西嶋　義憲
金沢大学

0.　はじめに

　言語には言語ごとに好まれる表現があるようだ．日本語と英語はそれぞれ主観的把握と客観的把握による表現を好むとされる（池上（2012））．言語の表現方法に好まれる言い方があるとするなら，そのような傾向は表現の別形態である画像にも認められるはずである．事実，映画の宣伝用ポスターを日米で比較した調査によると，言語における主観的把握と客観的把握の違いを反映した事例が確認されている（林（2016））．画像一般に関しては，言語の書記方向との関連から，熊倉（1990）が言語ごとに好まれる向きがあることをすでに指摘している．たとえば，日本語の新聞記事や和書の大部分は縦書きである．したがって，伝統的には，読書の際の視線は右から左の方向に移動することになる．他方，ドイツ語を含む欧米の新聞記事や図書は横書きで，読書の際の視線は左から右に動く．視線の動きは，このように日本は右から左へ，ドイツは左から右へ移動するのが伝統的であった．ところが，現代では日本語の書記方向がしだいに左から右への横書きになり，伝統的な方向に統一的な傾向がなくなってきていると熊倉は指摘する．日本語における，好まれる書記方向のこのような不統一性は，日常生活のさまざまな場面で起こっている可能性がある．日独両社会において対応する画像の1つとして，交通標識を挙げることができる．本稿の目的は，文化的な影響が少ないと予想される交通標識の画像を材料に，日独両社会で画像の向きを調査し，それぞれの社会で好まれるとされる向きがあるのかどうか，あるとすれば，それはどの程度の割合で存在するのかを検証することにある．

1. 問題の所在

1.1. 言語表現に見られる事態把握の違い

　言語表現には，その言語らしさがあると言われる．それを，池上（2000: 290–293）は川端康成の小説『雪国』の冒頭文とその英語訳で例証している．

(1)　国境の長いトンネルを抜けると雪国であった．（川端康成『雪国』）

(2)　The train came out of the long tunnel into the snow country.

(E. Seidensticker 訳 *Snow Country*)

(1) は主語が明示されず，状況内において主人公もしくは語り手が体験的に語っている．他方，(2) では，"train" が主語として明示されていることから，語りは状況外からなされている．物語は一般に，語り手が事態を描写する．語り手が描写する主体で，語られる事態が客体である．(1) では，語る主体と語られる客体が明確に区別されていず，語り手が語られる対象の主人公の視点から認識する出来事を観察しているように読める．このように，日本語は状況内部から，主観的・経験的に表現する傾向が見られる．他方，(2) の英語では，語り手が状況外から，語られる対象を客観的に描写する傾向がある．この違いを池上（2000; 2012）は事態の主客合一（主観的把握）と主客対立（客観的把握）という概念で捉えている．[1]

　このような事態把握の差を示す例は，文芸作品を引き合いに出すまでもなく，日常生活の場面においてもすぐにいくつか思いつく．駅のホームで電車を待つ乗客に対して，危険を避けるために次のような表現がアナウンスされたり，表記されてあることがある（西嶋（2014: 35））．

(3)　白線の内側までさがってお待ちください．

(4)　Hinter der　　　weißen　　Linie bleiben.
　　　behind the.DAT white.DEC line　 stay
　　　(Stay behind the white line)

(3) の「内側」というのは，表現する者が，電車を待つ客に焦点をあて，その人物の立場に立ち，その人物の視点から白線を眺めた表現である．その意味

---

[1] このような規定や分類は，さまざまな形で提出されてきている．たとえば，中村（2004; 2009）は I モードと D モードの対立として，井出（2006）は，舞台と観客の比喩を用いて説明を試みている．

で，状況内の視点からの表現といえる．他方，ドイツ語例の(4)では，"hinter"（behind）という前置詞が使用されている．これは，電車が入線してくる危険な線路側に焦点が当てられ，そこから乗客が遠ざかるよう述べる表現である．したがって，状況外から，つまり，客やホーム，線路から離れた客観的な視座から事態が捉えられていることがわかる．[2] これは英語の"Keep out"と同じ発想の表現である．なお，名鉄線のある駅のホームには正しく"behind"が使われたサイン表現があった．そこには「黄線の内側でお待ちください」という日本語表記の左横に"Stay Behind Yellow Line"と表示されている．（左の画像を参照のこと．）

このように，焦点が当てられる人物の立場の視座から表現するという日本語の傾向は，たしかに様々な場面で見られる．さらに例を2つ示しておこう．

(5) お降りの際わきから来る車にご注意ください．

(5)はJR渋谷駅発の東急バスのドア付近に書かれていた表現である．バスを降りるときに，バスの後方から来る車に注意するよう促す文である．この表現の「わき」とは何か．これは降りる乗客にとっての「わき」ということであろう．降りる際，客の「わき」，すなわち側面から，おそらくバスの後方から近づいてくる車両に注意するよう指示する文と言える．これと同様な表現の仕方は，着物の着方として好ましくないことを表現する「左前」である．これは，着物を着用する当事者の視点から，左側の襟が自分にとって手前に来るという意味で，この「前」という表現を使っているわけである．このように，日本語は当事者の視点にたって表現するのを好むようである．

---

[2] 九州のある温泉地に設置されていた看板に，日本語で「歩道外立入禁止」と書かれてあり，歩道の向こう側に温泉の熱い湯気が立ちのぼっていた．そして，その看板の日本語表記の下に英語で"Keep within the boundary fences"とも記されてあった．この英語表現は明らかに日本語に引きずられた訳文である．つまり，上例の「白線の内側」と同じ視点にたって"within"を用いたものと考えられる．この看板を目にしている観光客の前に柵（fences）があり，その向こう側に入ってはいけないという意味のはずである．しかしながら，英語は客観的な視点から表現する傾向にあるので，"within"の代わりに"behind"を用いないと，危険を避けることができなくなってしまう．この点から，翻訳を用いた対照研究は比較可能性という観点から問題があるといえる（西嶋（2014: 34-35））．そこで，その代案として，比較対象の言語における機能的に等価な表現の比較が有効であることを西嶋（2014）は主張している．

(6) マイナンバーカード，作った？

(6)のような表現で話し手が聞き手に尋ねた場合，「マイナンバー」で言及される「マイ」とは誰のことなのか．尋ねられている当事者にとっての「マイ」であって，英語の"my"と異なり，話し手を指すわけではない．この例も，これまでと同様に相手の立場，つまり，焦点が当てられる当事者の立場に立った表現であることがわかる．同様の例として，「マイカー通勤」「マイホーム」「マイボール」などを挙げることができる．これらは当事者にとっての「マイ」ということである．

1.2. 画像に見られる事態把握の違い

これまでの例において，事態把握の違いが言語表現に現われていることを確認してきた．[3] 事態把握の仕方が日本語と英語で異なる場合があるならば，それは言語表現だけでなく，他の表現形式としての画像にも現われると予想できる．林（2016: 13）は画像においても事態把握の違いが現れることを指摘している．とても貴重な指摘だと思われるので，ここで紹介しておきたい．比較しているのは2010年公開の『借りぐらしのアリエッティ』（日本版）と"The secret world of Arrietty"（アメリカ版）の宣伝用ポスターである．[4]

『借りぐらしのアリエッティ』   "The secret world of Arrietty"

この2つのポスターを比較して，林（2016: 13）は次のように述べている．

　　左側のポスターが日本版，右側がアメリカ版である．一目見ただけでも大

---

[3] 日本語の特徴としての主観的把握に基づく表現の出現率は，従来の研究では明示されてこなかった．ある種のテクストに関する調査によると，その出現率はそれほど高くなく，20〜30%程度であった．詳細は，Nishijima (2013; 2014a) および西嶋（2014）を参照のこと．

[4] アマゾン（https://www.amazon.co.jp/）のサイトから引用．

きく雰囲気が変わっていることに気付く．日本版ポスターの方は，鑑賞者とアリエッティの目が合うような構図になっており，アリエッティの世界に入り込んで自分が実体験しているかのような主観的把握がなされた映画ポスターになっている．他方，アメリカ版のポスターは，映画に出てくる男の子がアリエッティを見ている構図をこの世界の外から客観的に鑑賞者が眺めるような客観的な構図になっており，客観的な把握が反映された映画ポスターになっていると言える．

このように，林（2016）は，言語表現だけでなく，画像にも好まれる表現形式があることを例証したわけである．

すでに述べたように，画像に関しては，熊倉（1990）が好まれる向きがあることを指摘している．熊倉によれば，日本社会では，たとえば絵を鑑賞する場合，右から左に視線が移動し，それが自然な視線の動きだと言う．事実，鳥獣戯画などの絵巻物は，右から左に展開する．美術館の順路は左回りである．また，舞台に関しては，上手は客席から見て右側であり，そこから場面が展開するようになっている．このような右から左への視線の流れは伝統的な筆記スタイルに関連していると容易に想像できる．和書や新聞記事を見ればわかるように，日本語の文字表記は伝統的には縦書きで，それは左に向かって行を連ねていく．他方，英語やドイツ語は，アルファベットを使用し，その文字列は左から右へと流れていく．それと視線移動が関連しているとするなら，欧米圏では左から右への視線移動が自然ということになる．ところが，日本社会では伝統的に右から左に向けて画像を追う傾向があったが，近年はその傾向が崩れてきているのではないかという疑問を熊倉（1990）は提出している．林（2017）はそれを検証するために，およそ50年前に公開された日米の映画のポスターに描かれる人物像の向きと現代のそれとを比較した．その結果，たしかに50年前のポスターの人物像の向きには，日米とも顕著な傾向の違いが確認された．しかし，近年のポスターではそのような傾向が減少し，日米に共通して人物像の向きに一定の方向性がなくなってきていることを，統計的手法を用いて明らかにした（林（2017））．

1.3. リサーチ・クエスチョン

標識や看板に描かれる人物や事物の画像には向きがあるものがある．その向きには言語文化によって差異があるのであろうか．つぎの画像は日本とドイツの空港で見られるものである．

　　　羽田空港のサイン[5]　　　　　ミュンヘン空港のサイン[6]

左側の画像2枚は日本の空港で見られるものである．出発も到着も飛行機の向きは左向きとなっている．他方，右側の画像はドイツの空港のサインであるが，飛行機の向きは発着とも右向きとなっている．これらの画像は空港のサイトから採取したものなので，場合によっては，実際の空港では，これとは異なる向きの画像もあるかもしれない．

バスと乗用車

　ここにバスと乗用車の画像がある．少々見にくいかもしれないが，左は日本のある公園内部に設置されていた案内板の一部であり，右はドイツのある商業施設の案内板の一部である．バスは左向きで，乗用車は右向きになっていることがわかる．

　さて，画像の向きにおけるこのような違いは，日独両国の交通標識にも現われているだろうか．空港や公園・商業施設は，車両が通行する道路のような右側通行や左側通行といった区分はそれほど明確ではない．しかしながら，車両が走る道路については，日独で通行するサイドが異なる．日本は左側通行であるが，ドイツは右側通行である．両国のこの違いは交通標識の画像の向きに影響を与えるだろうか．与えるとすれば，何がどの程度関与的でありうるのか．また，日本とドイツは両国とも車社会なので，車文化という意味で，逆に国や地域に制約されずに，向きに一定の共通性が認められるのであろうか．以下では，日独両国の交通標識の画像を比較することにより，このリサーチ・クエスチョンに答えることにする．

---

[5] http://www.tokyo-airport-bldg.co.jp/flight/
[6] https://www.munich-airport.de/

2. 方法と材料

日独に関して，対応関係が明瞭で，数量が限定されている交通標識に見られる画像を対象とする．比較する画像は向きが明確なものに限定する．データはとくに断りのない限り，次の交通部門に関する公式サイトから引用する．[7]

日本：　http://law.e-gov.go.jp/htmldata/S35/S35F03102010003.html
　　　　http://www.mlit.go.jp/road/sign/sign/
　　　　https://www.mlit.go.jp/road/sign/sign/douro/ichiran.pdf
ドイツ：http://www.dvr.de/multimedia/downloads/verkehrszeichen.htm
　　　　http://www.hs-fahrschulen.de/index_htm_files/
　　　　　verkehrsschilder_in_deutschland_stvo.pdf
　　　　https://www.adac.de/infotestrat/ratgeber-verkehr/
　　　　　verkehrszeichen/default.aspx

これらのサイトから，日独で機能的に等価で対応する，画像を伴う標識を収集し，それらの画像の向きを比較する．

ただし，「警笛鳴らせ」（⬤）や Radverkehr（自転車への注意を促す警戒標識▲）など，ドイツと日本でその対応する標識が見つからなかったものは除外した．また，「バス優先通行帯」（▨）など，向きが明確に判別・指定できないものも同様に除外した．さらに，「自動車専用」・「Kraftfahrstraße」（🚗🚙）など，方向性がないものも調査対象からはずした．また，「指定方向外進行禁止」・「Vorgeschriebene Fahrtrichtung」（↖⬆↗➡）など，複数種類ある標識はまとめて 1 種類として扱った．

3. 結果と考察

日独で機能的に対応する交通標識の画像をセットにして比較した結果，両者とも画像に方向性のあるものとないものの 2 種類があった．本稿では，画像の向きに関心があるので，明確に向きが読みとれる標識についてのみ考察の対象とする．方向性のある画像について，1) 向きが同一方向，2) 向きが異なる

---

[7] ただし，下記のサイトに画像が含まれていない場合は，インターネット上で公開されている画像を用いることとする．その際は，その URL を注で表記する．なお，西嶋 (2013) は交通標識の日独対照のための基本的な資料を提示している．

方向，の 2 種類に分ける．前者については，さらに日独共通して左向きと右向きの 2 種類に分ける．後者についても同様に，さらに左向き（右から左へ）と右向き（左から右へ）の 2 種類に分ける．

3.1. 日独同一方向
3.1.1. 日独共通：左向き（5 種類）

以下に示すように，「歩行者信号」，「踏切あり」，「歩行者通行止め」，「専用」，「通行区分」の 5 種類に日独共通して左向きの画像が確認できた．

歩行者信号[8]・Fußgängerample[9]

踏切あり・Bahnübergang

歩行者通行止め・Verbot für Fußgänger

専用・Sonderweg

---

[8] http://law.jablaw.org/br_signal
[9] 2017 年 9 月にベルリンで撮影．

通行区分・Fahrspuren

　「歩行者用信号」では，青信号では左方向に歩きだしている．[10]「踏切あり」では，汽車や列車は左方向に進んでいる．「歩行者通行止め」にあっては，歩行者は左向きに歩いている図柄となっている．「専用」道路を表す標識では，向きのない歩行者[11] は別として，自転車や馬は左向きとなっている．車線の「通行区分」の標識では，車両は日独とも左を向き，共通している．

　上で見たように，左向きは，日本では伝統的に自然な向きとされる．したがって，本節で見た日本の交通標識は日本語の自然な視線の動きと一致している．また，トヨタのウェブサイトの広告では車は左向きとなっていて，それとも一致している．[12]

　ところが，ドイツ交通標識の図の向きは伝統的な自然な向きと逆方向である．これはどう解釈したらいいのだろうか．横書きの場合は，左を出発点に，

---

[10] なお，香港では右向きの歩行者信号が確認されている（2015 年 7 月撮影）．香港は 1997 年にイギリスから中国に返還されたが，依然として左側通行のままである．

[11] 左から 2 つ目と右端の標識を比べると興味深いことがわかる．子供を連れている大人に性差が認められるのだ．左側から 2 つ目の日本の画像は帽子をかぶった男性が，右端のドイツのはスカートを着用した女性が子供の手を引いているように見える．

[12] https://toyota.jp/ とくに，「クルマを探す」に表示されるラインナップ画像を参照．

右方向に文字を連ねていく．これがドイツの自然な方向と考えた．ところが，ここで見た資料では，それに対抗する方向の向きで対象物が描かれている．これは自動車の販売広告の向きとも逆である．たとえば，メルセデス・ベンツのウェブサイトの広告にある写真はほとんどが右を向いている．[13]

なぜ，このような自然な向きと逆方向に描かれているのか疑問が生じる．

3.1.2. 日独共通：右向き（2種類）

日独共通して右方向なのは，左方向に比べて少なく，「すべりやすい」と「急勾配あり」の2種類しか見当たらなかった．

すべりやすい・Schleuder- oder Rutschgefahr

上り急勾配あり，下り急勾配あり・Steigung, Gefälle

「すべりやすい」では，日独両標識とも右方向に傾いているので，左から右への方向性が認められる．「上り・下り急勾配あり」では，それぞれ右向きに

---

[13] http://www.mercedes-benz.de/content/germany/mpc/mpc_germany_website/de/home_mpc/passengercars.html　とくに「Alle Fahrzeuge」に表示される画像を参照．

上り，下っている．ただし，左側の日本の標識には矢印（→）が記入されている．これは，矢印がないと上りと下りを反対に認識してしまうからかもしれない．すなわち，伝統的には，日本語の自然な向きは右から左方向なので，それに反しているため，画像にあえて向きを示す矢印を記入している可能性がある．ドイツは左から右が自然なので，あえて矢印を使って方向を限定する必要はないのであろう．

3.2. 日独で対立する向き
3.2.1. 日本右向き，ドイツ左向き（6 種類）
　日本とドイツで向きが異なり，日本は右向き，ドイツは左向きの画像である．

動物が飛び出すおそれあり・Wildwechsel

横風注意・Seitenwind

落石のおそれあり・Steinschlag

横断歩道・Fußgängerüberweg

学校，幼稚園，保育所等あり・Kinder

車両通行止め・Verbot für Fahrzeuge

　これらの標識は，機能は同じだが，画像の向きが異なる．この向きの違いは，標識が設置される場所を考えれば，ほとんどの場合，説明がつく．日本の道路は左側通行で，これらの標識は道路の左端に設置されるのが普通である．たとえば，「飛び出し」は道路の左側から起きる．したがって，視線は道路の左方向に向けてなされる．とすると，画像の左から右への向きはその注意を向ける方向と衝突し，警戒への意識が高まる．ドイツは，これと逆で，右側通行での飛び出しは右端から起こる．したがって，注意の向く方向は右方向である．そして，その視線は画像の向きと衝突することになり，注意がより喚起されることになる．

3.2.2. 日本左向き，ドイツ右向き（2種類）

道路工事中（日本：右から左）・Arbeitsstelle（ドイツ：左から右）

　この標識は，基本的には通行する道路の端に設置される．日本は左側通行なので，道路の左側に設置されている．工事は多くの場合，通行する側の道路でなされるので，画像の向きは左向きになるのが自然であろう．逆に，ドイツは右側通行なので，標識は右側に設置されている．工事は右側でなされるのが普通なので，右向きが自然である．

一方通行・Einbahnstraße

　日本の「一方通行」は日本の伝統的な向きの右方向と一致している．ドイツの"Einbahnstraße"もドイツの横書きの方向と同じ向きである．しかも，"Einbahnstraße"という文字列も表記されているが，それに対応する方向でないと奇妙なことになる．したがって，これらの向きは日独両言語の自然な向き，すなわち，伝統的な書記方向と一致している．

3.3. 分布による比較

　日独で向きが共通する画像は，7種類あった．そのうち，左方向を向いているものが5種類，右方向のものが2種類であった．日独で，向きが逆のものは8種類あった．そのうち，日本が右向きで，ドイツが左向きなのが6種類あった．これに対して，日本が左向きで，ドイツが右向きなのが2種類あった．

　このデータから，機能的に対応する標識に関して，向きが同じ方向のもの（7種類）と，異なるもの（8種類）との差はほとんどないことがわかる．しかし，好まれる向きに関しては，差があるようである．本稿では，日独で15種類の機能的に等価な交通標識を扱ったが，右向きの画像は日本が8種類で，ドイツが4種類．左向きの画像は日本が7種類で，ドイツが11種類であった．日本の標識に関して，右向きと左向きはそれぞれ8対7なので，その差はほとんどないといってもよかろう．ところが，ドイツは左向きが11種類なのに対して，右向きは4種類である．ドイツでは，左向きを圧倒的に好むことがわかる．左向きは，文字列の進行方向と対抗する方向である．しかしながら，注意喚起という観点からすれば，視線の自然な動きと対立する方向は交通標識の目的に叶っているのかもしれない．

　この点に関連して，日本の標識についても触れておきたい．3.1.1.の「専用」の画像は左向きだが，3.2.1.の「通行止め」の画像は右向きになっている．つまり，「専用」と「通行止め」が互いに逆向きである．他方，ドイツの標識はどちらも左向きである．このことから，少なくとも日本では，自然な向きに一致するのは肯定的（「専用」）で，対抗するのは否定的（通行止め）であるという解釈が可能であろう．

　また，日独の道路事情の違い，つまり，日本は左側通行，ドイツは右側通行

という事情により，画像に制約を与えるものもあった．日本は右向きが6種類，左向きが1種類，ドイツは右向き1種類，左向き6種類である．これらの道路標識を除外すると，日本は右向き2種類，左向き6種類，ドイツは右向き3種類，左向き5種類となる．日本は右対左が2対6であるのに対して，ドイツは右対左が3対5である．両者とも左向きが多いが，日本のほうが，より左向き指向が強く（3倍），ドイツはその傾向が弱い（約1.7倍）ようだ．交通標識一般に関して，左向きが多い可能性が高いが，その理由は今のところ不明である．

4. おわりに

　言語と同様に，画像にも好まれる表現があるのではないかとの疑問から，画像の向きに関する調査を行なった．その結果，日本とドイツにおける機能的に等価な交通標識の画像の向きには，ある程度の違いがあることがわかった．しかしながら，その違いは，両社会における絵画を鑑賞する伝統的な視線の向きと，必ずしも対応しているとは言えない．日本の標識の画像の向きについていえば，左向きが7種類であり，右向きが8種類である．その差はわずかである．その意味で，傾向的好みは無いように見える．他方，ドイツの標識では，左向きが11種類，右向きが4種類である．伝統的には右向きが自然な流れであるが，むしろ対抗する方向の方が多い．

　このような結果について，日独の伝統的な視線の流れが変化してきたことによるのかどうかは不明である．そもそも，「自然な向き」という観点ではなく，目的や注目といった，別の観点からの比較が必要なのかもしれない．また，日本と同じく左側通行の英国，ドイツと同様に右側通行の北米などとの比較も視野に入れることも問題を明確にするのに役立つだろう．今後は，標識以外のサイン表現にも調査を広げていき，画像における好まれる向きについて分析していくことが望まれる．

参考文献

林佐和子（2016）「映画ポスターの日英比較—認知言語学の観点から—」金沢大学経済学類社会言語学演習研究論集『論文集』第11巻，1-27.

林佐和子（2017）「視覚文化のグローバル化—映画ポスターの日英比較を受けて—」金沢大学経済学類社会言語学演習研究論集『論文集』第12巻，1-31.

井出祥子（2006）『わきまえの語用論』大修館書店，東京.

池上嘉彦（2000）『「日本語論」への招待』講談社，東京.

池上嘉彦（2009）「話者による〈事態把握〉（construal）の営みの相対性と翻訳―日本語話者の好みの〈主観的把握〉をめぐって」日本文体論学会『文体論研究』第58巻，91-104.

熊倉千之（1990）『日本語の表現力と個性―新しい「私」の発見』中央公論社（中公新書），東京.

西嶋義憲（2013）「交通標識の日独比較のために」金沢大学経済学類社会言語学演習研究論集『論文集』第8巻，57-64.

西嶋義憲（2014）「公共サインにおける言語表現の日独比較―新しい言語比較の手法の提案とその有効性の検証―」日本独文学会中国四国支部『ドイツ文学論集』第47号，32-46.

Nishijima, Yoshinori (2013) "Perspectives in Japanese and German: A Contrastive Analysis of Sign Expressions in Public Spaces," *The 19th ICL Papers*" [https://www.cil19.org/uploads/documents/Perspectives_in _Japanese_and_German-A_Contrastive_Analysis_of_Sign_Expressions_in_Public_Spaces.pdf].

Nishijima, Yoshinori (2014a) "A Contrastive Analysis of Traffic Signs in Japanese and German: The Difference of Perspective," 日本文体論学会『文体論研究』第60号，17-32.

Nishijima, Yoshinori (2014b) "Politeness in Sign Expressions: A Comparison of English, German, and Japanese," *Intercultural Communication Studies* (ICS) 23 (2), 110-123.

中村芳久（2004）「主観性の言語学：主観性と文法構造・構文」『認知文法論 II』，中村芳久（編），3-51，大修館書店，東京.

中村芳久（2009）「認知モードの射程」『「内」と「外」の言語学』，坪本篤朗・和田尚明・早瀬尚子（編），353-393，開拓社，東京.

Application of Extended Semantic Map Model to the Korean and Japanese Resultative Constructions

Yong-Taek Kim

Georgia Institute of Technology

1. Introduction

In this paper, the distributional differences between Korean *-key* and Japanese *-ku/-ni*[1] resultative constructions (hereafter referred to as RC) will be explored in terms of cognitive and historical linguistics. The Extended Semantic Map (hereafter referred to as ESM) model (Kim (2009)) visually shows that there is a close semantic relation between a periphrastic causative and a RC, which will be supported by the historical extension of the Korean *-key* construction from the periphrastic causative to resultative construction.

My argument will take the following form. In section 2, I will briefly discuss the RC and its semanticosyntax. In section 3, I will posit a research question by pointing out the problems of previous studies. Section 4 will show distributional differences between Korean *-key* and Japanese *-ku/-ni* constructions in general, and propose an alternate analysis for the differences between the two RCs. The relation between periphrastic causative and resultative constructions will also be discussed in terms of a historical and cognitive linguistics approach. Finally, a brief summary will be given in section 5.

2. Resultative constructions

The RC shows a wide range of syntactic and semantic variation. This pa-

---

[1] The *-ku/-ni* distinction depends on the resultative phrase they are attached to; *-ku* with adjective and *-ni* with nominal adjective.

per will focus on mono-clausal RCs which show overt morphosyntactic realization, such as (1a) below. These integrate a causing event and a resulting state, as in (1c):

(1) a. John pounded the metal flat.
    b. NP^2_1 V NP_2 AP
    c. = [John pounded the metal]$_{Event}$ CAUSE [The metal became flat]$_{State}$

Previous studies reveal that typical resultative sentences are telic; they describe events with a definite endpoint (Rappaport and Levin (2001); Tenny (1994), among others). This is shown by the standard test in (2).

(2) a. John pounded the metal for an hour/*in an hour.   [atelic]
    b. John pounded the metal flat *for an hour/in an hour.   [telic]

As will be shown in 4.2.2, the RC coerces the [Activity]-windowing atelic construction, (2a) into a [Change]-windowing telic RC, (2b). In other words, the RC is a construction to shift one's windowing of attention from the Activity of an Agent to the Change of a Patient.

3. Resultative constructions in Korean and Japanese

RCs in the Korean and Japanese languages have been analyzed mostly in comparison to those in English (Kim, J. (1999), Kim and Maling (1998), etc., for the former, and Kageyama (1996), Washio (1997b), etc., for the latter). Several contrastive studies between *-key* and *-ku/-ni* RCs have been attempted (Washio (1997a, 1999); Uehara, Li and Thepkanjana (2001)), analyzing subtle differences between the Korean and Japanese RCs. However, many questions remain unanswered.

RCs can be represented by the so-called adverbializers *-key* in Korean and

---

[2] ABBREVIATIONS-ACC: Accusative, ADV: Adverbials, AP: Adjective Phrase, CAU: Causative, CONT: Continuous, DCL: Declarative, GEN: Genitive, HON: Honorific, LOC: Locative, NEG: Negative, NMZL: Nominalizer, NOM: Nominative, NP: Noun Phrase, PAS: Passive, PST: Past, TOP: Topic, V: Verb.

-ku/-ni in Japanese. Their syntactic structure is shown in (3a) and (3b) respectively. The English resultative sentence (1a) is usually translated into each of Korean and Japanese as in (4K) and (4J) in the literature.

(3) a.　NP$_1$ NP$_2$ AP-key V

　　b.　NP$_1$ NP$_2$ AP-ku/ni V

(4K[3]) (?) John-i　　chelphan-ul napcakha-key twutulkyessta

(4J)　　?John-ga　　teppan-o　　pechanko-ni　tataita

　　　　John-NOM　metal-ACC　flat　　　　pounded

　　　　'John pounded the metal flat.'

According to Washio (1997b), nine of 100 native Japanese speakers accepted (4J) (9%), 49 of them judged it unacceptable (49%), and 42 of them said it is quite marginal, though perhaps not completely unacceptable (42%). On the other hand, I asked 20 native Korean speakers to judge (4K). Fourteen of them accepted it (70%), and six of them said it is marginal (30%). No one said that (4K) is unacceptable.

This study will focus on why (4K) is more acceptable than (4J). Lexical semantic approaches (Kageyama (1996); Nitta (2002), to mention two) argue that a resulting phrase can be used only with change-of-state verbs, and the main verb *tataku* 'to pound' in (4J) is not a change-of-state verb since it is possible to say that the pounding event does not affect the metal, as shown in (5J). Therefore, (4J) is less acceptable than (1a).

(5K)　John-i　　chelphan-ul twutulkyess-una napcakhay-ci-ci

　　　John-NOM metal-ACC pounded-but　　flat-become-NMZL

　　　anh-ass-ta

　　　NEG-PST-DCL

　　　'John pounded the metal, but it did not become flat.'

(5J)　John-ga　　teppan-o　　tataita-ga　　pechanko-ni

　　　John-NOM metal-ACC　pounded-but flat

---

[3] Each K and J in the examples indicates Korean and Japanese. When possible, they will share the same English glosses.

nar-ana-katta
become-NEG-PST
'John pounded the metal, but it did not become flat.'

This approach can be supported by another example as in (6J) and (7J):

(6J) John-ga   teppan-o   pechanko-ni naru-made   tataita
      John-NOM metal-ACC flat   become-until pounded
      'John pounded the metal until it became flat.'

(7J) John-ga   teppan-o   pechanko-ni tataki-[nobasi]-ta
      John-NOM metal-ACC flat   pound-spread-PST
      'John pounded the metal flat.'

When either the change-of-state verb *naru* 'to become' as in (6J) or a [Change]-windowing verb, such as *nobasu* 'to spread' (which forms a verb compound as in (7J)) is added to (4J), the form becomes more acceptable.

This type of approach may be able to explain the Japanese data. However, it cannot explain why (4K) is relatively acceptable, whereas (4J) is less acceptable, even though both verbs are non-change-of-state verbs, as shown in (5).

The Korean and Japanese languages are known to exhibit remarkable structural commonalities in morphosyntax. Washio (1997a) argues that RCs in the two languages are not allowed when the resulting phrase is completely independent of the meaning of the verb as in (8K) and (8J):

(8K) *kutul-un   kwutwu-patak-ul yalp-key tallyessta
      they-TOP shoe-sole-ACC   thin   ran
      'They ran the soles of their shoes thin.'

(Washio (1997a: 245))

(8J) *karera-wa kutu-no   soko-o   boroboro-ni hasit-ta
      they-TOP shoe-GEN sole-ACC threadbare   ran
      'They ran the soles of their shoes threadbare.'

(Washio (1997b: 20))

The resulting phrases *yalp-key/boroboro-ni* 'threadbare' are completely independent of the meaning of *tallyessta/hasitta* 'ran,' which makes the two examples unacceptable.

(9K) John-un   pyek-ul   ppalkah-key chilhayssta
(9J) John-wa   kabe-o   aka-ku   nutta
   John-TOP wall-ACC red   painted
   'John painted the wall red.'

The semantics of the result phrases, *ppalkah-key/aka-ku* 'red,' are not completely independent of the meaning of *chilhayssta/nutta* 'painted,' which makes the two examples acceptable.

If that is the case, why is *twutulkita* 'pound' with an RC in Korean as in (4K) more acceptable than *tataku* 'pound' with an RC in Japanese as in (4J), even though both of the verbs are not completely independent of the resulting phrases, *napcakha- key/pechanko-ni* 'flat'? To have a better understanding of the distributional differences between Korean-*key* and Japanese -*ku/-ni* RCs, another example is provided.

(10K) John-un   [tali-ka   aphu-key] talli-ess-ta
(10J) *John-wa   [asi-ga   ita-ku]   hasit-ta
   John-TOP leg-NOM painful   ran
   'John ran [to the extent that/until] his leg became sore.'

Apart from whether (10K) is a RC or not, it is interesting that when the -*key* and -*ku/-ni* clause is embedded, the -*key* does not need a change-of-state verb, whereas the -*ku/-ni* without a change-of-state verb is unacceptable (Uehara et al. (2001)). As we discussed in (6J) and (7J), the Japanese -*ku/-ni* construction becomes acceptable when the change-of-state verb *naru* 'become' with the conjunctive particle *hodo* 'degree' or *made* 'until' is added, as shown in (11J):

(11J) John-wa   [asi-ga   ita-ku   naru-hodo/made]   hasit-ta
   John-TOP   leg-NOM painful become-degree/until ran
   'John ran [to the extent that/until] his leg became sore.'

Previous studies (Washio (1997a, 1999); Uehara et al. (2001)) assume that the morpheme -*key* has some conjunctive-like property to link the embedded clause to the matrix clause, unlike the -*ku/-ni* morphemes. Such lexical semantic approaches cannot uncover the cognitive and typological motivations for why the causative construction and the RC are closely related as has been argued by Comrie and Polinsky (1993), Goldberg (1995: 81); and Givon (1997: 61), for example. This issue will be taken up in section 4.

4. Relations between the Causative and the Resultative Constructions in Terms of Historical and Cognitive Linguistics

In this section, the relation between the causative and the RC will be discussed in terms of historical and cognitive linguistics. The diachronic changes of the causative constructions will be investigated in Korean in 4.1. The relation between the causative and the RC will also be discussed in terms of cognitive linguistics, particularly the ESM model in 4.2.

4.1. Historical linguistic evidence: Diachronic changes of {-i}[4] and {-key} in Korean

According to Choi (2000), Jeong (1998), Kim, J. (1989), Kim, H. (1996), and Park (1989), the adverbializer {-i} was the most productive lexical and clausal manner adverbializer in the Korean language until the late 16th century.[5] Items (12) and (13) illustrate its use.

(12) kh-i   uysimhA-myen kh-I   arom-i
     great-ADV doubt-if   great-ADV learning-NOM
     isi-li-ni
     exist-will-since
     'since you will learn a lot if you doubt a lot'
     (*Mongsanhwasangpebeyaklok*, late 15th C, recited from Kim, J.
     1989, 113; translation is mine)

(13) nwunsmu-lAl [syuken-ey   kAtAk-i] hullinola
     tear-ACC   towel-LOC soggy   drop
     '(I am) dropping tears to the extent that my towel becomes soggy.'

---

[4] The symbol '{ }' indicates a morpheme. There is another adverbializer {-ol-u}. The allomorphs of {-i} are -i, -hi, -li, -ki; those of {-ol-u} are -ol-u, -hol-(c)hu, -kol-ku.

[5] 'A' in (12) and (14) indicates a vowel, which has disappeared in modern Korean.

62   I. 類型論的研究

(*Tusienhay* 1481, recited from Jeong 1998, 742; translation is mine)

However, the adverbial suffix *-key* began to be used with *hata* 'do or cause' during the late 14th century and early 15th century, and it has replaced the adverbializer *-i* since the 16th century, as shown in (14), which is a modern translation of (12):

(14) *kh-i/khu-key uysimha-myen *khi/khu-key alm-i
      great-ADV   doubt-if   great-ADV   learning-NOM
      iss-uli-ni
      exist-will-since
      'Since you will learn a lot if you doubt a lot'

The adverbializer *-i* was also used to express both direct and indirect causative constructions, as in (15a) and (16a), respectively, until the late 16th century. However, the periphrastic causative *-key hata* 'do or cause' began to be used during the late 14th century and early 15th century and brought about much reduction of its function as a morphological causative construction. Since the late 16th century, it has become the most productive causative construction (Choi (2000); Kim, H. (1996)). The morphological causative constructions in (15a) and (16a) have been replaced by the periphrastic causative *-key hata,* as in (15b) and (16b), which are their respective modern translations. The meaning of *sal-i-ta* has been reduced to direct causation alone, as in (17) in modern Korean.

(15) a. palAl-ay pAy ep-kenul   nyeth-o-si-ko   sto
          sea-LOC ship not.exist-since shallow-CAU-HON-and then
          kiph-i-si-ni
          deep-CAU-HON-since
          'Since there is no ship, (Heaven) made the sea shallow and then deep.'

                              [*Yongpiechenka* 1445, translation is mine]

      b. pata-ey   pay eps-ese   yath-key-ha-si-ko   tto
          sea-LOC ship not.exist-cause shallow-CAU-do-HON-and then
          kiph-key-ha-si-ni
          deep-CAU-do-HON-since

(16) a. cyung sal-i-si-ko
       monk live-CAU-HON-and
       '(The King) let a monk make a living (e.g. by giving him some land)' [*Welinsekpo* 1459, recited from Choi (2000: 311); translation is mine]
    b. cung sal-key-ha-si-ko
       monk live-CAU-do-HON-and
(17) cung sall-i-si-ko
     monk live-CAU-HON-and
     '(A doctor) brought a monk to life' [Modern Korean]

The diachronic changes of {*-i*} and {*-key*} are summarized in figure 1 (adapted from Kim, H. (1996)).[6]

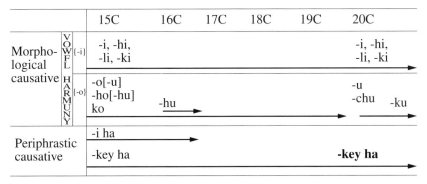

Figure 1 The diachronic changes of the causative construction in Korean

It seems that the RC [NP1 NP2 A-key V] could not be formed until modern Korean when the *-key* construction had become the most productive causative construction.

On the other hand, Japanese forms its causative construction not by *-ku/-ni* but by the morphological causative suffix *-(s)ase*, which has been in use since Late Old Japanese[7] (Narrog (2004)) and which is still the most productive causative morpheme in modern Japanese, as illustrated in (18J):

---

[6] The font size of morphemes indicates their productivity.
[7] Late Old Japanese: 9th-11th C

64   I. 類型論的研究

(18K) John-i Mary-lul hakkyo-ey ka-key hay-ss-ta
    John-NOM Mary-ACC school-to go-CAU do-PST-DCL
    'John caused Mary to go to school.'
(18J) John-ga Mary-o   gakkoo-ni ik-ase-ta
    John-NOM Mary-ACC school-to go-CAU-PST
    'John caused Mary to go to school.'

It is suggested here that the typical -*key* construction [NP$_1$ NP$_2$ A/V-key V] in early modern Korean is the periphrastic causative construction, and its high frequency leads to its extension to the resultative -*key* construction due to similar semanticosyntactic properties between the two constructions.

Bi-clausal RCs with conjunctives, such as -*tolok* and -*made* 'until' as in (19K) and (19J), or -*se* and -*te* 'cause-effect' as in (20K) and (20J), are more commonly used than mono-clausal RCs with -*key* and -*kul-ni* as in (4).

(19K) John-i [chelphan-i napcakhay-ci-tolok] twutulkyessta
    John-NOM metal-NOM flat-become-until   pounded
(19J) John-ga [teppan-ga pechanko-ni naru-made] tataita
    John-NOM metal-NOM flat   become-until pounded
    'John pounded the metal so that it became flat.'
(20K) John-i chelphan-ul twutulkye-se napcakha-key hayssta
(20J) John-ga teppan-o tatai-te pechanko-ni sita
    John-NOM metal-ACC pounded flat   did (= made)
    'John pounded the metal so that it became flat.'

This frequency effect is also related to the fact that the RC [NP$_1$ NP$_2$ A-key V] could not be formed until modern Korean, when the -*key* construction became the most productive causative construction.

On the other hand, the function of the -*kul-ni* construction [NP$_1$ NP$_2$ A-ku/ NA-ni V] is, as an adverbial construction, expressing manner or degree of verbal action. The typical causative construction is formed not by the -*kul-ni* construction but by the morphological suffix -(*s*)*ase*. Based on this historical linguistic evidence and the frequency effect in (19J) and (20J), the low frequency of the -*kul-ni* RCs must be related to its limited ability to coerce change-of-state verbs.

4.2. The Relation between the Causative and the Resultative Construction

In this section, the Extended Semantic Map (ESM) model will be briefly introduced in 4.2.1, and the extension from the periphrastic causative to the RC will be discussed in terms of the ESM model in 4.2.2.

4.2.1. The Extended Semantic Map Model

This section introduces an ESM model by integrating Construction Grammar (Goldberg (1995, 2006)) and Talmy's (2000) model of the attentional system (focus of attention and windowing of attention) into the traditional Semantic Map model. It is a model of the underlying semantic geometry, deducing relations among constructions rather than employing a data-driven inductive approach.

The X-axis of the ESM is concerned with causal relations, which consists of five sub- causal relations—Volition (to initiate bodily motion), Activity, Force Transfer, Change (of location or state), and (resultant) State, the choices over some of which attention is windowed. The Y-axis of the ESM is composed of four configurations of participant semantic roles—Agent only, Agent-Location (hereafter LOC), Agent-Patient, and Patient only. The difference between LOC and Patient is that the LOC does not entail Change within itself, whereas the Patient does. The particular configuration of semantic roles is motivated by the distribution of focus of attention on participants. In English, the first nominal expression represents the primary focus of attention; the second nominal expression represents the secondary focus of attention.

Any event structure can be mapped onto this ESM, as below:

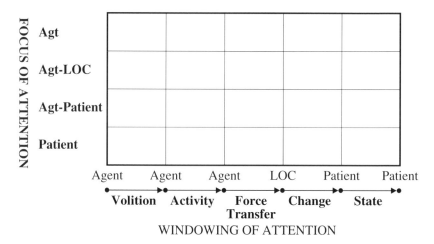

Figure 2 The Extended Semantic Map

The arrows on the X-axis indicate directionality of the whole causal relation, which reflects the natural order of an event in the real world. The nodes represent participants. To illustrate the Extended Semantic Map above, here is an example of an event, where a boy swings a bat several times, finally hits a vase, and the vase breaks. If one windows one's attention on the boy's Volition to initiate his bodily motion and the Activity of swinging, downplaying the other sub-causal relations, such as Force Transfer, Change of state, and resultant State of the vase, we may say *He hit at it*. If we window our attention on the boy's Activity and Force Transfer, downplaying the others, we may say *He hit it*. If we window our attention on Force Transfer and Change, implying Activity, indicated by a dotted line, we may say *He broke it*. If we window our attention on the Change of state of the vase, downplaying the others, we will say *It broke*. If we window our attention on the resultant State of the vase, downplaying the others, we will say that *It is broken*. These mappings are shown below:

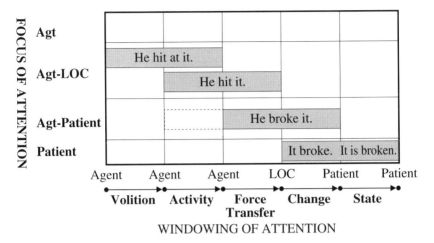

Figure 3 The ESMs of *He hit at it, He hit it, He broke it, It broke, and It is broken*.

This selective windowing of attention directs a hearer's attention to selected sub-causal relations of an event and backgrounds the others.

4.2.2. The Causative and Resultative Construction: [Activity]-windowing vs. [Change]-windowing Construction

The periphrastic causative construction is an [Activity]-windowing construction, while the RC is a [Change]-windowing construction in a broad sense. This can be supported by the fact that the periphrastic causative construction does not necessarily entail the result, as in (21K), whereas the RC does entail it, as in (22K):

(21K) Mary-ka   John-ul   chelphan-ul napcakha-key
       Mary-NOM   John-ACC   metal-ACC   flat
       twutulki-key hayss-una napcakhay-ci-ci anh-ass-ta
       pound-CAU   did-but   flat-PAS-NMLZ   NEG-PST-DCL
       'Mary caused John to pound the metal flat, but it did not become flat.'

(22K) *John-i   chelphan-ul napcakha-key twutulkyess-una
       John-NOM   metal-ACC   flat   pounded-but

napcakhay-ci-ci anh-ass-ta
flat-PAS-NMLZ NEG-PST-DCL
'#John pounded the metal flat, but it did not become flat.'

The causative construction can occur with continuative aspect as in (23K), whereas the RC becomes less acceptable with it as in (24K).

(23K) Mary-ka   John-ul   chelphan-ul napcakha-key
      Mary-NOM John-ACC metal-ACC   flat
      twutulki-[key ha]-koiss-ta pound-CAU-CONT-DCL
      'Mary kept causing John to pound the metal flat.'
(24K) ?John-i   chelphan-ul napcakha-key twutulki-koiss-ta
      John-NOM metal-ACC   flat   pound-CONT-DCL
      '*John kept pounding the metal flat.'

However, upon closer examination via the ESM model, the periphrastic causative construction appears to window the causer's Volition, Activity, and Force Transfer while the RC windows Activity, Force Transfer, Change and State. The mapping of the two constructions onto the ESM is shown below:

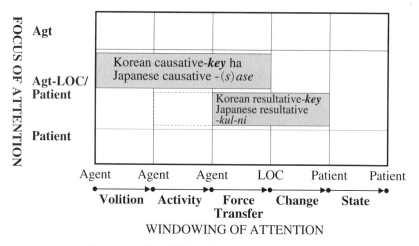

Figure 4 The ESM of the causative and RCs

The ESM clearly shows that the causative construction is [Activity]-windowing, whereas the resultative construction is [Change]-windowing. However, they are functionally similar constructions by virtue of their overlapping windowed attention, [Force Transfer] along with implied windowed attention, Actitvity. This can motivate the extension of the Korean periphrastic causative -key construction to its RC use.

5. Summary

This paper argued that the typical meaning of the -key construction [NP₁ NP₂ A/V-key V] was a periphrastic causative with high frequency in early modern Korean, and the high frequency coupled with shared semanticosyntactic properties led to its extension to the resultative -key construction over time.

On the other hand, the function of the -ku/-ni construction [NP₁ NP₂ A-ku/ NA-ni V] is, as an adverbial construction, expressing manner or degree of verbal action. The typical causative construction is formed not by the -ku/-ni construction but by the morphological suffix -(s)ase. From this historical linguistic evidence, this author argues that the low frequency of the -ku/-ni RCs explains its limited ability to coerce the verbs which window Change.

References

Choi, Dong-Ju (2000) "Kwuke satong kwumun uy thongsicek pyenhwa (Historical Development of Korean Causative Constructions)," *Eoneohag* 27, 303–327.

Comrie, Bernard and Polinsky, Maria, eds. (1993) *Causatives and Transitivity*, John Benjamins, Amsterdam.

Jeong, Jaeyoung (1998) "Kolyesitay uy -i pusa wa pusahyeng (-i as Adverbializer and Derivational Adverbial Suffix in the Corea Dynasty)," *Kwuke ehwi uy kipan kwa yeksa*, ed. by J. Shim, 737–784, Taehaksa, Seoul.

Kageyama, Taro (1996) *Dooshiimiron* (Theory of Verb Meaning), Kurosio, Tokyo.

Kim, Jong-Bok (1999) "Constraints on the Formation of Korean and English Resultative Constructions," *NELS* 29, 137–151.

Kim, Soowon and Joan Maling (1998) "Resultatives: English vs. Korean," *Japanese/Korean Linguistics* 7, 363–379.

Kim, Yong-Taek (2009) *Event Construal and Its Linguistic Encoding: Towards an Extended Semantic Map Model*, Doctoral dissertation, University of Oregon.

Nitta, Yoshio (2002) *Fukushiteki Hyogen no Syosoo* (Various Aspects of Adverbs),

70   I. 類型論的研究

Kurosio, Tokyo.

Uehara, Satoshi, Qingmei Li and Kingkarn Thepkanjana (2001) "A Contrastive Study of Resultative Constructions in Japanese, Korean and Mandarin Chinese: A Cognitive Approach," *Proceedings of the 1st Seoul International Conference on Discourse and Cognitive Linguistics*, 292–304.

Washio, Ryuichi (1997a) "Kyelkwa phyohyen uy yuhyeng (A Typology of Resultative Expressions)," *Language Research* 33, 435–462, Seoul National University.

Washio, Ryuichi (1997b) "Resultatives, Compositionality and Language Variation," *Journal of East Asian Linguistics* 6, 1–49.

Washio, Ryuichi (1999) "Some Comparative Notes on Resultatives," *Linguistics: In Search of the Human Mind—A Festschrift for Kazuko Inoue*, ed. by Masatake Muraki and Enoch Iwamoto, 674–707, Kaitakusha, Tokyo.

感情の普遍性とその言語化
──感情表現の類型論的研究に向けて──[*]

王　安
岡山大学

1. はじめに

　本稿でいう感情表現[1]とは，主に感嘆詞や人間の内的感情を表す形容詞及び動詞表現を指す．例えば，日本語の場合「嬉しい」「喜ぶ」などのいわゆる感情形容詞[2]・感情動詞がその典型例としてすぐに浮かぶ．感情表現の意味特徴と用法は古くから関心を集めてきたテーマであり，語彙的・統語論的・意味論的・語用論的方面から様々な考察がなされてきた．その中でも日本語の感情形容詞はとりわけ注目されている．それは，感情形容詞述語文は「*彼／私は嬉しい」のように話者が一人称でなければならないという，人称制限があるからである．

　近年，認知言語学の発展につれ，感情形容詞及び人称制限に関する考察は主観性／主体性，話者の事態把握の仕方という立場からの研究が主流となり，英語など他言語との対照研究も盛んに行われるようになった．事態把握の仕方の違いについて重要な指摘を行った池上（1999, 2004），言語間における異なる認知モードの存在を提唱した中村（2004, 2016）などがその代表として挙げられる．さらに，感情表現の分析に類型論的な視点を取り入れ，アジアの諸言語の感情表現を比較対照した研究として上原（2011, 2016）があり，また人称制

---

[*] 本稿は，「感情とその言語化」というテーマを巡って，筆者が長年考えてきたことを未だ不十分ではあるが簡潔にまとめたものである．この場を借りて，恩師である門脇誠一先生，高橋英光先生，上原聡先生，いつも有益なご意見・ご教示を下さる中村芳久先生，川瀬義清先生，大橋浩先生に，心より感謝の意を述べたい．なお，本研究は学術振興会科学研究費基盤研究 C（課題番号 16K02677）の助成を受けている．

[1] 研究者によっては「主観述語／心理述語」という呼び方もあるが，本稿では「感情表現」に統一する．なお，ジェスチャーなどの非言語的表現は考察対象外にする．

[2] 日本語の感覚形容詞はしばしば感情形容詞と一緒に論じられるが，本稿では紙幅の制限のため感覚形容詞は検討の対象から外すことにする．

限の問題を感情形容詞の機能と関連付けて類型的な考察を行ったものとして王安（2016）がある．以上の一連の研究によって，日本語の感情形容詞の意味特徴がより明確に記述され，人称制限の現象もより汎言語的に認識されるようになったといってよい．

本稿は，これまでの研究成果を踏まえながらも，少し考察の切り口を変え，感情の普遍性とその言語化を問題にする．具体的には，感情表現における言語間の共通点と多様性を体系的かつ通言語的に記述するという大前提に立ち，特に感情の普遍性が類型的に異なる言語においていかに反映されるかを言語事実に基づいて検討し，感情の普遍性に依拠する類型論的研究の可能性と必要性を示す．

本稿は次節から次のように構成される．まず，第2節では従来の代表的な研究の枠組みを概観し，それぞれに見られる感情表現における重要な指摘を確認する．次に第3節では，心理学の研究における感情の分析を参考に，感情の普遍性とは何かを検討し，それに依拠する研究の枠組みの可能性を提示する．さらに第4節では言語事実に基づき，感情の表出及び人称制限に見られる汎言語的特徴から感情の普遍性とその言語化の関係を検証する．最後に，第5節では感情表現の類型論的研究への認知文法理論の適用を検討し，今後の展望を述べる．

2. これまでの諸研究における感情表現の扱い方

ここでは前節で挙げた代表的研究である池上（1999, 2004），中村（2004, 2016），上原（2011, 2016）に限定して[3]議論を行う．これらはいずれも広く知られているため，それぞれの主な主張，特に感情表現と直接関わる指摘は，以下の表1に簡潔にまとめるに留める．

---

[3] 〈主観〉〈主観性〉に関する精緻な研究には，ほかにも本多（2016），小柳（2014），町田（2016）などがある．

感情の普遍性とその言語化　　73

〈表1〉	着眼点	主な主張
池上 (1999, 2004)	異なる事態把握の傾向	・〈主観的把握〉と〈客観的把握〉という異なる傾向を持つ言語がある. ・日本語は〈自己中心的な〉事態把握の傾向を持ち，体験される事柄のみが言語化され，それを体験している自己は〈ゼロ〉化される. 人称制限も日本語の〈主観的把握〉の表れ.
中村 (2004, 2016)	認知モードの違い	・概念化者の事態認識の方式には大きく状況内に視点を置く「Iモード」（言語）と状況外に視点を置く「Dモード」（言語）とがある. 日本語は前者であるのに対し，英語など西洋の言語は後者である. ・I／Dモード言語に見られる様々な特徴の一つとして，前者には主観述語があるのに対し，後者にはそれがない. ・日本語の認知特性はいわゆる概念内容と捉え方が不可分であり未分である点に現れ，主観述語がその代表である.
上原 (2011, 2016)	主観性の言語慣習化の違い	・言語間で同じ概念内容が直示述語として語彙化する度合いが異なり，主観性類型が異なる. ・日本語の感情形容詞は主観的な話者主体限定の形式として語彙化した直示述語の典型例であるのに対し，タイ語や中国語の内的状態述語は非直示述語である. ・内的状態述語内部でも言語慣習化の程度が均一ではない.

　池上（1999, 2004）と中村（2004, 2016）は，いずれも主観・客観あるいは認知モードを大きく2つに分けている[4]点で共通しており，両研究とも主観述語，とりわけ日本語の感情形容詞の振る舞いを典型例に，他の言語（例えば英中）と対比させ，日本語全般における〈自己中心的〉特徴あるいは状況内視点による認知の仕方を見出している. これらの研究を元に，近年では日英以外の言語における事態把握の傾向や認知の仕方における議論も盛んに行われるようになった. 例えば中国語の場合，特に感情表現に関しては客観的な事態把握傾向を持つことがしばしば指摘される（佐々木（2013），李（2016））. また，上原（2011, 2016）は，主観述語にも類型があると主張した点が斬新で，言語全

---

[4] いずれもの研究も対照的な2分類の間には程度性があることを認めている.

般の認知傾向ではなく，主観述語における言語習慣化（語彙化，構文化）の程度の差が言語間の主観述語の振る舞いに影響を与えていると指摘し，新たな分析の視点を示した．

　一方，感情表現の意味特徴と用法を体系的かつ通言語的に捉えようとする場合，以下の点について検討の余地があると考える．まず，諸研究の検討範囲が主に感情形容詞の分析に集中しており，しかも日本語の感情形容詞が言語間における対照の基準にされているように思われる点である．感情を表す表現は形容詞によるものばかりとは限らないし，また言語によって形容詞全般の機能と振る舞いがかなり異なることも指摘されている（ウェイリー（1997: 63））．言語類型論の研究で明らかになったように，名詞，動詞，形容詞の三大品詞の中で，形容詞類の品詞地位及び意味が最も不確定であり，形容詞という品詞を持つ言語においても，どの属性が形容詞で表され，どの属性が他の品詞で表されるかについては言語間で大きな違いがある（劉（2012: 113））．つまり，日本語の感情形容詞に見られる性質は日本語の形容詞全般の機能や特徴に関わるものにすぎない可能性があり，単純に感情に対する捉え方の問題ではないと考えられる．同時に，他言語は日本語と異なり，感情形容詞述語文以外の方法で主観的把握を行う可能性も十分に考えられる（王安（2017））．なお，形容詞全般の機能については，より慎重かつ厳密な類型論的調査が必要であり，本稿において論証できる範囲を超えるため，ここでは形容詞全般の機能と性質が関わっているのではないかという予測に留めることにする．要するに，感情形容詞述語文以外の方法で感情の表出を捉える言語現象に関しては，考察がまだ行き届いていないと言わざるを得ない．

　2つ目は，感情の普遍性と，それがどのように言語に反映するかという点について，これまであまり関心が持たれていない，という点である．先ほど挙げた池上氏を代表とする諸研究の成果によって，言語間において事態把握の傾向や認知モードに相違があることがすでに明らかになり，日英語を代表とする言語全般の特徴や好ましい表現傾向が各理論の枠組みによって精緻に捉えられている．しかしながら，後述するように人間の基本感情は文化や教育に影響されない普遍的な側面を持っていることが，既に心理学の分野で指摘されている．では，以上の言語間の差異があったとしても，こうした感情の普遍的な側面が言語表現に反映されることはないのだろうか．

　以上の問題を出発点として，本稿では感情の普遍性とその言語化について，言語間の共通点・相違点を体系的に捉えることを試みたい．

3. 感情の普遍性とその言語化：感情の普遍性に依拠する感情事象モデル

　人間に内在する様々な感情経験は，現実の世界の中で形のあるものとしては存在しておらず，直接に観察できないものである．また，近年の心理学・神経学における感情の研究では，「喜び，怒り，驚き，悲痛，恐れ，嫌悪」という人間の基本情動（Evans（2005: 6-8））は完全に教育・社会的な産物であるというわけではなく，人間の生物的な反応や欲求に基づいた独自のプロセスを経るという点で固有的・生まれつきの側面を有しており，その点で人間に普遍的であると指摘されている（Weigand（2004: 8-10））．本稿が注目する感情の普遍性も，上記6種の基本情動の場合に限定する．以下では，基本情動の普遍性を「感情の普遍性」と呼ぶことにする．こうした感情の普遍性とその言語化を明らかにするために，まず，上述した感情の生物的な側面に基づく独自のプロセスを見ることにする．

　感情の生起・発展[5]は一般的に以下のプロセスを経るとされている（福田（2003））．すなわち，i）生体内外の刺激対象によって引き起こされる快・不快の主観的体験，ii）このような状況や過程についての知覚，iii）内部器官による内的表出または表情，言葉など外的表出行動，iv）さらにこのような事態に対する対処行為や言語行動，という4つのプロセスである．ここでは，刺激対象，感情主，またその引き起こされた感情を含めて感情事象と呼び，以上のプロセスに基づいた感情のメカニズムを，以下のように図示化する：

---

[5] 心理学では「感情」と「情動」は区別されており，情動は，刺激などによって急激な表出や身体反応を伴って生じる比較的強い感情であるのに対し，感情は広義には「情動」「気分」「情操」を含む包括的な用語である（濱ほか（2001: 3））．本稿でいう感情の生起はこの「情動」を指しているが，以下では「感情」と呼ぶことにする．

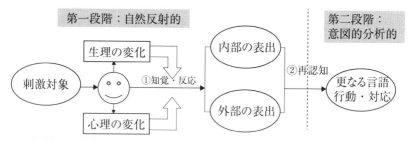

① 知覚・反応段階：生理器官などを通して刺激事象を感知し，自然反射的に反応する．
② 再認知段階：刺激事象や状況を認知・判断し，その意味を理解した上で，意図的分析的に感情を表出したりまたは報告したりし，更なる行動や対処を行う

〈図1〉 ―感情のメカニズム―

図1から分かるように，感情のメカニズムは刺激対象に直面して自然反射的に反応する第1段階と，引き起こされた感情を再認知する第2段階との2つに分かれている．これら2段階で行われる感情の表出の性質は異なっており，それぞれ「感情を持つ」ことと「感情を持つのを認識する」ことに対応する（ダマシオ (1999: 57)，Langacker (1990: 8)）．具体的にはまず，第1段階の感情の表出は感情主の「その場その時」に起きた自然反射的な表出であり，直接的でありのままの感情の吐露である．例えば，「あー！」のように感嘆詞による表出は自然反射的表出の典型例である．本稿ではこの段階の感情の表出を「自然反射的表出」と呼ぶことにする．これに対し，第2段階では感情主が刺激対象もしくは生じた感情を認知・理解した上で感情を表出したり，報告したりする．したがって，この段階の感情の表出は第1段階に比べて意図的・分析的である．

(1) 「うるさいことなんかあるものか，僕も嬉しいよ，気違いになるほど嬉しいよ，お前のためならどんな犠牲を払ったって構やしないよ」[6]

(1)は第2段階の表出の例である．文脈から分かるように，感情の表出は自然反射的なものではなく，話者は聞き手の不安や誤解を解こうとして，意図的に自分の気持ちを伝えようとしている．また，同じく第2段階には，例えば

---

[6] 本稿で取り上げる日本語の例文は全て『新潮文庫100冊』によるもの．

「私は喜んでいるのではなくて，悲しんでいるのよ」というような，自分の感情を相手に報告したり説明したりする場合もある．本稿では，前者を「意図的表出」，後者を「感情の描写」と呼ぶことにする．このように，感情のメカニズムのどの段階で感情の表出が行われるのかによって，その言語化の有りようは異なる．

そして，第1段階の感情の自然反射的表出は，感情の生起による最も生物的な反応であるため，言語を問わず普遍的に存在し，どの言語にもその感情の表出を捉える何らかの言語手段を有していると考えられる．だとすれば，感情の表出の普遍性という観点から各言語の感情表現を考察すれば，感情の普遍性に依拠したなんらかの共通の特徴を見出すことができるのではないかと予測される．以下では，言語事実に基づいて感情の普遍性と感情表現との関わりを検討する．

まず，図1の第1段階をより簡潔に次の図2のようにモデル化する．

①：刺激対象
☺：感情主
②：自然反射的表出
A →：刺激対象からの刺激
B →：感情の生起過程

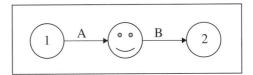

〈図2〉 ——感情事象（自然反射的表出）モデル——

図2では感情事象の構成素が示されていると同時に，三者間の関係，すなわち刺激対象が感情主に働きかけ，感情主がそれを受け，ある種の感情が起き，表出を行うという感情の生起・発展のプロセスも提示されている．そして，上述の構成素及びプロセスは，いずれも言語化の対象となりうる．また，先ほど図1で分析したように自然反射的表出が普遍性を有するのであれば，図2の感情事象モデルも汎言語的に存在することになり，このモデルを言語間における感情の表出を比較するための基本的枠組みとすることができるのではないかと考える．すなわち，各言語が感情事象を言語化する際に，感情事象モデルのどの部分あるいはどの段階に焦点を当てて言語化を行うのかを見ることで，言語間の感情の表出における共通点と相違点の両方を見出すことが可能となり，類型的に異なる言語の感情表現の特徴をより対照的にかつ明確に記述できるのではないかと考える．ここではまず，感情の表出の自然反射的性質から第1段階の言語化の特徴を考えてみたい．

➤ 〈表出性〉

　この段階の感情事象の言語化は自然反射的表出であるため，用いられる言語形式・言語表現は表出性を持ち，引き起こされた感情をそのまま言語化する力を備えており，表出発話行為を起こしていると考える（王安（2016））．例えば，この段階に用いられる言語形式の代表的なものとして，感嘆詞が挙げられる．感嘆詞は単に感情による叫びではなく，また単独で（省略ではなく）文となることができ，そして話者指向で且つ話者自身のその場とその時だけの感情を表しており，最も自然反射的な表出といえる（Aijmer（2004））．Langacker（2008：633）もこの種の言葉の存在を指摘しており，それを「表出語」と呼んでいる．同氏によれば，表出語は発話行為を構成するため，視点配置によって捉えるのが難しい．また，表出語の役割について，次のように重要なことを指摘している．まず表出語それ自体は，記述的な概念内容を完全に欠いているのではなく，記述の度合いが高い言語表現と連続性をなしている．次に，表出語は，OS の概念内容を観察したり記述したりしているわけではなく，むしろ表出語を使うことで，話し手はシナリオの中の一つの役割を演じている（ibid:634-635）．

　以上のような表出語の特徴と日本語の感情形容詞の振る舞いを比較してみると，両者の性質は非常に似通っている．すなわち，日本語の感情形容詞は「嬉しい！」のようにそのままの形で話者の「その場その時」に生じた感情をありのまま表出できるのであり，これは感嘆詞に似た表出性を持つ言語形式であると考えることができる（王安（2006a））．一方で，英語の「happy」や中国語の「高興」は語彙概念レベルでは日本語の感情形容詞と同様だが，機能上表出性を持たず，そのために英語・中国語の感情形容詞はそのまま一語文として使うことができず，また感情の表出を捉えられない（王安（2006a, 2016））．このように，言語によって表出性を持つ言語形式・表現が必ずしも同様とは限らない．

➤ 〈人称性〉

　感情の表出は「その場その時」に起きる発話行為であるため，それを行う人が常にその感情を経験する感情主本人に限るという〈人称性〉を持つ．この性質は，これまでしばしば指摘されてきたいわゆる〈人称制限〉である．例えば，ある人が「あー！」いう感嘆を発した場合，私たちは「彼は『あー！』と言った．」という引用の形で報告することができるが，「あー！」そのままの形で発するとその表出行為は必ず話者の感情吐露として捉えられる．また，「あー！」という感嘆詞は感情表出しか捉えられず，「*彼はあー！」のように描写的に

は用いることはできない．このように，表出を捉える言語形式・表現には厳しい人称制限があり，人称制限の本質は感情の表出行為に密接に関わっているのである．このように考えれば，人称制限は日本語特有の現象ではなく，各言語の自然反射的表出を捉える言語形式・表現でも，人称制限が必ず何らかの形で現れると予測できる．

以上述べたように，感情の普遍性が故に，上述の〈表出性〉と〈人称性〉は汎言語的に観察される特徴であるのではないかと思われる．以下，言語事実に基づいて上述の仮説を検証する．

4. 感情の普遍性とその言語化

4.1. 感情の表出の汎言語性と多様性

感情の表出の自然反射的性質からすれば，図2における①刺激対象も感情主自身も言語化されず，②生起した感情のみが言語化されると予測される．池上（1999）を代表とする多くの研究が既に指摘するように，日本語は次の例（2）（3）の如く〈自己中心的〉に感情を表す．

(2) 「うらやましいなあ．こっちは目下禁煙中でね．…」
(3) 「くやしい，ああっ，くやしい．」

いずれも「その場その時」に生じた感情のみが言語化され，感情主も感情対象も明示されていないが，自然と話者「私」の感情表出として認識される．他方で，中国語の感情形容詞は表出性を持たず，「*高興！」のように一語文を構成できず，[7]「他很高兴」のように三人称を主語に取ることができる．感情形容詞の機能にこうした対照的な違いがあるがために，中国語は客観的な事態把握の傾向を持つ，もしくは主観述語を持たないとされてきた．しかし，王安（2006a, 2016）で明らかにしたように，中国語では副詞"真"が表出性を持ち，それを付け加えれば本来表出を表せない感情形容詞述語文も日本語の場合と同様に，「その場その時」の感情の表出を捉えうる．例えば，次の（4）（5）を見てみよう．

(4) 「嘿，真高兴！」（あ〜，嬉しい！）　　　　　　　　　　　（北）

---

[7] 中国語の感情形容詞は質問に対する応答の場合であれば，そのままの形で用いられることが可能であるが，感情の表出とは性質が異なる（王安（2006a））．

(5) 「唉，真伤心啊！」（はあ～，本当に悲しいね！）　　　（北）

　副詞"真"を付け加えた表現は，1つのまとまりとして日本語の「悲しい！」と同様に，そのままで話者による「その場その時」の感情の表出を捉えており，(2) (3) と同じくやはり主語は明示されていないがその発話は自然と話者の感情の表出として認識される．このように，中国語は表出性を担う言語形式が日本語と異なるものの，言語化の際の刺激対象と感情主の非明示化という点で日本語と共通している（王安 (2017)）．

　さらに，"真"の表出性を見るために，中国語の心理述語使役文[8]による感情表現の振る舞いを挙げたい．中国語では，感情を表す際に以下の例 (6) のような使役構文が常用されることがしばしば指摘され，それが客観的な事態把握の現れだとされてきた（佐々木 (2013)）．しかし，王安 (2017) で示したように，"真"の伴わない例 (6) はあくまで感情の描写・報告を表しているのであって，感情の表出ではないのだから，感情が客観的に捉えられているのは当然である．しかし，例 (7) (8) のように"真"を付け加えれば，使役構文であるにもかかわらず，それひとまとまりとして，形容詞的表現に近い機能を果たし，話者の「その場その時」に引き起こされた感情を表出することができる．

(6)　这个消息让我很高兴.　　　　　　　　　（佐々木 (2003: 322)）
　　　（その知らせが私を嬉しくさせた／喜ばせた.）
(7)　「φ　真　　让　　人　伤心！」（北）
　　　　本当に　cause　人　悲しい　（本当に悲しい！）
(8)　「φ　真　　让　　人　羡慕！」（北）
　　　　本当に　cause　人　羡む　（本当にうらやましい！）

(7) (8) は使役構文でありながら，刺激対象が非明示である点で，自然反射的表出の特徴と一致している．また，感情主についても，(6) の感情の描写においては一人称「我（私）」であるのに対し，(7) (8) の感情の表出では，それが総称名詞「人」に変わるという興味深い特徴が見られる．ここで注意すべきなのは，(7) (8) の「人」は実際には話者本人「我」を指しており，表している感情もあくまで話者本人の感情である，ということである．つまり，(7) (8) では感情主の位置では「我」から「人」へという背景化が起きているのであり，これは感情の生起における感情主の関与をなるべく弱めようとすることの反映

---

[8] 詳細な定義と考察は王安 (2011, 2017) を参照．

感情の普遍性とその言語化　　　　　81

にほかならない（王安（2017））.[9]

　ここまで見てきた日中両言語の言語事実からいえることをまとめると次のようになる.①両言語はともに感情の表出を捉える方法を持っており,それぞれの方法には図2の感情の表出モデルと一貫した共通点が見られる.[10] ②言語によって表出性を持つ言語形式が異なっており,感情の表出は必ずしも感情形容詞によって実現されるとは限らない.[11]

4.2.　人称制限の汎言語性

　本節では,自然反射的表出に見られるもう1つの特徴である〈人称性〉が,各言語でどのように反映されているかを見ていく.周知のように,日本語の感情形容詞述語文は「*彼は嬉しい」のように三人称を主語に取ることができない.では,中国語や他の言語はどうであろうか.実は,感情形容詞の振る舞いが日本語と異なるという理由で人称制限がないとされてきた中国語にも,"真"の修飾を受けた感情表現では人称制限が観察され,例えば,「*他真高兴！」「*真让他伤心！」のように三人称を主語に取ることができないことが指摘されている（王安（2006a, 2016, 2017））.感情の表出と人称制限の関わりを確かめるために,王安（2016）ではさらに6言語の感情形容詞を対象とした調査を行った.その結果,表2に示すように各言語間にはある程度の関連性が見られ,表出性を持つ言語の感情形容詞述語文には人称制限が観察された.この調査結果も,感情の表出における〈人称性〉の普遍性を示唆する一例となる.

---

[9] ただし,使役構文の特徴は保たれているため,感情の表出の度合いは日本語の感情形容詞一語文に比べると低い（王安（2017））.

[10] 自然反射的表出における日中両言語の共通点については,さらに近藤ほか（2010）の調査を参照されたい.この調査では日中両言語はいずれも主語〈私〉を明示せず,臨場的・体験的に事態把握を行っていることが判明した.

[11] 上原（2016: 84）によれば,タイ語の場合も副詞を伴った感情形容詞句が一人称の表出を捉えられるようになり,中国語の場合に類似しているように思われる.

〈表 2〉 感情形容詞の表出性[12]と人称制限の関連性

6言語	感情形容詞の表出性 (○：あり, ×：なし)	感情形容詞述語文 における人称制限 (○：あり, ×：なし)
日本語	○→「嬉しい！」	○
韓国語	○→「기 뻐！（うれしいなあ）」	○
中国語	×→「*高兴！」 ○→「真＋形容詞！」 ○→「真让人高兴！」	× ○「*他真＋形容詞！」 ○「*真让他高兴！」
フランス語	×→「*Content. (Satisfied) ！」 ×→「*Heureux. (Happy) ！」	×
インドネシア語	×→「*Senang！（嬉しい）」	×
ドイツ語	×→「*Froh！（嬉しい！）」 ×→「*Glücklich！(Lucky!）」	×

5. おわりに：認知文法と感情事象モデルの融合

本稿では，感情の表出における言語間の共通点を図2の感情事象モデルに照らしながら論証し，感情の普遍性とその言語化の関係を示した．これは感情事象モデルに基づく言語分析というアプローチが有効であることを示唆している．さらに，図2のモデルに加えて認知文法の分析手法を融合させれば，言語間の感情表現の多様性と感情に対する捉え方の異同も浮き彫りにできると考える．その一例として，王安（2017）では，感情事象モデルと行為連鎖モデルを融合させ，中国語の使役表出文と日本語の形容詞表出文に見られる感情の捉え方の傾向と相違を明らかにした．今後，感情事象モデルの精緻化及び認知文法との融合の深化に伴い，感情表現における類型論的研究はより体系的に鮮明に理論化できるようになることが，期待される．

参考文献

Aijmer, Karin (2004) "Interjections in a Contrastive Perspective," *Emotion in Dialogic Interaction*, ed. by Edda Weigand, 99–120, John Benjamins, Amsterdam/Philadel-

---

[12] 王安（2016）では表出機能という用語を用いている．その機能を持つことを「直接表出用法」と定義している．調査に関する詳細は王安（2016）を参照．

phia.

アントニオ・R・ダマシオ（1999）『無意識の脳　自己の脳　身体と情動と感情の神秘』，田中三彦（訳）（2003），講談社，東京．

Evans, Dylan (2001) *Emotion,* Oxford University Press, Oxford.［遠藤利彦（訳）（2005），岩波書店］

福田正治（2003）『感情を知る』ナカニシヤ出版，京都．

濱治世ほか（2001）『感情心理学への招待』サイエンス社，東京．

本多啓（2016）「Subjectification を三項関係から見直す」『ラネカーの（間）主観性とその展開』，中村芳久・上原聡（編），91-120，開拓社，東京．

池上嘉彦（1999）「日本語らしさの中の〈主観性〉」『月刊言語』28, 84-94.

池上嘉彦（2004）「言語における〈主観性〉と〈主観性〉の言語的指標（1）」『認知言語学論考』No. 3, 1-49，ひつじ書房，東京．

小柳智一（2014）『「主観」という用語——文法変化の方向に関連して』『日本語文法史研究』，195-219，ひつじ書房，東京．

近藤安月子・姫野伴子・足立さゆり・王安（2010）「中国語母語日本語学習者の事態把握——日本語主専攻学習者を対象とする調査の結果から——」『日本認知言語学会論文集』第 10 巻，691-707.

Langacker, Ronald. W. (1990) "Subjectification," *Cognitive Linguistics* 1, 5-38.

Langacker, Ronald W. (2008) *Cognitive Grammar: A Basic Introduction*, Oxford University Press, Oxford.［山梨正明（監訳）『認知文法論序説』研究社］

劉丹青・唐正大（2012）『中国語名詞性フレーズの類型学的研究』日中言語文化出版社．

リンゼイ J. ウェイリー（1997）『言語類型論入門　言語の普遍性と多様性』，大堀壽夫・古賀裕章・山泉実（訳）（2006），岩波書店，東京．

町田章（2016）「傍観者と参与者——認知主体の二つのあり方——」『ラネカーの(間)主観性とその展開』，中村芳久・上原聡（編），159-184，開拓社，東京．

中村芳久（2004）「主観性の言語学：主観性と文法構造・構文」『認知文法論 II』，3-51，大修館書店，東京．

中村芳久（2016）「Langacker の視点構図と(間)主観性——認知文法の記述力とその拡張——」『ラネカーの(間)主観性とその展開』，中村芳久・上原聡（編），1-51，開拓社，東京．

佐々木熹人（2013）「ヴォイス構文と主観性」『中国語文法論叢』，315-331，白帝社，東京．

上原聡（2011）「主観性に関する言語の対照と類型」『主観性と主体性』，澤田治美（編），69-91，ひつじ書房，東京．

上原聡（2016）「ラネカーの subjectivity 理論における「主体性」と「主観性」——言語類型論の観点から——」『ラネカーの(間)主観性とその展開』，中村芳久・上原聡（編），53-89，開拓社，東京．

王 安（2006a）『感情事象モデルに基づく感情表現体系の研究——日中感情表現の対照による試み——』北海道大学博士学位論文．

王　安（2006b）「日本語の感情形容詞が持つ「表出性」とその振舞い」『日本認知言語学会論文集』第 6 巻，64-74.

王　安（2011）「中国語における心理述語使役文の意味と機能」『日本認知言語学会論文集』第 11 巻，406-417.

王　安（2016）「感情事象の表現パターンに見る感情の捉え方――6 種の言語における調査結果に基づいて――」『日本認知言語学会論文集』第 16 巻，1-13.

王　安（2017）「行為連鎖からも見る感情表出の使役文と形容詞文との関連性」『日本認知言語学会論文集』第 17 巻，172-184.

Weigand, Edda（2004）*Emotion in Dialogic Interaction,* John Benjamins, Amsterdam/ Philadelphia.

出　典

中国語用例：（北）北京大学中文系漢語語言学中心現代漢語コーパス（CCL）

日本語用例：新潮文庫 100 冊 CDROM 版

人称転移現象について[*]

古賀　恵介
福岡大学

1.　人称とは？

　人称とは，代名詞やそれに対応する動詞の変化形における区分であり，話し手自身を表す1人称，聞き手を表す2人称，それ以外の対象を表す3人称の3つが区別されている．これらは，通常，人称代名詞に固定的に伴う概念として扱われており，認知文法理論における取り扱いも，（Grounding に関連して位置づけられているという点を除けば）実質的にそれと大きく異なるものではない．即ち，認知文法において代名詞とは，N(ominal) Grounding（対象物に対する話し手・聞き手の mental contact のあり方を表す）を内蔵した名詞類 (nominal) のことであり（Langacker (2007, 2008)），1・2・3人称は概ね以下のように定義される．

(1)　1人称：指示対象が，発話場面の中の話し手と同一性関係にある
(2)　2人称：指示対象が，発話場面の中の聞き手と同一性関係にある
(3)　3人称：指示対象が，発話行為当事者 (interlocutors) 以外である

---

　[*] 本稿は，日本英語学会第34回大会（2016年11月12-13日　金沢大学）での口頭発表に加筆補正を施したものである．発表の場でご質問・コメントを下さった方々にこの場を借りて謝意を表します．

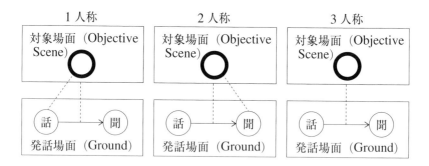

　以上の意味構造記述で注意しておくべきことは，1・2人称と3人称の間には根本的な相違があるということである．即ち，1人称と2人称の指示対象はそれぞれ話し手と聞き手であり，発話場面が決まれば自動的に決まるが，3人称代名詞の指示対象は基本的に発話行為当事者以外であり，これの同定には統語構造も含めた文脈情報を元にした推論が必要となってくる．この点の認知文法理論的解明は，Van Hoek (1997) により，参照点構造と概念的卓立性および Ariel (1990) の noun phrase accessibility の概念を用いて詳細に行われているので，本稿では取り上げない．

2. 人称転移

　本稿で問題とするのは，1・2人称と3人称の間にある対立が言語により異なった形で現れてくるという事実である．日本語と欧州諸語ではこの点に大きな違いがある．欧州諸語では，話し手や聞き手を表すのには，1・2人称代名詞が用いられ，通常名詞類が1・2人称を表すことは基本的にはない．

(4) What does John want to eat? (≠ What do you want to eat, John?)
(5) ジョンは何が食べたい？（文中の名詞成分＝代名詞的用法）
(6) ジョン，君は何が食べたい？（呼びかけ表現＝呼格的用法）

しかし日本語では，ジョンに向かって (5) のように言うことは何ら問題ないどころか，極めて普通のことである．また以下の例のように，「お父さん」のような親族名称を1人称にも2人称にも用いることができる．

(7) （父が子に向かって）お父さんはお腹が空いたなぁ．
(8) （子が父に向かって）お父さんは何が食べたいの？

本稿では，この現象を，代名詞以外のものに1・2人称関係が転移していると
いう意味で「人称転移」と呼び，以下，詳しく論じていくことにする．

　日本語における人称転移現象の事実を本格的に取り上げ，その意味・使用法
を最初に詳細に論じたのは鈴木（1973）である．鈴木は，名詞・代名詞を含め
て1人称・2人称で用いられた名詞表現を自称詞・対称詞と呼び，その使い分
けのあり方について画期的な論考を展開した．[1] また，上記（5）のような用法
を「代名詞的用法」，（6）のような用法を「呼格的用法」と呼んで区別を与えた
のも鈴木である．これらの表現については，その後，数多くの研究が行われて
いる．（鈴木（1985），小泉（1990），田窪（1997）ほか）ただ，これらの先行
研究では，どのような場面や人間関係でどのような名詞が1・2人称的に用い
られるかという点の，主に語用論的な立場からの調査・考察が中心であり，名
詞や代名詞の意味構造の中で《人称》という概念をどう位置づけるべきか，と
いう点からの理論的考察はほとんど見られない．

3. 人称概念と N Grounding

　欧州諸語では基本的に人称転移が見られない．これと日本語の名詞類の融通
無碍なあり方をダイレクトに比べると，日本語のあり方が何か極めて特殊なも
ののように見えてしまうかもしれない．しかし，名詞類の最も基本的な機能で
ある対象物指示（モノを指し示す）という点からすれば，話し手・聞き手を表
す際にだけ通常名詞類を使わない，という欧州諸語の制約の方がむしろ特殊で
あるといえなくもない．では，人称転移を起こす日本語と起こさない欧州諸語
の違いの背景にあるものは何なのだろうか？

　この問いに対する本稿の仮説は以下の通りである．

(9)　欧州諸語では，人称代名詞の内蔵的 N Grounding において人称関係
　　が含まれているのは勿論のことであるが，それのみならず，（文内成
　　分として現れた＝代名詞的用法）通常名詞類の N Grounding にも標
　　準的に（cannonically）3人称関係概念が含まれている．[2]

---

[1] 日本語の人称転移現象には，人間的上下関係を軸とする複雑な制約が伴う（鈴木（1973），
田窪（1997））のだが，その詳細にはここでは立ち入らない．
[2] これに対して，当然のことであるが，呼格的用法の名詞類には3人称関係は含まれていな
い．また，sir, ma'am のように，呼格的用法専用の名詞も存在する．これらは，文内成分で
ないことからもわかるように，間投詞と共通した意味構造を持つと考えられる．それについて

（10）　日本語の通常名詞類の N Grounding には 3 人称関係が含まれていない.

認知文法では，普通名詞は代名詞と異なりそれ自体では N Grounding を含んでおらず，外部から Grounding を付与されると考える．英語の冠詞のような限定詞は，その Grounding のあり方を明示化する要素となっている．また，固有名詞の方は特定の個体認識と結びついた言語形式なので，代名詞と同様に Grounding を内蔵していると考えられる．いずれにしても，これらの通常名詞類の Grounding において，欧州諸語では 3 人称関係が含まれており，日本語では含まれていないと，本稿では仮定するのである．

　（9）の言語形式面での現れの 1 つと思われるのが動詞の人称屈折（主語・動詞の一致現象）である．すなわち，英語ではほとんど廃れてしまったが，欧州諸語では動詞が主語の人称に応じて特定の変化形をとり，しかも，通常名詞類は 3 人称の語形をとるのである.[3] またこれは，言語習得の観点からすれば，欧州諸語の話者は，幼少の頃より動詞の語形変化の習得を通じて「通常名詞類は 3 人称代名詞と同等である」との認識を刷り込まれることになるということを意味する．このようにして「通常名詞類は 3 人称」という強い制約が慣用化しているため，欧州諸語では人称転移現象が起こりにくいと考えられる.[4]（その例外については第 4 節で取り扱う.）

　これに対して日本語の場合，通常名詞類の N Grounding に 3 人称関係が含まれない．そのため，一部の通常名詞類（e.g.「お父さん」「お母さん」などの親族名称や「社長」「先生」などの役割名称）が自由に 1 人称や 2 人称を引き受けることができるのである．しかも，それだけではなく，そもそも人称関係を専門に表す「人称代名詞」というカテゴリーが閉鎖クラスとして確立しているとは言い難い（鈴木（1973），田窪（1997）[5] ほか）．あらためて言うまでもなく，日本語には 1・2 人称を表す代名詞が数多く存在する（e.g. わたし，おれ，うち，あなた，おまえ）が，そのほとんどは元々通常名詞からの転用であり，

の認知文法的考察については，古賀 (2015) を参照のこと.

[3] もちろん，動詞の人称変化は欧州諸語に限られるわけではなく，世界全体で見れば多数派のようである (Siewierska (2004)，Cysouw (2009))．一方，欧州言語の中でも，スウェーデン語・ノルウェー語・デンマーク語のように人称変化が完全に廃れてしまったものも存在する．英語はその一歩手前で踏みとどまっているといえるだろう.

[4] 欧州から少し離れているが，中東のペルシャ語（印欧語族）でも，やはり人称転移は見られないようである（セペフリバディ (2012)）.

[5] このため，田窪 (1997) は「代名詞」ではなく「人称名詞」という用語を用いている.

その用法は歴史的に交替・変遷を繰り返してきている（奥村（1954），佐久間（1966），李（2000），小松（2011）ほか）.[6] このことは，少し考えれば誰でも思いつく以下のような転用例を見れば，すぐに納得のいくところであろう.

（11）　手前（場所）⇒ 手前ども（1人称）⇒ てめぇ（2人称）
（12）　御前（おんまえ：場所）⇒ お前（2人称）
（13）　うち（家：場所）⇒ うち（女性1人称）

つまり，通常名詞類に3人称関係の概念が結びついていないため，1・2人称への転用・転化も起こりやすく，また，それが不安定なため，その関係が変化しやすいということである.

　このような日本語の特性は，何も日本語のみに見られるものではなく，実はアジア地域ではわりと普通のことのようである．日本語と文法的類似性の高い韓国語（朝鮮語）はもとより（林（2006）），東南アジアの諸言語（タイ語，ベトナム語，ビルマ語，ラオス語，カンボジア語，マレー語，インドネシア語，ジャワ語，）やインドのベンガル語にも見られるのである（Cooke（1965），Cysouw（2009），高殿（1987），染谷（1985），ウディン（2007）ほか）．一例をあげると，ベトナム語では，以下のような多くの語が1人称にも2人称にも用いられる.

（14）　1人称：tôi, em, anh, chi, cô, chú, bác, ông, bà …
（15）　2人称：　　em, anh, chi, cô, chú, bác, ông, bà …
　　　　（http://www.coelang.tufs.ac.jp/mt/vi/gmod/contents/explanation/015.html）

しかも，これらは，1人称の tôi（「しもべ」の意味 Heine and Song（2011:611））を除くと，親族名称からの転用語彙なのである．日本語でも，「お兄さん」，「お姉さん」，「おじさん」，「おばさん」が1人称・2人称のどちらにも用いられるのは普通のことであり，その感覚と共通していると言える．つまり，これらの言語でも，通常名詞類と3人称関係の固定的結びつきは存在しないのである.

　この点で興味深いのは，中国語である．中国語は，「我，你，他・她」という人称代名詞の閉鎖クラスが確立しているという点では欧州諸語と共通しているが，動詞の人称変化のような人称関係の形式的明示がないという点では異

---

[6] Heine and Song（2011）の調査によれば，印欧系以外の言語では，様々な source からの代名詞への転用はよく見られるとのことである.

なっている．いわば，日本語と欧州諸語の中間に位置している．そのためであろうか，大西（1992）や薛（2000）にあるように，日本語ほどではないにしても，欧州諸語よりは人称転移が起きやすいようである．つまり，人称代名詞のカテゴリーとしての確立度と，動詞の人称変化等が及ぼす影響がいわばパラメータのような形で働いていることを示唆しているのである．この点は更に言語の範囲を広めて調査していく必要がある．

4.　欧州諸語における人称制限の部分的緩和

　ここまでは，人称転移が見られないという欧州諸語の特性を日本語と対立的に取り上げてきたが，実は，英語などにも，通常名詞類の 1・2 人称的使用が，ごく例外的にではあるが，見られるのである．

　例えば，幼い子供やその保護者が用いる子供用の話し言葉である．

(16)　「例えば母親が自分の子供に向かって "Okay, honey. Mommy will come to you right now." など親族名称を代名詞的用法で使用する場合がある．」　　　　　　　　　　　　　　　（油井（2007: 28-29, fn. 3））

(17)　Was Jimmy（= were you）a good boy today?　　（Cooke（1965: 3））

(18)　「たとえば，"I want to go, too!"（私も行きたい！）と子供が言いたいとすると，小さい子供は自分の名前を使って表現します．ジーナの場合は，"Jidah go too!" でした．この自分の名前を主語にした表現は小さい子供がよく使う表現です．セサミストリートに出てくるキャラクターの "Elmo" も，"Elmo like this." などと言います．」

　　　　　　　　　　　　　　　　　　　　　　　　　　　（塩谷（1991: 59））

つまり，言語習得の初期において対象物指示という言語の最も原初的な機能を身につけていく際には，人称転移を含む言い回しを使うのはむしろ自然なことなのである．（フランス語での同様の例については青木（1989: 18）を参照．）

　また，人称転移は子供相手の言葉遣いに限られるわけではなく，(19)-(22)のような，むしろそれとは正反対のフォーマルな言葉遣いの中にも見られるのである．（下線は古賀）

(19)　She is promoting her latest movie, which the present writer has not yet seen.　　　　　　　　　（http://www.merriam-webster.com/dictionary/）

(20) Will your lordship (= you) deign to consider the plea of your humble servant (= my plea)? (Cooke (1965: 3))

(21) TIME regrets the error. （雑誌 TIME の誤報謝罪の際の常套句）

(22) The Waterford Police Department regrets to announce that we will no longer provide patches to private patch collectors free of charge.
(https://waterfordmi.gov/188/Department-Patch-History)

(19) と (20) は，代名詞 I や you の使用を忌避するという儀礼的慣習のために用いられていた（最近はあまり用いられない）用法であり，(21) と (22) は we の代わりに組織名を用いた疑似遂行文的用法とでも言えばよいだろうか．いずれにしろ，背後に 1 人称や 2 人称を暗示する名詞句の使い方である．このように，英語においても人称転移が絶対的に不可となるわけではない．

　さらにドイツの upper-middle-class restaurants では，ウェイターが客に向かって，the gentleman にあたる der Herr（語源的には「主人」）を 2 人称で用いることもあるということである (Heine and Song (2011: 602)).[7]

(23) Was wünscht der Herr? Hat er sich schon entschieden?
[What wants the gentlemen? Has he himself already decided?]
"What would you like, sir? Have you decided already?"

(23) では，お客を表すのに 2 人称代名詞 Sie ではなく通常名詞句の der Herr を用い，さらに次の文ではそれを 3 人称代名詞 er で受けている．このように，丁寧さを演出する言葉づかいで，相手を直接的に指し示す表現（＝人称代名詞）の使用を回避するという感覚は，洋の東西を問わないようである．[8]

　一方，通常名詞類の転用ではなく，人称代名詞カテゴリーの内部に目を転じてみると，ここにも人称の転移現象といってよいようなものが見られる．よく知られているものとしては，フランス語不定代名詞 on（不特定の人を表す）の転用を挙げることができる（島岡 (1999: 489), cf. 青木 (1989: 19–23)）.

(24) 1 人称：Comme il y a longtemps … qu'on ne vous avait vu!
"How long a time … that one not you had seen."

---

[7] 青木 (1989: 11) は，フランス語での同様の例 Monsieur m'a applé? (Mister has called me? お呼びでしょうか？）を挙げている．

[8] もっとも，このような言葉づかいは最近では廃れつつあるとのことである (Heine and Song (2011: 602)).

(25) 2人称：On s'est amusé avec ses amis?
    "One amused oneself with his friend?"

(26) 1人称複数：Jenny et moi, on est partis pour la vie entière.
    "Jenny and me, one is left for the entire life"

英語の不定代名詞 one にも類似の用法があるのは周知のことである（e.g. 安藤（2005: 430））が，英語の one の用法がかなりフォーマルで古めかしい感じであるのに対して，フランス語の on の転用は，むしろ口語においてかなり一般的である．

　さらに極端な例としては，フランス語で親が幼い子供に話しかけるときには，1人称代名詞 je を2人称的に用いて次のような話し方をすることがあるという事実である（青木（1989: 11）英語直訳は古賀）．

(27) Comme j'ai de beaux yeux!
    [How I have beautiful eyes!]（何ておめめがきれいなんでしょう．）

(28) Est-ce que j'aime toujours les gâteaux?
    [Is it that I like still the sweets?]（ボクおかしまだ食べたい？）

(29) Est-ce que j'ai été sage aujourd'hui?
    [Is it that I have been good today?]
    （ボク今日はお利口にしてたかな？）

青木の和訳にあるように，ちょうど日本語の「ぼく」を幼い男の子に向かって2人称的に用いることがあるのと共通した用法である．

　英語以外の多くの欧州諸語では2人称に親称形と敬称形という二つの形式が存在するが，実は，そのうちの敬称形の成立には通常名詞句への人称転移が二通りの方法でかかわっている（Siewierska（2004），Heine and Song（2011））．例えば，ドイツ語の2人称代名詞には（27）のような2つの形式が見られるが，敬称形 Sie は，17世紀に使われるようになった呼びかけ敬称表現 Euer Gnaden "Your Graces" を受ける3人称複数形代名詞 sie に由来するものである（Heine and Song（2011: 601），cf. 例文（23））．

(30) ドイツ語2人称：
    親称形 du/ihr　vs. 敬称形 Sie（＝3人称複数形 sie）
(31) イタリア語2人称：
    親称形 tu/voi　vs. 敬称形 lei/loro（＝3人称女性形 lei/loro）

イタリア語の2人称敬称形も同様のパターンで成立したとのことである.

もう1つのパターンは，"Your Grace" のような呼びかけ表現自体が形態の簡略化を通じて2人称敬称代名詞に転化するというものである.

(32)　スペイン語2人称：親称形：tú/vosotros　vs.　敬称形 usted(es)
(33)　ポルトガル語2人称：親称形 tu　vs.　敬称形 você[9]
(34)　オランダ語2人称：親称形 jij/jullie　vs.　敬称形 u
(35)　ポーランド語2人称：親称形 ty　vs.　敬称形 pan(i)

スペイン語では Vuestra Merced から usted，ポルトガル語では Vossa Mercê から você（いずれも Your Grace の意味），オランダ語では Uwe Edelheid "Your Nobility" から u が2人称敬称形として成立している（Heine and Song (2011: 606)）. また，ポーランド語の2人称敬称形の「pan の語源に一番近い言葉は英語の lord である. そもそも pan は普通名詞であり，封建時代の領主のことを意味し，後に敬称として姓の前に使われるようになった. 現代において，普通名詞，敬称の他に，二人称代名詞として幅広く使われている.」（カチマレク (2006: 253)）とのことである.

もう1つ付け加えておけば，これらの2人称敬称形代名詞に対応する動詞の人称変化形は3人称と同一の形だということである. つまり，代名詞本体だけでなく，動詞の屈折形式においても3人称形がそのままの形で敬称2人称化してしまっている，ということである. ただ，それとは異なる発達のパターンもあるようで，例えば，ヨーロッパ・ポルトガル語では，the people にあたる名詞句 a gente（女性単数形）が1人称複数を表す代名詞用法を獲得しているのだが，それに対応する動詞変化形は，本来の3人称単数形以外に，1人称複数形も用いられることがあるとのことである（Heine and Song (2011: 615)）. つまり，動詞の人称屈折というのは，意味と全く無関係に機械的に主語の形式に対応するものではなく，それぞれの言語の中に元からあった意味と形式の対応関係に強く制約されながらも，歴史を重ねながら独自の変化をしていくことがある，ということである.

このように，名詞・代名詞の人称関係の固定度が高い欧州諸語であっても，様々な事情により，人称関係を逸脱した使用や，代名詞カテゴリー内での人称関係の変化が起こることがある. 本稿では，人称関係を N Grounding の一部

---

[9]　さらに，ポルトガル語では，the gentleman, the lady にあたる名詞句 o senhor, a senhora が最上級敬称形として2人称に用いられることがある.

と考えているが，そもそも Grounding に限らず，語義の拡張的使用や歴史的変化は言語にとって極めて一般的な事柄であるので，本節で見たような現象があるとしても，何らおかしなことではないのである．

5. まとめ

　以上のように，人称関係という概念を，単に代名詞における話し手・聞き手・その他の区別としてではなく，認知文法の N Grounding のあり方の一部として（つまり，名詞類全体にわたる問題として）捉えることにより，日本語や他のアジアの諸言語と英語をはじめとする欧州諸語の違いを，認知文法理論の中でうまく捉えて明示化することができるのである．具体的には，

● 欧州諸語においては，人称代名詞のみならず通常名詞類の N Grounding の中に 3 人称関係の明示が含まれており，これが 1・2 人称指示における代名詞使用を強く根拠づけている．（ただし，合理的な動機づけにもとづく例外も存在する．）
● この「通常名詞類は 3 人称」という制約は，動詞の人称変化形の習得を通じて，話者の中で強化されていると考えられる．
● 対照的に，日本語およびアジアの多くの言語では，通常名詞類の N Grounding に 3 人称関係の制約がないので，人称関係と特定種類の語彙との間の結びつきが緩く流動的である．様々な名詞が代名詞に転化して，数多くの「代名詞」（人称詞）が成立し，それが人間関係に応じて使い分けられるような状況になるのも，このためである．

　では，このように 1・2 人称関係の人称転移を起こしやすい言語とそうでない言語の違いの根底に横たわる要因は何であろうか，という疑問が残る．これについては，今のところまだ推測の域を出ないのであるが，代名詞というカテゴリーの統語的必要性と，その背景をなす項（主語や目的語）の明示化必要性の有無に関わっているように思われる．

　この点で両極端をなす英語と日本語を比べてみると，そのことがよくわかる．英語では，項の明示化が強く要求されるため，主語や目的語が誰（何）であるかが文脈上明らかな場合でも，それを代名詞で明示しなければならない．つまり，項の位置を形式上必ず埋める要素を必要とするのである．それに対して，日本語は項の非明示化が可能であるため，主語であれ，目的語であれ，推測可能なものはどんどん省略される．このような言語においては項の位置を形

だけ埋めるような要素は必要とされない．英語の代名詞が，1・2 人称におい
ては「話し手」「聞き手」という役割のみ，3 人称においても性・数や人とそれ
以外の区別といった最低限の情報しか表さない，いわば"無色透明"な要素で
あるのに対して，日本語の「代名詞」（人称詞）が様々な人間関係意識を含む
"色つき"になっているのもこのためであると考えられる．

　この点に関しては，代名詞の指示構造そのものを根本的に考察する中で，稿
をあらためて取り上げてみたいと思う（cf. 古賀（2014））．

参考文献

安藤貞雄（2005）『現代英文法講義』開拓社，東京．

青木三郎（1989）「人称に関する日・仏語対照言語学的研究」『文藝言語研究 言語篇』
　　16, 1-44.

Ariel, M. (1990) *Accessing Noun-Phrase Antecedents*, Routledge, London.

Cooke, J. R. (1965) *Pronominal Reference in Thai, Burmese, and Vietnamese*, Doc-
　　toral dissertation, University of California, Berkeley.

Cysouw, Michael (2009) *The Paradigmatic Structure of Person Marking*, Oxford Uni-
　　versity Press, New York.

Heine, Bernd and Kyung-An Song (2011) "On the Grammaticalization of Personal
　　Pronouns," *Journal of Linguistics* 47, 587-630.

カチマレク，ミロスワバ（2006）「ポーランド語における敬語表現と人称のカテゴリー」
　　『言語・地域文化研究』第 12 号（東京外国語大学大学院），247-260.

セペフリバディ，アザム（2012）「現代ペルシア語における人称表現の使用実態：親族
　　間の会話における呼格的用法と代名詞的用法の対称詞」『言語社会』第 6 号（一橋大
　　学），282-298.

小泉保（1990）『言外の言語学：日本語語用論』三省堂，東京．

古賀恵介（2014）「言語における対象指示の構造」『福岡大学人文論叢』第 46 巻 3 号，
　　543-567.

古賀恵介（2015）「間投表現の意味構造」『福岡大学人文論叢』第 47 巻 3 号，757-785.

小松寿雄（2007）「幕末江戸語の一・二人称代名詞」『学苑』第 802 号（昭和女子大学），
　　21-32.

Langacker, Ronald W. (2007) "Constructing the Meanings of Personal Pronouns," *As-
　　pects of Meaning Construction*, ed. by G. Radden et al., 171-187, John Ben-
　　jamins, Amsterdam.

Langacker, Ronald W. (2008) *Cognitive Grammar: A Basic Introduction*, Oxford Uni-
　　versity Press, Oxford.

李長波（2000）「『カレ』の語史とその周辺：三人称代名詞が成立するまでのみちすじ」

『ことばと文化』第 4 号（京都大学），1-33.

林炫情（2006）「代名詞的用法の対称詞使用に関する日韓対照研究」『人間環境学研究』第 5 号，1-19.

薛鳴（2000）「親族名称に見られる関係表示：日本語と中国語の比較から」『社会言語科学』第 2 巻 2 号，43-57.

奥村恒哉（1954）「代名詞『彼，彼女，彼等』の考察——その成立と文語口語——」『国語国文』（中央図書出版社）第 23 巻 11 号，63-78.

大西智之（1992）「中国語の自称詞」『中国語学』第 239 号，31-40.

佐久間鼎（1966）『日本語の言語理論』恒星社厚生閣，東京.

Siewierska（2004）*Person*, Cambridge University Press, Cambridge.

島岡茂（1999）『フランス語統辞論』大学書林，東京.

塩谷シグリット（1991）『アメリカの子供はどう英語を覚えるか』はまの出版，東京.

鈴木孝夫（1973）『ことばと文化』岩波書店，東京.

鈴木孝夫（1982）「自称詞と対称詞の比較」『日英語比較講座 5——文化と社会』，国広哲弥（編），17-59，大修館書店，東京.

染谷臣道（1985）「ジャワ語の人称代名詞 kono について」『帯広畜産大学学術研究報告』II-6, 519-537.

高殿良博（1987）「インドネシア語における敬語としての呼称」『亜細亜大学アジア研究所紀要』第 14 号，281-306.

田窪行則（1997）「日本語の人称表現」『視点と言語行動』，田窪行則（編），13-44，くろしお出版，東京.

ウディン，エムディ モニル（2007）「日本語とベンガル語における対称詞の対照研究：親族に関する対称詞を中心に」『日本語・日本文化』第 33 号（大阪大学），27-54.

Van Hoek, Karen（1997）*Anaphora and Conceptual Reference*, University of Chicago Press, Chicago.

油井恵（2007）「日本語および英語における対称詞の機能：ポライトネスとの関連性」『駿河台大学論叢』第 33 号，19-30.

II.
日英比較

日英語の自他動詞の志向性と 2 つの Natural Path

村尾　治彦

熊本県立大学

1.　はじめに

　英語は他動詞を，日本語は自動詞を好むという類の主張や，人中心／状況中心あるいは，状況の中／外どちらからの事態把握を好むかでそれが決まるという主張が多くの研究でなされてきた（池上（1981），Hinds（1986），谷口（2005），本多（2005），野村（2014），Ikegami（2015）など）．次の（1）–（5）の例のように，同じ状況を表す場合でも，英語は（他動詞の受動文を含む）他動詞構文が，日本語は自動詞構文が使用される傾向がある．

(1) a.　お決まりですか．
　　 b.　Have you decided yet?　　　　　　　　　　（Hinds（1986: 55））
(2) a.　山がみえる．
　　 b.　I see a/the mountain.　　　　　　　　　　（Hinds（1986: 53））
(3) a.　風で窓が割れた．
　　 b.　The wind broke the window.
(4) a.　腹が減って，力がでない．
　　 b.　I'm so hungry that *I don't have any energy* to do so.

　　　　　　　　　　　　　　　　　（『日本昔話　Old Stories of Japan』）
(5) a.　新しい家が建った．
　　 b.　They built a new house. / The new house was built.

　また，Murao（2018）でも構文ネットワークの観点から，英語は様々な他動詞構文においてより高次のスキーマが活性化して多様な他動詞構文を生産し，日本語は自動詞構文において多様な自動詞構文を生産することを示している．
　一方で，日本語には英語には見られないような他動詞文も存在する．（6）は天野（2002）で指摘されている「状態変化主主体の他動詞文」で，SOV（NP-

ガ NP-ヲ V）という他動詞文の形式を取りながら，目的語に対する主語の直接的な働きかけがなく，主語が家財道具の焼失を引き起こした主体や前歯を折った主体とはなっていない.[1]

(6) a. 私たちは，空襲で家財道具を焼いた.　　　　　（天野 (2002: 117)）
　　 b. 勇二は教師に殴られて前歯を折った.　　　　　（天野 (2002: 119)）
(7) a. 山田さんが家を建てた.　　　　　　　　　　　（佐藤 (2005: 88)）
　　 b. 太郎は時計を修理した.　　　　　　　　　　　（佐藤 (2005: 95)）

むしろ直接の原因が「空襲で」,「教師に殴られて」によって表現されている. (7) は，山田さんが家を自分で建てたり，太郎が自分で時計の修理をしたという他動詞文の形式を直接反映した意味もあるが，大工さんに家を建ててもらったり，時計屋さんに修理してもらったという解釈がある. 佐藤 (2005) は後者の解釈の文を「介在性の他動詞文」と呼んでいる. この文も家の建築や修理行為を直接行っているのは「山田さん」,「太郎」以外の人間であることから，「山田さん」,「太郎」がこの行為を引き起こした主体とはなっていない. 以上の類の文にそのまま対応する英語の他動詞文は成立しにくいであろう. 英語では，SVO (NP V NP) という他動詞文の形式を取るなら，主語が目的語と直接関わるような事象を表す.

　これらの例を見ると，一見日本語の自動詞志向，英語の他動詞志向という見方に相反し，日本語が多様な他動詞構文まで拡張できるように見える. もちろん本稿の冒頭で言及した先行研究においても，自他動詞の志向はあくまで好みの傾向であり，必ずしも絶対的なものと考えているわけではないが，多くの先行研究が日英語の自他の選好について共通の見解を示している以上，(6), (7) のような他動詞文との整合性をとるための説明が必要になる.

　本稿では，認知文法の natural path (Langacker (1991, 2008)) の観点から，英語は際立ちに基づく natural path，日本語は自律性に基づく natural path を基盤にして自他動詞構文を生産する傾向があることを主張し，各 natural path に付随する因果関係，影響性，管理責任性などの組み合わせから，(6), (7) のような例も含めて日英語の自他動詞構文を体系的に説明できることを示す.

---

[1] 本文献のことをご教示頂いた西光義弘氏に感謝申し上げる.

2. 事態認知における 2 つの Natural Path

Langacker (1991, 2008) では動詞が表す事態を 2 つの異なる視点から捉えている.

(8) a. 行為連鎖 (action chain)：エネルギーの発し手を基点にした，個体から個体への非対称的エネルギーの推移

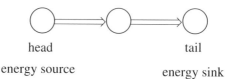

図 1：行為連鎖 (action chain) (Langacker (1991: 283) を改変)

エネルギーの源である head から最終的なエネルギーの受け手の tail はエネルギーを受け取って何らかの変化を被る．典型的には，head が agent としてより際だちのある図 (primary figure) となり，他動詞文の主語となる．tail が patient としてその次に際だちのある図 (secondary figure) となり目的語として具現化される.[2]

(8) b. 自律／依存の多層化 (A/D layering)：1 つの事態参与者から成る概念的に自律的な主題関係 (thematic process) を基盤

この事態観では，(9a) のように，事態参与者が 1 つである，概念的に自律的な「主題関係」(thematic process)[3] と呼ばれる事態要素から成っている場合と，(9b) のような，thematic process がより複雑な事態の中心として機能する場合とがある．この内 thematic process が単独で現れる場合の事態を absolute な解釈を取るものと言う．thematic process がより複雑な事態の中心として機能する場合には，(9c) のように，thematic process (T) を軸に，それを引き起こすエネルギー (E) が多層的に重なった構造をもつものと考えられている．この場合，thematic process を自律的な概念，それを引き起こすエネルギーを依存的な概念とみなす．したがって (9b) の場合は，複雑な事態の中心である自律的な thematic process から，階層の外側である周辺へ，概念的に依存的

---

[2] 認知文法ではより際立ちのある方を trajector, 次に際立つ要素を landmark としている.
[3] 認知文法では thematic process に関わる参与者には, patient, mover, experiencer, zero があり, これらを総称して theme と呼んでいる.

使役関係を積み重ねていくことによってできあがる. 最も単純なケースでは, thematic process のみが表されたものが (9a) のような自動詞文となり, thematic process と1つのエネルギー階層から成るのが (9d) のような他動詞文である.

(9) a. The ice cracked.
    b. The owner had the manager make a waiter crack the ice with a rock.
    c. (E4 (E3 (E2 (E1 (T)))))

(Langacker (1991: 292))

    d. The waiter cracked the ice.

Langacker によれば, 事態の中心である thematic process は意味的にも音韻的にも重く, 周辺である依存的なエネルギーは抽象的な使役という意味合いしかない軽いものである. つまりこのモデルでは, 事態の中で何が中心かという観点から事態を眺めている. それを突き詰めていくと, どのようなモノが事態の中心かということに発展していくと考えられる.

以上の2つの事態観は, energy flow に沿った energy source (action chain head) から energy sink (action chain tail) への流れと, energy flow とは正反対の方向性を示す, thematic process を中心に自律的なものから依存的なものへの階層化としてそれぞれ見なされる. どちらも認知的に自然な経路 (natural path) (Langacker (1991: 293, 2008: 372–373)) を形成する.

(8a) はプロトタイプ的には, agent から patient への直接的な働きかけによって生じる因果関係に基づく natural path で, これを反映した記号化の方略は agent orientation と呼ばれる (Langacker (2008)). スキーマ的には trajector / landmark に基づく際立ちの非対称性の関係を表し, 幅広く他動詞文を射程に入れるためには際立ち度に基づく trajector / landmark 認知が前景化する. trajector が最も際立ちのある要素であるため, landmark がないことはあっても, landmark があって trajector がないことはないことから, trajector の存在が第一義的である.

一方, (8b) に基づく記号化の方略は, theme orientation (Langacker (2008)) と呼ばれる. エネルギーの発し手である行為主体は thematic process に働きかける行為の担い手であるため, その存在は働きかける相手である thematic process があって初めて成立する. しかし thematic process は行為主体がなくても自律して存在しうる. また, thematic process は theme やそれが受ける

102　　　　　　　　　　　　　II.　日英比較

行為について多くの情報を持ち，事態全体が表す意味内容のかなりの部分を占めている．よって，thematic process は周辺要素である行為主体に影響を及ぼす存在であるが，その内容によって影響度の違いが生じる．[4] こちらの natural path もプロファイル関係の中で theme が最も際立ちが高いと捉えられれば trajector となって主語として記号化されることから，際立ち度に基づく trajector / landmark 認知が協働しうるが，自律性を捉えるためには意味役割など，より theme の意味内容（conceptual content（Langacker（1991, 2008）））に依存し，構文の産出，拡張には trajector / landmark 認知は二次的な役割しかないと考えられる．

　以上から，構文の生産性，拡張を考えた場合，agent orientation は際立ちの差という認知プロセスに焦点を当てたモデル（以下本稿では agent-oriented natural path と呼ぶ）であり，theme orientation はより conceptual content に焦点を当てたモデル（以下本稿では theme-oriented natural path と呼ぶ）と言える．後に詳しく見るように，どちらのモデルを基盤とするかで，自他動詞構文の拡張のあり方が異なる．次節では，この 2 つの natural path の観点から日英語の自他動詞構文の志向性について検討していく．

3.　日英語で好まれる natural path

　(1)-(5) のような英語がより他動詞文を好む傾向と，それに反するように見える (6), (7) のような状態変化主主体の他動詞文や介在性の他動詞文を統一的に扱うために，本稿では，以下の仮説に基づいて分析を行う．[5, 6]

(10)　英語
　　　a.　際立ちの差に基づく figure / ground の対立を反映した agent-ori-

---

[4] この点は後ほど詳しく扱う．

[5] この対立はあくまでより好まれるという傾向であり，片方の natural path のみが関わっているというわけではない．日英語とも記号化される内容に応じて両方のモデルが使い分けられると考えられる．ただし，拡張事例が生じる場合にはその言語でより好まれるモデルが際立って関与すると考える．

[6] 谷口（2005）は transitive relation（agent orientation に相当）を英語での基本的な事態解釈，thematic relation（theme orientation に相当）を日本語での基本的な事態解釈として，英語の他動詞志向，日本語の自動詞志向を示すと思われる様々な構文を分析している．本稿は，2 つの natural path を日英語の構文生産，拡張に応用するときに (10), (11) のように整理しなおし，どのような条件で自他動詞構文が選択されるかを提案し，(6), (7) の他動詞文の存在との整合性を含め，日英語の自他動詞構文の志向性を考察するものである．

ented natural path を好む傾向

b. モノの二項関係を agent であるとか theme であるとかではなく，際立ちの差で捉えることで幅広い他動詞構文を生産

(11) 日本語

a. 意味役割に基づく中心／周辺の対立を反映した theme-oriented natural path を好む傾向

b. theme, agent 等，モノの具体的な意味役割の中身を見て事態の中心／周辺を認識し，事態の中心を優先して記号化する．中心が周辺に影響を及ぼすと見なされる度合いに応じて周辺まで記号化するか決定される．

英語は，agent-oriented natural path に従って，(12), (13) のように，agent から patient への直接的な働きかけによって事象を引き起こすプロトタイプ的な他動詞文だけでなく，(14), (15) のように，動詞自体は行為のみを表す他動詞であるが，その行為が free や up into the air という結果状態をもたらすこと（因果関係）を主体的に捉えることで日本語にない他動詞文を成立させる．

(12) a. She broke the vase.

b. 花瓶を壊した．

(13) a. The boy kicked the ball.

b. ボールを蹴った．

(14) a. He tried to kick himself free.

b. 彼は蹴って抜け出そうとした．

(15) a. He kicked the ball up into the air.

b. ボールを空高く蹴り上げた（蹴って上げた）．

さらに因果関係の主体的な捉え方が進むと，(16)-(18) のような，非意図的な知覚による働きかけや客観的には対称的な関係にあるものでも，主語名詞に注目して主体的に際立ち度による非対称性を生み出すことで英語は他動詞文で表現される．

(16) a. We can't see Mars tonight because of the haze.

b. もやのせいで今夜は火星が見えない．

(17) a. Joshua resembles Jonathan.

b. ジョシュアはジョナサンに似ている．

(18) a. Line A intersects line B.

104   II. 日英比較

  b. 線 A は線 B に直交している.

(Langacker (1991: 310–311))

このことから，英語は conceptual content において客観的に agent から pa-tient への働きかけによる非対称的な関係がなくても，主語名詞句と目的語名詞句の非対称性を際立ち度に基づき主体的に捉えることで他動詞文の形式を保っていると言え, trajector / landmark 認知が大きく寄与している (Langacker (1991, 2008))．また，非対称的な関係が捉えられればよいので，trajector / landmark の表す参与者の中身がどんなものかを識別する必要はない．ただ際立ちの差のある二項関係の存在・発生が認められればよい．

 一方日本語では，(14), (15) の英語に直接対応する拡張的な他動詞構文 (結果構文) の構造にはなっていないし，(16)–(18) のような事態の記号化はより自動詞構文に近くなる．英語のような拡張的な他動詞文を成立させるほど agent-oriented natural path に依存していないと言える．

 自動詞構文の場合，(19) と (20) のように，プロトタイプ的な事例においては両言語において自律的な事態として捉えて記号化しているし，(21) のように，自他交替を起こす動詞においてともに自動詞文も存在する．

(19) a. The moon appeared in the sky.
   b. 空に月が現れた.
(20) a. The young lady blushed and laughed.
   b. 若い女性は赤面して笑った.
(21) a. The vase broke.
   b. 花瓶が割れた.

 しかし，(22), (23) のような客観的には自律的とはみなせない事態になると，英語は自動詞文が制限されるのに対し，日本語は拡張が広がる．このような，英語では他動詞文で表されるところ，使役主を背景化して自動詞文で表されるものを「使役主背景化自動詞文」と呼ぶことにする．

(22) a. お決まりですか.
   b. Have you decided yet?   (= (1))
(23) a. 新しい家が建った.
   b. They built a new house. (非介在性の他動詞文) / A new house was built.

日本語は theme-oriented natural path に依拠し，trajector / landmark の際立ちの差といった認知プロセスよりも，conceptual content に重きをおき，theme の自律性を捉えるためにその意味役割に注目する．中心的要素を捉えたら，そこから優先的に記号化していくため自動詞文が使われる傾向が強くなる．周辺要素まで記号化して他動詞文になるかどうかは中心要素が周辺要素に影響を及ぼすとみなされるかどうかで決まる．この点は次の4節で状態変化主主体の他動詞文と介在性の他動詞文を考察するときに詳しく取り上げる．

4. 日英語の志向に反する事例と自他動詞構文産出のメカニズム

本節では，日英語の自他動詞志向に反するように見える (6)，(7) の状態変化主主体の他動詞文と介在性の他動詞文を agent-oriented natural path, theme-oriented natural path のメカニズムの中に位置づけながら捉え直し，他の様々な自他動詞構文を含めて体系的に説明したいと思う．

天野 (2002) は，状態変化主主体の他動詞文について，客体の変化によって主体の状態の変化も表すような密接な関係が必要であると主張する．また，そのような場合，主体が客体に起こる事態を所有するという関係になっていると主張する．例えば，(6a) の家財道具（客体）の焼失は，主体である「私たち」に物理的，精神的損失をもたらすと言う点で影響を及ぼすと考えられる．「お父さんが虫除けスプレーで蚊を殺した」のような agent-oriented natural path に従う通常の他動詞文では，主体（お父さん）の行為が蚊に影響を及ぼして客体（蚊）が死ぬという事態が生じる．主体と客体間には，主体から客体に向かう因果関係による密接な関係が存在する．agent-oriented natural path のフレームで考える限り，状態変化主主体の他動詞文（や後に見る介在性の他動詞文）の主体と客体に生じる事態の間には因果関係のような密接な関係はなく，天野の言う「所有関係」など緩やかな関係性しかない．そして，客体から主体へ向かう影響性[7]が見られる．通常の他動詞文と逆の方向性が生じるのも日本語が theme-oriented natural path に従う傾向が強いとする本稿での枠組みから考えると当然のことと言える．theme-oriented natural path では，自律／依

---

[7] agent-oriented natural path で「因果関係」，theme-oriented natural path で「影響性」と区別しているのは，前者では，「星を見る」のような，対象への影響のない心理的な働きかけによる対象の知覚を実現するような因果関係も含む一方，後者では，そのような因果関係に基づく他動詞文は見当たらず，状態変化主主体の他動詞文，介在性の他動詞文のような客体による主体への影響の度合いが重要となるからである．

存による中心／周辺関係に基づくため，周辺である主体は中心である客体に依存し，客体に起こる事態の意味内容から影響を受けうると考えてもよい．agent-oriented natural path に基づく通常の他動詞文において，主体の客体への働きかけの度合いによって他動性が変わり，自他構文の形式が決まるとすれば，theme-oriented natural path に基づく構文では，客体による主体への影響の度合いが強ければ両者間の関係が密接になり，2者間の関係が問題となる他動詞構文となり，そうでなければ自動詞構文となると考えるのも妥当のように思える．

　ただし，客体から主体への影響がある場合，天野（2002）の主張するように，主体が客体に起こる事態を所有するなどの関係が必要となる．西光（2010）は主体に責任のある出来事に他動詞文が使用され，状態変化主主体の他動詞文は管理責任を表す他動詞文であると主張している．西村（1998）も日本語の他動詞文に幅広く「責任」という概念が関わっていることを示している．これらをまとめると，日本語他動詞文は所有を含め，何らかの意味で主体に管理責任がある事態を表していると言える．[8] しかし，この関係は agent-oriented natural path における主体と客体の因果関係ほど緊密な関係ではないため，中心である thematic process から優先的に記号化していく theme-oriented natural path の場合，客体から主体への影響が強い場合を除き，管理責任の関係は前景化されず，周辺要素である主体が必ずしも記号化される必要はない．[9]

　以下では，状態変化主主体の他動詞文や介在性の他動詞文だけでなく，これまで見てきた自他動詞構文を含め以上のことを検証することにする．表1は主体から客体への因果関係，管理責任性の有無，客体から主体への影響性の有無に基づいてどの構文タイプを選択するかを示したものである．

---

[8] Langacker（2008）は様々な所有関係の背後に，参照点（reference point）を介して目標（target）にアクセスする参照点認知が関与していることを主張している．所有には管理責任が伴うため，主体と客体間で管理責任が重要な役割を果たす事態にも参照点認知が反映されていると思われる．この考え方にたつと，自他動詞構文の選択において，日本語は reference point / target 認知を反映し，一方，英語は agent-oriented natural path を好むことから trajector / landmark 認知を反映するという対立が見えてくる．この点は中村（2004, 2009）が主張する日本語の reference point / target 認知志向，英語の trajector / landmark 認知志向の傾向と一致する．

[9] その場合は「家財道具が焼ける」のような自動詞文となる．

文タイプ	例文	主体→客体への因果の有無	主体の管理責任性	客体→主体への影響の有無	自他構文選択
通常他動詞文	お父さんが蚊を殺した	有り	有り	無し	他動詞構文
通常他動詞文	山田さんが家を建てた	有り	有り	無し	他動詞構文
介在性の他動詞文	山田さんが家を建てた	無し	有り	有り	他動詞構文
	(家が建った)	(無し)	(無し)	(無し)	(自動詞構文)
状態変化主主体の他動詞文	私たちは空襲で家財道具を焼いた	無し	有り	有り	他動詞構文
	(家財道具が焼けた)	(無し)	(無し)	(無し)	(自動詞構文)
使役主背景化自動詞文	お決まりですか	有り	無し	無し	自動詞構文
通常自動詞文	月が現れた	無し	無し	無し	自動詞構文

表1：2つの方向性に基づく自他構文選択

通常他動詞文の「お父さんが蚊を殺した」，「山田さんが家を建てた」[10] では，主体から客体への働きかけによる蚊の死や家の完成の発生という因果関係があるが，蚊の死や家の完成による「お父さん」や「山田さん」への明確な影響が考えにくい．つまり，客体の状況変化によって主体が影響を受けることが明確ではない．因果関係がある場合，主体である「お父さん」や「山田さん」には事態の（発生の）管理責任があるが，その主体に客体からの影響が必ずしもあるわけではない．[11] 同じ「山田さんが家を建てた」でも介在性の他動詞文になると，主体から客体への因果関係はなく，（大工さんによる）家（客体）の建築に

---

[10] 通常他動詞文では家を建てる行為を行ったのは「山田さん」自身であることに注意．

[11] この場合は agent-oriented natural path に依存した事態認知によって他動詞文を産出することになる．主体の管理責任があるからといって，客体から主体への影響が認められるわけではないところが，客体から主体への影響があれば主体の管理責任が生じる theme-oriented natural path に基づいた他動詞文産出と異なる点である．

よって施主の山田さん（主体）に居住空間が生じるなどの恩恵が影響として生じ，管理責任が前景化する．ただし，家の建築による山田さんへの影響が問題とならない場合は主体から客体への因果関係，客体から主体への影響性どちらもなくなり，さらに管理責任も背景化され，「家が建った」という自動詞構文となる．

　同じく，状態変化主主体の他動詞文である「私たちは空襲で家財道具を焼いた」でも「私たち」から「家財道具」への直接的な働きかけはなく，因果関係はないが，家財道具が焼けてしまうことで主体に物理的，心理的損失などの影響をもたらす．そして主体の管理責任も前景化する．家財道具の焼失による「私たち」への影響性が問題とならない場合は主体の管理責任も背景化し，記号化が客体までにとどまり，「家財道具が焼けた」といった自動詞構文となる．

　使役主背景化自動詞文では，現実に決定行為を行った主体の存在が背景化され，また，客体から主体への影響がない，あるいはあえて注目していない場合と考えられる．[12] よって主体の管理責任も背景化される．最後に，通常の自動詞文は「月が現れた」のように客観的な自律性が高く，周辺要素の存在も認識しにくいため，主体，客体間の因果関係，影響性，管理責任性は存在しない．

　以上まとめると，日本語では通常他動詞文のような主体から客体への因果関係があるものは英語と同じように agent-oriented natural path に従って他動詞文を生産し，[13] 介在性の他動詞文や状態変化主主体の他動詞文のように因果関係がない時は，theme-oriented natural path から見て，客体から主体への影響があって主体の管理責任が前景化する場合に他動詞構文を選択する．[14] この事態認知は英語にはない．主体と客体の因果関係の有無に関係なく，客体から主体への影響がなく，主体の管理責任が背景化する（もしくはそもそもない）場合には自動詞文が選択される．これは使役主背景化自動詞文，通常の自動詞文や，介在性の他動詞文と状態変化主主体の他動詞文からの自動詞文が相当する．

---

[12] レストランでの注文などでは，「（あなたは）決めましたか」という他動詞文によって主体の責任が際立ち，主体に決定を迫ったり，押しつけ感が生じる可能性がある．それを避けようとする配慮のため自動詞文による主体の背景化がなされると思われる（cf. Hinds (1986)）．

[13] ただし，日本語は theme-oriented natural path を基本とするため，英語のように際立ちの差に主に基づいた他動詞文まで幅広く生産することはない．

[14] この場合，中心である thematic process（客体）と周辺である主体との間に 2 項関係が生じるが，参照点構造に基づき（注 8 参照），主体が reference point，客体が target となり，際立ちの高い参照点（主体）が trajector として捉え直され，主語となる．

5. おわりに

日本語は，theme-oriented natural path を基盤にして，中心要素から周辺要素への影響の有無，それに伴う管理責任の前景化・背景化といった conceptual content の内容に基づいて，英語にはない自動詞構文を含め様々な自動詞構文を生み出すメカニズムの中で状態変化主主体の他動詞文や介在性の他動詞文を生じさせている．一方英語は，際立ちの違いに基づく trajector / landmark 認知を重視した agent-oriented natural path に従って，因果関係の明確なプロトタイプ的な他動詞文を中心に幅広く他動詞構文を生産している．

日英語の好まれる natural path の観点から両言語の自他動詞文を分析することで，そこから日本語の自動詞志向，英語の他動詞志向を導き出せるだけでなく，一見その志向に反する他動詞文を含めて統一的，体系的に説明できることを示せたのではないかと思う．

参考文献

天野みどり（2002）『文の理解と意味の創造』笠間書院，東京．

Hinds, John（1986）*Situation vs. Person Focus*, Kurosio, Tokyo.

本多啓（2005）『アフォーダンスの認知意味論——生態心理学から見た文法現象』東京大学出版会，東京．

池上嘉彦（1981）『「する」と「なる」の言語学』大修館書店，東京．

Ikegami, Yoshihiko（2015）"'Subjective Construal' and 'Objective Construal': A Typology of How the Speaker of Language Behaves Differently in Linguistically Encoding a Situation," *Journal of Cognitive Linguistics* 1, 1–21.

Langacker, Ronald W.（1991）*Foundations of Cognitive Grammar, Vol. II: Descriptive Application*, Stanford University Press, Stanford.

Langacker, Ronald W.（2008）*Cognitive Grammar: A Basic Introduction*, Oxford University Press, Oxford.

Murao, Haruhiko（2018）"Distribution of Transitive / Intransitive Constructions in Japanese and English,"『ことばを編む』，西岡宣明・福田稔・松瀬憲司・長谷信夫・緒方隆文・橋本美喜男（編），246–255，開拓社，東京．

中村芳久（2004）「主観性の言語学：主観性と文法構造・構文」『認知文法論 II』，中村芳久（編），3–51，大修館書店，東京．

中村芳久（2009）「認知モードの射程」『「内」と「外」の言語学』，坪本篤朗・早瀬尚子・和田尚明（編），353–393，開拓社，東京．

西光義弘（2010）「他動性は連続体か？」『自動詞・他動詞の対照』，西光義弘・プラシャ

ント・パルデシ（編），211-234，くろしお出版，東京.

西村義樹（1998）「行為者と使役構文」『日英語比較選書⑤　構文と事象構造』，中右実・西村義樹（著），107-203，研究社出版，東京.

野村益寛（2014）『ファンダメンタル認知言語学』ひつじ書房，東京.

佐藤琢三（2005）『自動詞文と他動詞文の意味論』笠間書院，東京.

谷口一美（2005）『事態概念の記号化に関する認知言語学的研究』ひつじ書房，東京.

数量類別詞と認知

屈　莉

金沢大学（客員研究員）

1.　はじめに

　コトバは私たちが世界をどのように認識しているかを反映している．言い換えれば，あらゆる言語表現の裏に私たちの認知操作が関わっている．むろん，モノの数を表現する時も例外ではない．英語では周知の通り，モノは可算か不可算かに二分化され，両者は異なる数え方を用いる．可算名詞は（1a）が示すように，単数は「ゼロ形」，複数は「S 形」を使う．不可算名詞は（1b）が示すように，何らかの単位を添えて表現する必要がある．

(1) a.　I bought one book / two books yesterday.
　　b.　I bought a piece of furniture yesterday.

　英語の数え方を背景に，日本語の数え方を見てみると，いくつかの点が興味深い．まず日本語は原則として（2a）のように，ほかの形態素を用いなければならず，（2b）のように数詞だけでは容認されない．

(2) a.　昨日三人の友達に会った．
　　b.　*昨日三の友達に会った．

　また，同じ 1 つのモノであっても捉え方によって，複数の数え方が見られる．（例えば，梅一本，梅一個，梅一輪など．）さらに，異なるモノを同じ数え方で数える場合がある．例えば，二本の鉛筆，二本の傘，二本のシュート，二本の映画など，全く異なるジャンルのモノが同じ数え方で数えられている．

　下線を引いた語は本稿の研究対象であり，数量表現と義務的に現れる類別詞であるため，本稿では「数量類別詞（numeral classifiers）」と呼ぶ．日本語のほか，中国語や韓国語など東アジアと東南アジアの多くの言語，またアメリカ大陸先住民の言語などに見られる．中でも，日本語の数量類別詞は，外国の研

111

究者の関心を呼び，古くはロドリゲス「日本大文典」（1604-8）でも言及され，近年では Downing（1984），Lakoff（1987）などで論じられている（飯田（1999））．一方，日本人による研究は，数量類別詞遊離現象を扱うもの（奥津（1969），神尾（1977），井上（1978），柴谷（1978）など）から，意味論の観点から分析されるもの（Matsumoto（1993），飯田（1999），西光・水口（2004）など）まで，さまざまな角度からなされている．

　しかし，認知言語学の立場からその認知機能を探る研究はまだ少ない．そこで，本稿では，認知言語学における重要概念であるカテゴリー化と bounding（有界化）を援用して，上で述べた数量類別詞に関する興味深いところ，すなわち，数を数える時に数量類別詞を使わねばならないところ，1つの数量類別詞が複数の数える対象に用いられるところ，1つのモノが複数の数量類別詞と共起するところを，カテゴリー化と bounding の角度から考えることによって，数量類別詞の認知機能について考察してみたい．

2.　数量類別詞とカテゴリー化

2.1.　数量類別詞によるカテゴリー化

　「カテゴリー化」とは，一般的にはさまざまなモノやコトを同じ種類のモノやコトに分類することとされる．最もよく見られるのは，名詞によるカテゴリー化と動詞によるカテゴリー化である．名詞と動詞はそれぞれモノとプロセスをカテゴリー化している．世界の言語は，さまざまな言語手段を用いて名詞カテゴリーを再度カテゴリー化する．そのうち，数量類別詞言語[1]は数量類別詞を用いて名詞カテゴリーを再度カテゴリー化する．言い換えれば，あるモノの数が問題となるとき，どのようなカテゴリーに分類され数えられるかは，数量類別詞によって示される．したがって，数量類別詞を用いて，モノの数を数えるという行為はカテゴリー化であるといえる．以下，数量類別詞は数える対象をカテゴリー化していることを具体例とともに見てみる．

(3) a.　<u>2人の子ども</u>が庭で遊んでいる．
　　 b.　<u>2匹のネコ</u>が庭で転がっている．
(4) a.　<u>鉛筆</u>を<u>2本</u>削った．
　　 b.　<u>色紙</u>を<u>2枚</u>使った．

---

[1]　数量類別詞という文法カテゴリーを持つ言語を数量類別詞言語と呼ぶ．

(5) a. 車が 2 台止まっている.
    b. 船が 1 隻行方不明になっている.

(3a, b) では有生物である「子ども」と「ネコ」がそれぞれ数量類別詞「人」「匹」によって,「人間」と「動物」としてカテゴリー化されている.(4a, b) では「鉛筆」と「色紙」が数量類別詞「本」と「枚」によって,「細長いモノ」と「薄くて,平面的なモノ」という形を基準にカテゴリー化されている.(5a, b) では「車」と「船」が数量類別詞「台」と「隻」によって,それぞれの機能的特徴に焦点が当てられ,カテゴリー化されている.これらの例が示す日本語の数量類別詞の特徴は,Matsumoto (1993) が提示する図 (図 1) と一致している.

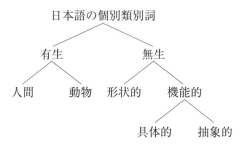

図 1: Matsumoto (1993)

しかし,なぜ数える対象を分類学とは異なるカテゴリーに再分類できるのか.それは我々認知主体(ここでは数える主体)がカテゴリー化という認知能力を持っているからである.カテゴリー化は,我々人間が持っている最も基本的かつ重要な認知能力の 1 つであり,日常生活の中で絶えず行われる.しかし,あまりにも一般性が高いため,意識されない場合が多い.また,数量類別詞によるカテゴリー化は予め規定された固定的なものと思われがちであるが,文脈に応じて異なる数量類別詞を用いて違うカテゴリーに分類する場合がある.

(6) a. 今,産卵の為に川をのぼるシャケが川面から 3 匹見えた.
    b. 今年はお歳暮にシャケを 3 本もらった.
    c. 朝食にシャケを 3 切れ食べた.

(飯田 (1999:4))

このように,数量類別詞の使用はコンテクストから影響を受ける.(6a) では「川をのぼる」というコンテクストから,シャケは「匹」を用いて生きてい

る動物としてカテゴリー化されている．(6b) では「お歳暮」というコンテクストから，シャケはもはや生きている魚ではなく，塩漬けになっているもので，贈り物になっていることがわかる．このときのシャケは無生物で，「本」を用いて細長い形をしているモノとしてカテゴリー化されている．(6c) では「朝食」というコンテクストから，シャケは食べ物になっていることがわかる．また，そのシャケは，「切れ」を用いて，食べやすいよう切り身になったモノとしてカテゴリー化されている．

　ここまで数量類別詞の認知機能の1つであるカテゴリー化機能を考察した．ここで次の2点に触れて次節に移る．1) 数量類別詞によるカテゴリー化は数えるという行為が行われるときのみのカテゴリー化である．2) 数量類別詞の使用は一定の定着度が認められるものの，数える主体の捉え方に基づく主観性の高い行為であるため，さまざまな要因に影響され揺れる場合がある．

2.2.　数量類別詞のスキーマ性

　数量類別詞は数える事例間から共通点を見出し，抽出されたモノであるため，数える事例に対して抽象的であり，スキーマ的である．ここでは，日本語の中で最も広く使われる数量類別詞「本」を例に，日本語の数量類別詞のスキーマ性について考える．日本語母語話者は「本」で数えられるものと言われると，鉛筆やロープのような細長いものを思い浮かべる．これは鉛筆やロープなどに共通した「細長いもの」という抽象的なイメージが存在するからである．すなわち，「本」が細長いというイメージを持ち，細長い形を持つもののスキーマになっている．

　日本語の「本」は数量類別詞として使われた当初から，形状的に細長いモノを数える際に用いられていた．三保 (2000) は近世における「本」の用法を調査し，細長い形を持つモノに使い，それが主要な用法であることを指摘している．しかし，現代日本語の「本」は (7) が示すように，その形が認識できる細長いモノのほかに，「映画」，「電話」，「シュート」，「バス」，「記事」，「論文」などのような形のない抽象的なモノにも使われている．

(7) a.　昨日は問い合わせの電話が 10 本あった．
　　b.　あの俳優は 3 本の映画に主演した．
　　c.　来週末までにレポートを 2 本書かなくてはいけない．
　　d.　駅へのバスは 1 日 5 本ある．

(飯田 (1999: 44))

日本語の「本」は最も用法が拡張された数量類別詞と言われ，研究者の間で関心が寄せられている．Lakoff (1987) では「本」のさまざまな拡張用法を説明し，イメージ・スキーマ変換，メトニミー，導管メタファーなどを拡張の動機づけとして分析している．しかし，本稿ではスキーマ性が数量類別詞の用法拡張の動機づけであると主張する．数量類別詞「本」のスキーマ・モデルを図2のように示す (吉村 (2004: 51) の図 (2) を修正したもの)．

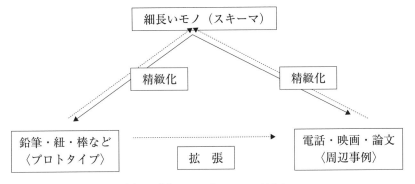

図2　「本」のスキーマ・モデル

　図2に示すように，「鉛筆」，「紐」，「棒」などは，典型的な細長い形をしているので，「本（細長いモノ）」のプロトタイプとなる．(7) の電話，映画，レポート，バスなどは，「本」のスキーマ性に基づき，プロトタイプから拡張され，具体的な形がないため，周辺事例と位置付けられる．事例によるスキーマの精緻化はスキーマから事例への実線で表される．一方，各事例から共通点を抽出する抽象化は事例からスキーマへの破線で表される．プロトタイプから周辺事例への拡張は類似関係に基づいて一方向的に行われ，破線で表される．当然「本」に限らず，多くの数量類別詞はプロトタイプと周辺事例を持っている．
　ここまで数量類別詞はスキーマであることを確認した．しかし，スキーマと言っても，スキーマ性の高いモノとスキーマ性の低いモノがある．通常事例の多いスキーマはスキーマ性が高く，事例の少ないスキーマはスキーマ性が低いと言われる．事例の数とスキーマ性の高低は次のような関係を持つ．事例が多ければ多いほど，抽出されるスキーマの意味内容が希薄である．意味内容の希薄化に伴って抽象性が上がる．したがって，事例が多くなるにつれ，スキーマ性が上がる．逆に，事例が少なければ少ないほど，抽出されたスキーマの意味内容は豊富である．意味内容が豊富であることは具象性が高いことを意味す

る．具象性の高いモノはスキーマとしてのスキーマ性が低い．数量類別詞においてもスキーマ性の程度差が見られる．例えば，日本語において，「本」は数多くの拡張事例を持っているので，スキーマ性が高いといえる．逆に，「人」は「人間」のみに用いられ，拡張事例が見当たらないため，スキーマ性が低いといえる．

3. 数量類別詞と bounding

3.1. bounding（有界化）

「bounding（有界化）」（以下では bounding と称する）は境界が認識できないモノに境界を与える認知プロセスである．従来の言語理論では「bounding」と言語との関係が見通されていないため，言語分析において「bounding」に言及するものはほとんど見られなかった．しかし，認知言語学では，「bounding」を私たちが世界をモノ又はプロセスとして捉える際に欠かせない重要な認知プロセスと考える．「bounding」について，Langacker (1990, 2008) では，次の3点を主張している．

(i) 主要領域における「bounding（有界化）」の有無が可算名詞と質量名詞を区別する際の中枢である．
(ii) 「bounding（有界化）」という概念を明確に定義する必要がない．
(iii) 境界を設けることは，我々がモノを概念化する一環であり，客観的な認識によって動機づけられていない．

また，概念化される対象物によって「bounding」の設定の仕方が異なると述べ，以下の4パターンを挙げている．

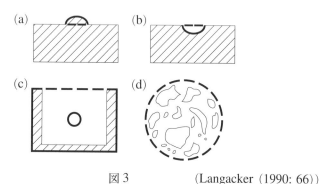

図 3 (Langacker (1990: 66))

図3(a) は，凸部の部分が bounding され，図3(b) は凹部の部分が bounding され，図3(c) は上部が開いているにも拘わらず，空間的に閉鎖しているため，全体が bounding され，図3(d) は，個別要素を囲む空間全体が bounding されている．図3では「bounding」の仕方は様々であることを示している．それは，「bounding」は客観的な認識によって動機づけられていない，私たちの捉え方による主観的な認知プロセスに起因するからである．

3.2. 「counting (数えること)」と「bounding (有界化)」

私たちは日常生活の中で，常に「counting (数えること)」(以下では数えることと称する) に直面し，そして何気なく数えることを行っている．おそらく数えることを抜きにして生活はできないであろう．ところが，いざ「モノの数を数える」とは何かと聞かれると，どのように答えるのであろう．定義は難しいかもしれないが，モノや出来事の数を数えるときの前提条件がわかれば，数えることの本質が掴める．それはモノであれば個体として認識できる境界線，出来事であれば始まりと終わりが認識できる境界と思われる．

世界の言語において，名詞をモノとして捉える段階ですでに有界的 (bounded) なモノと非有界的 (unbounded) なモノに分けて概念化している言語と，すべてのモノを非有界的 (unbounded) なモノとして扱う言語に分かれる．英語は前者であり，日本語は後者である．さらに，英語は有界的なモノを可算名詞，非有界的なモノを不可算名詞とする．したがって，可算名詞はそのままで数えることができるが，不可算名詞は bounding 機能を持つモノと共起しなければならない．両者の違いを (8) で確認しよう．

(8) a. I bought a table and four chairs.
 b. I used *butters and *sugars for cooking.
 c. I used two pounds of butter and three spoons of sugar for cooking.

(8a) の table と chair は境界のある有界的なモノとして捉えられているので，不定冠詞 a や複数語尾 s をつけてそのまま数えられるが，(8b) の butter と sugar は境界が認識できない非有界的なモノとしか捉えられないので，そのままでは数えることができず，ほかの言語手段 (ここでは pound と spoon) によって，境界を生じさせなければならない．さらに認知言語学における英語の可算名詞と不可算名詞の概念レベルでの定義を見てみよう．

(9) a. A "count noun" designates a region that is **bounded** within the scope of predication in its primary domain.

 b. A "mass noun" designates a region that is **NOT** specifically **bounded** within the scope of predication in its primary domain.

(Langacker (1990: 69))

この定義が示すように，英語の可算名詞と不可算名詞を概念レベルで区別する際に「bounded」かどうかが重要な概念となる．言い換えれば，「bounded」は名詞そのものが数えられるかどうかを左右する重要な要素である．「unbounded」なモノは bounding を経て「bounded」にしなければならない．繰り返しになるが，境界は名詞に内在するものではなく，概念化者が意図的にさまざまな方法を通じて生じさせたものにすぎない．

上で触れたように，概念レベルでは日本語の名詞はすべて非有界的なモノになっている．統語レベルでも日本人は数を気にしない傾向がある．例えば，有名な俳句「枯枝に烏のとまりけり秋の暮」と「古池や蛙飛び込む水の音」において，それぞれ「烏」は何羽いるか，「蛙」は一匹であろうか，それとも二匹以上であろうかは明確になっていない．このように，日本語の裸名詞は bounding されていない非有界的な概念を表しているといえる．次は英語と日本語を比較しながら，日本語の裸名詞に〈数〉の概念が含まれていないことを確認したい．

(10) a. 彼女には子どもがいる．

 b. She has a child / some children.

(11) a. 向こうからバスがやってきた．

 b. A bus / Several buses is (are) coming.

(12) a. 学生は今本を整理している．

 b. A student / Some students is (are) arranging the books.

(10b)，(11b)，(12b) の英訳をみると，日本語の名詞は裸の姿で現れるとき単数なのか複数なのかが断定できないことがわかる．例えば，(10a) の「子ども」は 1 人である可能性もあれば，数人である可能性もある．また，(11a) の「バス」は 1 台かもしれないし，数台かもしれない．さらに，(12a) の学生も 1 人だけなのかそれとも複数にいるのかを確定するのが困難である．したがって，日本語の名詞には〈数〉の概念が含まれず，裸名詞のままでは数えることができない．数える際には，bounding 機能を果たす数量類別詞を用いなけれ

ばならない．次の例で確認しよう．

（13）a. 駐車場には<u>3 台</u>の車が停まっている．
　　　b. 駐車場には<u>*3</u> の車が停まっている．

　（13b）が容認されないのは，数量類別詞が欠けているからである．繰り返しになるが，日本語の名詞は英語の不可算名詞に似ている．すなわち，指示対象の区域は「非有界的」である．モノの数量を表現する際，不可算名詞のように，その名詞を有界的にしなければならない．日本語では，その機能を担うのは数量類別詞である．次節では，数量類別詞はどのように数える対象を bounding するかについて考察する．

3.3. 数量類別詞と bounding

　数量類別詞はどのように数える対象を bounding するかを考えるときに，ドメインを常に考慮に入れる必要がある．認知言語学では，ことばが表す意味の背景に複数のドメインが絡んでいて，どのドメインがアクセスされ，活性化されるかによって，ことばの意味が変わると考える．数量類別詞が使われるときにも，ドメインが密接に関わっていて，その上その関わり方によって，数量類別詞の使い方が変わる．

（14）a. <u>2 本</u>の<u>紐</u>で古本を束ねた．
　　　b. ひと月で傘を<u>5 本</u>も失くしてしまった．

　紐と傘は分類学では異なるカテゴリーに属するものであるが，ドメインの観点から考えると両者は共通して「細長い」という形状ドメインを持っている．数量類別詞「本」によって，形状ドメインがアクセスされる．数量類別詞「本」には少なくとも 3 パターンの bounding の仕方が見られる．「細長い」という形状ドメインだけを bounding する場合と，形状ドメインと機能ドメインを同時に bounding する場合と，機能ドメインのみを bounding する場合がある．いろいろな bounding の仕方があるから，「本」はさまざまなモノに用いられる．次は日本語の数量類別詞「枚」の bounding の仕方について見てみよう．

（15）a. ファイルの中に紙が<u>2 枚</u>入っている．
　　　b. おやつに<u>2 枚</u>の<u>煎餅</u>を食べた．

　「枚」は「本」のように用法拡張はなされていないが，かなり幅広く使われている．「枚」は薄くて平面的なモノの数を数える数量類別詞と定義される．そ

のため，(15a) の「紙」のようなモノが「枚」の典型例になっている．しかし，
(15b) の煎餅のようなある程度厚みのあるものも通常「枚」で数える．「枚」が
かなり厚みのあるものにも受容されるメカニズムを次のように考える．「枚」
のいずれの用法においても，「平面的」という空間ドメインは必ずアクセスさ
れ，bounding されるのに対して，「薄い」という空間ドメインがどの程度アク
セスされるかにおいては差が見られる．すなわち，中心的な位置付けから周辺
的な位置付けへと段階をなしている．そのため，様々な厚みのモノに用いられ
る．

　ここまで，1 つの数量類別詞に見られる多様な bounding の仕方をみた．次
は，1 つのモノが複数の数量類別詞で数えるときの bounding の仕方を例文と
共に確認したい．

(16) a.　梅一本
　　　b.　梅一輪
　　　c.　梅一個

梅に纏わるドメインは複数ある．そのうち，(16a) のように「本」が用いられ
ると，「梅の木」というドメインが bounding されることがわかる．また (16b)
のように「輪」が用いられると，「梅の花」というドメインが bounding される
ことがわかる．さらに，(16c) のように「個」が用いられると，「梅の実」とい
うドメインが bounding されることがわかる．もう一例をみてみよう．

(17) a.　私は，本を2冊送ってもらった．
　　　b.　私は，本を2部送ってもらった．

　(17a) と (17b) の違いは次のように考える．「綴じられる」というドメイン
が活性化されると (17a) のように「冊」を使わなければならず，「印刷物」と
いうドメインが活性化されると，(17b) のように「部」を使わなければならな
い．なぜなら，数量類別詞「冊」は「綴じられるというドメイン」を bounding
するのに対して，「部」は「印刷物というドメイン」を bounding するからであ
る．最後に，数量類別詞の bounding 機能が数える対象が明示されていない場
合にもみられるという数量類別詞 bounding 機能を例文と共に確認する．

(18) a.　その二人は仲良しだ．
　　　b.　二名様のご来店です．
　　　c.　お二方はこちらへどうぞ．

「人」,「名」,「方」はいずれも人間の数を表現するときに使う数量類別詞である．そのうち,「人」は「人間」というドメインを bounding するため，最も一般的に使われる．一方,「名」と「方」は一定の制約を受ける．「名」は「フォーマルな場面にいる人間」というドメインを bounding するため，ホテルとかレストランのようなフォーマルな場所でしか使えないという制約が伴う．「方」は「尊敬される人間」というドメインを bounding するため，先生や上司のような尊敬される人にしか使えないという制約が伴う．このように，数える対象となるモノが言語化されなくても，さまざまなドメインを bounding することによって，異なる数量類別詞が用いられるといえる．

4. おわりに

本稿が依拠する言語理論である認知言語学は，あらゆる言語形式に人間が持つ認知能力が反映されていると考え，認知能力と言語の関係を解明することを目的としている．本稿では，認知言語学からのアプローチを取ることによって，数量類別詞の認知機能の二つであるカテゴリー化と bounding を例文と共に検証した．本稿は以下のようなことを明らかにした．（1）数量類別詞を使ってモノの数を数えるという行為は我々人間が持っている最も基本的かつ重要な認知能力の1つであるカテゴリー化能力に基づくカテゴリー化である．（2）数量類別詞によるカテゴリー化はモノの数を数えるという行為が行われるときのみのカテゴリー化である．また，数える主体の捉え方に基づく主観性の高い行為であるため，さまざまな要因に影響され揺れる場合がある．（3）モノを数の側面からカテゴリー化する際，数量類別詞と数える対象はスキーマと事例の関係である．また数量類別詞のスキーマ性には程度差が見られる．（4）数える対象が個体として捉えられない限り，数えることができない．名詞がモノに対応していると捉える段階において，英語はモノを有界的（bounded）なモノと非有界的（unbounded）なモノに分けて概念化するのに対して，日本語は全てのモノを非有界（unbounded）なモノとして概念化する．（5）日本語の名詞には非有界的なモノとして概念されるため，そのままでは数えることができない．数えられるようにするには bounding 機能のある数量類別詞を伴わなければならない．（6）「1つの数量類別詞が複数の数える対象に用いられる」ことや「1つのモノが複数の数量類別詞と共起できる」ことなど，数量類別詞に見られるさまざまな使い方と，多種多様な数量類別詞が存在するのは，数量類別詞によっていろいろな bounding の仕方がなされているからだと考えられる．

122   II.　日英比較

主要参考文献

Aikhenvald, Alexandra Y.（2000）*Classifiers*: *A Typology of Noun Categorization De-vices*, Oxford University Press, Oxford.

Downing, Pamela（1996）*Numeral Classifiers System*: *The Case of Japanese*, John Benjamin, Amsterdam.

飯田朝子（1999）「日本語主要助数詞の意味と用法」東京大学人文社会系研究博士論文.

飯田朝子（2004）『数え方の辞書』小学館，東京.

井上和子（1978）『日本語の文法規則』大修館書店，東京.

神尾昭雄（1977）「数量詞のシンタクス」『言語』6, No. 8, 83-91.

Lakoff, George（1987）*Women, Fire, and Dangerous Things*: *What Categories Reveal about to Mind*, University of Chicago Press, Chicago.

Langacker, Ronald W.（1990）*Concept, Image, and Symbols: The Cognitive Basis of Grammar*, Mouton de Gruyter, New York.

Langacker, Ronald W.（2008）*Cognitive Grammar*: *A Basic Introduction*, Oxford University Press, Oxford.

Matsumoto, Yo（1993）"Japanese Numeral Classifiers: A Study on Semantics Categories and Lexical Organization," *Linguistics* 31, 667-713.

三保忠夫（2000）『日本語助数詞の歴史的研究』風間書房，東京.

中村芳久（1997）「認知的言語分析の核心」『金沢大学文学部論集　言語・文学編』17, 25-43.

西光義弘・水口志乃扶（2004）『数量類別詞の対照』くろしお出版，東京.

奥津敬一郎（1969）「数量的表現の文法」『日本語教育』14, 42-60.

柴谷方良（1978）『日本語の分析』大修館書店，東京.

付加疑問文の非照応構造と終助詞「ね」の平行性

中谷　博美

金沢大学（客員研究員）

1.　はじめに

多くの研究者が指摘するように，間主観性[1]は通言語的性質を持つと考えられる（Traugott（2012））．本稿では，非照応的構造の付加疑問文と日本語の終助詞がともに文末で間主観的な要素として機能し，層構造を形成するメカニズムを考えたい．以下の（1a）における付加部[2]は，統語的にも機能的にも（1b）における終助詞「ね」と平行的である．

(1) a.　Quiet, <u>isn't it?</u>　　　　　　　　　（Rubin 訳（2003: 133））
　　 b.　とても静かです<u>ね</u>.　　　　　　　　（村上（2004 上：209））

（1a）のような構造は，単に特殊なケースというわけではない．付加疑問文は，文末に短い yes-no 疑問文が加えられた形式と定義され（Wells（2006）），映画ハリーポッターシリーズでは，これに該当する（2）のような 171 の例を確認できる．しかし，このうち 48 例が（3）や（4）のように叙述部と付加部の照応関係が明確ではない．

(2)　You're from Burma, aren't you?
(3)　Brilliant, isn't he?
(4)　Feels strange to be going home, doesn't it?　　　（*Harry Potter* Series）

付加疑問文と終助詞の平行性については，認知語用論的観点から指摘されている（内田（2013））が，上記のような非照応的な例については述べられてい

---

[1] 本稿では，話し手と聞き手の認識の相互管理（Verhagen（2005））とする．
[2] 付加疑問文の statements before the tag を叙述部，tags を付加部と呼ぶ．また本稿では，異極性（叙述部と付加部の極性が異なる）の例のみを分析対象とする．

ない．本稿では，このような例が構造的にも機能的にも終助詞と平行的に捉えられるのはなぜか，という問題点に対して，認知文法の枠組みである Anchoring Structure（Langacker（2009, 2015））を用いて British National Corpus（BNC）の 4000 例を分析し論じる．

2. 先行研究

付加疑問文は，統語論や語用論など様々な角度から研究がなされている（e.g. Cattell（1973），Nässlin（1984），Holms（1995））．本節では，Quirk et al.（1985），Tottie and Hoffmann（2006），Wierzbicka（2006）の 3 つの分析に基づき，構造・機能・意味がどのように説明がなされてきたのかをを見ていく．

終助詞については，伝統的な日本語文法の立場から構造について分析した研究は多数見られるが，（e.g. 三上（1955），南（1974）），ここでは特に機能と構造について論じている日本語記述文法研究会（2003）と神尾（1990）に焦点を当てる．

2.1. 付加疑問文の先行研究

Quirk et al.（1985）では，(5) のような付加疑問文の標準的構造を規則で捉えている．

(5) Joan recognized you, didn't she?　　　　　(Quirk et al.（1985: 810））

叙述部は [*Joan recognized you*]，助動詞は [*did*]，叙述部の主語の代名詞は [*she*]，極性は肯定であるため，付加部は [*didn't she?*] となる，という説明が以下の (6) の条件により与えられる．

(6) a. The tag question consists of operator and subject in that order.

b. The operator is generally the same as the operator of the preceding statement.

c. The subject of the tag must be a pronoun which either repeats, or is in coreference with, the subject of the statement, agreeing with it in number, person, and gender.

d. If the statement is positive, the tag is generally negative, and vice versa.　　　　　　　　　　　　　　　　　　　　　(Ibid. 1985: 810)

この規則により，付加部の構成要素の配置と照応関係を説明しているが，叙述部と付加部との関連性や機能については十分に述べられていない.

Tottie and Hoffmann（2006）は，コーパスデータにより付加疑問文の機能を次の6つに分類した．情報を求める "informational"，話し手が自身の情報に自信がなく聞き手に確認を求める "confirmatory"，聞き手の応答を求めず叙述内容を強調する "attitudinal"，話し手が自身の用法に対する確信にもかかわらず応答を求める "facilitating"，会話の終了を意図する "peremptory"，侮辱や挑発の働きがある "aggressive" の6つである．これにより，会話における付加疑問文の役割を位置付け，特徴付けを与えている．しかし，構造については，ほとんど着目されず，分類の典型例として扱われているデータに限っても，前述した（6）に準じないものが混在している.

Wierzbicka（2006）では，semantic metalanguages と呼ばれるごく限られたシンプルな語彙を使って意味を表すやり方で，あらゆる構造の付加疑問文（7）に共通する意味を（8）ように示した.

(7)　S, [*opposite-polarity tag*[3]]? (e.g. *Maria is Italian, isn't she?*)

(8) a.　I say: S [*Maria is Italian*]

　　b.　I think you would say the same.

　　c.　I know: you may not want to say the same.

　　d.　I want you to say if you would say the same.

　　e.　I think you will say you would say the same.

（Wierzbicka（2006: 225–226））

この公式により，付加疑問文を用いる際，話し手（*I*）は聞き手（*you*）の S に対する態度を推測し，それが話し手と同一であるという結果を返答に求めていることがわかる．付加部が S に対する意見の一致を求めているという基本的な性質は注目に値する（Wierzbicka（2006: 40–41））．このことから，付加疑問文が間主観的な働きをしていると考えられる．つまり，話し手は，自分と聞き手の S に対する認識的態度を調整するために付加部を加えているのである.

（8）の公式は，話し手が付加疑問文を用いる際の動機づけを明示的に示すことに成功している．またこの公式は，非照応構造（e.g. *Lovely day, isn't it?*（Wierzbicka（2006: 225）））にも適応されることが示唆されている．しかしな

---

[3] Wierzbicka（2006）では，叙述部（s）に対して，異極性の付加部を opposite-polarity tag と言及している.

がら，非照応構造が標準的な構造とどのように異なり，どのような（特異な）性質を持つのかという点については示されていない．

2.2. 終助詞の先行研究

　終助詞について，日本語の構造における位置を示している先行研究を取り上げる．日本語記述文法研究会（2003）では，日本語の構造を命題部とモダリティ部の2つに大きく分け，終助詞はモダリティ部に属し，命題に対する話者の態度を反映していることが示されている．特に，「ね」と「よ」は他の終助詞の「ぞ」「な」などに比べてその使用頻度が高いとされる．これらが，談話において一種のマーカーとしてふるまうためである．

　モダリティ部は2つに分けられて，全体として（9）のような3部構造となる．「ね」は話し手の態度だけではなく，聞き手の態度をも含んでいることがその特徴である．それゆえ「ね」は，「聞き手めあてのモダリティ（仁田（1991））」と呼ばれ，「談話モダリティ」と示される．一方「よ」は，話し手の態度を示し，単に「モダリティ」と示される．

（9）　［命題］［モダリティ］［談話モダリティ］

(堀江・パルデシ（2009: 170））

本稿では，文末の最も外層に位置している「ね」を比較の対象とする．付加部と類似性が認められるその他の表現には，「じゃない」や「でしょう」があるが，これらは必ずしも文末に位置しているわけではない．

（10）a.　夕食，食べたね．
　　　b. *夕食，食べねた．
　　　c.　夕食，食べたでしょうね．　　　　　　　　　　　　　　（筆者）

（10a）では，「ね」が文末に位置し，（10b）のように「た」と交代不可能である．一方，（10c）において，「でしょう」はモダリティの位置にあり，話し手の態度を示しているため，文末に「ね」を加えることができる．

　「ね」の機能についての主な分析の一つに，神尾（1990）の提唱する「情報のなわばり理論」があげられる．そこでは，「ね」は話し手と聞き手の間で情報が共有されていることを示すマーカーであるとされている．

（11）a.　毎日よく降りますね．
　　　b. ?毎日よく降ります．　　　　　　　　　　　　　（神尾（1990: 62））

梅雨時に（11a）のような発話を挨拶の一種として使う（神尾（1990））が，この場合，話し手と聞き手はともに天候について同じ情報を持っており，そのため「ね」のない（11b）には違和感がある．この説明は，情報システムに基づく「ね」の機能を論理的に示しており，付加疑問文や否定疑問文との比較もなされているが，標準的構造についてのみ扱っている．

付加疑問文について，標準的な構造，機能的分類，中心的意味についての先行研究を概観してきた．非照応的構造は，Wierzbicka の公式（8）に適応可能であることからも，付加疑問文としての機能することは妥当である．それゆえ，仮説として，付加疑問文の叙述部には，連続的な構造パターンが存在し，その非照応構造における付加部が，外層に位置し，話し手と聞き手の共有情報に対するマーカーとしての機能を持つ終助詞「ね」との類似性を持つと考えられる．この仮説を Langacker の認知文法の枠組みにおいて検証する．

3. 理論的枠組み

前節で述べた仮説について議論するために，図1で示す層構造（layering）と起点（anchoring）に着目し，語順と機能に認知的動機づけを示すことを可能にした文構造の枠組み（Langacker (2009, 2015)）を導入する．

図1　Layering と Anchoring (Langacker (2009: 249))

Langacker（2009）によれば，文構造は3つの要素，起点として選ばれる要素（Anchor: A），イベントが起こったかどうかを表す中心となる CORE（主語＋存在動詞＋その他の要素），その他の要素（Remainder: R）に分けられる．この3つの要素，A・CORE・R という線的連続がどの階層においても現れる．このことを文に適応すれば，図2のようにフラクタルな構造を可視化することができる．

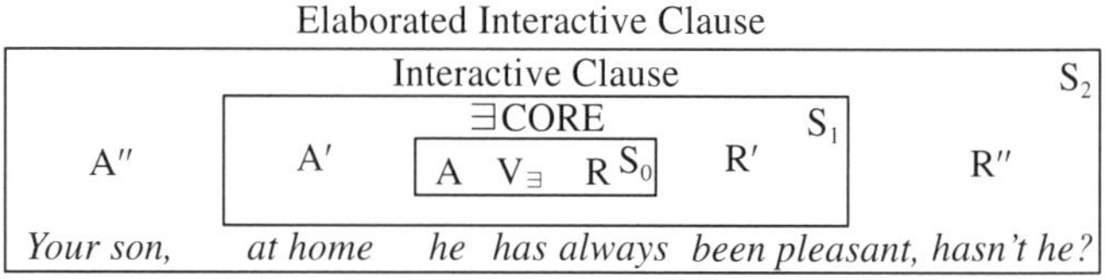

図2 フラクタル構造（Langacker（2015: 22））

			Elaborated Interactive Clause			
		Interactive Clause				S_2
		$\exists$CORE		S_1		
A″	A′	A	$V_\exists$	R S_0	R′	R″
Your son,	*at home*	*he*	*has always*	*been pleasant, hasn't he?*		

付加部はこの構造において最も外層に位置し，R″ と表示されている．A″ を持たない構造も考えられることから，付加部が外層を形成するとも言える．また，CORE の存在を証明するもの（命題のスキーマ的 CORE）として付加部に説明を与えている（Langacker（2009: 247））．本稿では，この枠組みを用いて非照応構造がどのように分析されうるのか考察していく．Langacker（2015: 20）に倣った図3の表記法（以降 Anchoring Structure と呼ぶ）を用いる．

	Elaborated Interactive Clause					
A″	Interactive Clause					R″
	A′	$\exists$ CORE			R′	
		A	$V_\exists$	R		
Your son,	*at home*	*he*	*has*	*always*	*been pleasant,*	*hasn't he?*

図3 英語の標準的構造（筆者）

4. データと分析方法

BNC の構文検索において抽出された付加疑問文 4000 例のデータについて示す．付加部の助動詞は頻度の高い be（*is, am, are, was, were*）と do（*do, does, did*）に限定した．[4]（12）の例は Be-neg（be 動詞－異極性）と表記し，付加部は [be + not + subject] の構造である．（13）から（15）は，これと同様に，それぞれ助動詞のタイプと極性によって分類したものである．

(12) Michael Davis is from the bank, isn't he?　　　（BNC（FRS: 134））
(13) She's not a friend of the girl, is she?　　　（BNC（J10: 3310））
(14) I did tell you how old I am, didn't I?　　　（BNC（A0R: 1262））

---

[4] 他の形式としては *have* と modal（e.g. *may, will, can, must should*）があるが，叙述部に命令文などを含むため，対象としなかった．また *have* については，動詞と助動詞の機能が混在しているため扱わなかった．

(15) You don't mind, do you? (BNC (A7A: 1083))

これらを表1にあるように，標準的か非照応構造かに分けて，8つのパターンに分類した。[5] 照応関係にある例は全体の82%を占めており，対して非照応的なものは16%であった。

	Be-neg	Be-pos	Do-neg	Do-pos	Total	%
標準的	781	513	861	625	2780	82
非照応	217	64	132	120	533	16
不明確	2	31	7	36	75	2
同極性	0	392	0	219	611	

表1　付加疑問文のパターンとその頻度

　分析の対象としている非照応構造の例のパターンは，叙述部に主語と動詞がない (16) (17) のような例，主語がない (18) (19) のような例に分けられる．前者は be パターンに見られ，後者は do パターンに見られた．

(16) Amazing, isn't it? (BNC (CFY: 38))
(17) Not bad, is it? (BNC (A73: 940))
(18) Said so, didn't I? (BNC (C85: 1185))
(19) Don't know her very well, do you? (BNC (AC4: 3268))

　次に，終助詞について，名大会話コーパスでは，文末に「ね」が用いられるデータが888例，確認できる．そのうち *isn't it* に相当する「ですね」や「だね」は228例だが，「そうですね」69例，「そうだね」117例が含まれている．これらは，*uh* や *yeah*，あるいは *well* といったフィラーと呼ばれる相づちの役割を果たす語句に相当すると考えられるため，分析対象からは除外される．結果として，コーパスから得られるデータが少ない．それゆえ本稿では，付加疑問文のデータを中心に分析し，その翻訳をベースに日本語の分析を加えることとする．

　日本語の構造を図3のように表して比較分析するために，同じ例文の翻訳がどのように表されるかを考察する．この例文 *"Your son, at home he has always been pleasant, hasn't he?"* は，日本語では，「あなたの息子，家ではい

---

[5] 付加疑問文であるかどうか不明確な例 (e.g. *Well, isn't she?* [CM4: 456], *Oh, is it?* [APM: 1755]) もいくつかみられたが，これらは除外した．

つも機嫌がいい（です）ね.」とできる．このことを表したのが，図4である．

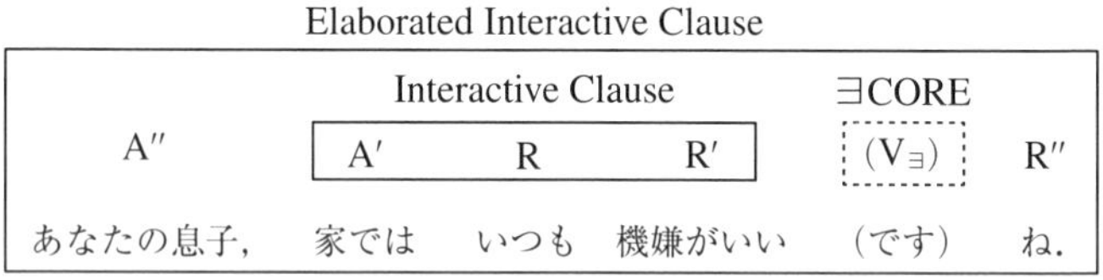

Elaborated Interactive Clause					
A″	Interactive Clause			∃CORE	R″
	A′	R	R′	(V∃)	
あなたの息子,	家では	いつも	機嫌がいい	(です)	ね.

図4　日本語のフラクタル構造

　ここで着目したいのが，CORE の要素のすべてが必ずしも必要とされない
ことである．この例文の場合は，"*he*" を「彼は」とすれば不自然に聞こえる
し，"*has (been)*" を「です」とすれば「ね」の直前に位置するが必須ではない．
日本語では文の主語や動詞が必要ない場合があり，存在性のやりとり（起こっ
たかどうか）は文末で示される．つまり，文末表現の R″ が CORE の役割を
同時に果たすことがあると考えられる．このことを Anchoring Structure で示
したものが，図5である．

Elaborated Interactive Clause				
A″	Interactive Clause			CORE/R″
	A′	R	R′	
あなたの息子,	家では	いつも	機嫌がいい	(です) ね.

図5　日本語の標準的構造

　フラクタルな構造は2つの層においては観察されるが，英語のように
CORE を中心とする3層がはっきりとはしていない．BNC の事例分析をもと
に，このような日本語の構造における終助詞の役割と非照応関係にある付加疑
問文の役割がどのように平行的に捉えられるかを次節で議論する．

5.　付加疑問文と終助詞の構造

　本節では，Anchoring Structure を用いて，BNC の事例における付加疑問
文の標準構造と非照応構造の連続性を図示し，日本語との平行性を考察する．

5.1.　付加疑問文の標準構造

　前述したデータのうち，(12) から (15) のような全体の8割以上を占める
標準的な構造の付加疑問文の構造は，(13) *She's not a friend of the girl, is*

she? を例として図 6 のように記述できる．この図では，A″ および A′ の役割は CORE が兼務していると考えられるが，CORE, Interactive Clause, Elaborated Interactive Clause がそれぞれ埋め込まれて層を成し，フラクタルな構造が観察される．

Elaborated Interactive Clause				
Interactive Clause				R″
∃ CORE			R′	
A	V∃	R		
She	*'s*	*not*	*a friend of the girl,*	*is she?*

図 6　付加疑問文の標準的構造

付加部の役割は，叙述部の命題が真であることを話し手と聞き手の間で一致させることである．つまり，叙述部が話し手の判断した命題であるとパッケージする機能とそれを聞き手と共有する意図を持つ．したがって，付加部が R″ であるとする Langacker (2015) の分析と同様にできる．

5.2.　非照応構造と終助詞

非照応構造には，2 つのパターンがあり，(18) (19) のような主語がない構造と，(16) (17) のような主語と動詞，つまり CORE の要素がない構造がある．前者を A パターン，後者を B パターンとする．

まず，A パターンの構造を示す．A パターンでは，語順に違いはあるものの，日本語と英語に同じ要素が観察される．(18) *Said so, didn't I?* の翻訳は「そういったよね.」となる．それぞれの構造を図示すると，以下のようになる．

Elaborated Interactive Clause				Elaborated Interactive Clause		
Interactive Clause		R″		Interactive Clause		R″
∃ CORE	R′			R′	∃ CORE	
A / V∃					V∃	
Said	*so,*	*didn't I?*		そう	いった	よね.

図 7　日英における A パターン構造

英語の A パターン構造は，CORE レベルの Anchor である主語は表れていないが，動詞 *Said* が兼務していると考えられるので，図 6 と同様の 3 層構造が観察される．そのため，付加部の機能についても同様であると言える．これに対して，日本語の構造に CORE レベルの Anchor は観察されないので，2

132　　　　　　　　　　　Ⅱ.　日英比較

層となる．この場合，「よ」が話し手の命題に対する態度を，「ね」がそれを聞き手と共有する意図を表している．つまり，終助詞の機能は付加部と同様にパッケージと共有であると捉えられる．

　次に，B パターンを見ていく．B パターンでは，日英の構造が要素も語順も同様となる．(16) *Amazing, isn't it?* の翻訳は「すごいね.」となる．それぞれの構造を図 8 で示す．

Elaborated Interactive Clause	
Interactive Clause	R″
A′ / R′	∃ CORE
Amazing,	*isn't it?*

Elaborated Interactive Clause	
Interactive Clause	R″
A′ / R′	∃ CORE
すごい	ね.

図 8　日英における B パターン構造

　B パターンの構造は，叙述部に日英ともに CORE を観察できない．日本語においては，標準的構造でも同様に CORE の要素は必須ではないため，R″と兼務されて 2 層の構造となっている．英語においては，B パターンの場合のみ CORE の要素が付加部にしか観察できない．文末に CORE の要素を認めざるを得ない場合，叙述部を付加部が埋め込むという関係性があいまいとなり，むしろ，2 つの節が並立的な関係で捉えられる．文の構造を決定する要素が Anchor（前置）されないからである．それゆえ，線的連続が崩れて，フラクタル構造が観察されない．こうした構造の崩れが日本語のあいまいな構造との平行性を生んでいる．

5.3.　非照応構造と終助詞の平行性

　付加疑問文は，付加部がカンマで区切られて節の先頭となり SAI（Subject Auxiliary Inversion）の構造を持ちながら，標準的構造では，1 つのまとまりとして R″ の役割を果たしている．しかし，B パターン構造では，本来のCORE としての（A′ を伴う存在性のやり取りとしての）役割を果たそうとする．R″ としての役割と CORE としての役割の存在は，程度の差はあるにしろ，どの構造の付加部においても認められることであると言える．つまり，叙述部と付加部の関係性は，結びつきの強い標準的構造から結びつきの弱い非照応的構造まで連続的に捉えられる．一方，終助詞は，英語のどの構造の翻訳であっても同様の結びつきの弱い構造となっている．B パターン構造で特に平行性が観察されるのは，結びつきの弱い並列的構造が英語においても現れるか

らである．この付加疑問文の連続性と日本語との平行性を表したのが，図9である．

(13)

Elaborated Interactive Clause				
Interactive Clause				R''
∃ CORE			R'	
A	V∃	R		
She	's	not	a friend of the girl,	is she?

Elaborated Interactive Clause				
Interactive Clause				R''
A'	R'	∃ CORE		
		V∃	R	
彼女は	あの子の友達	じゃ	ない	よね.

(18)

Elaborated Interactive Clause		
Interactive Clause		R''
∃ CORE	R'	
A / V∃		
Said	so,	didn't I?

Elaborated Interactive Clause		
Interactive Clause		R''
R'	∃ CORE	
	V∃	
そう	いった	よね.

(16)

Elaborated Interactive Clause	
Interactive Clause	R''
A' / R'	∃ CORE
Amazing,	isn't it?

Elaborated Interactive Clause	
Interactive Clause	R''
A' / R'	∃ CORE
すごい	ね.

図9　日英語の構造の連続性と平行性

　付加部と終助詞には，間主観性がその本質において同様に認められる．話し手が聞き手と気持ちや考えを共有したいと思うとき，相手の立場から状況を理解しようとするためである．この共有意図が，叙述部のパッケージを必要とする．

　それゆえ，両者には，話し手と聞き手を浮かび上がらせること，つまり，概念化の主体の客体化がその意味に含まれる．このメタ認知的側面が概念構造に階層性を生む（中村（2012））のである．この階層性は，図3が示すように英語では通常，文（あるいは節・語彙に至るまであらゆる）構造にはっきりと表れ，図4が示すように日本語ではゆるやかに認められる程度である．

　こういった大きな違いにもかかわらず，Anchoring Structure で構造を捉えることにより，英語においても文末に CORE の要素を持つ結びつきの弱い構造を観察することができた．

6. 結論

　非照応構造の付加部と終助詞と平行性は，結びつきの弱い並列構造が同様に観察されることにより説明されると結論付けられる．Anchoring Structure を用いることで，付加疑問文の標準的構造から非照応的構造までを統一的に捉え，その連続性を可視化し，日本語の終助詞との平行性を示すことが可能となった．構造の大きな違いにもかかわらず，非照応構造の付加部は CORE の役割を果たすため，日本語の終助詞と同様の特徴が見られる．

　さらに，類似の構造を比較することにより，両者の違いをより詳細に分析できると考える．例えば, *Cold, isn't it?* は「寒いね.」と平行的である．しかし，付加部 *isn't it?* は，「あなたもそう思いますよね」という意味を含んでいるが *aren't you?* とは変化しない．また，*Cold.* が文として成立するには，文脈を必要とするが，「寒い.」は自然な文である．こうした微妙な差異を認知モード（中村（2009））の導入により考察していく必要があるだろう．

参考文献

Algeo, John (1988) "The Tag Question in British English: It's Different, I'n'it?" *English World-Wide* 9 (2), 171-191, John Benjamins B.V., Amsterdam.

Cattell, Ray (1973) "Negative Transportation and Tag Questions," *Language* 49 (3), 612-639.

Holmes, Janet (1995) *Women, Men and Politeness*, Longman, New York.

堀江薫・プラシャント パルデシ (2009)『言語のタイポロジー――認知類型論のアプローチ――』研究社，東京．

神尾昭雄 (1990)『情報のなわばり理論』大修館書店，東京．

Langacker, Ronald W. (2009) *Investigations in Cognitive Grammar*, Mouton de Gruyter, New York.

Langacker, Ronald W. (2012) "Interactive Cognition: Toward a Unified Account of Structure, Processing, and Discourse," *International Journal of Cognitive Linguistics* 3 (2), 96-125.

Langacker, Ronald W. (2015) "How to Build an English Clause," *Journal of Foreign Language Teaching and Applied Linguistics* 2 (2), 1-45.

三上章 (1955)『現代語法序説』くろしお出版，東京．

南不二男 (1974)『現代日本語の構造』大修館書店，東京．

中村芳久 (2009)「認知モードの射程」『「内」と「外」の言語学』坪本篤朗・早瀬尚子・和田尚明（編），353-393，開拓社，東京．

中村芳久（2012）「認知モード・言語類型・言語進化」*Kanazawa English Studies* 28, 285-300.

Nakatani, Hiromi（2017）*The Structure and Meaning of Tag Questions: A Cognitive Linguistic Approach*, Doctorial dissertation, University of Kanazawa.

Nässlin, Siv（1984）"The English Tag Question: A Study of Sentences Containing Tags of the Type *isn't it?, is it?*," *Stockholm Studies in English* 60.

仁田義雄（編）（1991）『日本語のモダリティと人称』くろしお出版，東京.

日本語記述文法研究会（編）（2003）『モダリティ（現代日本語文法4）』くろしお出版，東京.

Quirk, Randolph, Sidney Greenbaum, Geoffrey Leech and Jan Svartvik（1985）*A Comprehensive Grammar of the English Language*, Pearson Education limited, England.

Tottie, Gunnel and Sebastian Hoffmann（2006）"Tag Questions in British and American English," *Journal of English Linguistics* 34（4），283-311.

Traugott, Elizabeth C.（2012）"Intersubjectification and Clause Periphery," *English Text Construction* 5（1），7-28.

内田聖二（2013）『言葉を読む，こころを読む』開拓社，東京.

Verhagen, Arie（2005）*Constructions of Intersubjectivity: Discourse, Syntax, and Cognition*, Oxford University Press, Oxford.

Wells, John C.（2006）*English Intonation: An Introduction*, Cambridge University Press, Cambridge.

Wierzbicka, Anna（2006）*Cross-Cultural Pragmatics*, Mouton de Gruyter, Berlin.

Sources Cited

The British National Corpus（BNC）.（http://scnweb.jkn21.com/）

名大会話コーパス．（https://chunagon.ninjal.ac.jp/nuc/search）

村上春樹（2004）『ノルウェイの森（上下）』講談社文庫，東京．（Translated by Rubin, Jay（2003）*Norwegian Wood*, vol.1-2, Vintage Books, London.）

Heyman, David（producer）and J. K. Rowling（original author）（2001）Harry Potter and the Philosopher's Stone/（2002）Harry Potter and the Chamber of Secrets/（2004）Harry Potter and the Prisoner of Azkaban/（2005）Harry Potter and the Goblet of Fire [Motion Picture], Warner Bros, USA.

Heyman, David and David Barron（producers）and J. K. Rowling（original author）（2007）Harry Potter and the Order of Phoenix/（2009）Harry Potter and the Half-Blood Prince/（2010）Harry Potter and the Deathly Hallows Part 1/（2011）Harry Potter and the Deathly Hallows Part 2 [Motion Picture], Warner Bros, USA.

疑問文における日英語法副詞のはたらき

岡本　芳和

金沢星稜大学

1.　はじめに

　モダリティに関する研究は法助動詞（modals）に基づくものが多いが，法副詞（modal adverbs）が表すモダリティも重要な研究テーマの1つである．本稿の目的は，英語と日本語の法副詞が疑問文で使用された時の意味解釈やその文がもたらす言語行為について考察することである．これまで英語の法副詞は疑問文では用いられないとされてきた．

(1) a. *Will he certainly be there?　　　　　　(Greenbaum (1969: 112))
　　 b. *Is he certainly stupid?

　　　　　　　　　(Simon-Vandenbergen and Aijmer (2007: 286))

　しかしながら，(1) に示すような純粋な疑問文ではなく，付加疑問文や平叙疑問文では法副詞が使用されることがある．[1]

(2) a.　John is certainly a doctor, isn't he?

　　　　　　　　　　　　　　　(Stockwell et al. (1973: 603))

　　 b.　"Then perhaps you would indulge me this little game? Close your
　　　　 eyes if you would."　　　　(D. Brown *The DA VINCI CODE*)

本稿では，まず，日英語における法副詞の機能を説明する．次に，日英語法副詞を含む疑問文の用法を考察する．最後にその疑問文がもたらす言語行為について整理してみたい．

---

[1] 本稿では，このような付加疑問文や平叙疑問文のことを確認文と呼ぶことにする．

2. 日英語における法副詞の機能

本節では文中に見られる日英語の法副詞が持つ機能について説明してみたい.

2.1. 英語法副詞の機能

英語法副詞は確信度により,高いものから低いものまであることはよく知られている(岡田(1985),澤田(1993, 2016),Huddleston and Pullum(2002),安藤(2005)などを参照).英語法副詞は話し手の推量を表すために使用されるが,命題内容が表す事態を話し手がどのように捉えているのかが重要になる.次の例文でそれを確認してみよう.

(3) a. {Certainly/Probably}, Tom will come to see Mary tomorrow.
    b. {Perhaps/Possibly}, Tom may come to see Mary tomorrow.

(3a)では,法副詞を除いた場合,法助動詞 will を用いた報告であれば話し手の100%の確信を表すことになってしまう.しかし,話し手はその報告に自信がないために法副詞を用いて話し手の主張を和らげているのである.(3b)においても,同様のことが言える.法助動詞 may の表す可能性を50%と考えるならば,法副詞を用いた場合,その確信度よりも少し自信のない伝達の仕方になる.つまり,これも話し手の陳述を和らげていると考えられる.

2.2. 日本語の法副詞の機能

日本語法副詞のはたらきも英語法副詞のはたらきによく似ていると考えられる.また,日本語法副詞の研究も様々である(渡辺(編)(1983),森本(1989, 2010),澤田(1993, 2016),杉村(2009)など参照).次の例を見てみよう.

(4) a. きっと太郎は一人で公園に行ったのだ.
    b. ひょっとしたら,太郎は一人で公園に行ったかもしれない.

英語法副詞と同様に,日本語法副詞も命題内容に対する話し手の陳述を和らげるために話し手が使用していると考える.例えば,(4a)の例で考えてみると,「太郎が一人で公園に行った」ことに対して,話し手が太郎の行動を知っていたならば,法副詞を添加する必要はない.しかし,そのことに対して話し手は確言できないので,法副詞を使用して,伝達するのである.話し手の確信度が高ければ(4a)のようになり,低ければ(4b)のようになる.

3. 日英語法副詞と疑問文

本節では疑問文，否定疑問文，付加疑問文，平叙疑問文で使用される英語と日本語の法副詞を比較しながら，その特徴を考察してみたい．

3.1. 疑問文と否定疑問文

英語法副詞は疑問の作用域には含まれていないため，(5) のように法副詞を用いた純粋な疑問文では非文となる．また，(6) を否定疑問文にしても非文となる．

(5) *Will he certainly be there? (= (1a))　　　(Greenbaum (1969: 112))
(6) *Won't he certainly be there?

興味深いことに，日本語法副詞についてはその振る舞いが少し異なっている．澤田 (2016: 325) は次の (7) の文を (8) のように否定疑問文にするとその文法性が段階的に回復するという．

(7) {*多分／?ひょっとして} 彼は山で遭難したのですか？
(8) {?多分／ひょっとして} 彼は山で遭難したのではありませんか？

(澤田 (2016: 325))

筆者はこの違いを次のように考えてみたい．(7) に見られる法副詞を除く文は山での彼の遭難が事実であるかどうかを単に尋ねているだけで，それを話し手が推量することは不自然であるため，容認されない．一方，(8) の場合，話し手は彼が山で遭難したことは知っており，そう思っている．しかしながら，そのことに対して自信が持てない．それゆえ，法副詞を付け足し，否定疑問文の形式を用いて発話していると考える．日本語の否定疑問文では，話し手は命題内容が真であると受け止め，それを聞き手に確認している（あるいは，同意を求めている）ように思える．次の例を見てみよう．

(9) こっそりそれを見たのではありませんか？

話し手は，(9) では「こっそりそれを見た」と思っており，[2] それを聞き手に同意を求めていると分析できる．また，(8) において，「多分」のほうがやや容認度が下がる理由は「多分」は話し手の確信度が高いことを示すため，自信の

---

[2] 安達 (1999: 47) にも日本語の否定疑問文に関する似たような指摘がある．

ない発言と調和がとれないために容認度が下がると考えられる．一方，「ひょっとして」は確信度が低いことを表すため，調和が取れていると考える．すなわち，「モーダル・ハーモニー」である．

3.2. 疑問文と付加疑問文

法副詞は純粋な疑問文では用いられないが，付加疑問文の場合は容認される場合が多い．ここでは次の3種類の日本語法副詞を比較することから議論をスタートしてみたい．

(10) a. これは{本当に／間違いなく／絶対に／確かに}4歳のこうちゃんが描いたんですか？

b. これは{もしかして／ひょっとして／ことによると}4歳のこうちゃんが描いたんですか？

c. これは{*おそらく／*たぶん／*きっと}4歳のこうちゃんが描いたんですか？

(澤田 (2016: 326))

澤田 (2016: 326) は (10a) に見られる法副詞は疑問の作用域に含まれており，命題内容について本当か，間違いないか，絶対か，確かかというように当該の信じがたい出来事の真偽を確かめていると説明している．[3] 一方，(10b) の法副詞は疑問の作用域に含まれておらず，命題内容について半信半疑の気持ちで尋ねている．そして，(10c) は話し手側に，当該の出来事の可能性がかなり高いという想いがあるので，(10c) のようにはならないとしている．

そこで，(10) の日本語を英語で表現してみるとどうなるだろうか．

(11) Did four-year-old Kochan {*certainly/*perhaps/*probably} draw this?

(11) が示すように，すべて非文法的となる．また，聞き手を想定した確認文で付加疑問のタグを付けた場合でも非文法的になる．

(12) {*Certainly,/*Perhaps,/*Probably,} four-year-old Kochan drew this, didn't he?

---

[3] 「本当に」は法副詞ではないが，ここでは例をそのまま引用することにする．

インフォーマントによると, (12) が容認されない理由は, "didn't he?" のタグはこうちゃんが描いたかどうかの確認をしている文になり, 法副詞の機能と衝突が起こるという. 英語法副詞を含む場合, ", right?" のタグであれば問題ないという.

(13) {Certainly,/Perhaps,/Probably,} four-year-old Kochan drew this, right?

なぜ (12) が非文法的になり, (13) が文法的になるのだろうか. 付加疑問文は, 話し手は命題内容の真偽性に言及しているのではなく, 聞き手がその命題内容が実現するように発言することを話し手が期待していることを表している (Wierzbicka (1991, 2006)). そこで, 法副詞を除く文を付加疑問で表現するならば, 次のようになる.

(14) Four-year-old Kochan drew this, didn't he?

(14) の話し手はこの絵をこうちゃんが描いたと信じており, 聞き手がそう受け止めることを期待して, 聞き手にそれを確認している. "didn't he?" というタグは「描いた」かどうかの確認をしている機能をもっていると考えられる. この段階では命題内容の実現性は 100% である. 次に, 法副詞をつけてみるとその可能性は低くなる. そうなった場合, 出来事が 100% 実現することを表すタグとはミスマッチが生じる.

(15) *Certainly, four-year-old Kochan drew this, didn't he?

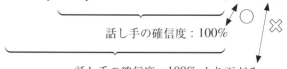

したがって, (15) のように法副詞が含まれ, かつ, 聞き手を想定した確認文の場合, 付加疑問を用いたタグをつけることができないのである. その代わりに ", right?" を用いて確認すると考えられる.

また, (10c) の文も英語で言う付加疑問文の形式, つまり, 確認文にすると, 容認可能であると思われる.

(16) これは {おそらく／たぶん／きっと} 4歳のこうちゃんが描いたんですよね？

なぜ英語でも日本語でも付加疑問文や確認文にした場合，容認可能になるのだろうか．やはり，純粋な疑問文とは本質が異なるからであろう．確認文の場合，話し手はその命題内容を信じており，発話以前にそれを想起している．(13) や (16) の例では「4歳のこうちゃんがその絵を描いたこと」を話し手は信じており，それを聞き手に確認をしているのである．そして，その際に使用される法副詞は話し手の確信度によって選択されると考える．

3.3.　疑問文と平叙疑問文

前節で説明した付加疑問文の形式と似ている平叙疑問文について考察してみたい．安藤 (2005: 874) は，平叙疑問文は平叙文と同一の語順 'S + V' を用い，上昇調で発音され，命題内容が真または偽であることを前提とした上で，相手の同意を求める文であると説明している．

(17) a.　John will be there, I suppose?

　　 b.　He didn't win the race?

(安藤 (2005：874))

(17a) では yes の答えが予想され，(17b) では no の答えが予想されていると解説している．平叙疑問文においても，確認文と同様に，純粋な質問とはなっていない．話し手は (17a) では「ジョンがそこにいる」，(17b) では「彼がレースで優勝しなかった」と信じている．それを聞き手に確認したり，同意を求めたりしている．また，純粋な疑問文では法副詞との共起はできないが，平叙疑問文であれば，法副詞と共起できる．(17) の例に法副詞を加えた形式にしても問題はない（ただし，使用頻度としては低い）．

(18) a.　Certainly, John will be there?

　　 b.　Maybe, he didn't win the race?

話し手の確信度の度合いによって，法副詞が付加されているだけで，文全体の解釈には問題とならない．

また，日本語では付加疑問文や平叙疑問文の区別はつきにくい．英語では付加疑問や疑問符があれば，形式上付加疑問文，もしくは，平叙疑問文であると判断できるが，日本語では文末に「(よ) ね.」，もしくは，「(よ) ね？」のどちらでも表記が可能であるため区別はしにくい．

(19) a.　きっとジョンはそこにいるんだろうね.

b.　きっとジョンはそこにいるんだろうね？

したがって，日本語では確認文としてまとめて扱うしかない．

4.　法副詞を含む様々な確認文と言語行為

　本節では法副詞を含む様々な確認文に見られる言語行為について詳しく考察
してみたい．英語では付加疑問，疑問符，日本語では「（よ）ね？」を付加する
ことによって，話し手はどのような言語行為を遂行しているのだろうか．形式
上は疑問符がつくことで疑問文になり，「質問」という言語行為が遂行される
と考えられるが，話し手は単なる質問とは捉えていない．本稿では，確認文に
おける言語行為には「外的確認」，「内的確認」の2種類があると考える．

4.1.　「外的確認」の言語行為

　「外的確認」の言語行為を理解する上で重要なことは，話し手は聞き手を想
定し，確認内容を発話しているということである．もう1つの重要なことは，
事前条件として，話し手は聞き手にその行為に応じるだけの対応力や判断力が
あると信じていることである．次の例を検証してみよう．

(20)　《場面》自家用ジェットから降りようとするティービングとその執事レ
　　　ミー．しかしながら，容疑者を匿っているとして警察がその飛行機を
　　　調査しようとしている．そこに空港顧客担当責任者のエドワードが
　　　やってくる．
　　　Teabing looked now toward Simon Edwards. "Simon, for heaven's
　　　sake, this is ridiculous! We don't have anyone else on board. Just
　　　the usual—Remy, our pilot, and myself. Perhaps you could act as
　　　an intermediary? Go have a look onboard, and verify that the plane
　　　is empty."
　　　Edwards knew he was trapped. "Yes, sir. I can have a look."
　　　　　　　　　　　　　　（D. Brown *The DA VINCI CODE*）（下線筆者）

Perhaps で始まる文に注目してみよう．話し手（＝ティービング）は聞き手（＝
エドワード）に対して，警察に代わって機内を捜索する仲介役をするように依
頼しているところである．そこで話し手は「仲介役として振る舞っていただく
ことができますよね？」と発話しているのである．この could は丁寧用法で，

可能を表す can が丁寧用法として用いられている．英語法副詞 Perhaps は話し手の陳述を和らげるために，付け加えられている．そして，話し手の確信の度合いは低いことを表している．この発話の後，"Yes, sir. I can have a look." という発話から，聞き手は話し手の確認要求に応じているのがわかる．次の例は法副詞が含まれた日本語の例である．

(21) 《場面》先生と A くんの二人がゲーム依存について意見を交わしており，A くんはゲームにはまることが正しくないと思っている．

　　A くん：　それ（＝ゲームにハマること）は正しくない．
　　先生：　正しくないと思っているよね．こんなことしてちゃまずいと思っているはずだよね．じゃあ，人間って，正しいとか，正しくないとか，ってわかるのかな？
　　A くん：　それは感覚でしょ．
　　先生：　そうなんだよね．その感覚って何が決めてんの？
　　A くん：　それはわからんけど．
　　先生：　<u>たぶん脳だよね．</u>
　　A くん：　うん．

　　　　　　　　（磯村毅『親子で読む　ケータイ依存脱出法』）（下線筆者）

話し手は下線部の発話より以前に「脳がその感覚を決める」と信じている．それを聞き手に確認し，聞き手にそれを教えている．「感覚を決めるのは脳である」という話し手の陳述を「たぶん」が和らげ，「よね」を付加して確認しているのである．その後の A くんの発話には確認の意思表示が見られる．

4.2. 「内的確認」の言語行為

「内的確認」の言語行為は，自分に対して質問をし，それに答える確認行為である．「外的確認」の言語行為と異なるのは，聞き手がいないということである．次の例を見てみよう．

(22) 《場面》主人公は殺人現場に残されていた ABC 鉄道案内について考えている．

I think that I can date my interest in the case from that first mention of the ABC railway guide. Up till then I had not been able to raise much enthusiasm. This sordid murder of an old woman in a back-street shop was so like the usual type of crime reported in the newspapers that it failed to strike a significant note. In my own mind I had put down the anonymous letter with its mention of the 21st as a mere coincidence. Mrs Ascher, I felt reasonably sure, had been the victim of her drunken brute of a husband. but now the mention of the railway guide (so familiarly known by its abbreviation of A B C, listing as it did all railway stations in their alphabetical order) sent a quiver of excitement through me. Surely—surely this could not be a second coincidence?

(A. Christie, The ABC Murders)

法副詞 surely に平叙疑問文や否定疑問文が後続する場合は，話し手の驚きや疑念といった心的態度を表して，「まさか，よもや」の意味を表す（小西(1989)，Swan (2005³)，岡本 (2008)，澤田 (2016))．(22) の例について，surely に平叙疑問文が後続し，この後にこの平叙疑問文に対する答えはない．命題内容に含まれている could not は認識的意味の cannot（「はずがない」）が時制の一致の影響を受けている．話し手は「これは第 2 の偶然の一致である」という命題内容について話し手自身の驚きの態度を surely を用いて表している．ここでは聞き手が想定されていないため，「まさか，これが第 2 の偶然の一致であるなどとは信じられない」と，話し手自身の心的態度が表出されているのである．

　次の日本語法副詞が使用された例を見てみよう．

(23)　《場面》「仕事中，しゃべりかけてくる先輩がいます ...」というテーマで筆者が自論を語っている．

　　　だいたいね，会社ってね，10 人でできる仕事は 9 人でやるもんなんだよ．

　　　で，みんなが忙しいと，しゃべってる暇がないんだよ．

　　　しゃべりかけてくるくらいだからおそらく，<u>10 人でできる仕事を 12 人くらいでやっているんだろうな</u>．

　　　だからおそらく，隣はしゃべりかける，自分は仕事が進まないって，それでも成り立つ会社なんだろうな．じゃなかったらつぶれるもん．

（斉藤一人，柴村恵美子『斉藤一人　すべての悩みに答えます』）
（下線筆者）

ここでは，「おそらく」という法副詞は「（会社は）10 人でできる仕事を 12 人

くらいでやっている」という命題内容を修飾している．それに助詞の「な」がついて内的確認タイプの確認文を作っている．そして，これに対する答えはない．また，話し手の日本語の内的確認タイプの確認文の場合は，文末に「（よ）ね」ではなく，「（よ）な」という助詞がつくほうが望ましいと考えられる．

(24) a. おそらく，10人でできる仕事を12人くらいでやっているんだろうな．
　　 b.*?おそらく，10人でできる仕事を12人くらいでやっているんだろうね．

(23) の文脈では (24b) は不適格となる．文末に「（よ）ね」が来る確認文は聞き手が想定され，「外的確認」の言語行為が遂行されていると考えられる．

5.　まとめ

本稿では，日英語の法副詞の機能，法副詞を含む確認文の用法，それがもたらす言語行為について論じてきた．法副詞は話し手の陳述を和らげるために使用され，確認文の分析では日本語の法副詞と英語の法副詞ではいくつかの用法の違いを確認することができた．そして，確認文における言語行為としては，外的確認と内的確認の2種類の行為を説明することができた．言語行為の分析についてはさらなる考察が必要であろう．これは次回の課題としたい．

参考文献

安達太郎 (1999)『日本語疑問文における判断の諸相』くろしお出版，東京．
Greenbaum, Sidney (1969) *Studies in English Adverbial Usage*, Longman, London.
Hoye, Leo. (1996) *Adverb and Modality in English*, Longman, London/New York.
Huddleston, Rodney and Geoffrey K. Pullum (2002) *The Cambridge Grammar of the English Language*, Cambridge University Press, Cambridge.
小西友七 (編) (1989)『英語基本形容詞・副詞辞典』大修館書店，東京．
Jakendoff, Ray (1972) *Semantic Interpretations in Generative Grammar*, MIT Press, Cambridge, MA.
森田良行 (1989)『基礎日本語辞典』角川書店，東京．
森本順子 (1989)『話し手の主観を表す副詞について』くろしお出版，東京．
森本順子 (2010)「日英語の主観性を表す副詞について」『ひつじ意味論講座 (5) 主観性と主体性』，澤田治美 (編)，211–229，ひつじ書房，東京．

岡田伸夫（1985）『副詞と挿入文』大修館書店，東京.

岡本芳和（2008）「感情的モダリティ（Emotive Modality）を表す文副詞 Surely の意味解釈と語用論的機能――「言語行為」の観点から――」『言語・文化研究の諸相――藤井健夫教授退任記念論集』，中林眞佐男（編），157-167，大阪教育図書，大阪.

岡本芳和（2014）「英語法副詞のモダリティと主観性――話し手の捉え方と言語行為の観点から――」『日本語用論学会　第 16 回大会発表論文集――第 9 号――』第 9 号，33-40.

Palmer, Frank R. (1990^2) *Modality and the English Modals*, Longman, London.

Palmer, Frank R. (2001^2) *Mood and Modality*, Oxford University Press, Oxford.

澤田治美（1993）『視点と主観性』ひつじ書房，東京.

澤田治美（2006）『モダリティ』開拓社，東京.

澤田治美（2016）『続・現代意味解釈講義』開拓社，東京.

Simon-Vandenbergen, Anne-Marie and Karin Aijmer (2007) *The Semantic Field of Modal Certainty. A Courpus-Based Study of English Adverbs*, Mouton de Gruyter, Berlin.

Stockwell, Robert P., Paul Schachter and Barbara H. Partee (1973) *The Major Syntactic Structures of English*, Holt, Rinehart and Winston, New York.

杉村泰（2009）『現代日本語における蓋然性を表すモダリティ副詞の研究』ひつじ書房，東京.

Swan, Michael (2005^3) *Practical English Usage*, Oxford University Press, Oxford.

渡辺実（編）（1983）『副用語の研究』明治書院，東京.

Wierzbicka, Anna (1991) *Cross-cultural Pragmatics: The Semantics of Human Interaction*, Mouton de Gruyter, Berlin.

Wierzbicka, Anna (2006) *English: Meaning and Culture*, Oxford University Press, New York.

絵本 'The Giving Tree' の
英語オリジナル版と日本語翻訳版の一考察[*]

都築　雅子
中京大学

1.　はじめに

日本語と英語では，様々な違いがみられる．

(1) a.　（私は）嬉しい.
    b.　I am happy.
(2) a.　*花子は嬉しい.
    b.　Hanako is happy.

(1) に示されるように，日本語では一人称主語はゼロ化されるのが普通である（言語化されると対比的な意味合いが出てくる）が，英語では言語化されるのが普通である．また (2) に示されるように，日本語の「嬉しい」は一人称以外の主語をとることができないが，英語の happy は一人称以外の主語も可能である．このような日本語と英語の表現形式の違いが，それぞれの言語で好まれる事態把握の仕方の違いに由来する可能性について，認知言語学の分野で盛んに論じられてきている．事態の捉え方には，大別すると I モード認知 (Interactional mode of cognition) / 事態内視点型 / 状況埋没型と D モード認知 (Displaced mode of cognition) / 事態外視点型 / 状況非没入型があり，日本語は I モード的な捉え方を無標とする言語，英語は D モード的捉え方を無標とする言語であるとされる（池上 (1981, 2004)；中村 (2004, 2009, 2016)；本多 (2005)；上原 (2016) など）．I モード認知とは，話者が問題の場面に身を置き，対象と主客一体となり，感覚的に捉えるモードであり，たとえ，実際には

---

[*] 本稿をまとめるに当たり，宮浦国江先生，大西美穂氏，山添直樹氏から貴重なコメントを頂いた．感謝の意を表したい．言うまでもなく本稿におけるいかなる不備も筆者の責任である．

問題の場面に話者が臨場していなくても，臨場している当事者のように捉えるモードである．一方，Ｄモード認知は，話者が場面に臨場していていたとしても，問題のインタラクティブな場面から抜け出て，事態の外から傍観者・観察者として客観的に眺めているかのように捉えるモードである．

（1a）の例文に戻ると，体験的に捉えるＩモード認知の日本語では，体験している認知主体の「私」自身は見えないため，一人称は言語化されないのが普通である．一方（1b）に示されるように，Ｄモード認知の英語では，認知主体はその場から抜け出て，いわば自己の他者化が起こるため，他者化された 'I' は言語化されるのが普通の表現となる．さらに（2）に関して，日本語の「嬉しい」など，話者の心的な状態を表す述語は主観述語と呼ばれ，基本的に話者の主観的な捉えを表す表現として言語慣習化しており，話者／一人称以外の主語をとることができないが，英語の happy など，感情を表す述語は，感情の表出を外からあたかも観察可能なものとして捉えられた表現であるため，一人称以外でも主語にとることができる．[1]

本稿では，絵本の英語オリジナル版（以下，英語版）と日本語翻訳版を，事態把握の観点から比較・考察する．事態把握の仕方の傾向の違いが，実際の絵本のテキスト，特に「語り」部分において，どのように観察されるのか検証する．[2] 考察対象とする絵本は，Shel Silverstein による 'The Giving Tree' で，母のような無償の愛を少年に与え続けるリンゴの木と少年の物語である．1964 年の英語版の出版以来，世界的なベストセラーとなっており，38 カ国で翻訳され，日本語翻訳版は，1976 年に出版された本田錦一郎氏によるもの（以下，ほんだ版）と 2010 年に出版された村上春樹氏によるもの（以下，村上版）がある．本稿では，さらに二人の翻訳者による翻訳版テキスト間の違いについても，事態把握の観点から考察する．Ｉモード的・Ｄモード的な捉え方と言っても，主観性／客観性の度合いは，極論すれば，傾向・程度の問題でもあり，

---

[1] 日英の感情を表す述語の違いについては，本多（2009: 406）を参照されたい．

[2] 絵本の英語オリジナル版と日本語翻訳版の考察に関する先行研究には，成岡（2013）などがあり，英語版が客観描写，日本語版が主観描写の傾向があることが指摘されている．

さらに守屋（2007: 591）は，「日本語の物語文は日本語母語話者の共同行為志向的な言語行動を前提とした語りと読みによって成り立つ」と述べている．すなわち物語文において，語り手／書き手がどのくらい主観的に事態を捉え，語るかの問題は，読み手の観点からすると，言語表現を手掛かりに，どのくらい間主観的に追体験的に読み込めるかの問題になる．本稿では，読み手の間主観態勢を促す言語表現については取り立てて論じないが，主観的な捉え方で語られる場合，語り手だけでなく，当然，読み手も，物語世界に臨場し体験的に登場人物の心情と重ね合わせることになることと思われる．

個人や状況によっても異なる．特に翻訳者の一人である村上春樹は，米文学を好み，英語の文体に強く影響された作家・翻訳家であることは広く知られており，自身もそれを認め，さらに翻訳においてはニュートラル（中立的）を目指していると述べている．[3] 村上春樹の文体が，中立的且つ英語に影響を受けた文体であるとしたら，それは事態把握の観点から，どのような特徴を有することになるのであろうか．2節で，英語版とほんだ版を比較・考察した上で，3節で，村上版を，ほんだ版と比較することにより，その点について明らかにしていきたい．

2. 英語オリジナル版と日本語翻訳版「ほんだ版」の考察

英語版とほんだ版に関して，文法的・語彙的側面の両面から，考察する．

2.1. 文法的側面 [4]

(3) は絵本の冒頭部分の英語版とほんだ版である．

(3) a.	(3) b.
Once there was a tree … and she loved a little boy. And every day the boy would come and he would gather her leaves and make them into crowns and play king of the forest. He would climb up her trunk and swing from her branches and eat apples. And they would play hide-and-go-seek. And when he was tired, he would sleep in her shade. And the boy loved the tree …very much.	むかし りんごのき が あって… かわいい ちびっこと なかよし． まいにち ちびっこは やってきて き のはをあつめ かんむり こしらえて もりの おうさま きどり． ちびっこは き のみきに よじのぼり えだに ぶらさがり りんごを たべる． き と ちびっこは かくれんぼう． あそびつかれて こかげで おひるね． ちびっこは き が 大好き… そう とても だいすき．

[3] 村上自身の自分の文体や翻訳に関する考え方・発言に関しては，村上（1997），村上・柴田（2000）などを参照されたい．

[4] 本節では，主に時制に関して論じていくが，それ以外に，「なる」対「する」など，文法的側面に表れる日本語と英語の好まれる言語形式の違いについては，数多く指摘されている．中村（2009）などを参照されたい．また本稿では，便宜上，定形述語「ル」形と「タ」形をそれぞれ，現在形，過去形として単純化して論を進めていく．

150   II. 日英比較

And the tree was happy.	だから き も うれしかった.
But time went by.	けれども ときは ながれてゆく.
And the boy grew older.	ちびっこは すこし おとなになり
And the tree was often alone.	き は たいてい ひとりぼっち.
Then one day the boy came to the	ところが あるひ そのこが ひょっ
tree and the tree said, ...	こりきたので き は いった …

* 便宜上, 動詞の時制部分（ただし, 日本語の連用形や体言止めの部分を除く）に下線を, リ
ンゴの木を指す名詞句・代名詞に囲い線を, 少年を指す名詞句・代名詞にドット線を筆者が施
した.

　時制に着目すると, 英語版では, was, would, loved というように過去形で
統一されている. また登場人物のリンゴの木と少年は, 最初に不定名詞句 a
tree, a little boy で導入され, その後, それぞれ三人称代名詞 she/her, he や
定名詞句 the tree, the boy で受けている.[5] 一方, ほんだ版では, 時制に関し
て「たべる」「うれしかった」というように現在形と過去形が混在する. また
登場人物には, 代名詞は用いられず, 木については「き」が使用され, 少年に
ついては「ちびっこ」,「そのこ」,「おとこ」というように, 歳に応じて変えて
いる.

　英語版は, 過去時制や照応的な三人称代名詞・定名詞句を一貫して用いるこ
とにより, 観察者としての語り手の視点から, 物語が淡々と客観的に語られて
いる. Ｄモード的な捉え方と言える. 一方, ほんだ版は, 過去形に現在形が
混在することにより, 物語の展開にメリハリがついている. 例えば冒頭部分の
「少年がリンゴの木を遊び場として気に入り, 毎日通いつめる」箇所は,「かわ
いい ちびっこと なかよし.」「もりの おうさま きどり.」「き と ち
びっこは かくれんぼう.」という体言止めの連続と「りんごを たべる」とい
う現在形の使用により, あたかも語り手がその場に臨場し, 木と少年の高揚し
た気分と一体化しているように語られている.[6] Ｉモード的な捉え方がされて

――――――――――――――

　[5] 主人公の木は, 本来, 代名詞 it で受けるのが普通であるが, ここでは女性代名詞 she/her
で受けており, 語り手／書き手は愛情豊かな母のような主人公の木に共感的な視点を置いてい
ると言えるだろう. この点では, ある種の主観的な捉え方がされていると言えるかもしれな
い.

　[6] ゼロ代名詞／代名詞省略（(3b) の「あそびつかれて...」の主語「ちびっこ」のゼロ代名詞
化）も, 時制とともにＩモード的な捉え方を反映している. 中村（2016）は, Ｉモードについ
て「不可分さに生じる無限定性」を特徴とし,「認知の時間も人称も限定されていないから,
語りの時間と過去の時間（過去時の状況）を自由に行き来できるし, 語り手と登場人物, さら
には読者の間も自由に行き来できる」と述べている.「語り」における時制の議論に関しては,

いる.

2.2. 語彙的側面

ここでは語彙的側面に関して，英語版とほんだ版にみられる相違点を4点指摘し，順に考察していく.[7] 第一に，ほんだ版における感嘆詞の使用である.(4) は絵本の冒頭部分 (3) からの抜き出しである.

(4) a. And the boy loved the tree…very much.
 b. ちびっこは　きが　だいすき…　そう　とても　だいすき.

ほんだ版では，感嘆詞「そう」を用いて，木が大好きな少年の気持ちを語り手が感情を表出しながら再確認している.英語版の場合も，絵本の「語り」であることを意識しているものの，語り手の強い感情の表出はみられない.
第二に，ほんだ版における主観述語の使用である.(5) は，(4) の「語り」の続きの部分である.

(5) a. And the tree was happy.
 b. だから　きも　うれしかった.

1節でみたように，日本語には「嬉しい」などの主観述語があり，発話時の主観的な心的状態を表すため主語は一人称に限られる.ただし，(5b) に示されるように，「語り」においては，主観述語の人称制限がなくなる.[8] ここでは，本来，一人称に限られる主観述語「嬉しい」を用い，語り手が木の心情に自らを重ねながら，嬉しい気持を語っている.主観述語の使用により，読み手も自ら体験しているかのように感じることができる.一方，英語版の happy は，

他に守屋 (2007)，西口 (2007)，和田 (2009) を参照されたい.
[7] ここで指摘する四点以外に，ほんだ版では，「ちびっこ」「ひとりぼっち」「なかよし」「かくれんぼう」「おひるね」など，小さな子供が使ったり，小さな子供に大人が使う稚拙だが温かみのある平易な語彙，言わば「子供語」が多用されている点も挙げられよう.英語版でも平易な語彙は使われているが，子供語と言われるようなものではない.3節で論じる村上版でも「ひとりぼっち」などが使われているものの，その数は少ない.「子供語」は，絵本の情緒的な物語世界に読み手である子供を追体験的に引き込むなどの役割をしていると思われるが，事態把握の主観性との関りの詳細についてはさらなる考察が必要であり，今後の課題としたい.
[8] 「語り」において，主観述語に人称制限がなくなる点については，過去形の使用などが関係していると思われる.金水 (1989) は，日本語の言表を「語り」と「報告」に分け，「語り」では制限 (の一部) が無化されると論じている.他に Uehara (1998)，中村 (2009)，上原 (2011) などを参照されたい.

152   II. 日英比較

観察者の視点で捉えた D モード的な表現であり，ほんだ版に比べ，客観的に語られている．

　第三に，ほんだ版における補助動詞「〜てしまう」の使用である．

(6) a.	(6) b.
"I'm sorry," said the tree, "but I have no money. I have only leaves and apples. Take my apples, Boy, and sell them in the city. Then you will have money and you will be happy." And so the boy climbed up the tree and gathered her apples and carried them away.	きはいった　「こまったねえ． わたしに　おかねは　ないのだよ． あるのは　はっぱと　りんごだけ． それじゃ　ぼうや　わたしの　りんご を　もぎとって　まちで　うったら どうだろう．　そうすれば　おかねも できて　たのしくやれるよ．」 そこで　そのこは　きに　よじのぼり りんごを　もぎとり　みんな　もって いってしまった．

* (6) の下線は筆者による．以下，同様．

(6) は，木と戯れる年齢も過ぎ，遊びに来なくなった少年が久しぶりに木の所に戻ってきた場面で，以前のように一緒に遊ぼうと声をかける木に対して，少年はつれなく「お金がほしい」と返答する．木は，なっているリンゴを売ってお金をつくるように提案する．そして，少年はリンゴを全てもぎ取り，もち去って行った．英語版の "and carried them away" に対して，ほんだ版は「〜てしまった」を加え「もっていってしまった」と訳されている．久野 (1982: 46) は，「〜てしまう」は被害完了を表す補助動詞として「動作・作用の完了・実現を表すと同時にそれが主語，話し手，聞き手，或いは談話の主人公にとって好ましからざることであることを表す」と述べている．「〜てしまった」をつけることより，語り手や当事者である木（或いは聞き手である読者）の評価「少年の行為の無慈悲さ」とそれに伴う心情「哀しく残念な気持ち」が表れている．単なる行為の描写でなく，行為と当事者である木や語り手とのかかわりを前面に出した I モード的な表現である．

　第四に，ほんだ版は，英語版に比べると，擬態語など，臨場感のある副詞・形容詞が多用されている．[9] (7)，(8) は，2 つの場面から抜き出したものである．

――――――――――――――

　[9] 中村 (2009: 372) は，オノマトペ（擬態語など）の臨場感は認知主体の状況と一体化した身体的インタラクションの反映と述べている．

絵本 'The Giving Tree' の英語オリジナル版と日本語翻訳版の一考察　　153

(7) a.	(7) b.
And then one day the boy <u>came back</u> and the tree shook <u>with joy</u> and she said,	ところが　あるとき　そのこが ひょっこり　もどってきたので うれしさ いっぱい　からだをふるわせ きはいった
(8) a.	(8) b.
"I am sorry," <u>sighed the tree</u>. "I wish that I could give you something...but I have nothing left. I am just an <u>old</u> stump. I am sorry ...." "I don't need very much now," said <u>the boy</u>, "just a quiet place to sit and rest. <u>I am very tired.</u>"	きは ふっと ためいきをついて　「すま ないねえ　なにかあげられたら　いい んだが. わたしには　なんにもない. いまの　わたしは　ただの ふるぼけた　きりかぶだから …」 い まや　よぼよぼの　そのおとこは　「わ しは　いま　たいして　ほしいものは ない.　すわって　やすむ　しずかな ばしょが　ありさえすれば.　わしは もう　つかれ はてた. 」

* 比較・考察する部分に下線を，さらにほんだ版で新たに加えられた部分に囲い線を施した.

　まず，英語版では，単に動詞 came back, sighed が用いられているのに対して，ほんだ版では，「ひょっこり　もどってきた」「ふっとためいきをついて」というように擬態語の副詞が加えられている. 擬態語の副詞の付加により，少年が思いがけなく戻ってきたときの木の気持ちや，木のため息をついた様子が，その場に居合わせているかのように体験的に語られている.

　さらに，使用されている形容詞にも違いがみられる. 英語版で，木が 'I am just an old stump.' と話すところが，ほんだ版では，「わたしは　ただの　ふるぼけた　きりかぶだから …」と訳されている. 単なる「ふるい」ではなく「ふるぼけた」が用いられ，年寄りになり力がなくなってしまった木の無力感がそのまま表現されている. さらにそれに続く「語り」の部分で，英語版の said the boy が，ほんだ版では「いまや　よぼよぼの　そのおとこは」と訳されている. よぼよぼの老人と成り果てた少年の様子がありありと描かれている.

　また英語版の with joy, 'I am very tired.' が，ほんだ版で「うれしさいっぱい」「わしは　もう　つかれはてた」というように，極端さを表す「いっぱい」「はてた」が加えられており，木の大喜びする様子や老人となった少年の疲れきった様子が臨場的に捉えられている.

2.3. まとめ──英語オリジナル版と日本語翻訳版「ほんだ版」の考察

　英語版では，観察者としての語り手が淡々と客観的に語っていく仕方，すなわち D モード的な捉え方がされていた．ほんだ版では，読者が，語り手の視点のみならず，物語の場面に臨場するかのように，時に登場人物の心の中に入りこみ，彼らの心情に自分を重なり合せるかのような主観的な語られ方，すなわち I モード的な捉え方がされていた．それぞれの版において，英語，日本語それぞれの好まれる事態把握の仕方が典型的に反映されていたと言える．このような違いは，文法的な側面においては，過去時制が一貫して用いられるか否か，照応的な代名詞（ゼロ代名詞を除く）・定名詞句が一貫して使用されるか否かに関わっており，結局のところ，英語と日本語の文法体系の違いに帰されるであろう．語彙的な側面においても，主観述語，擬態語など，主観的な語彙が豊富な日本語とそうでない英語の違いに帰されよう．裏返せば，それぞれの言語において，好まれるモードの表現が語彙化・言語慣習化されており，それらが英語らしさ，日本語らしさを形作っているといえるのであろう．

3. 日本語翻訳版「村上版」の考察

　本節では，ほんだ版と比較しながら，村上版を考察していく．

3.1. 文法的側面

　2.1 節と同様，冒頭部分をみていく．(9a) がほんだ版，(9b) が村上版である．

(9) a.	(9) b.
むかし りんごのき が あって…かわいい ちびっこと なかよし．まいにち ちびっこは やってきて き のはをあつめ かんむり こしらえて もりの おうさま きどり．ちびっこは き のみきに よじのぼり えだに ぶらさがり りんごを たべる． き と ちびっこは かくれんぼう． あそびつかれて こかげでおひるね．ちびっこは き が 大好き… そう	あるところに，いっぽんの木 がありました． その木 はひとりの少年のことがだいすきでした．少年はまいにちその木 の下にやってきました．そしてはっぱをいっぱいあつめました．はっぱでかんむりをつくり森の王さまになりました．木のぼりだってしました．えだにぶらさがってあそびました．そしてりんごをたべました．いっしょに「かくれんぼ」をしてあそびました．くたびれるとこかげで少年はねむりました．

とても　だいすき. だから　き も　うれしかった. けれども　ときは　ながれてゆく. ちびっこは　すこし　おとなになり き は　たいてい　ひとりぼっち. ところが　あるひ　そのこが　ひょっ こりきたので　き は　いった　…	<u>少年</u>は<u>その木</u>がだいすきでした …だ れよりもなによりも.　木 はしあわせで した. でもじかんがながれます.　<u>少年</u>はだん だんおおきくなっていきます.　木 がひ とりぼっちになることがおおくなりま す.　そしてある日,　<u>少年</u>は木 の下に やってきました.　木 はいいました.　…

* 下線などの表記は，(3) に準ずる.

時制に関して，村上版においても，ほんだ版と同様，過去形に現在形がまじるものの，現在形の出現割合は，ほんだ版に比べ，かなり低い．さらに，ほんだ版で多用される体言止めが用いられず，それに過去形の「～ました」あるいは「～でした」がつき，それらの表現が執拗に繰り返されている．日本語の「語り」では，「～ました」「～でした」は省略される場合が多いが，ここでは省略されず，英語の直訳に近い形で繰り返し用いられている．過去形「～ました」「～でした」の執拗な繰り返しにより，ほんだ版と比べると，出来事が淡々と客観的に語られており，D モード性の高い捉え方がなされている.[10]

　登場人物の呼称に関して，ほんだ版と同様に，代名詞は用いられていないものの，主人公の「リンゴの木」は初めに「いっぽんの木」，その後は「木」が用いられ，「少年」は初めに「ひとりの少年」，その後は「少年」が一貫して用いられている．代名詞が使われていない点は，日本語的であるものの，歳をとっても「少年」が一貫して使用されている点は，英語版の影響がみられる.

3.2.　語彙的側面

　語彙的側面に関して，2.2 節で取り上げられた 4 点について，ほんだ版と比較しながら，村上版を考察していく（以下，(a) がほんだ版，(b) が村上版である）．第一に，ほんだ版と異なり，村上版は感嘆詞が用いられていない.

---

　[10] 守屋（2007: 593）は，志賀直哉による『菜の花と小娘』のテクストの一部を例示し，「物語文のほとんどがタ形（過去形）で語られると，日本語母語話者の読み手は語り手が物語世界を客観的な視点からとらえ，物語世界を客観的に読むように指定されたように感じる．そのため，特に物語世界に臨場し体験的に把握しやすい読み手は，物語世界への臨場が拒否されたように感じることがある．（カッコの（過去形）は筆者が追加)」と論じている.

(10) a.	(10) b.
ちびっこは　きが　<u>だいすき</u>…　そう　とても　<u>だいすき</u>.	少年はその木が<u>だいすき</u>でした … だれよりもなによりも.

(10b) では, (10a) にみられる感嘆詞「そう」が用いられていない. 英語版 "And the boy loved the tree … very much." を直訳した訳となっている.

　第二に, ほんだ版と異なり, 村上版は主観述語「うれしかった」が用いられていない.

(11) a.	(11) b.
だから　きも　<u>うれしかった</u>.	木は<u>しあわせ</u>でした.

述語「しあわせだ」は,「太郎は幸せだ.」と言えるように三人称主語も可能であり, 主観的な心的状態を表す主観述語ではない. 英語の happy と同じような観察者の視点でとらえた D モード性の高い表現である.

　第三に, ほんだ版と異なり, 村上版は補助動詞「～てしまう」が使われていない.

(12) a.	(12) b.
そこで　そのこは　きに　よじのぼり　りんごを　もぎとり　みんな　<u>もっていって</u>　<u>しまった</u>.	いわれたとおり　少年は木にのぼり, あるだけのりんごをあつめ, それをは<u>こんでいきました</u>.

話者や談話の主人公の評価や心情を表す「～てしまう」を使用しているほんだ版に比べ, 少年の行為の無慈悲さや語り手や当事者である木の哀しく残念な気持ちが前面に出てこない. 英語版のように, 事実が淡々と語られることにより, ある種の評価や感じ方を強要しないという意味で, 押しつけがましさがなく中立的であるともいえるかもしれない.

　第四に, ほんだ版に比べると, 擬態語など, I モード性の高い副詞・形容詞表現の使用が少ない.

(13) a.	(13) b.
ところが　あるとき　そのこが　<u>ひょっこり</u>　もどってきたので　<u>うれしさ</u><u>いっぱい</u>　からだをふるわせ　きはいった	そんなある日, 少年がまた木の下にやってきました. 木はよろこびにからだをふるわせました.

絵本 'The Giving Tree' の英語オリジナル版と日本語翻訳版の一考察　　　157

(14) a.	(14) b.
きは ふっと ためいきをついて 「すまないねえ なにかあげられたら いいんだが. わたしには なんにもない. いまの わたしは ただの ふるぼけた きりかぶだから…」いまや よぼよぼの そのおとこは 「わしは いまたいして ほしいものはない. すわって やすむ しずかな ばしょがありさえすれば. わしは もう つかれはてた.」	「かわいそうに」といって木はためいきをつきました.「あなたになにかあげられるといいのだけど…でもわたしにはなにものこっていない. いまのわたしはただのふるい切りかぶ. わるいんだけど…」「ぼくはもう, とくになにもひつようとはしない」と少年はいいました.「こしをおろしてやすめる, しずかなばしょがあればそれでいいんだ. ずいぶんつかれてしまった」

　まず，ほんだ版では，「ひょっこり　もどってきた」「ふっとためいきをついて」というように擬態語の副詞「ひょっこり」「ふっと」が用いられているが，村上版では用いられていない．さらに，ほんだ版では，「ふるぼけた」「よぼよぼの」といような臨場感のある形容詞が使われているが，村上版では，前者は単に「ふるい」が使われ，後者は相当する形容詞がない．後者は，もともと英語版でなかったものをほんだ版で加えられたものである．また，ほんだ版にみられる「いっぱい」「～はてた」という表現も村上版に使われておらず，「つかれてしまった」に話者の評価を表す補助動詞「～てしまう」が使われている以外は，Ⅰモード性の高い表現はみられない．

3.3.　まとめ—日本語翻訳版「村上版」の考察

　村上版をほんだ版と比較しながら，考察した．文法的側面では，過去形「～ました」「～でした」の執拗な繰り返しや一貫した呼称「少年」の使用がみられ，ほんだ版に比べ，より淡々と客観的に語られている印象であった．語彙的側面においても，日本語に特徴的な主観述語，補助動詞「～てしまう」，擬態語など，Ⅰモード性の高い表現をほとんど使用せず，ほんだ版に比べ，より客観的なDモード性の高い語り方になっていた．村上版は，ほんだ版にみられるような日本語の絵本に特徴的な臨場感，情感の豊かさ，共感しやすさといったものより，より中立的・客観的な視点を大切にしているように思われる．臨場感，共感しやすさなどは，裏を返せば，書き手／語り手の価値観・感じ方の押しつけとも解釈でき，その意味で，村上版は，翻訳者／語り手の価値観を押しつけず，より中立的で客観的な語り口を意図しているといえるのかもしれない．このような点が中立的且つ英語的な文体であるといえるのかもしれない．

4. おわりに

　絵本の英語オリジナル版と日本語翻訳版を事態把握の観点から，比較・考察した．2節で，英語版とほんだ版を比較・考察し，英語版は観察者としての語り手の視点から，よりDモード的に捉え／語られているのに対し，ほんだ版は時に読者までもが物語の場面に臨場しているかのようにIモード的に捉え／語られていた．それぞれの言語の好まれる事態把握の仕方を反映していたといえよう．3節では，村上版を考察した．過去形と現在形の混用，照応的な代名詞の不使用など，日本語の文法的な制約に従っているものの，過去形「～ました」「～でした」の執拗な繰り返し，主観述語・擬態語などの主観的な表現をほとんど用いないことにより，ほんだ版に比べ，Dモード性の高い客観的な語り方になっている．日本語の制約に従わざるをえない部分を除いては，日本語として不自然に思われるぐらい，Dモード性の高い表現を選択していた．そのようなDモード性の高い語り方が，「中立的且つ英語的な文体」といわれる所以かもしれない．

参考文献

池上嘉彦 (1981)『「する」と「なる」の言語学——言語と文化のタイポロジーへの試論』大修館書店，東京.

池上嘉彦 (2004)「言語における主観性と主観性の指標 (2)」『認知言語学論考4』，山梨正明 (編)，ひつじ書房，東京.

Uehara, Satoshi (1998) "Subjective Predicates in Japanese: A Cognitive Approach." Paper presented at the 4th Australian Linguistic Institute Workshop.

上原聡 (2011)「主観性に関する言語の対照と類型」『ひつじ意味論講座5 主観性と主体性』，澤田治美 (編)，69-91，ひつじ書房，東京.

上原聡 (2016)「ラネカーの subjectivity 理論における「主体性」と「主観性」」『ラネカーの(間)主観性とその展開』，中村芳久・上原聡 (編)，53-89，開拓社，東京.

金水敏 (1989)「「報告」についての覚書」『日本語のモダリティ』，121-129，くろしお出版，東京.

久野暲 (1978)『新日本文法研究』大修館書店，東京.

本多啓 (2005)『アフォーダンスの認知意味論——生体心理学から見た文法現象』東京大学出版会，東京.

本多啓 (2009)「他者理解における「内」と「外」」『「内」と「外」の言語学』，坪本篤朗・早瀬尚子・和田尚明 (編)，395-422，開拓社，東京.

村上春樹 (1997)『若い読者のための短編小説案内』文春文庫，東京.

村上春樹・柴田元幸（2000）『翻訳夜話』文藝春秋，東京．

中村芳久（2004）「主観性の言語学：主観性と文法構造・構文」『認知文法論 II』，中村芳久（編），3-51，大修館書店，東京．

中村芳久（2009）「認知モードの射程」『「内」と「外」の言語学』，坪本篤朗・早瀬尚子・和田尚明（編），353-393，開拓社，東京．

中村芳久（2016）「Langacker の視点構図と（間）主観性」『ラネカーの（間）主観性とその展開』，中村芳久・上原聡（編），1-51，開拓社，東京．

成岡恵子（2013）「絵本における語り手の視点：英語絵本とその日本語翻訳の質的分析」『東洋法学』57-1 号，455-480．

西口純代（2007）「物語文の現在時制における視点と文脈の変化」『ことばと視点』，河上誓作・谷口一美（編），170-176，英宝社，東京．

守屋三千代（2007）「文章の「語り」と「読み」——〈共同注意〉と〈間主観性〉の観点から——」*JACL* 7 集，591-594．

和田尚明（2009）「「内」の視点・「外」の視点と時制現象」『「内」と「外」の言語学』，坪本篤朗・早瀬尚子・和田尚明（編），249-295，開拓社，東京．

考察対象とした本

Silverstein, Shel (1964/1992) *The Giving Tree*, Harper Collins Publishers: NY.

シェル・シルヴァステイン（本田錦一郎訳）(1976)『おおきな木』篠崎書林．

シェル・シルヴァステイン（村上春樹訳）(2010)『おおきな木』あすなろ書房．

Ⅲ.
語彙カテゴリー・
文法カテゴリー,
メタファー

英語の名詞語尾 -s
──複数より基礎的なその意味について──[*]

嶋田　裕司
群馬県立女子大学

1.　はじめに

　ここで話題にする英語の「名詞語尾 -s」とは，たとえば，apples, horses, trousers, oats, clothes, furnishings などの名詞の語尾のことである．一般的には，この語尾は，名詞の単数形に付けて，その複数形を作る接尾辞として知られている．この接尾辞を「複数形を作る -s」と呼ばずに，「名詞語尾 -s」と呼ぶ理由は，語尾 -s 自体の機能は，複数を表すことではなく，空間の中の場所や物として概念を提示することであると考えるからである．ここでは，従来，名詞の数体系を構成する単数と複数という枠組みの中で捉えられていた名詞語尾 -s を，その枠組みの外で考察する．本稿の目的は，名詞語尾 -s が表すのは，空間の中にある場所や物であるという見方を示すことにある．いわゆる複数の概念は，語尾 -s が空間の中の存在として物や場所を表す段階より高次の段階で，さらに物や場所の中に幾つかの輪郭を認めてから現れる．語尾 -s は，複数の概念と比べてより基礎的な概念を意味するのである．

　本論では，名詞 deeps, shallows, depths を観察することによって，名詞語尾 -s が空間の中の場所を表す働きがあることを確かめる．また，名詞句を構成する要素である名詞，名詞語尾 -s，数詞，不定冠詞 a の図像的関係についても考察する．さらに，sands, snows, waters, valuables, greens などの意味についても考察し，名詞語尾 -s は「複数」を表すのではないことを示す．

　以下で提示する英語の例文は，すべて使用例であり，大部分は BNC から引いたものである．また，例文中の下線は筆者が加えたものである．

---

　[*] 本論文は，『群馬県立女子大学 英米文化研究』第 7 号（2017）に掲載した同名の論文の主要部分である．

2. deeps, shallows と意味の具象化

はじめに，名詞 deeps と shallows を用いた文を観察しよう．deep も shallow も基本的には，a deep river, a shallow stream のように形容詞として用いられる．しかし，これらに語尾 -s が付いて派生した deeps と shallows は，名詞であり，しかも場所を表すことになる．(1) の例文では，deeps は語尾 -s を伴った名詞であり，〈深いところ〉という場所の意味を表している．(1a) では，道が砂利岸と川の黒い深みに沿っていること，(1b) では，堆積物がほとんど沿岸に溜まり，外側の大陸棚や深海には行かないことが記されている．

(1) a. They all moved off together down the tawny dust of the road, close beside the shingle banks and black deeps of the river.

b. Most of the sediment in fact seems to be accumulating close inshore and very little gets to the outer shelf or the deeps.

同様に，(2) の例では，shallows は，川の浅瀬を表している．ここでも，形容詞 shallow に名詞語尾 -s が付くことによって，〈浅いところ〉という場所の意味になっている．(2a) では，浅瀬で川を渡ることができること，(2b) では，200 ヤードほどの浅瀬を渡ることが描かれている．

(2) a. We can wade the river at the shallows.

b. … to splash across the two hundred yards or so of shallows, ….

上の例で，語尾付きの deeps という名詞が，deep の複数を表すとは考えにくい．そもそも，deep という形容詞の表す性質について，単数や複数という概念は当てはまらないからである．同様のことは，shallows についても言える．どちらの場合も，名詞語尾 -s は，形容詞が表す性質をそのまま受け継いで，その性質のある場所を表す名詞を作っている．その上，不定冠詞を伴う a deep と a shallow が，深い場所，浅い場所を表す例は，少なくとも BNC においては見つからない．したがって，このような場所を表す意味での deeps と shallows に対応する単数形はないと考えるのが妥当であると思われる．これらの例は，deeps と shallows の語尾 -s が複数形を作るのではないことを示している．

3. depths と意味の階層

つぎに，名詞 depth と depths の使用法を観察しよう．ここでも，語尾 -s が付く depths は，場所を表している．(3a) では，鯉が沈泥のある暗い池の底に沈むこと，(3b) では，海の深みでは，暗闇を通る光は狭い範囲の青のみであることが記されている．いずれの場合も depths は〈深いところ〉を表している．

(3) a. The carp sink to the dark silt depths of the pond, ...

    b. At greater depths, the only light piercing the abyssal gloom is a narrow band of blue.

対照的に，(4) は depth が原形のままで用いられた例である．ここでは，depth に〈深いところ〉という場所の意味はない．(4a) では，海の平均的深さを述べ，(4b) では，船の下の海の深さを図ることが記されている．どちらの depth も〈深さ〉という 1 次元的広がりを意味していると思われる．

(4) a. The average depth of the sea is 12,430 feet ....

    b. ... to measure the depth of the sea under a ship.

このように depth の語尾 -s のある例とない例を比較すると，語尾のない原形の depth が〈深さ〉という 1 次元的広がり，つまり抽象的な尺度を表すのに対して，語尾 -s のある depths は，その尺度の中で〈浅い〉部分に対立する〈深い〉部分に焦点を当てて，その概念を場所に変えていると考えられる．もしそうであれば，語尾 -s の付いた depths は，depth の深さの尺度を基にして，海などの空間の中の場所の意味を作り出していることになる．

ここまでの例で語尾 -s のある depths の解釈がなされたのは，いわば 3 次元的広がりのある空間においてである．depths は，それ以外にも，1 次元的な空間においても場所を表すことがある．〈深さ〉という尺度について考えてみよう．〈深さ〉の基本的概念を認識するためには，3 次元的な広がりは必要ない．最小限度必要になるのは，上下の軸，軸上の基準点（例えば地面・水面），基準点から下方への距離，この 3 つに関する認識である．上下の軸は 1 次元的広がりであり，水平方向への広がりは考慮する必要がない．つまり，深さに関しては，どこの深さを測る場合でも，垂直軸の尺度が 1 本あれば済むことになる．これから観察するのは，このような線的空間における depths の使用法である．

語尾 -s のある depths は，線的空間においても場所を表すことを確かめよう．(5) の例では，depths が深さの範囲（つまり垂直軸内の場所）を表すために用いられている．(5a) では，430 メートルより深いところでは海が真っ暗であること，(5b) では，この種がカナリア諸島とアゾレス諸島の沖で深さ1143 から 1530 メートルのところで見つかっていることが記されている．これらの例では，垂直の尺度が想起され，depths はその尺度上の範囲すなわち場所を示している．範囲（場所）が示されていることは，それに伴う数値の幅によって示唆される．

(5) a. At depths of greater than 430 metres (1400 feet), the sea is pitch black.

b. This species has been recorded off the Canaries and Azores at depths of 1143–1530 m.

注目すべきことは，語尾 -s 付きの depths が尺度上の範囲を示していることであり，なんらかの概念の複数を表すのではないことである．depths は，何かが 1 つあること（つまり単数）と対立するのではなく，原形 depth に標識 -s を付加することによって，原形の持つ抽象的な〈深さ〉の意味を，範囲（場所）の意味として線的空間内に実現しているのである．ここでも語尾 -s は，原形名詞と対立するのであり，「単数」と対立するのではない．

　上の例では，語尾付きの depths が原形の抽象的な depth から，線的空間内の場所の意味を作り出していることを見た．空間内の場所は，(5) のように分割せずに認識することもできれば，次の (6) の例のように複数のものとして認識することもできる．(6) において対象が複数認識されることを示すのは，語尾 -s ではなく，修飾する数詞 two である．(6a) では，土の標本が 2 つの深さから採集されたこと，(6b) では，板の厚さは 2 つのうち一方を選べることが記されている．

(6) a. Soil samples were collected at two depths (0–5cm and 5–10cm) ....

b. There are two depths of board to choose from: either 32mm or 28mm.

ここで重要なことは，語尾 -s の機能が，対象を空間内の場所とするのに対して，その場所が複数あることは，数詞 two が明示している点である．すなわち，語尾 -s と数詞は別々のレベルでそれぞれの働きをしている．語尾 -s が，

166 III. 語彙カテゴリー・文法カテゴリー，メタファー

(5) が示すように，語のレベル（つまり語の内部）で抽象的意味から具体的意味を作るのに対して，two のような数詞は，(6) が示すように，語の配列のレベルで（統語的に）対象が複数あることを付け加える．このことは，認識的に depth が depths になる段階の後にもうひとつの段階があり，その後で初めて数詞が現れることを示唆している．その段階とは，depths の表す場所の中に幾つかの輪郭を認識し，同類が複数あることを認める段階である．この段階を経て初めて数を数えることができるようになる．（したがって，語尾 -s を「複数形の -s」と呼ぶことや，名詞 depths を名詞の「複数形」と呼ぶことは，実態に合わない便宜的な名称であることになる．）

　もう一歩進んで，いわゆる単数あるいは単数形について推測してみよう．ここまで見てきたことは，語尾 -s が空間内で場所を表すこと（〈深さ〉であれば尺度上の範囲を表すこと），さらに，その場所の中に同類が複数あることを認めれば，数詞によってそのことを表すことである．それでは，いわゆる「単数形」a depth はどのように成立するのだろうか．この問題に取り掛かる前に，まず単数形 a depth が，深さの尺度上で用いられている事例を観察しておこう．(7) の例では，a depth が深さの尺度上の一箇所を表している．(7a) では，約 1 インチの深さに根茎を植えるべきこと，(7b) では，水深 16 メートルで青銅製の足を見つけたことが記されている．どちらにも at a depth of という表現があり，深さを表す場所が一箇所である．

(7) a.　The rhizome should be planted at a depth of about an inch ….

　　 b.　At a depth of 16 metres he came across a larger than life size bronze foot sticking out of the sand ….

単数名詞句 a depth of … は，形式的には不定冠詞 a の後に名詞の原形が来ることによって成り立っている．この形式は，今まで観察してきた語尾付きの depths とは，2 つの点で異なっている．単数名詞句では，不定冠詞 a が付き，しかも語尾 -s が存在しない．ここまで来ると，問うべき問題は，次のように表現できる．不定冠詞 a は，なぜ現れたのか，それはどのような働きをしているのか．空間内の場所を表す語尾 -s は，なぜ消えたのか．

　これらの問いに対する答えを見出すために，名詞句の構造について，幾つかの仮説を受け入れた上で推測をしてみよう．ここでは，以下の 3 つの見方を前提として話を進める．(a) 物事の抽象度 (degree of abstractness)：名詞または名詞句が表す意味の種類には，抽象性（具象性）に関する程度差がある．話者は抽象的な概念と具象的な概念の違いを段階的に認識している．(b) 意味

と形式の対応（図像性 iconicity）：意味と表現形式の間には図像的な関係がある．つまり，抽象的な意味は単純な形式で表され，具象的な意味は複雑な形式で表される．(c) 有標性（markedness）：意味の区分は，標識を加える毎に加わって行く．つまり，表現を付加することによって元の意味に変更を加え，新たな意味が作られる．

　上のような仮説を前提として，意味と形式の関係について，名詞の原形，語尾 -s の付加，数詞の付加，名詞の単数形を，この順序で整理し直すと次のようになる．(4b) の the depth of the sea あるいは The well is 7 feet in depth. における原形の depth は，抽象的な〈深さ〉という1次元空間をあらわす．図式的に (8a) として表すと，depth〈深さ〉は，左端の基準点から右方向に延びる破線矢印となり，矢印の先になるほど深さが増すことになる．(5a) At depths of greater than 430 metres のように depths が範囲を表す場合は，(8b) の図の実線で示すように，この範囲は，深さの尺度上に設定されることになる．さらに，(6) の two depths の場合には，(8b) の実線で示す範囲の上に，数詞によって2つの別々の部分を認めることになる．図では，網掛け表示がその部分を表しており，2つの部分は，(6a) のように互いに重ならない場合 (8c) と，(6b) のように重複する場合 (8d) がある．（後者は，軸を2本にして表示した．）最後に，単数形 a depth の成り立ちについて考えてみよう．不定冠詞 a を使用するときに前提となることは，同類と見なされる対象が複数存在することであり，冠詞 a は，その内の1つを選択する働きがある．(8e) では背景となる同類を網掛けの四角形で複数個示し，焦点化する対象を黒い四角形で示した．言い換えれば，冠詞 a が名詞句の先頭にあって示すことは，これから描かれるのは，抽象的空間 (depth) でも，空間内の場所 (depths) でもなく，同類のものが複数ある中から選んだ対象である，ということである．

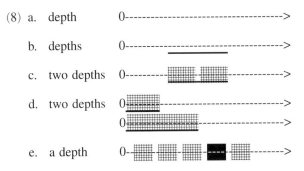

単数形 a depth によって1つを選ぶときには，複数の同類の存在が基にな

る．しかし，その際には，複数の同類の基礎になっていた場所（範囲）の認識
は，もはや不要となる．（図式的には，(8e) に実線が描かれていないことが，
その不在を表す.）この認識に対応して，場所（範囲）を示す語尾 -s も不要と
なる．以上の推測が正しければ，単数表現で語尾 -s が付かない理由は，そこ
には場所が関与しなくなるからであることになる．名詞句の先頭に付加された
冠詞 a は，同類の個体が複数あることを前提とし，場所の認識から一歩遠ざ
かるために，語尾 -s が現れなくなる．ここまで来ると，概念上の関係として
は，単数形 (a depth) に基づいて複数形 (depths) が作られると考えるよりは，
複数の概念に基づいて単数が認識されるということになる．そして，そのこと
が名詞句の構造に現れていることになる．

4. sands, snows; greens, sweets など

さて，ここで単数形の話題から語尾 -s の話題に戻って，その事例の観察範
囲を広げよう．上で観察した語は，deep, shallow, depth の 3 語のみであっ
た．つぎに，いわゆる物質名詞である sand, snow, water を見よう．これらは，
(9) のように原形のままで単独で名詞句として文中に現れうる．(9) では，そ
れぞれ，スーツから砂を払うこと，雪が峰々にあること，音は空中より水中で
伝わりやすいことが記されている．各名詞は，質に関する概念を持ち，それに
よって対象を指定している．

(9) a. I brushed sand from my suit ....

    b. Snow is on the peaks and blocks some passes.

    c. Sound travels better in water than in air, ...

(9) では，砂，雪，水の量や形，その見え方などは名詞句によっては明示され
ず，それらは，各文が描く事柄に整合するように解釈される．たとえば，(9a)
の sand がスーツに付着するだけの量であること，(9b) の snow が峰々を覆
う形と量であること，(9c) の water が，air と対比される質のみを表し，量と
は無関係であることは，文全体の解釈から得られることである．文中に原形で
現れる各語は，質的概念のみによって対象を示している．

上の例とは対照的に，語尾 -s の付いた sands, snows, waters では，空間
内に具現した場所や物の意味が，質的意味に加わっている．(10) では，sands
が空間内の場所または物を表している．(10a) では，along the sands が砂浜
に沿った経路を表し，(10b) では，Camber Sands は砂浜の名前である．

英語の名詞語尾 -s   169

(10) a. They walked together along the <u>sands</u>, and talked.

　　 b. Camber <u>Sands</u> is known for its wide, flat beach ….

次の例では語尾のある snows が，空間内の場所や物を表している．(11a) で
は，万年雪という場所での夏スキー，(11b) では，大雪（大量の雪）の年に痛
風が起きたことが描かれている．

(11) a. … with its summer skiing on the eternal <u>snows</u> of the glacier.

　　 b. In the year of the great <u>snows</u>, I had an attack of gout.

(12) の語尾付きの waters は，場所の場合には，地理的空間（地図）内の水域・
海域を示し，物の場合には，川や湖を背景にした水・流水を表す．(12a) は，
分類上のその種がインド洋の沿岸の水域で見つかることを記している．また
(12b) は，諺で，静かな水の流れは深い，ということである．川（という空間）
においては，音を立てて流れるところは浅く，静かに流れるところは深いとい
う経験知識が解釈の背景にあるのであろう．

(12) a. This species is found in coastal <u>waters</u> around the Indian Ocean.

　　 b. Still <u>waters</u> run deep.

以上の例が示していることは，物の質を表す名詞に対して，語尾 -s をつける
と空間内の場所や物の意味が派生するということである．ここでも語尾 -s は，
何かが複数あることを表しているのではない．

　語尾 -s が付いた sands, snows, waters については，すでに研究者による
観察がなされているので，そのことに一言触れておきたい．手短に言うと，彼
らの観察は，語尾 -s の果たす役割に焦点が当たっていないので，名詞句また
は名詞に共通の意味を見出す作業にとどまっている．たとえば，Zandvoort
(1975: 98) は，the sands of the desert, the waters of the lake などの例を挙
げて，これらの名詞が大量・広範囲（great quantity or extent）を表すと言う．
同じく Erades (1975: 13) も，このような名詞が広大さ（extensiveness）を示
唆すると言う．Quirk et al. (1985: 299) もこの見解を引き継いで，次の例を
挙げている．

(13) a. the *snows* of Kilimanjaro

　　 b. the *sands* of the desert

　　 c. sailing on the great *waters*

Quirk たちは，(13) の例を示して，「複数形名詞」が大量あるいは広範囲を表すことがあると言う．しかしながら，広大さを印象付けているのは，実は Kilimanjaro, desert, great の方であり，snows, sands, waters という語自体がその役割を果たすのではない．彼らは，複数形名詞の意味を考えるつもりで，実際には，名詞句全体の意味を感じ取っていることになる．また，一部の名詞に共通する意味を見出しているのは，Wickens (1992: 224-225) である．彼は，waters に関して，Hirtle (1982: 99-100) の解釈に同意すると言い，waters が〈流水または波立ち流れる水〉を示すという OED の記述を採用する．さらに，この流水の解釈が，freshes, salts, streams にも当てはまると言って，OED の語義を引用する．しかし，この一般化も，この 4 語に限られており，snows, sands には当てはまらない．以上のように，先行研究では，名詞句のレベルと名詞のレベルにおける意味分類が行われているけれども，語尾 -s の機能については考察が行われていない．

さて，最後に，形容詞と名詞に由来する事例を補って，語尾 -s の働きが，抽象的な意味から，空間内の具象物の意味を作ることであるという考え方を補強しよう．(14) の例は，形容詞から派生した名詞と考えられるものである．下線部は上から順に，greens 青物，rapids 急流，sweets 甘い菓子，valuables 貴重品，egg whites 卵の白身，となる．いずれも，元の形容詞の表す特徴がある物あるいは場所の意味となっている．

(14) a. He liked…boiled potatoes and <u>greens</u> ….
　　 b. It's a fierce river, full of <u>rapids</u> and boulders, ….
　　 c. Do you eat <u>sweets</u> and chocolate?
　　 d. If you have <u>valuables</u> don't leave them in the car.
　　 e. Whisk the <u>egg whites</u> until stiff, then add to the cream.

次の例は，集合の下位類を列挙するときに，その特徴を表す形容詞または名詞に語尾 -s が付く場合である．(15) ではビー玉が列挙されている．ここでは，倒れた瓶からビー玉が沢山転げ出たことが描かれ，色や柄の特徴を表す語に語尾 -s を付けて具体化している．順に，緑の，青の，渦巻きの，牛の目玉のようなの，となる．ここでも，性質を表す語に語尾 -s を付けて，具体物を指し示している．

(15)　 Marbles, dozens and dozens of them; <u>greens</u>, <u>blues</u>, <u>twists</u> and <u>bulls-eyes</u>, spilling from an overturned jar like a fragmented, crystallized rainbow.

以上で，いわゆる物質名詞 sand など，また形容詞 green などに語尾 -s が付いてその概念を空間内で具象化する例を観察した．

5. 名詞分類の問題点

　伝統的な英文法の枠組みの内部では，名詞語尾 -s の機能について考えることがなかった．ここでは，その理由について考えてみよう．伝統的な記述の基礎にあるのは，名詞を「数」と「可算性」によって分類することである．数は，単数 (singular) と複数 (plural) の対立からなり，可算性は，可算 (countable) と不可算 (uncountable) の対立からなる．この 2 対が交差して名詞を 4 分類する枠組みを作る．それは，可算単数，可算複数，不可算単数，不可算複数であり，順に例を挙げると，horse, horses, gold, oats である．この分類に従って，名詞に関する多様な情報を整理する仕事が行われてきた．この考え方は，Jespersen (1961) に比較的明瞭に描かれ，Quirk et al. (1985) と Huddleston and Pullum (2002) にも，用語の相違はあるにせよ，ほぼそのまま受け継がれている．さらに，認知文法論においても，可算性と数に関する区別は，名詞の主要な分類の中で取り扱われている (Langacker (2008), Lee (2001))．

　しかし，この分類は，名詞について記述するために便宜的に始まったものである．この分類にしたがって記述を進めると，名詞の意味分類に注目するあまり，語よりも小さい単位（形態素）の意味に無関心になる．その結果として，語尾 -s の役割について考察されなくなったのであろう．つまり，この枠組みにおいては，たとえば複数形 horses, oats の意味については考えるけれども，名詞を原形と語尾 -s に分析して，語尾 -s の意味について考えるという発想が出にくくなるのだと思われる．

　この伝統的な分類は，暫定的であるために，幾つかの問題点を抱えている．根本的な問題点は，「単数」と「複数」という用語に解釈の揺れがあることから生じる．単数とは〈ひとつ〉のこと，複数とは〈ひとつより多い〉ことを表すという用語の素朴な定義から始まるけれども，この 2 つの用語を不可算名詞にまで一般化して用いたとき，〈ひとつ〉〈ひとつより多い〉という意味が失われる．[1] そのとき「単数」という用語には，語尾 -s が付かない，あるいは動詞

---

[1] Jespersen (1961: 16) と Quirk et al. (1985: 297) は，分類の始めで，単数は〈ひとつ〉，

の単数形に一致する，という状況的意義だけが残る（A horse is …, Gold is …）．「複数」においても同様の変化が生じる．したがって，「単数」「複数」と言うとき名詞の意味について語るのか，それとも主語と動詞の一致について語るのかが曖昧になる．

さらに，「単数」に関しては，可算単数（a horse）から不可算単数（gold）へと「単数」という用語を一般化したことによって，両者の関係を同等であるかのように扱うことになる．その結果，たとえば，なぜ，英語では可算単数に冠詞 a が付き，不可算単数には冠詞 a が付かないのか，なぜ，その逆の関係にはならないのか，という問題が問われにくくなる．

「複数」に関しても，可算複数から不可算複数へと「複数」という用語を拡張して使うことによって，〈ひとつより多い〉という本来の意味が失われる．そのとき「複数」に残されたのは，規則変化語尾 -s が付き，動詞の複数形に一致するという形式的解釈のみである．元の意味を失ったこの形式的定義によって，たとえば horses は可算複数（two horses），oats は不可算複数（*two oats）と呼び分けることはできる．しかし，ここまで来ると，可算か不可算かは，名詞が数詞と共起できるか否かによって決まると言っているだけであって，語尾 -s の意味的役割については何も問われなくなる．[2]

数と可算性に関する以上のような問題点を見ると，前節で示唆したように，この問題を名詞句構造の階層性によって分析する方が，構造と意味の関係が見えやすくなると思われる．名詞あるいは名詞句は，その形によって，原形，原形 -s，数詞＋原形 -s，冠詞 a＋原形（例，gold, oats/horses, two horses, a horse）の順に構造が複雑化し，それに意味の分化が伴っていると考えるのである．原形名詞から始まって，ひとつの要素が加わるたびに，意味の複雑さもひとつ増すのである．形式と〈意味〉を並べて示せば，その関係は，原形名詞

複数は〈ひとつより多い〉と言う．しかし，Huddleston and Pullum (2002: 334) は，注意深く，単数が〈ひとつ〉を表すとは言わない．それは，後から（p. 338），不可算名詞（例，cheese）が，一般に単数であると言うことになるのを予期してのことかもしれない．

[2] 不可算複数については，用語が複雑に交錯するけれども，Jespersen (1961) と Huddleston and Pullum (2002) は，その類を認めている．Jespersen は，物質語（mass-words）という用語を用いて，複数物質語（plural mass-words）という類を設けて (pp. 122–125)，そこに oats, brains, dregs などを挙げている．物質語は不可算を表すとも言うので (pp. 114–115)，結局，複数物質語とは，本文でいう不可算複数と同じことになる．一方，Huddleston and Pullum (2002: 338) は，可算と不可算，単数と複数という 2 つの対立が交差して 4 分類を作ると明言し，不可算複数（non-count plural）として oats を挙げ，oats は数えられないことを示している（*an oat, *two oats）．

〈質〉，語尾 -s〈場所・物〉，数詞〈物を数える〉，冠詞 a〈ひとつを選ぶ〉とな
り，この順に階層をなしていることになる．名詞句の構造がこのようであれ
ば，語尾 -s も冠詞 a も，それぞれの役割をもって，それぞれの位置に納まる
であろう．

参考文献

Erades, P. A. (1975) *Points of Modern English Syntax*, Swets & Zeitlinger B. V, Amsterdam.

Hirtle, Walter H. (1982) *Number and Inner Space: A Study of Grammatical Number in English*, Les Presses de l'Université Laval, Québec.

Huddleston, Rodney and Geoffrey K. Pullum (2002) *The Cambridge Grammar of the English Language*, Cambridge University Press, Cambridge.

Jespersen, Otto (1961) *A Modern English Grammar on Historical Principles*, *Part II Syntax* (*First Volume*), George Allen & Unwin, London. [Reprinted by John Dickens and Co Ltd.]

Langacker, Ronald W. (2008) *Cognitive Grammar: A Basic Introduction*, Oxford University Press, Oxford/New York.

Lee, David (2001) *Cognitive Linguistics: An Introduction*, Oxford University Press, Oxford/New York.

Quirk, Randolf, Sidney Greenbaum, Geoffrey Leech and Jan Svartvik (1985) *A Comprehensive Grammar of the English Language*, Longman, London/New York.

Wickens, Mark A. (1992) *Grammatical Number in English Nouns: An Empirical and Theoretical Account*, John Benjamins, Amsterdam/Philadelphia.

Zandvoort, R. W. (1975) *A Handbook of English Grammar*, 7th ed., Longmans, Green & Co., London.

OED = *The Oxford English Dictionary, Second Edition* (1989), Prepared by J. A. Simpson and E. S. C. Weiner, Clarendon Press, Oxford.

言語資料

BNC = The British National Corpus. BNCweb — Lancaster University. <http://bncweb.lancs.ac.uk/>

身体部位名詞の概念拡張と連語環境における
意味分布の初期調査[*]

岡田　禎之

大阪大学

1.　はじめに

　筆者は，拙稿（2016a, b）などにおいて名詞の語彙概念拡張の分布傾向について調査してきたが，コーパスデータなどから特定の名詞表現の拡張語義を拾い出してみると，項位置における拡張語義の用例のタイプ頻度が，付加詞位置における拡張語義用例のタイプ頻度よりも大きい，または同じである場合がほとんどであり，逆に付加詞位置における拡張語義のタイプ頻度の方が高い，という事例は例外的であることがこれまでの集積データ内で判明した．これは，叙述関係（predication）の環境において，主要な参与者である項位置要素と，周辺的参与者である付加詞要素に認められる差異であり，筆者は 1 つの可能性として，（i）中心的参与者の文脈に応じた適切な解釈を割り出すための pro-cessing effort は，理に適ったものであるのに対して，周辺的参与者の解釈を割り出すための processing effort の導入は，適切とは考えられず，何ら effort を必要としない，字句通りの解釈が好まれると考えられること，（ii）ただし，概念拡張解釈が慣習化するに従って，その解釈を得るための effort は不要になり，周辺的参与者の位置においてもその解釈が認められる，という拡張義の浸透のあり方に関する仮説を立てた．またこれまでの集積データから得られる一般化として，「周辺的参与者（この場合，付加詞位置の要素）のみに認められる概念拡張事例は見いだしにくい」はずである，という内容を筆者は想定している．
　現在もその仮説および一般化を少しでもサポートできるデータを探し求めている段階であるが，本論では，文レベルではなく，語彙レベルでも並行的な解釈分布傾向が認められるかどうかを考えてみたい．ここでは連語表現におい

---

[*]　本稿は科学研究費基盤研究（C）25370551 の助成を受けた研究内容の一部である．

て，主要部要素（右側要素）と修飾要素（左側要素）がある場合，前者における概念拡張解釈のタイプ頻度と後者の概念拡張解釈のタイプ頻度を比較検討してみることとする．つまり，修飾関係（modification）の環境において，主要な要素と周辺的（付加的）要素の間に，predication の環境におけるのと同様の，解釈分布が認められるのであれば，それもまた1つのサポートと考えることができるかも知れないと考えたのである．

　筆者のこれまでの調査から，概念拡張にバリエーションを認めやすい名詞グループの代表は，身体部位名詞類であることが分かったので，今回は，16個の英語の身体部位名詞を利用して，それぞれ叙述関係／修飾関係における概念拡張解釈の分布状況を検討してみたい．以下の本論の構成は，2節において概念拡張の定義を行い，3節で叙述関係における調査内容を，4節において修飾関係における調査内容を説明し，5節でまとめとする．

2. 語彙概念拡張

本論での語彙概念拡張は，以下のような定義で考えることとする．

(1)　Conceptual expansion of nominals—an indirect reference in which *a nominal* refers not to its default referent Ri, but to another referent Rj *beyond the range of Ri.*

(cf. Hilpert (2006: 126))

Hilpert のメトニミーの定義を利用したものであるが，下線部を修正もしくは付け加えた．名詞に限った話なので，a linguistic sign とされていた部分を a nominal に変更し，「default referent の範囲を超えた」という部分を新たに付け加えておく．この変更により，いわゆる active-zone profile discrepancy の事例は概念拡張事例とは考えないこととする．

(2)　Active zone-profile discrepancy—fill up the car, wash the car, vacuum-clean the car

これらは，いずれも car の異なる側面を表しているのみで，car の指示範囲を超えた別の事物を指し示しているわけではないと考えられるので，概念拡張ではなく，字句通りの解釈であると見なす．一方で，メタファー用例でも一部は概念拡張であると見なすことができるのではないかと思われる．

(3) Metaphor—Juliet is the sun. / at the mouth of the river

the sun は,「太陽のような存在(命や喜びの源)」を表し,mouth は河口を表しているが,このような指示的なメタファー表現と考えられるものは,概念拡張の事例であると見なしておく.近年,メタファーとメトニミーの峻別については,これを認めない考え方も提示されており (Barnden (2010), Evans (2010) など),ここでもその立場に立って考えることとしたい.

3. 叙述関係における拡張義の分布

拙稿 (2016a) に倣い,ここでは 16 個の英語の身体部位名詞(単数形)の BNC における用例から,argument 用例 250 と adjunct 用例 250 をランダムに取り出し,それぞれを literal meaning/expanded meaning に分類した.調査対象とした名詞は,以下の通りである.

(4) Back, Brain, Brow, Ear, Eye, Face, Finger, Foot, Hair, Hand, Head, Heel, Mouth, Nose, Shoulder, Waist

Argument/adjunct の分類については,『研究社新英和大辞典』第六版で当該の述語の意味記述内容を確認し,その文脈において適切と思われる意味記述内容の箇所に特定の前置詞が指定されていれば,その前置詞の目的語名詞は argument 用例と見なすこととする.また,身体部位表現に関しては,特に idiomatic expressions が豊かであるので,これらについては,以下の例にならって分類しておく.

(5) a. from head to toe(完全に) put a foot wrong(過ちを犯す)
       turn one's back on(関係を絶つ)—literal
    b. lose face (prestige/honor), above one's head (knowledge/intelligence), have an eye for (perspective), catch one's eye (attention), follow one's nose (instinct)—expanded

(5a) の事例の場合,例えば from head to toe というフレーズ全体で,「完全に,すっかり」という意味を表しており,head や toe という名詞それぞれが字句通りの指示対象物以外の事物を指すように意味が変わっていると考える必要はない.put a foot wrong も「足の置き場所を間違える」ことが,「過ちを犯す」ことを広く一般に指し示すように意味変化しているが,foot 自体が別

の事物を表しているわけではない．turn one's back on なども類例であると考えられる．このような事例は literal な用法と分類する．

これに対して（5b）では，lose face は「面目を失う」ことであり，above one's head は「その人の理解を超えている」ことであり，have an eye for は「鑑識眼がある，見識を持っている」ということである，など身体部位表現自体を別の概念に置き換えて意味を解釈することが可能である．このような場合，身体部位表現が概念拡張しているものと見なし，拡張事例としてカウントする．

分類は以下の4つのカテゴリーで行うこととした．(i) 字句通りの解釈で項位置に生起しているもの（argument literal (AL)），(ii) 字句通りの解釈で付加詞位置に生起しているもの（adjunct literal (JL)），(iii) 概念拡張解釈で項位置のもの（argument expanded (AE)），(iv) 概念拡張解釈で付加詞位置のもの（adjunct expanded (JE)）である．

上記のような基準の下に分類作業を進めた結果として，16種の身体部位名詞の意味分布に関して，以下のようなグループ化ができた．

① AE における拡張解釈のバリエーションが，JE におけるバリエーションよりも広かったもの
　Back, Brow, Eye, Face, Hair, Head, Heel, Nose, Mouth, Shoulder
② AE における拡張解釈と JE における拡張解釈のバリエーションが等しかったもの
　Brain, Ear, Finger, Foot, Waist
③ JE における拡張解釈に AE に認められなかった拡張解釈が含まれていたもの
　Hand

ここでは紙面の都合上，最も解釈のバリエーションが広かった名詞 Eye のデータ分布表と各概念拡張用例を1例ずつ，および③グループに属する Hand のデータ分布表だけを挙げておく．[1]

---

[1] 本論では，複合語表現を含んだ連語に現れる身体部位表現の解釈との比較を問題にしたいので，3節の調査に関してはすべて身体部位名詞の単数形の用例のみを取り上げている．また，明らかに複合語の主要部要素であると考えられる事例については，連語表現での分布状況と比較する上で除外した方がよいと考えたので，3節の調査対象からは外して別データを追加している．拙稿（2016a, b）における調査結果の表と数字が異なるのは，これらの事情によるものである．

178   III. 語彙カテゴリー・文法カテゴリー，メタファー

(6) Eye (singular noun) AL: 84 JL: 170

| AE | 166 (attention 87, line of sight 25, vision/sight 24, perspective 10, aim/interest 6, eye-like object 4, disposition in the eye 4, observer/vigilance 3, region 3) | 33.2% |
| JE | 80 (perspective 26, vision/sight 12, attention 10, aim/interest 8, eye-like object 8, observer/vigilance 6, disposition in the eye 6, region 4) | 16.0% |

(7) AE (Argument Expanded)

a. Some people at the church door caught his **eye** … (A0N) (attention)

b. I cast my **eye** over the front page of the Telegraph.. (A0R) (line of sight)

c. No interesting touch or invention of form escaped his **eye**. (A04) (sight/vision)

d. Many skills such as ploughing … or developing an **eye** for livestock may take years to obtain … (ARS) (perspective)

e. The proposals also have a safeguard in takeovers, where a predator often has his **eye** on a rich pension scheme. (A85) (aim/interest)

f. … a bad weather cyclone has a center of low pressure that suck air at ground level in an anticlockwise spiral, to form its **eye** into a right handed helix. (ADX) (eye-like object)

g. It was a kind intelligent **eye** too… (ABL) (disposition expressed in the eye)

h. The quickness of the hand deceiving the **eye** and all that. (A0D) (observer/vigilance)

i. For his pains he received a black **eye**, … (ACW) (region around the eye)

(8) JE (Adjunct Expanded)

a. With a sharp ear for dialogue and an **eye** for the engagingly surreal, … (AHA) (perspective)

b. … the finished product is a smooth curve which resembles what we might have drawn if we had smoothed the raw data by **eye**; …

(B16)（sight/vision）

c. They partly justified this [parents' duty of choosing how many children they have] by an **eye** upon the too rapid growth of population in some countries.（A68）（attention）

d. Like most shows which are manufactured with an **eye** to commercial success, ..., this one will probably fail.（A5E）（aim/interest）

e. ...two strands of glass, tiny enough to pass through the **eye** of a needle, already can carry thousands of phone calls ...（A8H）（eye-like object）

f. Meanwhile, the British Expeditionary Force (BEF) had been safely ferried to France under the watchful **eye** of the British Navy.（CLX）（observer/vigilance）

g. ...Thomas Cook watched the great North American continent, which was then virgin territory untrampled by the feet of British tourists, with a covetous **eye**.（ASJ）（disposition in the eye）

h. ... I force him to put the Hoover round on pain of a black **eye**.（AC3）（region around the eye）

(9) Hand（singular noun）AL:204 , JL: 122

| AE | 46 (Control: 34, Person: 6, Assistance: 2, Skill: 2, Writing: 1 Playing cards: 1) | 9.2% |
| JE | 128 (**Side: 119**, Writing: 4, Person: 3, Control: 1, Playing cards: 1) | 25.6% |

このデータセットで検証してみても傾向は明らかであり，付加詞位置にしか認められなかった拡張解釈は例外的なものであると言える．（なお，タイプ頻度で考えるなら Hand に関しても AE のタイプ頻度が JE より高く，他の名詞類と異なるところがない，ということもできる．）唯一の例外は Hand が side の解釈を持つ場合であるが，これは on the one hand, on the other hand という副詞句に集中的に認められる解釈である．この例外については，拙稿（2016a）でも述べたように，歴史的な観点から見ると決して例外ではないことが判明する．*OED* の当該の意味を持つ hand の最初の用例は（10）であり，set A on B や be 動詞の補部要素として利用されている，項位置における事例と考えられる．一方で，on the one hand, on the other hand というフレーズ

は（11）にあるように，17 世紀頃から利用されている後発の表現である．現在ではこの表現パターンに集中して現れている（現在の用例としては（12）のような argument 用例が見つかったが，これも神が人々を選別する，という話に現れるものであり，多分に文語的な表現と考えられる）ものの，古くは項位置での用例が認められ，最初から付加詞位置での意味発達が長く続いていた，という事例ではないことが分かる．従って，これは見かけ上の反例でしかなく，筆者が想定する一般化と整合しない振る舞いを見せるデータではないことになる．

(10)　*OED* の hand (B.4) side/direction の意味（最初の掲載例文）
　　　c1000 Sette Ephraim on his swiþran hand þæt wæs on
　　　　　Israheles wynstran hand.
　　　((He) set Ephraim on his right side that was on Israhele's left side.)
(11)　*OED* の hand (B. 32i) on (the) one hand, on the other hand
　　　a.　1638 My mother…being sicke on one hand, and my selfe on the other.
　　　b.　1705 We are obliged to depart without our Money: But on the other hand, the next time we come hither, we are sure to be honestly paid.
(12)　… he will place the sheep on his right hand and the goats on the left.（ALH）(side)

以上のように，predicational context において，付加詞位置においてのみ認可される拡張解釈は当該のデータセット内には認められなかったといえる．

4.　修飾関係における拡張義の分布

　では，連語（word combinations）を調査対象とした modificational context においても同様の分布傾向が認められるであろうか．ここでは，調査対象として，*OED* ver. 4.0,『英辞郎 on the web（2016 年 3 月時点）』,『研究社新英和大辞典』第六版,『Progressive 英語逆引き辞典』,『逆引英語名詞複合語辞典』で当該の身体部位名詞の項目にあげられている連語を扱いたい．先ほどの調査で利用した 16 個の英語身体部位名詞に関して，当該の名詞が 2 語で形成される連語内で head 要素として機能している場合と modifier 要素として機能している場合を区別して，意味分類を行った（『英辞郎 on the web』のデータに関

しては，当該名詞で検索し，その名詞が最初に現れる 2 語の連語表現（modifier 用例）と，当該名詞が 2 番目の要素として現れる 2 語で構成された連語表現（head 用例）をとりだして検討した）．結果として，以下のようなグループ化ができた．

① head における拡張解釈のバリエーションが，modifier におけるバリエーションよりも広かったもの
Brow, Ear, Face, Foot, Hand, Heel, Mouth, Shoulder

② head における拡張解釈と modifier における拡張解釈のバリエーションが等しかったもの
Back, Brain, Finger, Hair, Head, Nose, Waist

③ modifier における拡張解釈に head に認められなかった拡張解釈が含まれていたもの
Eye

ここでも紙面の都合上，3 節での調査と合わせて，Eye と Hand に関するデータだけを挙げておく．（それぞれのスロットには，例としていくつかの事例のみを挙げておく．なお，空白のスロットは該当する用例を確認できなかったことを示す．）

（13） Eye の分布

Sense	Head	Modifier
(1) line of sight	wall eye（斜視）cross eye（寄り目）	eye beam（一瞥）eye direction（視線方向）eye vector（視線ベクトル）
(2) vision/sight	lazy eye（弱視），bird's eye（鳥瞰）eagle eye（鋭い眼力）	eye chart（視力検査表）eye dialect（視覚方言）eye reach（視界）eye witness（目撃者）
(3) eye-like object	hurricane eye（ハリケーンの目）cat's eye（キャッツアイ）screw eye（丸環つきのネジ）scroll eye（渦巻きの目）	eye pattern（オシロスコープの電圧波形表示パターン）eye wall（台風の目の壁面）
(4) observer / vigilance	private eye（私立探偵），hawk eye（めざとい人）weather eye（気象衛星）outward eye（傍目，他者）	eye dog（番犬）eye servant（人目のあるところでだけ働く陰ひなたのある使用人）
(5) disposition expressed in the eye	fish eye（無表情な目つき）evil eye（悪意の目）dog eye（非難の目） 他にも adj.＋eye は多数存在	
(6) perspective	adult eye（大人の目）batting eye（選球眼）critical eye（鑑識眼）expert eye（玄人の目）worm's eye（下から見た（現実的な）観点）	
(7) attention		eye-catcher（注目を集めるもの）
(8) region	black eye（目の周りのあざ）	

(14) Hand の分布

Sense	Head	Modifier
(1) person/worker	charge hand (組長) factory/ farm/field hand (作業員) stage hand (裏方) deck hand (水夫)	hand-blown (手吹きの, ガラス職人が吹いて作った) hand-wolf (人に育てられた狼)
(2) hand-like object	big/long hand (時計の長針) little/short hand (時計の短針) second hand (秒針)	hand-fish (アンコウの一種) hand orchis (ランの一種)
(3) control	dead hand (死者・過去の影響力) greening hand (緑の大地をもたらす力) iron hand (冷酷な支配) upper hand (支配)	hand gallop ((馬の) コントロールされた緩やかなギャロップ) hand-loose (制限されていない)
(4) skill/labor	human hand (手作業) master/ mighty hand (優れた腕前) last hand (最後の仕上げ)	hand time (手作業時間) hand darg (一日分の手仕事 (darg: 一日の仕事量))
(5) assistance	big hand (援助)	hand maid (小間使い)
(6) writing	charter hand (公文書体) copy-book hand (手本の筆跡) court hand (法廷書体) grass hand (草書体) short hand (速記)	
(7) player's cards	dealer's hand (親札) hot hand (良い手) full hand (フルハウス) porker hand	
(8) side	left hand, right hand, opposite hand	
(9) clapping	big hand (拍手)	

　ここで問題となるのは③のグループである（ちなみにここでもタイプ頻度で考えるのであれば，head 用例の方が頻度が高いことになり，この点においては例外的な分布ではないと言える）が，Eye が attention を表す場合について考察する必要がある．eye-catcher, eye-catching, eye-grabber, eye-grabbing などの表現にみられる attention を表すグループであるが，これに対応するような head 位置の用例は筆者が見た限りにおいては確認できなかった．ただ，このグループはいずれも catch one's eye や grab the eye of someone という表現が基本となったものであり，predicate-complement relation に基づいて形

成されていると考えられる．その意味では，(15) のような predicational context における argument 用例に準じた用例である．造語法として，動詞由来の主要部を持つ連語表現には，このような事例が認められるが，これは head 要素が本来的に具体的指示物を指す名詞に由来する他の連語事例と同列に扱うべきではないと考えられる．argument 用例に準じた造語法の結果の産物であるため，例外的事例として扱うこととしたい．

(15) a. The part which <u>caught his eye</u> so dramatically that day was in the Spaniard's great work "Divan del Tamarit," … (AOP)

b. When she'd finished the second glass, he was still there, and still trying to <u>catch her eye</u>. (BN1)

以上のような観察内容から，modificational context においても，拡張解釈の分布には非対称性が認められ，predicational context における分布と符合する特性を認めることができると考えられる．ここでも「周辺的参与者にのみ認められる概念拡張事例は見いだしにくい」という一般化は有効である．なお，上記のような，叙述関係における意味分布と，修飾関係における意味分布という異なる状況下での拡張義の比較や，両者に見られる種々の相関関係については，ここで充分に論じることはできないため，稿を新たにして論じたい．

5. まとめ

本論では，英語の身体部位表現を 16 個取り上げ，それが拡張義で解釈されるのはどのような文脈においてであるのかを，コーパスおよび辞書の記載項目を元に調査してみた．結果として，述語の項として選択されるか，付加詞として選択されるか，という predicational context における中心的・周辺的参与者の差異は，拡張解釈のタイプ頻度の差となって現れており，またこのような非対称性は，この文脈のみに止まらず，連語表現（今回は 2 語の連語表現に話を絞ることとした）における右側主要部の要素として機能するか，左側の修飾要素として機能するか，という modificational context における中心的・周辺的参与者間にも並行的に認められることが判明した．他の名詞類や，他言語の名詞類についても同様の観察が認められるかを確認する作業を今後行い，またそれらの分布間に認められる相関関係についても，一般化を行った上で，それに通言語的な性質を認めることができるかどうか，検討を更に重ねていきたいと考える．

主要参考文献

Barnden, John (2010) "Metaphor and Metonymy: Making Their Connections More Slippery," *Cognitive Linguistics* 21 (1), 1-34.

Evans, Vyvyan (2010) "Figurative Language Understanding in LCCM Theory," *Cognitive Linguistics* 21 (4), 601-662.

Handl, Sandra (2011) *The Conventionality of Figurative Language*, Narr Verlag, Tübingen.

Hilpert, Martin (2006) "Keeping an Eye on the Data: Metonymies and their Patterns," *Corpus-based Approaches to Metaphor and Metonymy,* ed. by Anatol Stefanowitsch and Stefan Gries, 123-151, Mouton de Gruyter, Berlin.

岡田禎之 (2016a)「日英語名詞表現の語彙概念拡張と項・付加詞の非対称性」『大阪大学大学院文学研究科紀要』第 56 号, 21-60.

岡田禎之 (2016b)「拡張概念の定着化と項・付加詞の解釈分布について」『認知言語学論考』No. 13, 107-137, ひつじ書房, 東京.

Waltereit, Richard (1999) "Grammatical Constraints on Metonymy," *Metonymy in Language and Thought,* ed. by Klaus-Uwe Panther and Günter Radden, 233-253, John Benjamins, Amsterdam.

色らしくない色 *Gray* のカテゴリー形成

山田　仁子

徳島大学

1.　はじめに

英語の *gray*[1] は，日本語の「灰色」と同義であると一般的には認識されていると思われる．日本で発行されている英和辞典でも筆者の知る限り全てにおいて，*gray* が色彩を表す場合の意味としては，まず「灰色」が記されている．「ねずみ色」「グレー」「薄墨色」「鉛色」といった語が含まれることはある（『研究社新英和大辞典』第 6 版（2002））が，どの語よりも先に，まず第一番目に記載されているのは，常に「灰色」となっている．

英和辞典に見られる *gray* の項の記載は，英語の *gray* の第一の意味と日本語の「灰色」の第一の意味がほぼ一致することを示しているが，英語の *gray* を機械的に「灰色」と訳すと，日本語として違和感が感じられる例が多く存在する．例えば，*gray hair, gray light* という表現は，英語では一般的だが，*gray* を「灰色」に置き換えた「灰色の髪」「灰色の光」といった表現は，現代日本語においては不自然に聞こえてしまう．COCA（Corpus of Contemporary American English, http://corpus.byu.edu/coca/）など英語のコーパスに，*gray hair, gray light* という表現は数多く見ることができるが，一方，国立国語研究所の『現代日本語書き言葉均衡コーパス』（https://chunagon.ninjal. ac.jp/bccwj-nt/search）で，「灰色の髪」「灰色の光」という表現は数少ない．わずかに見られる例もその多くが翻訳作品からの例となっている．「灰色の髪」「灰色の光」という表現は，翻訳以外の日本語においては稀な表現なのである．

同じ対象物である *hair*「髪」や *light*「光」について描写する際に，英語の

---

[1]　*gray* は主にアメリカ英語で用いられることの多い綴り方であり，イギリス英語での綴りは *grey* となることが多い．本稿では特に区別する必要があると思われる場合を除いて *gray* という表記で両方の場合を含めて論じる．

gray では形容できるのに，日本語の「灰色」では形容し難いという事実は，英語の色彩語 *gray* のカテゴリーと日本語の色彩語「灰色」のカテゴリーが完全には一致していないことを示している．本研究では，英語の *gray* を含む表現を，5億2千万語に及ぶ現代アメリカ英語のデータを収めたコーパス COCA (Corpus of Contemporary American English) や，アメリカに限らない現代英語のデータを収めたコーパス WordBanksOnline (https://wordbanks.harper-collins.co.uk) などから収集して，表現が使用されるコンテクストとともに分析する．日本語の「灰色」についても約1億語の日本語データを収めた『現代日本語書き言葉均衡コーパス』からの例を分析し，その結果と比較もしながら，英語 *gray* のカテゴリー形成について明らかにしていきたい．

2.　色彩語彙についての先行研究

色彩語彙については，人類学や言語学において長く研究が続けられている．古くは Boas (1911) が，人間が同じ知覚する能力を備えながらも，民族や言語によって色の分類の仕方が異なることを指摘した．Gleason (1955) は具体的な例として虹の色を取り上げ，虹に見られるような実際には連続する色が，言語化される際に不連続化され別々のカテゴリーに分けられると論じた．またその色カテゴリーの分け方について，英語で6色とされるものが，ショナ語では4色，バッサ語では2色というように，言語により異なることを示した．この虹の色カテゴリーについては，言語学者フェルディナン・ド・ソシュールの主張する，語の形とそれが表す意味の関係の「恣意性」を説明するために，丸山 (1985) など多くの研究で用いられてきた．この「恣意性」に異議を唱えたのが，Berlin and Kay (1969) である．言語によって色カテゴリーが異なることを確認しながらも，そこに一定の規則性が存在することを発見し，実際の色とそれを表す語の関係が全く恣意的なわけではなく，一定の必然性もあることを証明した．

こうして色カテゴリーについては多くの研究が続けられてきたわけだが，研究者たちが考える「色」については，必ずしも一致してはおらず，何を「色」と捉えているのか不明瞭な点が見られる．例えば Boas は *hue* という語を用いており，主に「色相」について論じているが，Gleason は *hue* という表現を用いながらも，*rainbow*（虹）や *prism*（プリズム）という「光」の色を念頭に置いて論じている．Berlin and Kay はその研究にマンセルの色チップを利用したのだが，この素材は Lenneberg and Roberts (1956) を参考にしたもの

だった．ただし，Lenneberg and Roberts は *hue*（色相）とされるものだけを扱っていたのに，Berlin and Kay はこれに "neutral hue"（白，黒，灰色）のチップを加えた（Berlin and Kay (1965: 5)）．

　研究者たちがこれまで「色」として研究対象にしてきたものは，地上に存在する物に見られる「色相」としての色であったり，光を分光器にかけた時や空に虹がかかった時に現れる光のプリズムの色であったり，「白」「黒」「灰色」を含まなかったり，含んだりと，実はその範囲は一定しないものだった．それぞれの研究者は自らが「色」と思い込んでいるものを研究対象の「色」としており，研究者たちが「色」と捉えてきたものには，その都度，研究者の主観的判断が反映されてきたと言えるだろう．

　アメリカの画家マンセルは，人が知覚する全ての色が「色相」「明度」「彩度」という3属性の組み合わせで1つの色立体にまとめられるとした（Munsell, A. H. (1907: 19)）．この3属性で表した色彩体系には，上に挙げた過去の人類学や言語学の研究で扱われた「色」が全て含まれるように思われる．現代，このマンセルの色彩体系は，美術でも科学でも様々な場面で「色」を「客観的に」説明する際に用いられている．しかしこのマンセルが「色」とするものもまた，マンセルが考える「主観的な」「色」なのではないだろうか．マンセル自身は「色」を客観的に分析する意図であったが，英語で *color* とされる概念の枠から自由になることはできなかった．マンセル以外の，色彩語彙研究で知られる多くの研究者もまたアメリカ人であることを考慮すると，英語という特定の言語に組み込まれた色彩語彙の体系が，無意識のうちに，様々な言語の色彩語彙の研究や人間が知覚する色彩の分類における基準となった可能性は否定できない．

　マンセルが提唱した「色相」「明度」「彩度」という色の3属性は，客観的に存在する「色」の性質と言うよりも，「英語で表現される色」の性質と言えるだろう．色の3属性は英語という言語に組み込まれた色彩語彙の体系に密接に関係していると考えられる．英語以外の言語において「色」とされるものに対しては，この色の3属性がその性質となるのか，改めて見直す必要がある．英語使用者は色に関わる知覚経験を得る際に，「色相」「明度」「彩度」という要素について無意識に判断を下し，これらの要素への判断を組み合わせて1つの「色」として捉えていると考えられる．他の言語の使用者は，同一の色に関わる知覚経験を得ても，3属性についての判断をするとは限らない．また3属性以外の要素を色と切り離せない重要な性質として判断するかもしれない．例えばマヤの一言語であるユカテック語では，「質感」(texture) が色とは切り

離せない重要な要素として色彩語に言語化されている（Bricker（1999））．言語使用者が知覚経験からどのような要素を「色」の性質として切り取ってくるのかは言語によって異なり，色彩語彙の異なるカテゴリー化が言語ごとに起きているのである．

「色」のカテゴリー化について，言語により様々なパターンが存在することを，Biggam（2012）が次のように論じている．

> … there are many different ways in which humans categorize and 'label' colours …　　　　　　　　　　　　　　　（Biggam（2012: 1））

「色」が異なる言語においてどのように分類されているかという問題を，これまで多くの研究者が取り組んできたが，研究対象である「色」については，何を「色」とするのかという問題について，まだ十分に明確にされてきたとは言えない．英語に組み込まれた「色」を当然のものとして，これを基準に世界の言語の色彩語彙を研究すると，研究対象の言語特有の色彩語彙の特徴を見落とすことになり，また英語の色彩語彙についてもその特徴に気づかないままになってしまう危険性がある．それぞれの言語の色彩語彙の真の特徴，そしてその体系を明らかにしようとするならば，「英語の色」に束縛されない色彩語彙研究が求められる．

Biggam は，多くの英語使用者にとって「色」といえば *red, blue, green, purple* など「色相」という 1 つの性質だけを示す語に対応するものであり，英語圏のみならず多くの現代社会の言語使用者がほとんど皆，「色」とは「色相」だけを示すものと解釈していると言う（Biggam（2012: 2））．しかし，Biggam は *white, black, grey* の 3 語について，「色相のない」（without hue）「色」を表すとする（Biggam（2012: 4））．この 3 色については，「色」イコール「色相」という関係が成り立たない．3 語が「ゼロ色相」という特殊な「色相」を表す色彩語であると規定することもできないであろう．*white, black, grey* はいずれも「色相なし」という一点では一致しているので，「色相」に関する性質だけでこの 3 色を区別することはできないのである．「色相」を持たないこの 3 色をいかに定義づけるのかという問題が生じる．

white, black, grey について Biggam は，「色相」以外の「色」の要素の説明に用いている．まず，「トーン」（tone）という色要素について，*white* と *black* を用いて説明する．「色相」を持つ「色」が，*white* と *black* の混じり具合によって pale から dark へと変動すると言うのである．*white* と *black* 自体

は間に様々な *grey*[2] を挟んで，一種類のトーンの変動域を成すと言う．「色相」を持つ「色」に対してそのトーンを *white* と *black* で説明し，*white* や *black* のトーンは，*white* や *black* 自身で説明するという一種の循環定義に陥っている．Biggam は，トーンについて，英語の形容詞では *pale* や *dark* がこの特徴を表すとしている．この事は，トーンという色要素が，マンセルの色彩体系の中の「明度」にあたるものであることを示している．Biggam がここで *white, black* と表現するものは，「光」の「明るさ」や「暗さ」であると考えられる．

また Biggam は，「彩度」(saturation) という色要素について，*grey* を用いて説明する．*grey* が全く入らない色（色相）は彩度が高く鮮やか (vivid) で，*grey* が混じるとだんだん鈍く濁った (dull) 色になり，*grey* だけで色相がない段階で彩度は最低になるとする (Biggam (2012: 3))．しかしこの彩度の説明に用いられる *grey* は *greyness* といった表現も用いられているように，抽象的な印象を受ける．*grey* という語のカテゴリーは広く，様々な *grey* が存在するはずであるのに，彩度に関わる *grey* についてはどのような色なのか具体的には示されない．Biggam がここで *grey* と表現するものは，「色」そのものというより，「鈍さ」「濁り」，あるいは「色相がない」性質であると考えられる．この *grey* によって色の彩度を説明するというのは，やはりマンセルの色彩体系について一般に行われる説明とほぼ同様であり，英語に組み込まれた「色」の枠の中での議論に留まる結果となっている．

3. 英語 *gray* と日本語「灰色」のずれ

英語の色彩語 *gray* (*grey*) が何を表すのか，実際にどのように用いられているのか，アメリカ英語のコーパス COCA を中心に分析する．日本語の『現代日本語書き言葉均衡コーパス』に見られる「灰色」の用法とも比較することで，*gray* のカテゴリーの特徴を明らかにしていきたい．

英語で書かれた文章に現れる *gray* は日本語に訳される時に「灰色」とされるのが一般的であろう．*gray eyes* や *gray clouds* が「灰色の目」「灰色の雲」と訳されると，これは日本語の表現としても自然なものになる．だが，英語でしばしば用いられる *gray hair* や *gray light* という表現が「灰色の髪」「灰色の光」と訳された表現は，日本語としては不自然である．もっとも現実には

---

[2] Biggam は gray ではなく grey の綴りを用い議論しているので，Biggam の議論についての説明では，本稿でも grey の綴りを用いる．

「灰色の髪」「灰色の光」といった訳が採用される翻訳作品は存在するし，英語の表現に慣れた者にはこのような表現も違和感なく感じられるかもしれない．また英語学習が義務教育に取り入れられている日本では，日本語自体がこうした表現を許容する方向へと変化してきている可能性もある．

　COCA で gray hair を検索すると 1271 件，grey hair の綴りでは 89 件，gray light が 195 件，grey light の綴りで 23 件という数多くの結果が得られる．一方，『現代日本語書き言葉均衡コーパス』で「灰色の髪」を「文字列検索」すると 19 件，「灰色の光」を「文字列検索」すると 8 件という少数の結果が得られる．2 つのコーパスの 5：1 という全データ量の違いを差し引いても，その頻度の違いは歴然としている．また「灰色の髪」19 件の内 9 件，「灰色の光」8 件の内 5 件は翻訳作品で用いられたもので，こうした表現が外国語の影響を受けて使用されている可能性がある．英語では hair や light を gray（grey）で表すことは一般的であり，一方日本語では「髪」や「光」を「灰色」で表すことは稀なのである．

　同じ物を対象としながら，英語の gray では表すことができるのに，日本語の「灰色」では表せないという用法の違いは，英語の gray と日本語の「灰色」が表すことのできる性質に違いがあることを示している．gray カテゴリーと「灰色」カテゴリーは，それぞれ異なる要素によって形成されているということである．次の節では，日本語の「灰色」では表すことのないどのような性質を英語の gray が表すのかを，具体的な例を分析することにより明らかにし，gray カテゴリーを形成する要素を明らかにしていく．

4. 「色相」ゼロの gray

　次の例（1）に見られる gray hair(s) は，やはり「灰色の髪」とは訳しにくい．日本語の「灰色」では表せない性質を，(1) に用いられる gray が表している．

(1)　The pregnant Duchess of Cambridge opted for a half-up, half-down hairstyle during her royal engagements today, and her 'do ended up giving everyone a glimpse of her <u>gray hairs</u>[3] that were starting to peek through in the back.　　　　　（http://www.eonline.com/news）

---

[3] 例文中で議論に特に重要であると筆者が判断する箇所には下線を施す．

192　　　III.　語彙カテゴリー・文法カテゴリー，メタファー

このニュースは英国のケンブリッジ公爵夫人（キャサリン妃）が髪を上半分だ
け結い上げたことによって，根元に生えてきた「白髪」が見えてしまったこと
を伝えている．ここで「白髪」は gray hairs と表現されている．同じような場
面であれば日本語では「白髪（しらが）」と書くのが一般的で，「灰色の髪」と
表現されることはない．

　次の例 (2) では日本の女優浅丘ルリ子が，自分は年を取っても「白髪」を見
せないと語っている．

(2)　「私は白髪も見せないですし，年をとってもきれいにメイクしていれ
　　　ばちょっといいでしょって，そういうものをお見せしたい.」

(朝日新聞 2017.4.5)

この「白髪」の箇所は，やはり gray hair に対応する形の「灰色の髪」と置き
換えることはできない．(1) と (2) という同じような状況で，英語では gray
が，日本語では「白」が用いられているのである．

　gray は髪だけではなく，次の例 (3) のように年老いた人の髭（beard）も顔
（face）も形容することがある．

(3)　… an old man with a gray face behind a gray beard …　　　(COCA)

gray beard は gray hair とほぼ同様で，白くなった毛が混じった髭のことで
あろうが，gray face については，髪や髭の白髪の色と同じとは考えられない
し，また人間の顔が，日本語の「灰色」が表すような色を帯びているとも考え
られない．この "an old man" の gray face とは，年老いて血色が悪くくすん
だ肌をした顔のことだと思われる．

　(1) や (3) で gray と形容されている人間の髪，髭，顔の実際の色は，同じ
ではなく，明確に特定できるような色を表しているとは言い難い．(1) や (3)
の gray で共通しているのは，本来の「色相」がなくなるという性質であろう．
元の髪や髭がどのような色であろうとも，その色艶がなくなり，顔の血色がな
くなった様子を「色相」ゼロを表す gray が表現しているのである．

　次の例 (4) では比較級 grayer が，gray カテゴリー形成に働く力の方向を
示している．比較級というのはその語のカテゴリーにおいてよりよい成員であ
ることを示し，つまりはカテゴリーのプロトタイプに向かう方向性を示唆す
る．病状の悪化に伴う彼の肌（skin）の色は，"something of his vividness
fading" とあるように，見る度により gray に変化している．(4) の greyer が
示すのは，鮮やかな「色相」が褪せてなくなる方向であり，gray カテゴリーの

形成に「色相」ゼロへ向かう力が働いていることが分かる.

(4) … each time I saw him, which was often, he seemed a little greyer — greyness of skin rather than of hair, with something of his vividness fading. I begged him to see another doctor. (WordBanksOnline)

「色相」ゼロを表す *gray* は,「色相」を含まない *black* と *white* をも含むことが可能となる. 次の例 (5) では, *white* も *black* も含めて「色相」のない色全体を *grey(-er)* と表している. コーヒーの黒もクリームの白も, 人々の冴えない色合いの (drab) 服装の色と共に, *grey* の枠内に含められているのである.

(5) Bergen airport was pretty much like any other — cleaner, perhaps, but greyer. It was full of people in drab clothes drinking black coffee and eating horrible-looking cream cakes. (WordBanksOnline)

gray の「色相がない」という性質は, *white* と *black* に関してこれらを含むか含まないかという点において揺れが見られる. 先に見た (1) のように髪の色を *gray hair* と描写する場合には, 黒髪は排除されるので, *gray* が *white* を含む可能性はあっても *black* を含む可能性はない. 一方, (3) や (4) のように肌の色を *gray face* や *gray skin* と描写する場合には, 白い肌は排除されるだろうから, *gray* は *white* を含みにくい. しかし (5) で *grey* と描写される空港の風景には, *white* も *black* も共に含まれている.

マンセルの色立体では *white, black, gray* は3色とも「色相」がない色として位置付けられているが, 英語という言語の実際の使用においては, *white* と *black* という色は「色相」がある色であるか, あるいはこれに近い色として捉えられる場合がある. (1) のように白髪になるような状況での *black* や (3) (4) のように加齢や病気で顔色が悪くなるような状況での *white* は,「色相」がある色として捉えられる. 一方 *gray* という語は (1) (3) (4) (5) 全ての例において「色相ゼロ」の状態, あるいは, 様々な物が本来備えていた色合い (色相) を失った様子を表している.

5. 「明度」を表す *gray*

英語 *gray* のカテゴリーにおいては「明度」も重要な要素である. 日本語の「灰色」は「光」とは結びつかないが, 英語の *gray* は *light* と結びついて, これを形容できる. 次の例 (6) (7) でも *gray* が *light* を形容している.

194 III. 語彙カテゴリー・文法カテゴリー，メタファー

(6) Although dawn was starting to bring a weak gray light to the quiet
forest, it was still dark enough …   (COCA)

(7) A three-quarter moon in the western sky cast a gray light over all
the foliage so it looked covered in talc.   (COCA)

"dawn" とあるように (6) は夜明けの状況を表しており，夜が明け始めた頃
の微かな明るさを *gray light* と表現している．*gray light* の前に "weak" とあ
るように，まだ暗いがほんのりと白んできた頃の夜明けの光を表す．また (7)
では月が照らす柔らかな光を *gray light* が表している．(7) に登場する月は
"A three-quarter moon" という半月と満月の間の月であるから，その光はそ
れほど弱くはなく，あたりを明るく照らしている．闇でもなく，日中の明るい
光でもない明るさの光を，*gray* が表す．*gray* が表す「明度」の幅は，かなり
広いと考えられる．

「色相」がないことを表す *gray* の場合には，*white* も *black* も *gray* の枠内
に含まれることがあるが，「明度」を表す場合には *white* も *black* も，必ず
gray カテゴリーの枠外に位置付けられる．*white, gray, black* は「明度」と
いう同一軸上の別の場所に位置する関係になる．次の例 (8) と (9) の *white*
と *black* は「明度」の両極「明」と「暗」を表している．

(8) … what it's like in Sicily at solstice, the thick air and white light,
the pressing sun.   (COCA)

(9) It was a black night; no moon peeked through the blinds.   (COCA)

(8) ではシチリアの眩い光を *white* が表し，(9) では月も出ていない夜の暗
さを *black* が表す．(8) に陰りが加われば，それは *gray* となり，(9) の状況
にもしなんらかの明るさが加わればそれもまた *gray* となる．「明度」を表す英
語の色彩語 *gray* は，「black（暗）ではない」「white（明）ではない」という，
他の色彩語 *black*（暗）/*white*（明）との対比によって規定されるカテゴリー[4] で
あるから，その表す範囲は広い．

「明度」を表す *gray* の比較級の例を分析すると，「black（暗）ではない」
「white（明）ではない」という 2 種類の力が *gray* カテゴリーの形成に働いて

---

[4] Biggam は *purple* について，'not blue' 'not red' という "contrast judgment"（対比判断）
によって成立するカテゴリーであると説明している (Biggam (2012: 172))．「明度」を表す
gray も *purple* と同様に 'not black' 'not white' という "contrast judgment" によって成立す
るカテゴリーであると言えるだろう．

いることが明らかになる．次に挙げる2つの例（10）と（11）は gray の比較級 grayer を含むが，比較級という形は，その語のカテゴリーにおいてより中心的成員であることを示すものであり，grayer が示す方向はカテゴリー形成に働く力の方向を示している．

(10)　A tall, broad-shouldered, darkly handsome stranger clad in black save for the merest hint of white that was his shirt, silhouetted against the grayer black of the moonlit night beyond.　　　　（COCA）

(11)　A breeze swept through the woods, agitating the smoke, and the air went grayer, whiter, and grayer again.　　　　（COCA）

（10）に用いられている grayer は，ほぼ全身黒ずくめ（clad in black）の人物の服の色に比較して，その背景が夜でありながら月の光が射して人物の黒い服の暗さよりは明るい様子を表している．また（11）は煙が風に漂うことで辺りの明るさが変化する様子を描いているのだが，ここでは grayer が whiter と対比的に用いられ，whiter が明るくなることを表すのに対して，grayer は暗くなることを表している．（10）（11）の例は，gray カテゴリーが，「暗く（black）はない」「明るく（white）はない」という2種類の異なる方向へ向かう力によって形成されることを示している．

　この節で見てきた例（6）–（11）に用いられた gray, white, black を日本語の「灰色」「白」「黒」と訳すと「灰色の光」「白い光」「黒い夜」など，文学的表現としてならば許されるかもしれないが，日常的な日本語の使用としては不自然な表現になってしまう．日本語の「白」「黒」は「赤」「青」と共に語源的には光を表していたという説もある（佐竹（1955: 345））が，現代日本語では光の明るさといった「明度」を表す表現としては「白い」「黒い」という形容詞は用いられず，「明るい」「暗い」という語がその役割を担っている．

　Casson（1997）によれば英語の色彩語彙は，「明度」を表すものから「色相」を表すものへと変化したという．black, white, grey, red, green, blue, yellow, brown はいずれも OE の時代には明るさ（brightness）を表す語であったものが，後期 ME に black, white, grey 以外は，「色相」（hue）を表す語に変化した（Casson（1997: 226–227））．

　日本語と英語の色彩語彙は共に「明度」から「色相」を表す語彙へという変化が起きたのかもしれないが，その変化は日本語ではほぼ完了したためか，色彩語彙は「白」「黒」も含め全てが「色相」を表す語になり，「明度」については「明るい」「暗い」と色彩語彙とは別の語彙が確立している．これに対して

英語では，*bright* や *dark* など「明度」に特化した形容詞も用いられはするが，未だに *black, white, gray* の色彩語3語に「明度」としての要素が残っていると言うことができる．

6. *gray* カテゴリーの形成

以上の考察を統合すると，*gray* カテゴリーは少なくとも2段階に分かれて形成されるという結論が導き出される．まず第1段階としては，「色相」がゼロになるという方向性により *gray* カテゴリーが成立する．*red* や *blue* などの「色相」が消えてしまった「色」が *gray* となる．この「色相ゼロ」の *gray* には *black* と *white* も含まれることがある（図1）．ただし，*black* と *white* が *red* や *blue* などと同様に「色相」として捉えられると，*black* も排除した *gray*（図2）や *white* も排除した *gray* というカテゴリーが形成される（図3）．

次に第2段階として，「明度」のレベルでのカテゴリー化が起きる．第1段階を経た「色相ゼロ」の *gray* カテゴリーの中には，「色」を感じさせない「光」の明るさが含まれる．この「光」は「暗さ」「明るさ」を比較されることで，*black*（暗）と *white*（明），そしてそのどちらでもない *gray* に区分される（図4）．「暗くはない」「明るくはない」という「暗さ」と「明るさ」それぞれから離れる2種類の力により，第1段階よりも絞り込まれ「明度」を表す *gray* カテゴリーが形成されるのである．

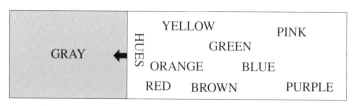

図1　色相ゼロ gray

図2　色相 (black 含む) ゼロ gray

図3　色相（white 含む）ゼロ gray

図4　明度 gray

7. おわりに

gray カテゴリーの形成には 1.「色相」がない，2.「明度」が「暗」でない，3.「明度」が「明」でない，という少なくとも3種のカテゴリー境界の条件が働くことが明らかになった．英語の色彩語彙のうちの1つである gray のカテゴリー形成においては，「色相」だけでなく「明度」も重要な要素として役割を果たす．Biggam は英語の色彩語彙が「色相」を表すものであることを前提にして，英語以外の言語の色彩語彙を研究する際には「色相」以外の要素が重要な意味を持つ可能性があることを見落としてはいけないと主張したが，英語の色彩語彙にも「色相」以外の要素が組み込まれているのである．英語に比べると日本語の方が「色相」だけに特化した色彩語彙になっていると考えられる．マンセルの色彩体系は客観的な色彩の分析のように扱われるが，実際には，英語という一言語の色彩語彙の体系を強く反映したものであり，これを基準に世界の言語の色彩語彙を研究する際には，この点に充分注意する必要があるだろう．

参考文献

Berlin, B. and P. Kay (1969) *Basic Color Terms: Their Universality and Evolution*, University of California Press.

Biggam, C. P. (2012) *The Semantics of Colour: A Historical Approach*, Cambridge University Press.

Boas, F. (1911) *The Mind of Primitive Man,* The Macmillan Company.

Bricker, V. R. (1999) "Color and Texture in the Maya Language of Yucatan," *Anthropological Linguistics* Vol. 41, No. 3 (Fall, 1999), 283–307, The Trustees of Indiana University on behalf of Anthropological Linguistics.

Casson, R. W. (1997) "Color Shift: Evolution of English Color Terms from Brightness to Hue," *Color Categories in Thought and Language*, ed. by C. L. Hardin and L. Maffi, 224–239, Cambridge University Press, Cambridge.

Gleason, H. A., Jr. (1955) *An Introduction to Descriptive Linguistics,* Henry Holt and Company.

Lenneberg, E. H. and J. Roberts (1956) *The Language of Experience: A Study in Methodology.* No. Memoir 13 in Indiana University Publications in Anthropology and Linguistics, Waverly Press.

丸山圭三郎（編）（1985）『ソシュール小事典』大修館書店，東京.

Munsell, A. H. (1907) *A Color Notation: a Measured Color System, Based on the Three Qualities, Hue, Value, and Chroma with Illustrated Models, Charts, and a Course of Study Arranged for Teachers,* Geo.H.Ellis Co.

佐竹昭廣（1955）「古代日本語における色名の性格」『国語国文』24 巻，1–16.

ソシュール，F.（小林英夫訳）（1972）『一般言語学講義』岩波書店，東京.

竹林滋（編）（2002）『研究社新英和大辞典』研究社，東京.

1780年代英語研究における進行形観[*]

樋口　万里子
九州工業大学

1.　はじめに

　現代，進行形論は同形が stative と相容れないという前提で始まる．Leech et al. (2009: 129) も，「同形は動きを表し，状態動詞が使われていても何らかの変化を表現する」と言う．Langacker (1991: 208) も，(1) を「安定的状況が終わる変化（有界性）が認識される」点で non-stative とする．

　(1)　I'm liking it.

しかしながら (1) は，「好きという状態」が終わる変化を話者が意識しているとは思えない場合にも使われる．その場合誇張を表す特殊例等と片付けられることも多いが，その特殊例の輪郭を規定する判断基準も，誇張の場合何故「状態」と整合し得るかも言及されたことはない．一方で，It's 5 o'clock や He was here for a minute 等の表す状態には，有界性が十分意識可能なように思えるが，これらを進行形で使う状況は浮かび難い．状態と進行形の制限規則との関係は循環論的で不可解な側面が大きい．

　この点に鑑み本稿が注目するのは，近代では進行形に言及する英文法書の大多数が，I am loving を模範例に用いている事実である．ここでは主に 1780 年代の 3 つの文法論議における同形の扱いに目を向け，stative 概念と進行形の本質との関係を洗い直す意義を論じる．

2.　進行形の焦点化機能：Webster (1784)

　近代英文法書の多くには「進行形は状態と相容れない」という感覚が微塵も

---

　* 本研究は JSPS 科研費 25370555 の助成を受けたものです．

200　　　III.　語彙カテゴリー・文法カテゴリー，メタファー

感じられない．例示に love の進行形を並べるものは優に 100 冊を下らない．
18 世紀英文法最高権威 Lowth（1762: 56）は，「単純形が I love 等のように時
間的に Indefinite に広がる事態を表すのに対し，進行形 I am（now）loving
はそれを Definite に限って表現する形」と説く．Wischer（2003: 165）は I
am loving など実際には使われなかった筈だと Lowth に批判的だが，事実は
異なる．（2a）（2b）（2c）のような例は，特に書簡や小説等では無視すべき程
稀とは言えない．[1]

(2) a. Two years ago, three men were loving her, as they called it.
　　　　　　　(Elizabeth Barrett-Browning, 1846, from Arnaud: 2003: 16)

　　 b. ... it is useless for me to say he is not, or that I am loving a shad-
　　　　ow.　　　　　　　　　　　　　(Lew Wallace, *The Fair God* (1873))

　　 c. The French doll she was loving wore an exquisite powered wig
　　　　and its idiot glass eyes sought solace in Miriam's.
　　　　　　　　　　　　　　　　　　(Truman Capote, *Miriam* (1953))

　Lowth の記述は概略的だが，辞書編纂で現代でも有名な Webster（1784）
が自身初の意欲に満ちた文法書で，4 頁に亘り明快かつ具体的に活き活きと
Lowth を敷衍する．そこで彼は特に詳細説明を要する英語独特の表現として
特定時の様を表す進行形を取り上げ，I {was / have been} loving 等も列挙し
つつ，「I am loving は『愛情を実際に今現在感じていること』を表す」とし，
後の新たな書 1822（83-88）・1831（66-73）等でも同例を用い続ける．[2] Brit-
tain（1788）も 51-52 頁で love の進行形を並べ，19 世紀前半他を全く寄せ付
けない圧倒的シェアを誇った Murray も，1795 年初版から 1798 年 4 版迄は I
am loving を模範例に使う．Blanch（1799: 63）も I am loving は「感情がま
さに発話時に生じている様を表す」と記す。Osgood（1827: 63）は I am
fearing を挙げ現在進行形は『今現在生起している事象』を表すと解説し，
Cooper（1828: 70-74）も love, fear, believe 等の進行形を連ねる．19 世紀
末の Sweet（1892: 103-105）も，I am seeing を挙げつつ「現在進行形は『今
の瞬間の実際の事象』を表す」と述べる．単純形との対照における進行形の意

---

　[1] 実際の使用例データでも Granath and Wherrity（2013）が COHA で love の進行形を
132 例検出しており，Jane Austen の小説（Bando（2004: 48））や 1800 年前後の書簡集 *The
Clift Family Correspondence 1792-1846* でも stance verb を含めばその類は全進行形中 20%
以上を占める．
　[2] Webster の敷衍は詳細で Lowth の盲従ではないと考えられる．

味機能に関する彼等の見解は皆 Webster と同趣旨である．

　彼等は決して少数派ではない．Anderwald（2016a: 178）が Web 検索した上記以外の 19 世紀文法書 258 冊で love の進行形に言及する 72 冊中，60 冊は模範例として用い，疑問を呈するのは 12 冊に過ぎない．[3] 近代英文法の多数派で I am loving は非文どころか進行形の典型なのである．

　さらに 20 世紀に入っても，I am loving について，Poldauf（1948: 292）は Actualization を表すと論じ，Myers（1952: 176-177）も「近接性／集中性を強調する際の表現」と説明する．[4] Visser（1973: 1924）もほかにも多彩な類似例を挙げ，Webster と矛盾のない特色づけをしている．比較的最近まで I am loving に違和感のない研究者は少なくなかったように思われる．

3.　制限規則の萌芽：Pickbourn（1789）

　現在入手可能な文献を調べた限りでは，I am loving を最初に糾弾したのは Pickbourn である．だが彼の議論には不自然な点も見受けられ，脆弱性が否めない．まず，彼の執筆動機は，序文に拠れば I loved・I did love・I have loved・I was loving の相違を仏人に問われ答えに窮した経験にあるが，彼はその場では I was loving を誤りと退けてはいない．また彼は，We never say I am loving と禁則を打ち立て Lowth を頁番号・名指し入りで非難するが，自身も現在進行形の特性を「動詞の意味を今現在の一瞬に definite に限定する（p. 26）」と記述しており，I am loving を例に説明する Lowth や Webster 等と何ら変わりなく，そこには I am loving と不整合な要素はない．[5] そして自論では I am loving を排除できない弱点を補うかのように，ほぼ同じ文言で，時に fear・hate・approve・know の進行形非難も交え，4 箇所で禁則をたたみかける．[6] 機能説明に比して制限記述は遙かに長く詳しいのである．

　しかも根拠は「continued energy and affection of the mind を表す動詞は進行形にならない」の一辺倒である．問題なのはこの概念の輪郭が多分に曖昧な

---

[3] Anderwald の検索対象には入っていない Hope（1818: 68）は「I am {fear/ know} ing は稀」と記すが，稀であっても使われていたことを示すだろう．
[4] Close（1968: 26）も英語に精通する迄避けるのが無難だが使えると記す．
[5] 同書は英語時制のみを対象とし動詞に特化した研究書で，進行形の意味言及は僅か 9 行 60 語程である．ほぼ同じ総頁数で文法体系全体を扱い，動詞については 45 頁しかない Webster の記述は進行形説明に 4 頁 500 語以上を割く．
[6] 27 及び 64 頁註，81-82 頁本文，82-83 頁註．

ことである．例えば continued energy に因り継続する事象の一種と思われる，
He is drinking や The universe is ever expanding 等を排除できずどう説明す
るかが判然としない．現代の stative に繋がる「進行形にならないとされる動
詞群」を包括する概念の曖昧さはここに萌芽があるように思われる．

　Pickbourn の独自性は，単純現在形の①普遍・不変の真理命題，②習慣・反
復，③ when 等の時の副詞節内，④歴史的現在といった４用法を，豊富な例
文と共に打ち出している点にはある．これは禁則と共に現代まで文法書に継承
されてきた．しかし，単純現在形の最も典型的な用法である She's pretty 等具
体的単体の状態を表す用法は欠落している．ここには，「単純形は『継続事象』
を，進行形は『その補集合』を表すといった形で，二項対立的に両形を区別し
たい Pickbourn の思いが禁則に繋がった可能性が感じられる．禁則の人為性
が仄かに浮上するのである．

4.　ラテン語の amabam と I was loving: Beattie (1783)

　Pickbourn はまた，当時一流の言語哲学者 Beattie (1783: 393) が amabam
(ラテン語 amo「私は愛する」の直説法・能動形・一人称・単数・未完了形）の
訳としてふさわしいとする I was loving を，やはり名指し・頁番号入りで批
判する (pp. 82-83)．[7] 理由はここでも「loved は完結・終了のみならずエネル
ギーや愛情の継続も表すから」の繰り返しだ．

　Beattie の見解は，使用文脈を解説しながら４言語の動詞の表す意味性質を
比較考察する中で言及されるが，そこで彼は「終わらない事象というものはな
く，事態の完結性・非完結性は，心に描く際の使用環境に依る」等と述べてお
り，「心に描く際」を「scope of predication」に置き換えれば，現代の認知文
法のアスペクト観にも通じる論を展開している．Beattie は前段で「I wrote と
言えば，例えば I wrote a letter の場合手紙は未完成の場合があるにせよ『書
くという動作自体』は終わっており，そのニュアンスを前景化しない場合 I
was writing が適切だ (pp. 390-391)」と述べる．[8] その上で文脈付きの例文を

---

[7] Lowth や Beattie へのこういった対応は彼が属していた dissenting school という権威に
怯まず進取の気概に溢れる学派気風の現れかもしれない．

[8] これは，総頁数 669 の大著 *Dissertaions Moral and Critical* の中盤 35 頁程にある．I
read や I am reading はいずれも今現在の瞬間には成り立っていても次の瞬間や１時間前には
成立していない場合もあるとも言っており，これは Beattie の感覚でも，I read が単体事象と
して I am reading と overlap していたことを示すと思われる．A merry heart maketh a

豊富に用い「文人達の使い方において amabam は未完了の I was loving と最も近似性が高く I loved は第一義的には発話時点では終了していることを前面に押し出す」と続ける．I loved も I was loving もいずれも現在継続中の場合を排除しないこともあるにせよ，前者には終わった事柄としての意味が強く，後者は或る過去時で継続中というところに重点があると言っているのである．I was loving を排除することは，後者のニュアンスを持つ英語独特の表現の喪失を意味する．少なくとも Beattie には I was loving に違和感はない．

　その後の 19 世紀で定評のあったラテン文典も amabam の訳に I was loving を挙げている．例えば超一流の *The Eton Latin Grammar* (1826: 58) も amo に I do love・am loving・I love, amābam に I was loving・I did love を付す．並びに amo 等の現在時制は a thing present, or now doing について話す時に I love や I am loving の様に使うとし，Beattie に準ずる．古典大家のラテン文典 Harkness (1898: 82) や，現在も出版され続けている同様の Bennett (1895: 58) も I was loving を使う．こういった扱いを見ても当時の人々の感覚で I was loving が非文だったとは考え難い．

　16-18 世紀再版され続け英国で最も広く用いられた1513 年初版 Lily のラテン語文典では amabam の訳は I loved or I did love で I was loving は並んでいない．しかしそれは，近代初期までは古今の欧州諸言語と同様，英語でも単純形で進行形の意も表していたからではないかと思われる．ハムレット (1604: 36) のポロニアスの What doe you reade my Lord. という問は，What are you reading? の意である．進行形は，何時の時代も単純形より普段着的な表現だったが，18 世紀後半には Lowth 等の観察通り，表象役割を definite に特化しつつあったのかもしれない．

5．Pickbourn 禁則の浸透背景

　ともあれ Pickbourn (1789) は，少なくとも書評 5 誌で注目を浴び評価された．例えば *Analytical Review* (1789) は，禁則を段落ごと引いて絶賛している．名声轟く Beattie や Lowth への批判も知識人に少なからず衝撃を与えたことだろう．Murray も 1796 年の (p. 58) 2 版以降，時制に関する優れた洞

---

cheerful countenance 等の格言等は常に真理を表し indefinite とし always a doing という表現を stative/dynamic 両用で使っている．ちなみに，a-doing というのは，on going の意で使われている．

察として紹介する．前後して Pickbourn 規則を採用した禁則満載が売りの Knowles（1796）が評判を得たこともあってか，驚くべきことに，前述したように初版から 1798 年 4 版までは I am loving を模範例とする前述 Murray が，一転して 1799 年 5 版から Pickbourn のフレーズ affections of the mind（p. 82）を用いその類を禁じている．Murray は，初版編纂から最後まで，意見を異にする数多くの見解に悩みながら読者のために時流に併せ取捨選択し常に改訂し続けた．同様に I am loving を，Bullions は 1845 年版 38，52 頁では使っているのに 1853 年版 92 頁では削除し，Kerl も 1859 年版 155 頁では模範例に用いるが 1861 年版 24 頁では否定的である．これと，Pickbourn と同例同語句で禁則に共鳴する Brown（1852: 380）が Bullions の I am loving の使用を痛烈に批判していることとは，恐らく無関係ではないだろう．また Butler（1845: 91）や Reed and Kellog（1880: 216）等の同文非難も，Pickbourn のものと酷似しているのは偶然とは思えない．

　近代全体では Webster 派が大多数だったにもかかわらず，Pickbourn の禁則が現代人の規範意識に君臨する一因としては，Jones（1996: 78）の指摘する Murray の圧倒的影響力を想起せざるを得ない．19 世紀前半の文法書で Murray に言及しないものは殆どない．一般読者目線の構成で解りやすい Murray の人気は比類なかった．版数 69 を始め，増版数・販売都市・販売期間・販売部数・学校指定教科書としての採用率・無数の海賊版の存在・完全コピー又は模倣書数等，データすべてが驚愕的だ（cf. Lymann（1921））．19 世紀は英米文豪達も Murray で文法を学び，文壇でも小説中でも Murray は文法書の代名詞である（cf. Austin（2003），樋口（2016））．英米読者層で知らぬ者はいないほど知れ渡っていたことになる．近代英文法書は，読者がそれを頼りに身を立てようと自らの英語を「正しい標準英語」に矯正するための規則集で，実際の使われ方を記述したものではない．それゆえ庶民がすでに使っている口語表現に言及する必要はなかった．気を許した間柄や場では教育の程度を問わず I am loving やその類が今日も顔を覗かせるのは，禁則はあくまで規範意識上の存在で，それらが英語本来の自然な表現だからなのかもしれない．禁則には Murray を介して規範に染み込んだ人為性が感じられる．

　確かに書き言葉において，I am loving は McDonald の広告が人目を引く昨今まで，いつの時代も稀だったかもしれない．I am loving を模範例として進行形言及に用いる Farnum（1842：42）も使用は稀だと註を付す．しかし，同文が Webster の力説通り「今の実感を伝える形」であるならば，それは当然のことだろう．「イマ・ココ」を共有する相手へ語りかける表現は基本的に口語

だからである．当然ながら 18-19 世紀の話し言葉の記録はほとんどないが，随筆・裁判記録・小説・書簡・日記等は口語を反映する度合いが高いジャンルでは Pickbourn が禁じた類の進行形の頻度は相対的に高い．

しかし規範で排斥されれば使用頻度も目にする機会も減り，稀な例は人々の意識にも上り難く無視できる範囲に入り，さらに排除し易くなる．その上，I love は当然今現在も成立している状況も含むので，I am loving の意は I love でも表せる．その意味では I am loving が律されても大きな支障はなかっただろう．

6. Webster 説の説明力

Anderwald (2016b: 1) が感じているように，I am loving には平凡な I love にない鮮やかさがある．Webster を援用すれば，それは進行形が生演奏のように直に相手と時空を共有する表現だからであろう．Kranich (2010: 72) は多岐にわたる進行形諸現象を包括的に説明できるコア概念を捉えるのはほとんど不可能と言うが，Webster 見解を軸として進行形を捉えれば，可能であるように思われる．まず，stative を「homogeneous（どの局面で見ても同質的）な事態 (cf. Comrie (1976: 49), Langacker (1991: 208, 2008: 147–151)) と無理なく規定できる．[9] 一過性や有界性と結びつけがたい，大学の学生募集方針を示す次のような実例も I am loving をモデルに使う Webster 等の説明と整合する．状態の時間幅自体は不特定だからである．

(3) *We are wanting people* who show respect for others, respect for New Zealand's cultural and social values, and respect for other people's views.
(New Zealand Graduate School of Education, google: April 16, 2017)

また，I'm liking it が往々にして一時的な印象を与えるのも，単に関心を「今の状況」に向けるからで，例えば 1 時間後の状況等にはコミットしないからだと言えるだろう．「状態」の一種であるはずの「一時的状態」を無理に非状態に入れる必要もない．例外扱いされることも多い「一時的状態」を表す進行形は，

---

[9] 蛇足ながら，もちろん「終わらない事象」はないので，これは scope of predication において有界かどうかである．

実は進行形の典型とも言うべきだろう.

同様に, (4a) が (4b) より依頼を柔らかく伝え得るのは, (4b) の願いが相対的により持続的なのに対し, 単に今の願いである (4a) は「今は外せない用事がある」等といった断る余地を与え得, 相手の心理的負担を軽減できるからだろう.

(4) a. I'm hoping if you could help me.
b. I hope if you could help me.

It's being 5 o'clock が奇妙に響くのは, すでに瞬く間の事態をさらに限定する必要性が感じられないからだろう. また (5) の進行形も特別視する必要はない.

(5) He is always wanting to learn new things. He's passionate about farming and wants to expand his knowledge.

(5) は言動も彷彿するが, 人となりというのは通常言動から知れるものである. 安定性も次の単純形文の表す状態と大差ない. 強調的なのは always という副詞によって「目に入ったときはいつも知識欲旺盛な様子が直に見て取れる」という表現になるからだろう.[10] 誇張であれ何であれ, 十分進行形らしい進行形ということになるだろう.

Webster はほかにも「He writes well というのは字が上手といった彼の特徴を広域で捉えるのに対し He is writing は状況を今に限った表現」とも言っており, これで状態動詞の進行形以外もほぼ全て説明できる.

進行形は, 歴史を辿れば be + {on/in/at/an/a-} + 動名詞で成り立つ構文と不可分の関係にある (cf. 樋口 (2012)). V-ing は古英語では純粋に名詞で, 近代英語に差し掛かる頃から動名詞・現在分詞・形容詞の機能も備わり, それらはいずれも aspect-neutral である. したがって進行形の V-ing 形だけにアスペクト制限がかかるほうが不可思議で, 説明すべきはむしろそちらのほうだろう. 進行形が多く動きを表すのは確かだが, それは動詞自体が動きが表す場合が多いからかもしれない. しかも規範に制されれば, 実際に口語では使われる I'm actually liking this play 等にますます動きが喚起されるだろう.

---

[10] Brown (1851: 327) は, 現在進行形が「今時点に話を限定するのなら always 等とは共起しないはずだ」と Lowth を批判するが,「視覚範囲に入る時はいつもある状況の真只中にある」の意味として解釈可能である.

アスペクトに関し制限がかかるのは，むしろ単純現在形のほうである．現代英語の現在形が表す事象は，現在の一瞬でその全体像が把握可能でなければならない．したがって事象の全体像を表す単純形は，どの点や局面においても同質で現在の一瞬でも全体像を捉え得る stative でなければならない．個別事象の変化や動きの全体像は，一点では認識できないからである．Langacker (1991: 209–210) は，現在の動作は状態化しなければ表せないため，状態化するのが進行形の機能だとし，すでに状態である事象はさらに状態化する必要がないから，進行形は状態と相容れないと言う．だが彼自身も述べるように，言語というものには時折余剰性が見られるものである．進行形の時制を担う主動詞（clausal head）は stative の be 動詞であり，進行形とはそこに時間要素を一旦捨象した V-ing 形を連ねたものである．進行形を V-ing の途中状態を表す構文と定義し，状態にも途中状態は当然あるので stative の進行形もあり得ると考えれば，そのほうが進行形の諸現象との整合性はより高い．現在単純形が stative に限られることから，実は aspect-neutral である現在進行形をnon-stative と二項対立的に単純化してしまったのが，Pickbourn の禁則なのかもしれない．

　昨今の I'm loving の類の進行形の使用頻度増加は，広告の刺激による最近の傾向と見るのが大方の見方だが，同類がはるか昔から綿々と使用され続けてきた事実にも目を向けるべきではないだろうか．同形が醸し出す臨場感が宣伝コピーとしての採用に繋がったかもしれない．また，書き言葉伝達が瞬時化し書き言葉でもメールなどでイマココを共有できるようになった今日，stative 進行形がより頻繁に目に入るのも自然だろう．

7. おわりに

　以上本稿では，現代アスペクト研究ではあまり知られていない Beattie やWebster 等の進行形言及が十分目を向けるに値し，同形のコア機能を十二分に捉えていると論じてきた．即ち，現在単純形が展開中の状況を広角で眺めるのに対し，進行形はそれを「イマ・ココ」に相対的に視野範囲を狭めて捉える機能があるとすれば，諸現象をより包括的に説明しうる．それが真の進行形機能の核心であれば，純然たる stative とも両立し得る．Stative の進行形の文献上の使用頻度が低いように見えるのは，規範と進行形の意味機能特性に起因すると考えられる．

208　　　　III. 語彙カテゴリー・文法カテゴリー，メタファー

参考文献

Primary Sources

Beattie, James (1783) *Dissertations Moral and Critical*, V. Strahan and T. Cadell, London.

Bennet, Charles E. (1895) *A Latin Grammar*, Allyn and Bacon, Boston.

Blanch, Mercy (1799) *A Short Introduction to English Grammar*, Law and F. Jollier, London.

Brittain, Lewis (1788) *Rudiments of English Grammar*, L. J. Urban.

Brown, Goold (1851) *The Grammar of English Grammars,* Samuel S. & William Wood, New York.

Bullions, Peter (1834) *The Principles of English Grammar*, Clement and Packard, New York.

Butler, Noble (1845) *A Practical Grammar of the English Language*, John P. Morton, Louisville.

Close, R. A. (1968) *The New English Grammar*, George Allen and Unwin, London.

Cooper, Jacob Goldsmith (1828) *An Abridgement of Murray's English Grammar*, Judah Dobson, Philadelphia.

Dawnay, William Henry (1857) *An Elementary English Grammar*, Longman, Brown, Green, Longmans, and Roberts, London.

Edwards, T. W. C. (1826) *The Eton Latin Grammar*, W. Simpkin and R. Marshal, London.

Farnum, Caleb (1842) *Practical Grammar*, B. Cranston, Providence.

Harkness, Albert (1898) *A Complete Latin Grammar*, American Book Company, New York.

Hope, A. (1818) *Compendious Grammar of the English Language.* Printed for the Author, Glasgow.

Kerl, Simon (1859) *A Comprehensive Grammar*, J. P. Lippincott, Philadelphia.

Kerl, Simon (1861) *A Comprehensive Grammar*, Ivison, Phinney, New York.

Knowles, John (1796) *The Principles of English Grammar*, Printed for the Author, London.

Lowth, Robert (1762) *A Short Introduction to English Grammar*, Millar and Dodsley, London.

Murray, Lindley (1795, 1796, 1797, 1798, 1799) *English Grammar.* Wilson, Spence, and Mawman, York.

Osgood, Austin Hubbard (1827) *Elements of English Grammar*, Cushing & Jewtt, Baltimore.

Pickbourn, James (1789) *A Dissertation on the English Verb*, J. Davis, London.

Pinnock, William (1830) *A Comprehensive Grammar of the English Language*, Poole and Edwards, London.

Poldauf, Ivan (1948) *On the History of Some Problems of English Grammar before 1800*, Nakladem Filosoficke Fakulty University Karlovy, V Praze.

Reed, Alonzo and Brainerd Kellogg (1880) *Higher lessons in English*, Clark & Maynard, New York.

Sweet, Henry (1892) *A New English Grammar Logical and Historical*, Clarendon Press, Oxford.

Webster, Noah (1784) *A Grammatical Institute of the English Language,* Hudson and Goodwin, Hartford.

Webster, Noah (1822) *A Philosophical and Practical Grammar,* Howe & Spalding, New Haven.

Webster, Noah (1831) *An Improved Grammar*, Hezekiah Howe, New Haven.

Secondary Sources

Anderwald, Lieselotte (2016a) *Language Between Description and Prescription: Verbs and Verb Categories in Nineteenth-Century Grammars of English*, Oxford University Press, Oxford.

Anderwald, Lieselotte (2016b) *"I'm Loving It*—Marketing Ploy or Language Change in Progress?" *Studia Neophilologica* 2016, 1–21.

Arnaud, René (2003) *Letter-writers of the Romantic Age and the Modernization of English: A Quantitative Historical Survey of the Progressive*. Accessed at http://www.univ-pau.fr/ANGLAIS/ressources/rarnaud/index.html

Austin, Frances (ed.) (1991) *The Clift Family Correspondence 1792-1846*, Cectal, Sheffield.

Austin, Frances (2003) "Whatever Happened to Lindley Murray? A Study of Some of the Grammar Textbooks Used in the Early Teacher Training Colleges," *Paradigm: Journal of the Textbook Colloquium 2/7 The Teaching of English in the Eighteenth and Nineteenth Centuries: Essays for Ian Michael on his 88th Birthday,* ed. by Frances Austin and Christopher Stray, 37–41.

Bando, Yoko (2004) *The Progressive in Jane Austen's Works,* MA dissertation, Hyogo University of Teacher Education.

Comrie, Bernard (1976) *Aspect*, Cambridge University Press, Cambridge.

Granath, Solveig and Michael Wherrity (2013) *"I'm loving you – and knowing it too:* Aspect and So-called Stative Verbs," *Rhesis. International Journal of Linguistics, Philosophy, and Literature, Linguistics and Philosophy* 4 (1), 6–22.

樋口万里子 (2012)「英語の V-ing 形と Middle Welsh Verbal Noun」『ことばとこころの探求』, 大橋浩・久保智之・西岡宣明・宗正佳啓・村尾治彦 (編), 347-362, 開拓社, 東京.

樋口万里子 (2016)「Stativity と進行形」九州工業大学大学院情報工学研究院紀要 (人間

210   III. 語彙カテゴリー・文法カテゴリー，メタファー

科学）第 29 号，11-60.

Jones, Bernard (1996) "The Reception of Lindley Murray's *English Grammar,*" *Two Hundred Years of Lindley Murray*, ed. by Ingrid Tieken-Boon van Ostade, 63-80, Nodus Publikationen, Münster.

Kranich, Svenja (2010) *The Progressive in Modern English: A Corpus- Based Study of Grammaticalization and Related Changes*, Rodopi, Amsterdam.

Langacker, Ronald W. (1991) *Foundations of Cognitive Grammar* Volume II, Stanford University Press, Stanford.

Langacker, Ronald W. (2008) *Cognitive Grammar*, Oxford University Press, Oxford.

Leech, Geoffrey et al. (2009) *Change in Contemporary English*, Cambridge University Press, Cambridge.

Lyman, Rollo La Verne (1921) *English Grammar in American Schools Before 1850*, Doctoral dissertation, The University of Chicago Libraries.

Myers, Louis McCorry (1952) *American English: A Twentieth-century Grammar*, Prentice-Hall, New York.

Visser, Fredericus Theodorus (1973) *A Historical Syntax of the English Language Part 3,* Boston and Köln Brill, Leiden.

Wischer, Ilse (2003) "The Treatment of Aspect Distinctions in Eighteenth-and Nineteenth-Century Grammars of English," *Insights into Late Modern English,* ed. by Marina Dossena and Charles Jones, 151-174, Lang, Bern.

Talmy（1991）類型二分論の再考察
―構文主導の英語移動表現より―[*]

田中（松本）瑞枝
金沢大学（客員研究員）

1. はじめに

　Talmy（1991）は，人間の用いる言語がある特徴により2つのグループに分類でき，とりわけ移動表現はその特徴を反映しているとした．以来，多くの研究者がこの二分論を基に言語の多様性と普遍性を求めて考察を深めてきた．しかし，移動表現の中にはこの理論に幾つかの疑問を呈するものがある．本稿では，英語の周辺的な移動表現を取り上げ，それらの表現が保たれる要因について認知的視点から考察し，Talmy（1991）の類型二分論についてより精緻な説明を加える．

2. Talmy (1991) の類型二分論

　Talmy（1991）の類型論は，移動事象や時間的輪郭付け，状況変化などの複数のイベントが組み合わさるマクロイベントにおいて，その型を決定する共通の枠づけイベントが存在することを主張し，言語を類型づけた．移動事象においては，経路の意味（以下 Path）が枠づけイベントの中心スキーマとして働き，Path が動詞上で表されるかサテライト[1]上で表されるかによって，言語が Satellite-framed language と Verb-framed language の2つに区分できるとし

---

　[*] 本稿は，日本英文学会中部支部第65回大会（2013年10月5日於：杉山女学園大学）における発表原稿にこれまで得られた知見も含めて大幅に加筆修正を加えたものである．
　[1] タルミーによるサテライトの定義は以下の通り：Satellites are certain immediate constituents of a verb root other than inflections, auxiliaries, or nominal arguments. They relate to the verb root as periphery (or modifiers) to a head. A verb root together with its satellites forms a constituents in its own right, the 'verb complex', also not generally recognized. (Talmy (1985: 102))

た．例えば，（1a）において Path はサテライトである *into* によって表される
ため，英語は Satellite-framed language，（1b）において Path は動詞 *entró* に
よって表されるためスペイン語は Verb-framed language に区分される．

(1) a. The bottle floated into the cave.
   b. La botella entró flotando a la cueva.
     "The bottle entered (MOVED-in) floating to the cave"

(Talmy (1991: 488))

　しかし，英語の移動表現には，この枠づけに上手く収まらない用法がある．
その1つが（2）である．まず，タルミーは（3）のように Path が Ground と
Figure の関係によって位置づけられると定義する．その一方で，（4）のよう
に Ground が Path と共に枠づけイベントの中心スキーマとして単一概念（以
下 [Path＋Ground] と表記）になる場合も認める．例えば（2a）は，*home* が
Path と Ground の融合概念を意味し，サテライトであると説明される．しか
しこの場合，Ground が単独で明示されないため，Figure との関係でどのよう
に Path が位置づけられるかが明確でない．（2b）も同様である．

(2) a. She drove home (to her cottage in the suburbs).

(Talmy (1985: 107))

   b. The wind blows south.　　　　　　　(Ikegami (1981: 130))
(3) ... the Path, i.e., the path followed or the site occupied by the figure
   with respect to the selected ground elements.[2]

(Talmy (1991: 488))

(4) ... either the relating function[3] alone or this together with the partic-
   ular selection of involved ground elements can be considered the
   schematic core of the framing event ...　　　(Talmy (1991: 483))

また，例えば（5）のような文では移動は喚起されず，*home* や *south* は
Ground のみを表している．そのため，*home* や *south* という語が（2）のよう
な場合おいてのみ Path を含意するとは断言しがたい．

---

[2] Talmy (1985) において Path は Figure と Ground の関係で捉えられるとされていたが，
Talmy (1991) では Ground が ground elements に変更されている点にも Path の定義と枠づ
けの難しさが伺える．

[3] *relating function* は，移動イベントにおいては Path を指す．

(5) a. I stay home with her.
   b. The tower stood south of downtown.

本論では，なぜ (2) のような文が Path，つまり移動を表すことができるのかを探る．そして，タルミーの定義する Satellite-frame，すなわち Path がサテライト上で表されるフレームについて，認知的な説明を行う．

3. 構文主導の移動表現

3.1. [S MV P Y] 構造で表される経路

まず英語の Satellite-frame の典型構造を確認する．移動イベントを扱う Satellite-frame の典型構造では，移動物の Figure が主語で示され，もし Path を含意しない様態動詞が用いられたとしても，Path は動詞の姉妹的位置に現れる副詞や前置詞などの不変化詞（サテライト）上で表されると説明される．前置詞の場合は後ろに場所名詞をとる：[S MV P] / [S MV P Y] (MV = manner verb / Y = location noun)．この構造は典型的な概念構造の1つである行為連鎖を，並行的に符号化したものであるようにみえる．例として，drive という移動イベントを想定してみる．概念レベルでは図1 (a) のように，動作主 (A) は運転するという様態 (M) を行い，対象である車 (O) に働きかけ，その対象は動作主を乗せて移動し (Path)，着点 (G) に到達する．このようなイベントの概念は (6a) のように言語化でき，その形式は概念から象徴的に移行されているようにみえる（図1 (b)）．

(a) 概念レベル 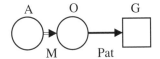 (b) 言語レベル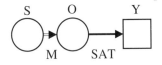
"She drove her car *to* the shop."

図1 イベント drive を捉える概念と言語形式

(6) a. She drove her car to the shop.
   b. She drove to the shop.

動作主は主語で，主語が行う動作は様態動詞 *drove* で表される．動作の対象である *her car* は続く直接目的語で表される．*her car* とその着点である *the shop* の間に現れる *to* は，*her car* が *the shop* に到達するまでの経路を想起していると考えるのが自然であろう。[4] ただし，同じ事象であっても，捉え方が異なると言語表示も異なる。例えば，エネルギーが一時的に移る *her car* が概念化者の概念レベルにおいて注視されない，つまりプロファイルされない場合，形式上でも明示されず，(6b) のように表現される。

このように [S MV P Y] 構文は，移動事象の概念構造から並行的に符号化されたような構造であり，不変化詞は Path を含意しているように思える。田中・松本 (1997) は，英語の不変化詞について以下のように説明している。基本パターンにおける不変化詞には，経路位置関係を表す前置詞 ((7a-c)) と方向性を表す前置詞 ((7d, e)) がある。経路位置関係を表す前置詞の意味は，一般的に経路関係と位置関係の組み合わせであり，to は TO AT，from は FROM AT，past は VIA BY のように分析される。そのため，これら前置詞は本質的に Path を含意する。方向性を表す前置詞は，方向という概念自体の基盤が心的走査によるものであるため，これら前置詞も Path を含んでいるといえる。したがって，(7) の前置詞がサテライトとなる場合は，[S MV P Y] 構文が移動概念からの並行的記号化であるとみなすことも可能である。

(7) a. to, onto, into （goal）
　　 b. from, off, out of （origin）
　　 c. via, across, along, around, beyond, over, past, through （passed part）
　　 d. toward, away from （directional relation）
　　 e. up, down （direction / direction + passed part）

(Tanaka and Matsumoto (1997: 133))

しかし，結論から言うと [S MV P Y] 構文が移動概念から単純に移行されたとするには問題があると本論では主張する。その話に移る前に，[S MV P Y] 構文で表される Path について確認したい。というのは，詳しくみると Path には2つのタイプがあり，その2種類が並行性の問題に関わるからである。どちらの Path が出現するかは，用いられる前置詞によって異なり，(7c) や (7e) をサテライトとする場合，Path は Y 内部を通過する。例えば，(8a) は

---

[4] 厳密に言えば to は離れた2者間の心的走査を表すにすぎず，実際に経路となるのは物理的な移動が伴った場合と考える (Tanaka (Matsumoto) (2015))。

Y の *the hall* の内部を下るという Path を表す.

(8) a. The ball rolled down the hall. (Talmy (1991: 489))
    b. The bottle floated into the cave. (Talmy (1991: 488))

一方，(7a) や (7d) の前置詞をサテライトとする場合は，Y を着点とする
Path となる．例えば (8b) では Y の *the cave* が着点となる Path が表される.
(7b) がサテライトの場合，Y は起点とも捉えられるかもしれないが，それは
その後さらなる Path が実現すると仮定した場合である．それ以前に，動作主
が場を離れることで1つの Path が生じており，Y はその着点として働いてい
る．そのため，(7b) の前置詞群も Y が着点となる Path を表すといえる.[5] こ
のように，前置詞が [S MV P Y] 構造で用いられる場合，2種類の Path が存
在することがわかる．そしてどちらのタイプにおいても，Path はサテライト
とされる不変化詞によって表されていると考えることが可能である.

　しかし問題は，Path を表さない前置詞も [S MV P Y] 構造の P 位置に現れ，
Path が想起されるという点である．Path を表さない前置詞は (9) のようなメ
ンバーである.

(9) in, on, at, under, behind
(10) a. The mouse ran under the table.
     b. The mouse ran behind the piano. (米山 (2009: 43))

例えば (10) は，under と behind を [S MV P Y] 構文の P にとるが，米山
(2009: 43) によると (10a) はネズミがテーブルの下を走り回るとは通常理解
されず，テーブルの下を通過するか，テーブルの下を着点として移動する意味
を表す．(10b) もピアノの後ろを通過するか，ピアノの後ろを着点として移動
する意味となる．つまり，これらの文において，位置を表す前置詞は様態が行
われる場所ではなく Path を想起させる．このような例は他にも多くある.
(11) は Y の内部を通過する Path を，(12) は Y を着点とする Path を表す
例である．したがって，[S MV P Y] 構造であれば，P が Path を含意しない
前置詞であっても，Path を含意する前置詞と同様に2種類の Path を想起させ
る.

---

[5] Talmy (1985: 104) も out や off が起点ではなく，Path を表すサテライトであるとして
いる.

216 III. 語彙カテゴリー・文法カテゴリー，メタファー

(11) a. swim in rougher seas
　　 b. crawl under a fence
　　 c. walk behind the swings
　　 d. walk on a pedestrian crossing

(12) a. run in the house
　　 b. jump on the bus.
　　 c. fly at the stranger
　　 d. crawl in bed

　ここまで，Path を含意しない前置詞が，Path を含意する前置詞と同じ経路を [S MV P Y] 構文で表わすことを確認するため，2種類の経路として確認した．しかしこの二分類は，「なぜ Path を含意する不変化詞がなくとも [S MV P Y] 構文が Path を表すのか」という本稿の問いを解く目的においては重要な点とならないため，以下では考慮しない．2種類の経路は，大局観的にはどちらも着点へ到達する Path といえる．それは，Y が通過地点を表す場合，S の初期地点から Y を基準に Path が想起される．そして，その想起される Path は Y を通過した後については何も特定しない．つまり，Y の通過がその経路の着点となる．結果，[S MV P Y] 構文は Y を着点とする Path を想起させるといえる．

　以上より，[S MV P Y] 構文においてどの要素も単独で Path を含意しないにもかかわらず Y までの Path が表されるとなると，構文がゲシュタルト的に着点までの Path を含意するという仮説が立つ．では，なぜそのようなことが起こるのか．これには，人間の認知傾向が動機として働いていると考えられる．

3.2.　移動事象の認知把握における到達点指向 (池上 (1981))

　池上 (1981) は，人間の心理において起点と着点の非対称性があり，言語差はあるが言語には着点を取り込みやすい通言語的特徴があると述べる．例えば，能動文を受動文にパラフレーズする場合，受動態では起点を消去することができない．(13a) と (13b) は同じ事態を表す文である．(13a) で着点を示す *to Mary* を主語化し，(14a) のように着点の表示を消去することはできるが，(13b) で起点を示す *John* を主語化し，(14b) のように起点の表示を消去することはできない．

(13) a. John sold a car to Mary.
　　 b. Mary bought a car from John.　　　　　　　(池上 (1981: 128))
(14) a. Mary was sold a car (by John).
　　 b. *John was bought a car (by Mary).　　　　　　　(ibid.)

また，語レベルでも起点は有標識化しやすいという．(15) では，前者がある
状態への到達，後者がある状態からの解放を表す語である．ここで解放を表す
語は，接頭辞により有標化されている．

(15) a. bind — unbind　　(TO being bound–FROM being bound)
　　 b. cover — uncover (TO being covered–FROM being covered)
　　 c. load — unload　　(TO being loaded–FROM being loaded)

(池上 (1981: 129))

　言語の到達点指向は，英語に限られない．例えば，日本語の格助詞「に」は
上代において存在などの事象の出来の場を表していた．しかし，通時的に拡張
し，動作の到達する対象や授与の相手など着点的用法が生まれた（e.g.「学校
にいる」>「学校に行く」）．しかし，この到達点指向には言語差があり，日本
語と比べると英語の方がより到達点指向が強い．例えば，格助詞「に」で着点
を表す場合，独立して用いることはできず，事象とのつながりが必要となる．
例えば (16) のように，「に」で表される着点は経路を含意しない様態動詞「歩
く」と直に結びつくことはできず，経路を表す経路動詞が要求される．

(16)　学校に　*歩く／歩いて行く

また回帰の概念は，(17) のように英語では，最終的な着点の明示のみで表現
することができるが，日本語では行って帰るという経路全体を含意する動詞
「戻る」を用い，着点までの経路を明示する必要がある．

(17) a. I'll be back.
　　 b. 戻ります．

　本稿では，英語の [S MV P Y] 構文を始めとする幾つかの構文は，この強
い到達点指向によって着点を取り込む性質を持つと考える．言い換えると，構
文自体が着点にプロファイルを当てるため，その着点に至るまでの Path が自
然に想起されると考える．

3.3. [S MV G] 構文のネットワーク

[S MV P Y] 構文が着点をプロファイルすると，プロファイルされた抽象的着点は構文内の要素によって精緻化され，具体的着点として実現する．Pに Path を含意する前置詞が用いられる場合は，目的語 Y がその抽象的着点を具体化する（後で詳述するが，この場合は語彙主導によってすでに経路が形成されている）．位置を表す前置詞が P を占める場合は，例えば（18）において P にある位置的前置詞 in は，Y の the shop と統合して（[P+Y]）場所となり，抽象的着点を具体化する．つまり in the shop が具体的着点を表す．そして，そこに至るまで Path は構文主導で想起される（(11), (12) が同様の例）．

(18)　He ran in   the shop.
　　　 S MV P   Y

また，本稿で問題としてきた（19a）のような場合，一要素で表される場所（[L]）が構文のプロファイルする抽象的着点を精緻化し，その着点に至る経路が自然に想起される．同様の例には（19b, c, d）等がある．

(19) a.　She drove home (to her cottage in the suburbs).　　　　(= (2a))
　　　　 S   MV   L
　　 b.　The wind blows south.　　　　　　　　　　　　　　(= (2b))
　　 c.　The boat shot the rapids.[6]
　　 d.　The car ran a red light.

目的語をとらない副詞（[P φ]）が着点を精緻化する場合もある．例えば，(20a) では列車が駅構内に到着したことを表す．Tyler and Evans (2003: 194) は in の用法の1つとして，容器の内部に視点を取った場合，in は視野への出現を表すこともできると述べる．(20a) において in は列車が視野に入ってきたという完了状態を表し，着点的である．(20b) は歳月が過ぎ去ったことを表す．宗宮ほか (2007) は，on が地面の上に立つというイメージから，活動の場にいるイメージをも表すことができるとする (go on a hike / keep on Ving / read on / from now on)．(20b) では歳月が on で表される活動の場の最終地点まで到達してしまったことを表す．(20c) においても over は the log の経路が弧を描くことを表しているのではなく，丸太が転がった結果

---

[6] (19c, d) も L の通過の完了を着点とする経路を想起させる．

ひっくり返った結果状態を表しており,着点的である.[7]

(20) a. The train pulled in.
       S   MV   P   φ
    b. The years rolled on.
    c. The log rolled over.   (Tyler and Evans (2003: 104))

このように,構文がプロファイルする抽象的着点は,様々な形式で具体化される.つまり,[S MV G] (G = goal) 構文における [G] の下位構造として,これらの具体的構造 ([P Y], [P φ], [L]) がある(図2).

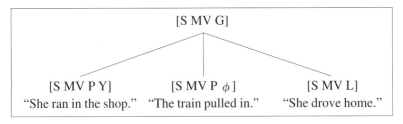

図2　[S MV G] 構文のネットワーク

ただし英語の移動表現において,経路は専ら構文主導に表されるわけではない.(1a) や (6) で見たように英語には,不変化詞自身が経路を想起させる場合もある.よって,構文主導の働きは基本的に,構文内に経路を表す要素が現れない場合にのみ明らかとなる.しかし,構文主導が常に語彙主導の補助として働くとは限らない.例えば,(抽象移動の例文であるが) to が (21) のように副詞的に用いられる場合は着点的意味が強調され,「正常な状態に達する(意識を回復する)」という意味になる.これは,to の目的語が欠如しているため,「目的語を着点とする経路」という to の本来持っている語彙主導の意味が出現しにくくなり,むしろ構文主導によって P にある to 自体が着点的に解釈された結果といえる.[8] このように,本来経路を含意している語彙であっても,構文主導により着点として解釈される場合がある.

---

[7] 本来スキーマ的にしか位置を示さない副詞ですら移動の着点として具体的に解釈される点は興味深く,構文の着点取り込みの強さをうかがわせる.

[8] ほかにも to には "put the door to"「ドアが元の位置に戻る」,"I installed the rocket wrong end to".「ロケットを正しい方に向ける」のような着点的副詞用法があり,to という語彙自体にも到達点指向が働いていると考えられる.

220   III. 語彙カテゴリー・文法カテゴリー，メタファー

(21)   He came to.

4.   構文主導の移動表現からみた Talmy (1991) の類型論の再考

　以下では 1, 2 節で取り上げた，Talmy (1991) の類型論における移動表現の
問題について，本稿の見解を示したい．タルミーによると，英語で Path はサ
テライトによって表され，サテライトは前置詞や副詞，(2a) の home のよう
な語彙名詞をメンバーとしていた．しかし，サテライトの意味として [Path +
Ground] の融合概念が容認される動機や，そこで用いられるサテライトが一
見 Ground のみしか表さないように見えることに対する理由が明確に示され
ていなかった．これに対して，本稿では [S MV G] 構文が構文主導で経路を
想起することを主張してきたが，これがタルミーの提唱する英語の Satellite-
frame の問題を明らかにすることを以下で示す．

(22) a.   She drove home (to her cottage in the suburbs)   (= (2a))
     b.   He ran in the shop.   (= (18))

　3 節で述べたように，(22a) では Path を表す個々の要素はないが，[S MV
G] が構文主導で着点をプロファイルし，*home* がその着点を具現化する．そ
の結果，*home* までの経路が想起される．つまり，タルミーがサテライトとす
るこの *home* は，語彙としては本質的には Ground であるが，構文主導によっ
て着点である *home* に至るまでの Path を構文全体で含意していると説明でき
る．それによって，サテライトが [Path + Ground] の融合概念を表すように
みえる．また，(22b) では，位置的前置詞の *in* とその目的語 *the shop* の複合
体が，[S MV G] 構文によって想起される着点を精緻化する．そして，その着
点に至るまでの経路が自然に想起される．しかし，*the shop* が具体的な内容
語として着点を精緻化するのに対し，P である *in* は *the shop* とイベントの関
係をつなぐ抽象的な位置関係を表す前置詞であるため，あたかも in が Path
を表すサテライトであるように捉えられてしまう．

　以上から，サテライトの共通点とは，[S MV G] 構文の G 位置に現れると
いう点であるといえる．そして，サテライトが Path を表すというのは簡略化
された説明であり，正確にいえば，サテライト自体が語彙主導で経路を表す場
合もあるが，必ずしもそうとは限らず，基盤として [S MV G] 構文主導が着
点を抽象的にプロファイルし，その抽象的着点に至る Path が自然に想起させ
る構造があり，抽象的着点を G に含まれる要素が精緻化する結果として，G

に含まれるサテライトがあたかも経路を含意しているようにみえる.

5. おわりに

　本論では，Satellite-frame に属す英語の周辺的な移動表現を手掛かりに，英語の移動表現には語彙主導と構文主導があることを示し，タルミーの主張する類型二分論の英語における Path とサテライトの関係をより的確に説明した．今後の課題として，この構文主導による Satellite-frame の説明が他言語にも当てはまることを確認するとともに，その通時的拡張について考察することによって，言語類型のさらなる精緻化を目指す.

主要参考文献

Croft, William, Johanna Barddal, Willem Hollmann, Violeta Sotirova and Chiaki Tao-ka (2010) "Revising Talmy's Typological Classification of Complex Event Con-structions," *Contrastive Construction Grammar*, ed. by Hans Boas, 201-236, John Benjamins, Amsterdam.

橋本進吉 (1969)『助詞・助動詞の研究』岩波書店，東京.

池上嘉彦 (1981)『「する」と「なる」の言語学——言語と文化のタイポロジーへの試論——』大修館書店，東京.

Langacker, Ronald (2008) *Cognitive Grammar*, Oxford University Press, Oxford.

中村芳久 (2003)「言語相対論から認知相対論へ——脱主体化と 2 つの認知モード」『日本エドワード・サピア協会研究年報』第 17 巻，77-93.

岡智之 (2013)『場所の言語学』ひつじ書房，東京.

宗宮喜代子・石井康毅・鈴木梓・大谷直輝 (2007)『道を歩けば前置詞がわかる』くろしお出版，東京.

Talmy, Leonard (1985) "Lexicalization Patterns: Semantic Structure in Lexical Form," *Language Typology and Syntactic Description III: Grammatical Categories and the Lexicon*, ed. by T. Shopen, 57-149, Cambridge University Press, Cambridge.

Talmy, Leonard (1991) "Path to Realization: A Typology of Event Conflation," *Berkeley Working Papers in Linguistics*, 480-519.

Tyler, Andrea and Vyvyan Evans (2003) *The Semantics of English Prepositions*, Cambridge University Press, Cambridge.

田中茂範・松本曜 (1997)『空間と移動の表現』研究社，東京.

米山三明 (2009)『意味論から見る英語の構造——移動と状態変化の表現を巡って』開拓社，東京.

英語の時間メタファー再考

岩崎　真哉

大阪国際大学

1.　はじめに

　本稿では，時間メタファーと時間参照枠（temporal frames of reference, t-FoRs）に焦点を当て，Langacker（1985, 1990a, 1990b, 2008）の主体性の観点からそれらを捉え直すことを目的とする．具体的には，話者が関連する場合は，時間メタファーと主体性のレベルを想定するべきであると主張する．

　本論の構成は以下の通りである．次節で，本論文に関係する時間メタファーの代表的な先行研究を概観する．3 節で Langacker の「主体性」を考察し，4 節で具体事例がどのように分析されるか提示する．最後に 5 節で結語を述べる．

2.　先行研究

　時間表現に関して，空間領域から時間領域へのメタファー写像に関する研究は，多くの研究者によってなされてきた（Lakoff and Johnson（1980, 1999），Fleischman（1982），Sweetser（1990），Moore（2000, 2004, 2006, 2014），Shinohara（1999），篠原（2007, 2008））．Lakoff and Johnson（1980）は，TIME IS A MOVING OBJECT と TIME IS STATIONARY AND WE MOVE THROUGH IT の 2 種類に分類した．前者は，時間が移動し（Moving Time metaphor），後者では，時間は移動せず，観察者（主体）が移動すると捉えられる（Moving Observer（あるいは Ego）metaphor）．

　このような伝統的な時間メタファーの考え方に対して，Moore（2006, 2014）は，Moving Time metaphor を Ego-centered Moving Time metaphor と SEQUENCE IS RELATIVE POSITION ON A PATH metaphor という 2 種類に分類した．Ego-centered Moving Time metaphor は（1）で，SE-

QUENCE IS RELATIVE POSITION ON A PATH metaphor は (2) で示される.

(1) a.　Christmas is coming.

　　b.　Spring is here.

　　c.　Summer is coming.

　　d.　Winter is gone.

(Moore (2006: 203-204))

(2) a.　A reception followed the conference.

　　b.　A reception will follow the conference.

　　c.　A reception always follows the conference.　　(e.g. every year)

(Moore (2006: 207))

(1) では,「視点」が特定的であり, (2) では視点が中立であるという特徴がある. 例えば, (1a) では,「クリスマス」が主体の方に近づいてくる, つまり, 主体の視点に関して表現が理解される. それに対して, (2) では動詞 follow が使用されているが, follow は「あるものの後に引き続く」を意味し, 主体の視点は, 表現の理解には介在しない. Moore は, Moving Time metaphor を 2 つに分けることによって, 時間メタファーの目標領域がより正確に記述することが可能になると主張している.

また, Evans (2013) は時間参照枠の分類を行っており, Lexical Concepts and Cognitive Models Theory の応用として時間参照枠を分析している (LCCM Theory, Evans (2009)). 時間参照枠は「時間軸上に出来事を位置付ける手段」と規定され, 時間参照枠を「直示的時間参照枠 (Deictic t-FoR)」, 「連続的時間参照枠 (Sequential t-FoR)」,「外的時間参照枠 (Extrinsic t-FoR)」の 3 つに分類している. それぞれ, 概略, 直示的時間参照枠は, 経験者の発話時における認識から構成され, 連続的時間参照枠は, 出来事の早遅関係などのように, 発話時に関係なく連続する出来事に関係し, そして, 外的時間参照枠は, カレンダー的な時間のように, 絶対的な時間として知覚される.

本多 (2011) の議論を参考にしながら以上の先行研究をまとめると表のようになる.

(3) a.　We are approaching Christmas.

　　b.　Christmas is approaching.

　　c.　Summer follows spring.

224　　　　　III.　語彙カテゴリー・文法カテゴリー，メタファー

（本多（2011: 34））

　　d.　Time flows on（forever）.　　　　　　　　　（Nomura（2015: 443））

例文	Lakoff and Johnson	Moore	Evans（2013）
（3a）	Time Experiencer	Moving Ego	Deictic t-FoR
（3b）	Moving Time	Ego-centered Moving Time	Deictic t-FoR
（3c）	Moving Time	sequence is relative position	Sequential t-FoR
（3d）		TIME IS A MOVER	Extrinsic t-FoR

表1.　時間メタファーの種類

　次に，主体（傍観者）は移動しているか，否かを考察する.

　本多（2011）は ego-centered Moving Time を主体参照型（直示型）MT
（4），ego-centered Moving Ego を主体参照型 ME（5），sequence is relative
position を環境参照型（6）と呼んでいる.　その中で，Moore の分析において，
i）環境参照型メタファーがなぜ・どのようにして移動概念と結びつくのか，
ii）その移動の方向性はどのようにして決まるのか，という疑問点をあげ，
Moore の分析がそれらの問いに答えるには十分ではない，と分析している.

　（4）　主体参照型：MT
　　　a.　Christmas is approaching.
　　　b.　Summer is coming.
　　　c.　Winter is gone.
　　　d.　Spring is here.
　（5）　主体参照型：ME
　　　a.　We're coming up on Christmas.
　　　b.　We passed the deadline.
　　　c.　We've reached June already.
　　　d.　We're in summer.
　　　e.　We're headed for fall.
　　　f.　Spring is behind us.
　（6）　環境参照型（sequence）
　　　a.　An explosion followed the flash.
　　　b.　A reception followed the conference.
　　　c.　Summer follows spring.

（本多（2011: 42–43））

また，本多 (2011) は Moving Time と Moving Ego のどちらでも「時間は静止しており，そこを人間が移動する」と考え，これを「ME 一元論」と呼ぶ．その証拠の一例として次の (7), (8) を見てみよう．両者の (7b), (8b) はどちらも「移動している」話し手からの状況の見えをそのまま記述している表現である，と分析される．一方，「ME 多元論」では，(7b) *Christmas is approaching* において，時点である Christmas がなぜ移動体と捉えることが可能であるのか，考察する必要があると分析している．

(7) a. We are approaching Christmas.

    b. Christmas is approaching.

(8) a. We are approaching Kyoto.

    b. Kyoto is approaching.

3. 理論的前提

本稿では，Langacker (1987, 1991, 1999, 2008) による意味で「主体性 (subjectivity)」という語を使う．特に，本稿で使用する Langacker の主体性は，場面，あるいは状況が描かれる際の視点の観点から理解される．主体・客体の違いは，知覚者と知覚される対象の違いに関連している（日本語文法における主体性の研究については，例えば，池上 (2003, 2004), 中村 (2004), Uehara (2006a, 2006b) などがある）．

Langacker (1985: 113) によると，主体的表現は「グラウンド，あるいはグラウンドのある様相を叙述スコープに含む表現」と定義づけられる．また，直示表現が解釈されるときは視点が関わっており，存在物が主体的に解釈されるときは，それは際立ちがなく非明示的である．一方，存在物が客体的に解釈されるときは，それは際立っており，注意の焦点が当てられる．直示・非直示とグラウンドの関係は図 1 に示される．

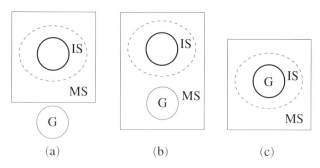

図1. 主体性のタイプ (Langacker (1990b: 319))

図1において，MS と IS はそれぞれ，最大スコープ (maximal scope) と直接スコープ (immediate scope) を指している．前者は，表現がその意味の基盤として喚起する概念内容の全てを表し，後者は最も直接的に関わっている最大スコープの一部を指す．G はグラウンドを表し，発話事態，参与者，そしてその直接的状況を指す．Langacker の定義によれば，図1 (a) において，太い実線の円はプロファイルされた存在物を表し，グラウンドは客体的に捉えられる．これは，G は叙述スコープには入っておらず，オフステージにあるためである．一方，図1 (b) では，G は最大スコープに含まれており，存在物はグラウンドとの関係において解釈される．この図1 (b) は，例えば，「昨日」・「明日」・「去年」という直示語を表す．最後に図1 (c) では，G は直接スコープに含まれており，プロファイルされている．このとき，G は客体的に解釈されていると言える．この図は「私」・「あなた」・「ここ」・「今」という直示語に適応される．ここまで見てきたような主体・客体の対立は次の例にも見られる．

(9) a. Vanessa is sitting across the table from me.
　　b. Vanessa is sitting across the table.

(Langacker (1990b: 328))

(9a, b) は同一の状況を描いているが両者には違いがある．それは (9a) では参照点として話し手が明示的に文中に現れているのに対して，(9b) では話し手が明示されていないということである．Vanessa と話し手の位置関係に関して，(9a) の across の意味は，オンステージ上いる話し手に関して解釈されるため，客体的であると言える．一方で，(9b) は，話し手が非明示的でありオフステージにいるため，across の意味は主体的に解釈される．

ここで注意したいのは，Langacker の主体性における概念化の主体は「話者」に限定されていないということである．

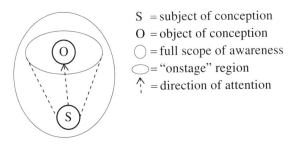

図 2. Langacker (2008: 260)

図 2 において，概念化の主体 S と概念化の対象 O は「観る側・観られる側」の関係を表し，subjectivity は「観る側性」とも呼ばれる（中村 (2016: 5))．

以上，この節では，本稿で重要な役割を果たす概念について説明してきた．次節では，主体・客体の対立という考え方に基づいて，グラウンドと時間メタファーの関係を考察していく．

4. 分析

議論を始める前に，電車の先頭車両に乗って，あなたが外を眺めているところを想像してほしい．概略，運転席から見ると線路は図 3 (a) のように見えるのではないだろうか．それに対して，図 3 (b) は自分が電車の座席に座って車窓から外を眺めているところを表している．

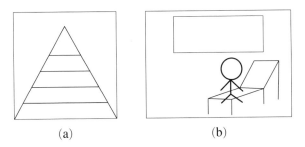

図 3. 視点の取り方

このような視点の取り方の違いに対する指摘は，主体性に関する議論の中で

これまで多く取り上げられてきた．例えば，町田 (2016) は，図 3 (a) のような認知主体が事態の参与者として自己もその事態に参加している構図を「事態内視点」と呼び，自己を傍観者的に見ている図 3 (b) の構図を「事態外視点」と呼んでいる．あるいは，もし図 3 (a) の構図で線路先に京都駅があり，話し手が「京都が近づいている」と言えば，中村 (2016) の I モードによる認知像を D モードで言語化している表現であると言えるであろう．以上のことを考慮に入れ，議論を進める．

以下，Iwasaki (2009) を修正し，時間メタファーを考えていく．まずメタファーレベルでは，本稿では Moving Ego metaphor と Moving time metaphor を仮定し，(10) は Moving Ego metaphor の例を表す．

(10) a. There is a bright future ahead of him.
　　　b. Spring is behind us.

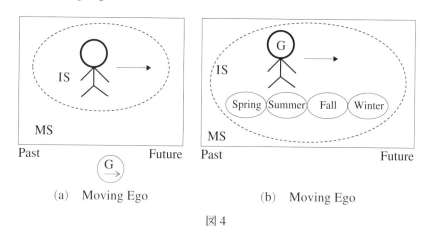

図 4

(10a) は直示が関わっていない Moving Ego metaphor の例で，グラウンドがオフステージ上に置かれている．これは，him が直示語ではなく，グラウンドが最大スコープにはないためである．言い換えると，(10a) では，グラウンドが状況を客体的に観察し，未来がその観察者の前方にあると言える．一方，(10b) も Moving Ego metaphor の例であるが，直示語である us が使われているためグラウンドがオンステージ上にある．図 1 (b) と (c) で見たように，直示語の場合，グラウンドが最大スコープに含まれている．ところで，グラウンドの下の矢印は，グラウンドが潜在的に移動可能であることを表している．

次に，Moving Time metaphor の例を考える．

(11) a. Summer is coming.
　　 b. Summer follows spring.

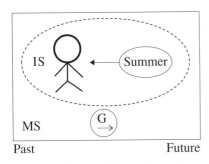
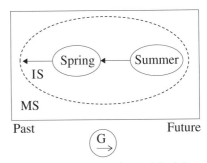

(a)　Moving Time (deictic)　　(b)　Moving Time (non-deictic)

図 5

　(11a) において，グラウンドは MS 上にある．なぜなら用いられている動詞 come は語彙的に何かが話し手の方に移動してくるということを意味するためである．一方で，(11b) では，グラウンドがオフステージ上にある．なぜなら，動詞 follow は語彙的に何かが何かの後に連続して引き続くということを意味し，その参照点は話し手ではないためである．言い換えると，グラウンドは時間の流れを客体的に観察していると言える．
　ここで注意したいのは，主体性のレベルでは，グラウンド，あるいはヒトが潜在的に移動可能であるということである．「時間」という目に見えないものを視覚化するには，目に見えるものを使って視覚化するしかない，と考えられる．例えば，「時よ止まれ」という歌詞を持った歌があるが，その状況を表すシーンではそれまで歩いていた人々が一斉に止まる，というものがある．あるいは，THE CURIOUS CASE OF BENJAMIN BUTTON という映画では，時計が反対に回り始めるシーンがあるが，人々が背を後ろにして戻っていく（つまりビデオの逆戻しのように）という動作で過去に戻っていることを表している．以上のように，可動なヒトによって目に見えない時間を表すのである．したがって，本稿では，G は移動可能であると考える．
　そこで次の文を考察する．(12a) は時間を空間に置き換えた，図 4 (b) で表され，(12b) は図 5 (b) で表される．話し手が移動し，だんだんと京都に近づいていることを描写していると考えられる．

(12) a.　We are approaching Kyoto.

b.　Kyoto is approaching.

（13）a.　We are approaching Christmas.

　　　b.　Christmas is approaching.

同じように，（13b）は図 5（b）で表され，メタファーレベルでは Moving
Time Metaphor を想定しているが，移動できるのはヒトであるから主体的に
クリスマスが近づきつつあることを述べている．

　Evans（2013）や本多（2011）の議論にもあるが，我々は移動可能であるた
め（14a）は問題はないが，（15b）では認知主体 us が明示的に言語化されてい
るため主体的に解釈することができず，物理的にロンドンは移動することはで
きず，容認不可能な文になっていると考えられる．

（14）a.　We are fast approaching Christmas.

　　　b.　We are fast approaching London.

（15）a.　Christmas is fast approaching us.

　　　b.　*London is fast approaching us.

Evans 自身が不自然であるとしている（16a）も客体的にランドマークとして
認知主体 us を明示することは状況を主体的に解釈することが難しくなるため
容認性が下がると本分析では説明できる．ただし，斜格にすると容認されるよ
うである．

（16）a.　?Christmas is approaching us.

　　　b.　Christmas is approaching.

　　　c.　Christmas is approaching towards us.

（Evans（2013: 90））

　以上の分析は，Nomura（2015: 450）が，時間の流れの概念は「自己」の動
きの主体化の結果である可能性があることを指摘していることにもつながると
考えられる．

5.　結語

　本稿では，時間概念は時間メタファーのレベルと主体性のレベルを考慮して
分析すべきであることを提案した．その理由は，時間は目に見えないものであ
るため，時間を把握するにはヒトの認知的な営みが重要な要因になると考えら

れるからである．そのように考えることにより，時間表現と fictive motion に表されるような主体的な移動表現を統一的に説明することが可能になると考えられる．

参考文献

Evans, Vyvyan (2009) *How Words Mean: Lexical Concepts, Cognitive Models and Meaning Construction*, Oxford University Press, Oxford.

Evans, Vyvyan (2013) *Language and Time: A Cognitive Linguistics Approach*, Cambridge University Press, Cambridge.

Fleischman, Suzanne (1982) "The Past and the Future: Are They *Coming* or *Going*?" *BLS*, 322-334.

本多啓 (2011)「時空間メタファーの経験的基盤をめぐって」『神戸外大論叢』62, 33-56.

池上嘉彦 (2003)「言語における「主観性」と「主観性」の言語的指標 (1)」『認知言語学論考3』, 山梨正明他 (編), 1-49, ひつじ書房, 東京.

池上嘉彦 (2004)「言語における「主観性」と「主観性」の言語的指標 (2)」『認知言語学論考4』, 山梨正明他 (編), 1-60, ひつじ書房, 東京.

Iwasaki, Shin-ya (2009) "A Cognitive Grammar Account of Time Motion 'Metaphors': A View from Japanese," *Cognitive Linguistics* 20, 341-366.

Lakoff, George and Mark Johnson (1980) *Metaphors We Live By*, University of Chicago Press, Chicago.

Lakoff, George and Mark Johnson (1999) *Philosophy in the Flesh*: *The Embodied Mind and Its Challenge to Western Thought*, Basic Books, New York.

Langacker, Ronald W. (1985) "Observations and Speculations on Subjectivity," *Iconicity in Syntax*, ed. by John Haiman, 109-150, John Benjamins, Amsterdam.

Langacker, Ronald W. (1987) *Foundations of Cognitive Grammar* vol. 1: *Theoretical Prerequisites*, Stanford University Press, Stanford.

Langacker, Ronald W. (1990a) "Subjectification," *Cognitive Linguistics* 1, 5-38.

Langacker, Ronald W. (1990b) *Concept, Image, and Symbol: the Cognitive Basis of Grammar*, Mouton de Gruyter, Berlin.

Langacker, Ronald W. (1991) *Foundations of Cognitive Grammar* vol. 2: *Descriptive Application*, Stanford University Press, Stanford.

Langacker, Ronald W. (1999) *Grammar and Conceptualization*, Mouton de Gruyter, Berlin.

Langacker, Ronald W. (2008) *Cognitive Grammar: A Basic Introduction*, Oxford University Press, Oxford.

町田章 (2016)「傍観者と参与者──認知主体の二つのあり方──」『ラネカーの (間) 主観性とその展開』, 中村芳久・上原聡 (編), 159-184, 開拓社, 東京.

232 III. 語彙カテゴリー・文法カテゴリー，メタファー

Moore, Kevin Ezra (2000) *Spatial Experience and Temporal Metaphors in Wolof: Point of View, Conceptual Mapping, and Linguistic Practice*, Unpublished Doctoral Dissertation, University of California, Berkeley, CA.

Moore, Kevin Ezra (2004) "Ego-based and Field-based Frames of Reference in Space to Time Metaphors," *Language, Culture, and Mind*, ed. by Michel Achard and Suzanne Kemmer, 151-165, CSLI Publications, Stanford.

Moore, Kevin Ezra (2006) "Space-to-Time Mappings and Temporal Concepts," *Cognitive Linguistics* 17, 199-244.

Moore, Kevin Ezra (2014) *The Spatial Language of Time: Metaphor, Metonymy, and Frames of Reference*, John Benjamins, Amsterdam.

中村芳久 (2004)「主観性の言語学：主観性と文法構造・構文」『認知文法論 II』，中村芳久（編），1-50，大修館書店，東京．

中村芳久 (2016)「ラネカーの視点構図と(間)主観性——認知文法の記述力とその拡張——」『ラネカーの(間)主観性とその展開』，中村芳久・上原聡（編），1-51，開拓社，東京．

Nomura, Masuhiro (2015) "Review: *Language and Time: A Cognitive Linguistics Approach*, by Vyvyan Evans, Cambridge University Press, Cambridge, 2013," *English Linguistics* 32, 442-453.

Shinohara, Kazuko (1999) *Epistemology of Space and Time*, Kwansei Gakuin University Press, Tokyo.

篠原和子 (2007)「時間のメタファーにおける図と地の問題」『メタファー研究の最前線』，楠見孝（編），201-216，ひつじ書房，東京．

篠原和子 (2008)「時間メタファーにおける「さき」の用法と直示的時間解釈」『ことば・空間・身体』，篠原和子・片岡邦好（編），179-211，ひつじ書房，東京．

Sweetser, Eve (1990) *From Etymology to Pragmatics: Metaphorical and Cultural Aspects of Semantic Structure*, Cambridge University Press, Cambridge.

Uehara, Satoshi (2006a) "Internal State Predicates in Japanese: A Cognitive Approach," *Cognitive Linguistics Investigations across Languages, Fields, and Philosophical Boundaries*, ed. by June Luchjenbroers, 271-291, John Benjamins, Amsterdam.

Uehara, Satoshi (2006b) "Toward a Typology of Linguistic Subjectivity: A Cognitive and Cross-Linguistic Approach to Grammaticalized Deixis," *Subjectification: Various Paths to Subjectivity*, ed. by Angeliki Athanasiadou, Costas Canakis and Bert Cornillie, 75-117, Mouton de Gruyter, Berlin.

IV.
英語表現・英語構文

非選択目的語を伴う英語使役移動構文から見る
動詞と構文の融合

貝森　有祐
東京大学

1.　はじめに

　本稿では，(1b) や (2) のような，非選択目的語を伴う英語使役移動構文について考察する．使役移動構文 (caused-motion construction) とは，[名詞句₁ 動詞 名詞句₂ 経路句] という統語形式を持ち，「名詞句₁ が名詞句₂ に何らかの働きかけを行い，その結果として，名詞句₂ が経路句の示す移動をする」という意味を表す構文のことである．

(1) a.　He cut the dough into the pot.
　　b.　He cut slices of dough into the pot.
(2) a.　He wiped the crumbs off the table.
　　b.　He broke some grapes off the branch.　　　　(鈴木 (2013: 114))

　(1a, b) はどちらも「生地を切りながら鍋に入れていく」という状況を表し，目的語として the dough と slices of dough が交換可能であるが，(1b) の目的語名詞句は動詞が選択するものではない (slices of dough 自体を切っているわけではない)．(2) でも，目的語名詞句は動詞が本来選択するものではない．(2a) における wipe は何らかの表面を目的語としてとる動詞であり (cf. He wiped the table / *He wiped the crumbs)，(2b) の状況で折られているのはぶどうではなく枝である (cf. He broke the branch / *He broke some grapes (「ぶどうを外す」という解釈で容認不可))．(2) では，本来の目的語が前置詞句内に降格されていると考えられることもある (cf. 鈴木 (2013: 114-116)，田辺 (2014))．以上のように，動詞が元々は選択していない目的語は「非選択目的語」と呼ばれる．

　特に (1b) と (2b) は，詳しくは 2 節で見るように，Goldberg (1995) の構文文法 (Construction Grammar) における動詞と構文の融合からすると問題を

提起する事例である．本稿では，これらの事例を動詞と構文の融合の観点から
どのように扱うことができるのか検討し，次の2点を主張する．①（1）のよ
うに選択目的語と非選択目的語が交換可能である事例は，同一ベース上のプロ
ファイルの違いとして捉えられる．②（1）や（2）のような事例を適切に扱う
ためには，働きかけもしくは変化を受ける参与者どうしの関係を考慮に入れる
必要がある．

2.　Goldberg の構文文法における動詞と構文の融合

2.1.　動詞と構文の融合 (Goldberg (1995: Ch. 2))

　（3）を見てみよう．動詞として sneeze が用いられているが，sneeze は通常
であれば目的語をとれない（*Pat sneezed the napkin）．加えて，sneeze 自体
は「何かを移動させる」という使役移動の意味を持たないにもかかわらず，（3）
は節全体で「くしゃみをしてナプキンを吹き飛ばした」という使役移動の意味
を表す．このように，（3）では節全体の特徴を動詞のみから導くことができな
い．

　　（3）　Pat sneezed the napkin off the table.　　　　　（Goldberg (1995: 3)）

Goldberg によれば，（3）は次のように説明される．[名詞句₁ 動詞 名詞句₂ 経
路句] という統語形式に「何かを移動させる」という意味が結びついており，
動詞から導かれない節全体の特徴は使役移動構文から与えられる．つまり，節
の形式と意味は sneeze と使役移動構文の融合 (fusion) によって決定される．
　具体的には，sneeze と使役移動構文が指定する役割が融合する．sneeze は
「誰かがくしゃみをする」という出来事を表しており，この出来事に関与する
役割として **sneezer**（くしゃみをする主体）を指定している．動詞が指定する
役割は参与者役割 (participant role) と呼ばれる．**sneezer** が太字で示されて
いるが，太字はそれがプロファイル (profile) された役割であることを表して
いる．プロファイルされた参与者役割は義務的に言語化されるか，言語化され
ない場合には定解釈 (definite interpretation) を受けなければならない (Gold-
berg (2005: 224) も参照)．使役移動構文は「使役主体が何かをどこかに移動
させる」という抽象的な意味を表し，**cause**（使役主体），**theme**（移動体），
path（経路）という役割を指定している．[1] 構文が指定する役割は項役割 (argu-

---

[1] Goldberg (1995) では経路句に相当する役割を基本的には goal（着点）としているものの，

ment role) と呼ばれる．太字の役割はそれらがプロファイルされた役割であることを表し，主語，直接目的語，間接目的語に結び付けられる項役割は全てプロファイルされる．

sneeze の参与者役割と使役移動構文の項役割は図1に示す形で融合するが，融合には2つの制約が課される．1つは「一方の役割がもう一方の役割の具体例として解釈できなければならない」とする意味的一貫性の原則（The Semantic Coherence Principle），もう1つは「プロファイルされた参与者役割はプロファイルされた項役割と融合しなければならない」とする対応関係の原則（The Correspondence Principle）である．**sneezer** は **cause** の具体例であるとみなすことができ，かつプロファイルされた参与者役割である **sneezer** がプロファイルされた項役割である **cause** と融合しているため，両原則を満たす．sneeze 自体は **theme** と path に相当する参与者役割は持たないものの，これらに相当する役割は構文から与えられ，それぞれ目的語，斜格語句（oblique）として言語化される．CAUSE-MOVE は使役移動の意味を表す．R は動詞がどのように構文に統合されるかを指定しており，この場合は使役移動の手段として統合される．

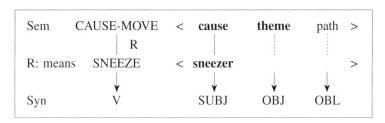

図1　使役移動構文 + sneeze（Goldberg (1995: 54) より一部改変）

2.2. 問題点：Goldberg の表示法では扱えない事例

Goldberg の表示法は自動詞が非選択目的語を伴う（3）の事例は問題なく扱える．しかし，状態変化動詞が非選択目的語を伴う事例を扱おうとすると問題が生じる．(1a) は図2 (a) のように表示できる．cutter（切る主体）が **cause** と，**cut-entity**（切られる対象）が **theme** と融合し，それぞれ主語と目的語として言語化される．(1a) は Goldberg の表示法でも扱える一方，(1b) の扱い

本稿では，off the table のような起点も含め，かつ静的場所ではないことを明示するため，path（経路）という役割を用いる．

は問題となる．目的語名詞句である slices of dough は「鍋に入る」という移動を受けるため theme であると考えられるが，(1b) が表す状況において「生地のスライス」自体が切られているわけではないため cut-entity としてはみなせない．つまり，theme と cut-entity が融合するとみなせない．[2] (2b) は，動詞と構文の融合を図 2 (b) のように考えざるを得ないが，そうするとプロファイルされた参与者役割である broken-entity（壊される対象）がプロファイルされていない項役割である path と融合することになり，対応関係の原則に違反する．[3, 4]

(a) (1a) における役割の融合　　(b) (2b) における役割の融合

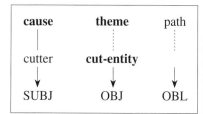 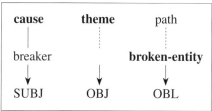

図 2　(1a) と (2b) における動詞と構文の融合

以上のように，Goldberg の説明では捉え切れない事例が存在する．このことは，Goldberg が動詞や構文の意味を単なる役割のリストとして表示していることに起因するものと思われる．以下では，背景的情報も示すことができる

---

[2] cut の参与者役割を Goldberg は示していないものの，状態変化動詞である break の参与者役割を Goldberg (2014: 125) は〈breaker（壊す主体）**broken-entity**（壊される対象）〉と表示しているため，ここではそれに倣った．breaker がプロファイルされていないのは，The bricks broke のような自動詞用法が存在するからであるとされる．cut には自動詞用法がないと考えられることが多いものの (*The cake cut)，Levin & Rappaport Hovav (2013: 54-57) によれば，動作主が持続的に関与することなしに対象が切れる状況であれば自動詞用法が可能となる場合があるため (… the rope cut on the rock …)，それを踏まえてここでは cutter をプロファイルせずに表示している．状態変化動詞の参与者役割については，奥野 (2003: 166-167)，Stefanowitsch (2001: 266-272) も参照．

[3] なお，Goldberg (1995: 189-190) は wipe の参与者役割を〈**wiper**（拭く主体）wiped（拭かれる対象）〉としているため，(2a) においては path と wiped が融合すると想定したとしても対応関係の原則には違反しない．

[4] Goldberg (2005: 226-227) は，対応関係の原則は default principle であり，目的語脱プロファイル構文 (例：Owls only kill at night) といった特定の構文によって覆されることがあるとしている．しかし，使役移動構文のように対応関係の原則に従うと考えられている構文についても一定の例外があるとすれば，この原則が適切なものであるのか疑問となってくる．

行為連鎖の表示法を用いることで，(1) や (2) の事例をより自然な形で捉えられることを論じる．

3. 準備

3.1. 行為連鎖 (Langacker (1990: Ch. 9))

　行為連鎖 (action chain) とは，エネルギー伝達の観点から参与者間の相互作用を捉えた事象構造のモデルである．図 3 (x) は，「フロイドがハンマーを使ってガラスを割った」という事象を表している．Floyd から the hammer にエネルギーが伝達され，さらに the hammer から the glass にエネルギーが伝達されることで，the glass が壊れた状態 (broken state; 図 3 では四角の b) に変化することを表している．円は参与者，白抜き矢印はエネルギーの伝達，先端に四角を伴う単線矢印は変化とその結果状態を表す．図 3 (x) のような構造全体はベース (base) と呼ばれ，意味を理解する背景的要素として機能する．

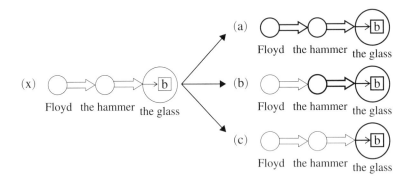

図 3　行為連鎖 (Langacker (1990: 217) より改変)

　図 3 (x) のどこが焦点化されるか，つまりプロファイルされるかによって言語表現が異なってくる．太線はその部分がプロファイルされていることを表し，プロファイルされた要素は言語化される．図 3 (a) では全ての要素がプロファイルされているため，(4a) のように Floyd, the hammer, the glass が言語化される．図 3 (b) では Floyd がプロファイルされていない．Floyd は事象に関与しているものの（ハンマーがひとりでにガラスを叩き割るわけではない），背景化され，(4b) のように言語化される．図 3 (c) では Floyd と the hammer がプロファイルから外れているため，(4c) のように the glass のみが

言語化される．このように，行為連鎖のプロファイルされた部分における始点参与者が主語として，終点参与者が目的語として言語化される．以上の点からすると，(4) の各文が基本的には同じ状況を表しているにもかかわらず言語表現が異なるのは，同一ベースを共有しながらもプロファイルの仕方が異なっているからであると説明される．

(4) a. Floyd broke the glass with the hammer.　(Langacker (1990: 216))
　　b. The hammer broke the glass.　　　　　　　　　　　　(ibid.)
　　c. The glass broke.　　　　　　　　　　　　　　　　　　(ibid.)

3.2. 使役移動構文における経路句の種類

使役移動構文における経路句には，大きく次の3種類が認められる．(5a) では目的語参与者が移動する起点，(5b) では中間経路，(5c) では着点が指定されている（本稿では，起点，中間経路，着点を包摂する用語として「経路」を用いる）．[5] それぞれの使役移動構文は，行為連鎖を用いて図4のように表せる．図4において，四角は場所を表し，単線矢印は参与者の移動を表している．図4 (a) は参与者が何らかの場所から移動すること，図4 (b) は何らかの場所を通過して移動すること，図4 (c) は何らかの場所に移動することを表している．

(5) a. He sneezed the napkin <u>off the table</u>.　　　　　　［起点指定］
　　b. He threw a brick <u>through the window</u>.　　　　　　［中間経路指定］
　　c. He kicked the football <u>into the stadium</u>.　　　　　［着点指定］

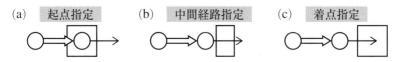

図4　使役移動構文における経路句の種類

3.3. 本稿における動詞と構文の融合の表示法

行為連鎖を用いると，(3) における動詞と構文の融合は図5のように表示で

---

[5] 例文の下線は筆者による強調．なお，She kicked him [起点]out of the house [中間経路] through the back door のように，単一節内に複数の経路句が現れることもあるが，それぞれの経路句が併せて1つの経路を表しているとみなせる場合には複数の経路句が共起することが可能である (Goldberg (1991))．

きる．sneeze 自体は「パットがくしゃみをする」という事象を表すものの，使役移動構文と融合することで「ナプキンがテーブルから吹き飛ぶ」という移動事象が与えられる．また，sneeze は通常であれば自動詞であるためエネルギーの伝達を表さないものの，くしゃみによる息の放出が強ければ何かを動かす可能性があるため，使役の潜在性は持っていると考えられる（このことは，図5「動詞 sneeze」における破線の白抜き矢印によって表している）．使役移動構文で用いられることでこの使役の潜在性が活性化され，結果として「くしゃみをすることで移動させる」という意味を持つようになる（Langacker（2005: 147–150））．

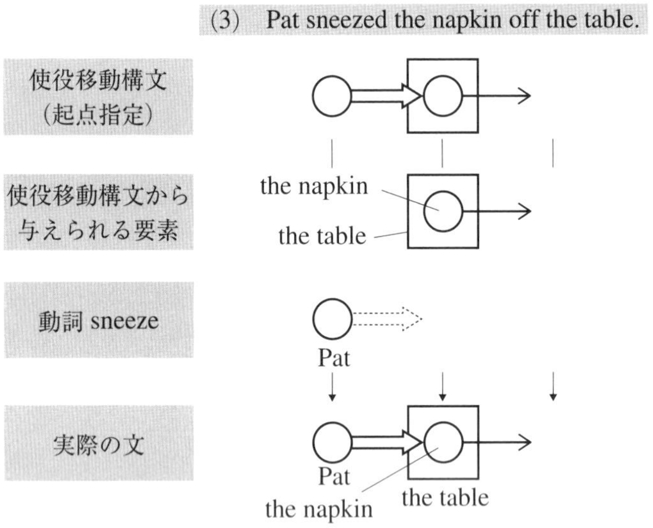

(3)　Pat sneezed the napkin off the table.

使役移動構文
（起点指定）

使役移動構文から
与えられる要素

the napkin
the table

動詞 sneeze

Pat

実際の文

Pat
the napkin　the table

図5　行為連鎖による動詞と構文の融合の表示

4.　選択目的語と非選択目的語が交換可能である事例

　3節の道具立てを用いて，先ずは（1a, b）の事例を検討してみよう．（1a, b）はどちらも「生地を切りながら，切った生地をそのまま次々と鍋へと入れていった」（cf. 刀削麺）という状況を表しているが，目的語として the dough と，生地を切った結果として生じる slices of dough が交換可能である．

　（1a, b）は，図6のように示すことができる．図6（1a, b）において，動詞 cut 自体は「生地を切る」という状態変化事象を表すものの，使役移動構文か

らそれぞれ「{生地（部分）／生地のスライス}が鍋に入る」という移動事象が与えられ，結果として使役移動の意味を表すようになる．ここで注目したいのは，「切る」という行為を受ける参与者である「生地（全体）」と，「鍋に入る」という移動を受ける参与者である「生地（部分）／生地のスライス」の間に，[全体－部分]という緊密な関係が成立しているということである．この関係に基づいて両者が統合され，図6「実際の文」の構造となる．[6]

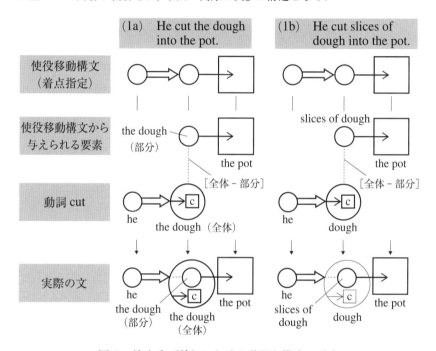

図6 （1a）と（1b）における動詞と構文の融合

図6を見ると，（1a, b）では同じベースを共有しつつもプロファイルが異なっていることがわかる．（1a）では目的語として the dough が現れており，the dough は「生地（全体）」も「生地（部分）」も表すことができるため，図6「実際の文」の構造では両方がプロファイルされている．一方，（1b）では目的語として slices of dough が現れているため，図6「実際の文」の構造におい

---

[6] ここでの全体と部分は，同一物の異なる活性領域（active zone; Langacker (1990: Ch. 7)）であると考えられる．行為連鎖の様々な側面に活性領域が関与することは極めて一般的なことである (cf. Langacker (1990: 219-220), 中村 (1997: 232-237, 2004: 12-16)).

てプロファイルされるのは「生地のスライス」のみである．このように，(1a)
と (1b) では同じベースを共有しながらもプロファイルが異なり，そのため，
基本的には同じ状況を描写しているにもかかわらず言語表現が異なっていると
考えられる．

5. 本来の目的語が前置詞句内に降格されていると考えられている事例

次に (2a, b) を検討しよう．類例としては，働きかけ他動詞を伴う事例とし
て (2a) のほかに (6)，状態変化動詞を伴う事例として (2b) の他に (7) もあ
る．

(6) I washed the mud off the car. (Langacker (1999: 327))
(7) She melted the handle off the coffee pot. (鈴木 (2013: 114))

例えば (2a) と (2b) は図7のように表示できる．図7 (2a) において，
wipe 自体は「彼がテーブルを拭く」という事象を表すものの，使役移動構文
から「くずがテーブルから落ちる」という移動事象が与えられる．ここでは，
「拭く」という行為を受ける参与者である「テーブル」と，「テーブルから落ち
る」という移動を受ける参与者である「くず」の間に［表面接触］という関係
がある．それぞれ別個の参与者であるものの，［表面接触］という密接な関係
に基づいて両者が統合され，最終的には「実際の文」のような事象構造になる
と考えられる．(2b) も同様である．「折る」という行為を受ける参与者である
「枝」と，「枝から外れる」という移動を受ける参与者である「ぶどう」の間に
は［全体－部分］という密接な関係があり，この関係に基づいて両者が統合さ
れる．[7]

---

[7] 例えば (2a) において，参与者間の［表面接触］という関係よりも，wipe 事象と移動事象
に同じ the table が関与していることのほうが重要であると思われるかもしれない．しかし，
*He wiped a leg off the table（テーブルを拭いた結果として脚が外れた）と言うことができ
ないことからもわかるように，2 つの事象間で the table が共有されていれば常に容認可能と
なるわけではない(He broke a leg off the table は容認可能)．wipe や wash では［表面接触］，
break や melt では［全体－部分］というように，動詞が表す行為によって可能な参与者間の
関係が異なってくるように思われる．そのため，ここではそれぞれの事象における［参与者
(the table)－場所 (the table)］の関係ではなく，［参与者 (the table)－参与者 (the crumbs)］
の関係に注目する．

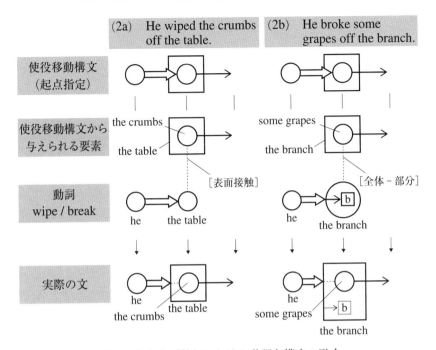

図7　(2a) と (2b) における動詞と構文の融合

　ここで注意したいのは，図7の「使役移動構文」では白抜き矢印が参与者（円）に向かっている一方，「実際の文」では場所（四角）に向かっており，この点において食い違いがあるということである．(2a) では「くず」自体を拭いているわけではなく，(2b) でも「ぶどう」自体を折っているわけではないため，「実際の文」の構造では場所（テーブル／枝）（もしくは，場所と移動する参与者（くず／ぶどう）の両方）に対して働きかけが行われていると考えるのが妥当であるが，この点で「使役移動構文」の構造と食い違っていてもいいのだろうか．本稿では，(2a, b) のような非選択目的語使役移動構文の構造は，通常の使役移動構文の構造からの拡張として捉えられると考える．つまり，非選択目的語使役移動構文の構造は，通常の使役移動構文の構造を完全に精緻化したものではないものの，［表面接触］や［全体－部分］といった密接な関係に基づいて拡張したものである．食い違いは最小限であり，拡張として自然なものであるといえる．

　以上のように，(1a, b), (2a, b), (6), (7) のような事例を融合の観点から捉える場合，動詞が指定する参与者と構文が指定する参与者の関係を考慮に入れ

る必要がある．このような参与者間の関係は，動詞と構文の意味を役割のリストとして表示する Goldberg のアプローチでは捉えることが困難なものである．

6. 関連する先行研究との比較

最後に，本稿で考察した事例を扱っている先行研究と比較してみよう．奥野 (2003) は構文融合という考え方を導入し，(1a) のような事例については結果構文と使役移動構文の融合，(2a) や (6) のような事例については他動詞構文と使役移動構文の融合として説明している．例えば He broke the walnuts into the bowl は図 8 のように示される．break に Goldberg (2014) とは異なる参与者役割である **breaker** (割る主体)，**broken** (割られる対象)，'broken' (割れた結果状態) を想定している．項役割と参与者役割が 2 対 1 で融合することが可能であり，特に **broken**[1] (クルミ全体) は結果構文の **patient**，**broken**[2] (クルミの中身) は使役移動構文の **theme** と結び付くとされる．奥野の分析は，状態変化を受ける参与者と移動を受ける参与者の関係に注目している点で本稿の分析と共通するものの，本稿の観点からすると，構文どうしの融合を想定する必要はない．本稿ではどちらの場合についても，動詞と使役移動構文が融合しているものと考える．

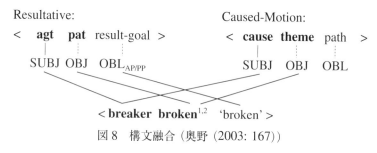

図 8 構文融合 (奥野 (2003: 167))

Langacker (1999: Ch. 11) は，wash は多義的であり，図 9 に示す 2 つの意味を持つため，I washed the car [WASH$_1$] と I washed the mud off the car [WASH$_2$] が可能になるとしている．同一のベースを共有しつつも異なるプロファイルが課されている．図式の描き方で多少異なる部分はあるものの，図 9 (b) を見るとわかるように，Langacker の図式は本稿の図式と共通するところが多い．しかし，(7) における melt のように，本来は除去の意味を表すとは考えづらい動詞もこの構文で用いられることからすると，単に動詞の多義であ

ると言うだけでは不十分である．構文に一定の生産性があることを認め，動詞と構文の相互作用を想定する必要がある．wash や wipe については非選択目的語使役移動構文で繰り返し生起することから，この用法が動詞の意味として十分に定着していると考えてよいものと思われるが，melt については wash や wipe ほどは動詞の意味として定着しておらず，構文から使役移動の意味が与えられると考えるのが妥当である（cf. Langacker (2005: 147-155)）．

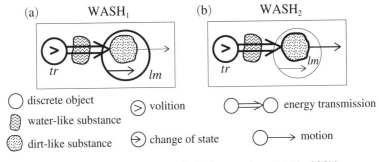

図9　動詞 wash の2つの意味（Langacker (1999: 328)）

田辺 (2014) は，John wiped the table のような例に対して図 10 (a)，John wiped the crumbs from the table のような例に対して図 10 (b) の事象フレームを想定し，ある文の意味が図 10 (b) の事象フレームを事例化する時，その文が非選択目的語使役移動構文（田辺のいう本来目的語降格型使役移動構文）として認可されるとしている．円は参与者，四角は場所，白抜き矢印は力の行使，単線矢印は参与者の移動，太線はプロファイルをそれぞれ表している．破線の円及び破線の単線矢印は，その参与者の存在及び移動が任意であることを表している．田辺も Langacker と同様，同じベースに対して異なるプロファイルが課されるものとして考えているものの，図 10 (a) と (b) が動詞の多義ではなく文を認可する事象フレームであるとしている点では Langacker と異なる．本稿は田辺の分析を基本的な点では受け入れているものの，田辺は「ある文の意味が図 10 (b) の事象フレームを事例化すると判断できる場合に容認可能となる」と言うに留まり，動詞と構文の果たす役割が明らかではない．本稿の分析は，田辺の言う事象スキーマによる事例化について，動詞と構文の融合の観点からより具体的に示したものであると言ってもよいだろう．

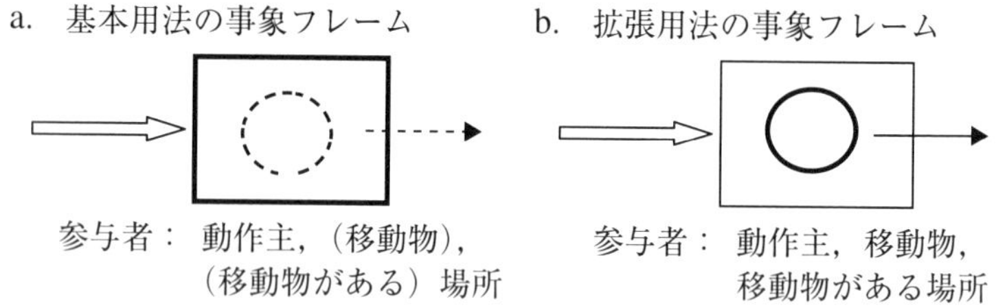

a. 基本用法の事象フレーム　　　　b. 拡張用法の事象フレーム

参与者：　動作主，（移動物），　　　参与者：　動作主，移動物，
　　　　　（移動物がある）場所　　　　　　　　移動物がある場所

図 10　基本用法と拡張用法の事象フレーム（田辺（2014: 141））

7. 結語

　本稿では動詞と構文の融合について検討し，Goldberg（1995）の枠組みでは扱いが困難である事例を行為連鎖の観点から扱えることを示した．特に，①選択目的語と非選択目的語が交換可能である場合，同一ベース上のプロファイルの違いとして捉えられること，②動詞と構文の融合において参与者どうしの関係を考慮に入れる必要があること，の2点を主張した．今後の課題は，動詞と構文の融合における制約を具体的に示すことである．Goldberg は融合に課される2つの制約を設定しているが，本稿の観点から融合の制約をどのように捉え直すことができるのか検討する必要がある．

参考文献

Goldberg, Adele E. (1991) "It Can't Go Down the Chimney Up: Paths and the English Resultative," *BLS* 17, 368–378.

Goldberg, Adele E. (1995) *Constructions: A Construction Grammar Approach to Argument Structure,* University of Chicago Press, Chicago.

Goldberg, Adele E. (2005) "Constructions, Lexical Semantics and the Correspondence Principle: Accounting for Generalizations and Subregularities in the Realization of Arguments," *The Syntax of Aspect: Deriving Thematic and Aspectual Interpretation,* ed. by Nomi Erteschik-Shir and Tova Rapoport, 215–236, Oxford University Press, Oxford.

Goldberg, Adele E. (2014) "Fitting a Slim Dime between the Verb Template and Argument Structure Construction Approaches," *Theoretical Linguistics* 40 (1-2), 113–135.

Langacker, Ronald W. (1990) *Concept, Image and Symbol: The Cognitive Basis of Grammar,* Mouton de Gruyter, Berlin.

Langacker, Ronald W. (1999) *Grammar and Conceptualization*, Mouton de Gruyter, Berlin.

Langacker, Ronald W. (2005) "Construction Grammars: Cognitive, Radical, and Less So," *Cognitive Linguistics: Internal Dynamics and Interdisciplinary Interaction*, ed. by Francisco J. Ruiz de Mendoza Ibáñez and M. Sandra Peña Cervel, 101–159, Mouton de Gruyter, Berlin.

Levin, Beth and Malka Rappaport Hovav (2013) "Lexicalized Meaning and Manner/ Result Complementarity," *Studies in the Composition and Decomposition of Event Predicates*, ed. by Boban Arsenijević, Berit Gehrke and Rafael Marín, 49–70, Springer, Dordrecht.

中村芳久 (1997)「認知構文論」山中猛士先生退官記念論文集編集委員会 (編)『英語のこころ：山中猛士先生退官記念論文集』225-240, 英宝社, 東京.

中村芳久 (2004)「主観性の言語学」『認知文法論 II』, 中村芳久 (編), 3-51, 大修館書店, 東京.

奥野浩子 (2003)「結果構文に対する『被動者制約』と構文融合」『人文社会論叢 人文科学篇』第9号, 159-170.

Stefanowitsch, Anatol (2001) *Constructing Causation: A Construction Grammar Approach to Analytic Causatives*, Doctorial dissertation, Rice University.

鈴木亨 (2013)「構文における創造性と生産性：創造的な結果構文における非選択目的語の認可のしくみ」『山形大学人文学部研究年報』第10号, 109-130.

田辺英一郎 (2014)「本来の目的語が PP 内に降格された使役移動構文」『国際文化研究』第20号, 131-144.

レトリックとしての No more A than B 構文[*]

廣田　篤
金沢大学大学院

1.　はじめに

　本稿の目的は，No more A than B 構文に対して，「レトリック（修辞法)」という観点からアプローチを試み，従来の研究には見られない，当該構文に反映した捉え方（認知）を新しく提示することである．本稿では，No more A than B 構文の分析の足がかりとしてクジラ構文を取り上げる．[1] クジラ構文は頻度（frequency）という観点からみれば決して当該構文のプロトタイプとはいえないが，認知的に際立った特徴が見られるからである．それを基に，そうした認知的特徴が No more A than B 構文一般にどこまで敷衍できるのか検討を試みた上で，最終的に，当該構文の〈意味論的意味〉と〈構文的意味〉の差異を，「レトリック」という側面から明らかにする．

2.　クジラ構文の意味構造とレトリック

2.1.　クジラ構文の意味構造分析
　クジラ構文の代表例は以下の通りである．[2]

　(1)　A whale is no more a fish than a horse is.
　　　（ウマが魚類でないように，クジラは魚類でない.）

---

　[*] 本稿は，長年にわたりお世話になった前指導教員である中村芳久先生の叱咤激励，現指導教員である堀田優子先生の熱の込もった忍耐強い指導，さらに KWON, Hee Jung 先生の貴重な助言を頂けたことではじめて脱稿できた．ここに改めて感謝の意を表したい．
　[1] クジラ構文の意味構造の詳細な分析は，廣田 (2017) で試みている．
　[2] クジラ構文には，そのほかに，以下のタイプのものが比較的よく知られている．A dolphin is no more a fish than a dog (is). / A bat is no more a bird than a horse (is).「クジラ構文」の厳密な定義については，注 12 を参照．

実際の構文分析にあたっては，以下の Langacker (2009: 60) の記述を指針とする．

To describe a construction fully, one has to specify:
(i) the meaning of each component element
(ii) how these meanings are *integrated to form composite conceptions* at different levels of organization; and
(iii) how the construction relates to others (its position in intersecting networks of constructions and constructional variants).

(イタリックは筆者)

すなわち，(i) component structures の 1 つ 1 つの意味構造を特定・記述した上で，(ii) それらを合成して composite structures を同様に描き，その composite structures が今度はより高次の構造の component structures になるため，(i)(ii) のプロセスを繰り返すことで，最終的に文全体の意味構造を記述することができる，ということである．(なお，(iii) は，当該構文がより広域的な構文ネットワークの中のどこに位置づけられるか，他の関連構文とどのような関係にあるかを記述するものであり，本稿の焦点的なトピックではない．) Langacker のこうした構文分析手法をクジラ構文に適用すると，以下の図 1 のようになる．

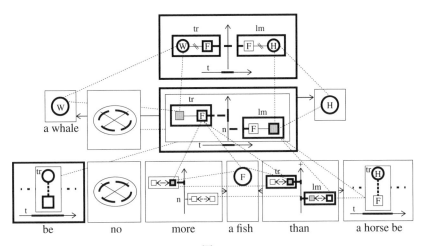

図 1

最下段の6つ及び中段最左のボックスが構文の個々の構成要素の意味構造である。ただし，紙幅の都合上，最下段最右のボックスについては始めから 'a horse' と 'is' の合成構造を示してある（便宜上，細線の四角の「F」は，実際には言語化されていないが (a) Fish の表示として用いている）。図1の最上段が，最下段の component structures から順次合成されたクジラ構文（ウマが魚類でないように，クジラは魚類でない）の意味構造である。Langacker の慧眼は，個々の構成要素の意味をイメージとして捉え，そうして視覚化されたものを構造図として記述し，文全体の意味の合成も構造図の上での合成として示す方法（notation）を確立した点にある。先に提示した Langacker (2009: 60) の構文分析手法のうちイタリックで示した箇所が特に重要な着眼点で，上位構造に合成されるのはいわゆる「規則」に基づく純粋な「構造」ではなく，「概念」つまり「意味」である。その点において，形式意味論の「構成性の原理」とは明確に異なり，合成された構造は単に構成部品（building blocks）を組み立てて出来上がったものではなく，意味のレベルでの「統合」に重点が置かれる。[3] ただ，図1の最高次の意味構造はクジラ構文の〈意味論的意味〉を表示してはいるが，図には表しきれていない意味的な側面もある。それはすなわち，〈構文的意味〉にほかならない。なかでも，中段から最上段への合成のプロセスを特に詳しくみる必要がある。ただし，本稿の主な関心は，中段の合成構造で，more A than B の意味構造に対して 'no' による「否定」の意味の寄与が加わったときに意味レベルで何が起きるのか，またその結果得られる最上段の composite structures の〈意味論的意味〉と〈構文的意味〉の間のギャップを埋めることができるとすれば，それは何によるか，という点にある。結論からいえば，本稿では，そうした働きをするものは「レトリック」として特徴づけられると主張する。そしてクジラ構文においては，「否定」の意味の寄与こそ「レトリック」の本質的要素である。また，その場合の「レトリック（修辞性）」とはどのようなものであるか，第3節で具体的にかつ詳細に検討し，それが No more A than B 構文一般においてどのように機能するかを明らかにする。

---

[3]「合成性の原理」とは，辻編（2002: 73）によると，構成要素の意味を規則にしたがって組み合わせれば合成表現の意味が得られる，という考え方のことを指す。続けて，『認知言語学では，合成性の原理が描く「完全な合成性」は，普通は成り立たず，合成表現の意味は，構成要素の意味によって動機づけられはするが，完全には決定されず，構成要素の意味の総和に還元できない側面をもつとする「部分的合成性」の立場をとる。』と記述されている。

2.2. クジラ構文の認知とレトリック

　クジラ構文に見られる「修辞的効果」は，非常に大きいといえる．それは図1の最上段で表された文全体の文字通りの意味である〈意味論的意味〉が，〈構文的意味〉を完全には反映していないことからも裏づけられるが，その理由は主に以下の点にある．つまり，クジラ構文の先行命題（「クジラは魚類である」）の否定が「プロトタイプ・カテゴリー観」に基づく言説であるのに対し，後行命題（「ウマは魚類である」）の否定は前者と対照的な「古典的カテゴリー観」に基づく言説であり，両者の間に際立った認知的差異が存在するためである（本稿では，平沢（2012: 50）の定義に従い，クジラ構文に関して，than の前の部分から no more を除いた部分によって表される節を先行命題，than の後ろの部分からなる節（意味的に a fish を補ったもの）を後行命題と呼ぶ）．両命題は互いに異なる捉え方（カテゴリー化の仕方）に基づいているにもかかわらず，話し手は先行命題が〈偽〉であることの根拠として，後行命題の真偽を引き合いに出している．そこでは，両命題の成立可能性を純粋に比較しているというよりも，むしろ問題（関心の的）となっている先行命題が実は〈偽〉であることを聞き手に納得させるために，明らかに〈偽〉である後行命題をわざわざもちだした上で，両者の成立可能性に差がないと言明することで，その先行命題も実は〈偽〉であるということを示す「修辞的な説得」の構図になっているといえる．こうした回りくどい説得のための話法は，「レトリック」の一種として特徴づけられる．先行命題の〈偽〉を主張する根拠となるべき後行命題として，あえて「成立可能性がゼロである命題」を選択することで，比較の対象である両命題の「差分がゼロ」という意味論的意味に加えて，「レトリック」としての構文的意味が成立し，そこではじめて説得のための「修辞的効果」が生じてくるといえる．

3.　No more A than B 構文と修辞性

　本節では，前節までの議論を踏まえて，「クジラ構文」の構文スキーマである No more A than B 構文の具体事例に，「修辞性」がどのように関わっているかを実際に検討する．[4]

---

　[4] 本稿では，言語表現レベルの「修辞性」と談話機能レベルの「修辞的効果」を区別する．

3.1. 修辞性の定義とクジラ構文にみられるレトリック

　本稿では，「修辞的効果」を，先行命題（「クジラは魚類である」）と後行命題（「ウマは魚類である」）の成立可能性の間にある「ギャップ」から生じるインパクトとして定義する．すると，そのギャップが構文特有の〈構文的意味〉を生じさせる効果をもつと考えられる．より正確にいうと，No more A than B 構文において，先行命題の成立可能性が，実は，後行命題の成立可能性が明らかに「ゼロ」であるのと同様に「ゼロ」であるという「ダイナミズム」によって，つまり両者の間にあるはずの「ギャップ」が「ゼロ」になるという「落差」によって，〈構文的意味〉が創発するのである．クジラは魚類の放射状カテゴリーの周辺に位置づけられるが，ウマは哺乳類の典型例であり，ウマが魚類の放射状カテゴリー内に入ることは決してない．[5] ただ，「ギャップ」というだけではそれが何を指すのかまだ曖昧だと思われるため，以下で再定義を行う．

　「ギャップ」とはこの場合，こうした生物学的カテゴリーを区分する上で利用される対照的なカテゴリー化の仕方によって生じる，命題の成立可能性に関する「差分」のことを指す．実際，クジラ構文は，その生物学的カテゴリーが自明とはいえないクジラに関して，「クジラは魚類ではない」ということ（先行命題の否定）が，「ウマは魚類でない」という極めて自明な真理（後行命題の否定）と，その確からしさの程度において「差分がゼロ」であることを言明するものである．[6] つまり，構文の統語形式上の各要素から合成された文全体の意味としては「差分がゼロ」の読みになり，そこに2種類の互いに対照的なカテゴリー化という認知の反映とともに，「後行命題の成立可能性が明らかにゼロである」という条件が読み込まれることで，クジラ構文特有の〈構文的意味〉が創発するといえる．別のいい方をすれば，先行命題と後行命題の成立可能性

---

　[5] これらのカテゴリーに関する個別の知識は，すべて「百科事典的知識」の中に含まれるといえる．

　[6] クジラ構文における「差分がゼロ」の解釈については，平沢（2014: 202）で比較構文における「差分スロット」という概念が提唱されているのを参考にしている．「差分スロット」とは，「比較級の直前に数量を表す語句が置かれ，比較されている二者のレベルの差分が表されることがある」と述べられている通り，例えば以下の例に見られる 'six years' という年齢差を表す名詞句のことである．

　　(i)　He was six years older than I was, and I regarded him with reverence.（ロレンスは僕より六つ年上だった．僕は彼を崇めていた．）

平沢（ibid.）にならうと，クジラ構文では「差分スロット」が 'no'，つまり「ゼロ」を意味するため，結果として「差分がゼロ」の解釈が導かれる．これに従い，本稿においても「差分がゼロ」という表現を用いる．

の「差分がゼロ」で，さらにいずれの成立可能性も「ゼロ」であると主張する
根拠が，異なる認知を反映した全く違ったカテゴリー化の仕方による区別であ
るという点に，クジラ構文特有の「レトリック」が認められる.

　後行命題の成立可能性は明らかにゼロであるため，先行命題と後行命題の間
の成立可能性の「ギャップ」が大きければ大きいほど，両命題間の「落差」も
大きくなり，それに伴って「修辞的効果」も大きくなる. 次節では，典型的な
クジラ構文以外の No more A than B 構文の事例について，「修辞性」という
観点から同様の分析を試みる. その際注意すべきは，メタファーの場合と同様
に，言語表現の「慣習化」の程度や，解釈に要する「推論」の必要性からだけ
では，「修辞性」の本質的な特徴を捉えることができないという点である.[7] そ
のため，我々が感取（認知）する「修辞的効果」という側面から，そこに働い
ている「修辞性」の特徴を，いわば逆照射する形で捉えることにする.

3.2. クジラ構文から No more A than B 構文への一般化

　以下に挙げる 6 つの例文（いずれも British National Corpus（以下，BNC
と略記）から抽出）は，No more A than B 構文の具体事例である. 下線部が
比較される先行命題と後行命題の主要部である. 主要部がクジラ構文とは異な
る前置詞句や動詞句もあるが，名詞句の場合と本質的には同じである.[8]

【後行命題の成立可能性がゼロに近い場合】

(2)　Malloy and Ellis (1970) included in their experiment control proce-
　　dures of the sort I have already discussed (groups given no pre-
　　training, allowed simply to observe the stimuli, and so on) but the
　　proper interpretation of the results from such control procedures is
　　no more secure in this experiment *than* in any other. It is also true
　　of this experimental procedure, as of the use of a discrimination
　　task, that it can be strengthened by a modification to allow a within-
　　subject comparison.　　　　　　　　　　　　　　　　　　　　(BNC)

---

[7] 修辞的表現と慣習化との関係について，Dancygier and Sweetser (2014: 35) では次のよ
うに述べられている.
　　The level of conventionality of an expression is a criterion totally independent of the
　　nature of figurative thought and language.
[8] ここでは，統語形式上の差異に基づいた分類ではなく，意味的な特徴を重視している. 形
式と意味の連関については，別稿で論じてみたい.

254 　　IV. 英語表現・英語構文

（そうした統制の手続きから得られた結果が適切であるかどうかの解
釈は，この実験において確実ではない．それは他のどんな実験におい
ても確実ではないのと同様である．）

(3) To many psychologists psychobiology is the epitome of a hard area,
a reputation based on the belief that the psychology is underwritten
by a solid body of biological fact. In reality biological knowledge is
often *no more* secure *than* psychological knowledge, but psycholo-
gists often feel a sense of inferiority in the face of biological data.

(BNC)

（実際には，生物学的知識はしばしば，心理学的知識よりも大きく信
頼できるというわけではない．）

(2) は，「この実験」と「それ以外の実験」に関する比較であり，否定辞 no と
any other が共起しているため，全体として「最上級」の読みとなる．その結
果，文全体の解釈はほぼ文字通りの意味にとれなくもないが，より重要なの
は，「この実験」の確実性が，「その他のどんな実験」の確実性も低いのと同じ
だと言っている点である．ある対象と〈それ以外のすべての対象〉をわざわざ
比較して自分の主張をする（なお，any other で指示される「任意」の実験は
ヴァーチャルな集合であり，その確実性がすべてゼロであるとは言い切れない
と考えられる）という意味で，この表現は「修辞的」である．

　(3) は，生物学的知識と心理学的知識の「学問領域間の比較」であり，当該
領域のアカデミックな知識を有しない人にとっては，両者の信頼性の程度は正
確には判断できない．しかし文脈から判断すると，生物学的データは「客観的」
であるのに対し，心理学的データはやや「主観的」であるというニュアンスが
読み取れる．実際には，「客観的」に見える生物学にも心理学同様，「主観的」
要素があるという点において，両者に大差がないことを修辞的に表している．

【後行命題の成立可能性がゼロの場合】

(4) The use of computer aided instruction in primary schools has created
a new generation of what have been called "television children."
They regard the screen/keyboard interface as *no more* unnatural *than*
a book is to earlier generations.　　　　　　　　　　　　(BNC)
（彼らにとってスクリーンとキーボードというインターフェースが自
然なのは，それより前の世代にとって本という媒体が自然だったのと
同様である．）

レトリックとしての No more A than B 構文　　　255

(5)　James Dewar argues that <u>smoking cannabis</u> should be *no more* crim-
　　　inal *than* <u>watching TV</u>.　Firstly I would like to state that this article
　　　in no way seeks to encourage the smoking or eating of cannabis, or
　　　of any substance containing the active ingredients TetraHydroCan-
　　　nabinols.　　　　　　　　　　　　　　　　　　　　　　　　　(BNC)
　　　（ジェームス・デュワーは，大麻の吸引は，テレビ鑑賞が犯罪ではな
　　　いように，犯罪とみなすべきではないと述べている．）

(4) は，現代的なコンピュータの構成部品であるスクリーンとキーボードがイ
ンターフェースとして接続されることに対して今どきの世代（いわゆる「テレ
ビっ子」世代）が感じる自明さと，それより昔の世代が紙媒体に対して感じる
自明さの「世代間のインターフェース比較」，つまり，インターフェースをめ
ぐる「世代間ギャップ」に言及している．両者は好対照をなしており，修辞的
である．
　(5) では，テレビの視聴というどこにでもある「日常的にありふれた行為」
と，大麻の吸引という（一般的には）法的に禁じられた「犯罪行為」との間に
大きなギャップがあるといえる．明らかに〈偽〉である後行命題が，先行命題
が〈偽〉であることの根拠として引き合いに出されているが，これに続く文脈
で「テレビの観過ぎも健康に良くない」ことが示唆されており，話し手（書き
手）がなぜ後行命題に *watching TV* を選んだのかという動機づけが了解され
る．

(6)　Scientists working in a team, each looking at a separate facet of a
　　　problem, may well throw light on details, but <u>they</u> are *no more* likely
　　　to make fundamental discoveries *than* <u>monkeys with typewriters</u>.
　　　　　　　　　　　　　　　　　　　　　　　　　　　　　　　　(BNC)
　　　（彼らが重要な発見をする見込みがないのは，サルがタイプライター
　　　を使っても重要な発見をする見込みがないのと同様である．）

(7)　He could *no more* <u>understand what went on in a twenty-year-old's
　　　head</u> *than* <u>fly to the moon</u>.　When Diana once asked him what the
　　　capital of Australia was, he was rendered totally speechless.　(BNC)
　　　（彼は二十歳の若者の頭の中で何が起こっているかを理解できなかっ
　　　た．それは彼にとって，月へ飛んでいくことができないのと同様だっ
　　　た．）

256　　　　　　　　IV.　英語表現・英語構文

　(6) は，科学者のチームとタイプライターを持ったサルの比較であり，両者には知能や能力の点で著しい相違があることを前提としている．しかしいくら科学者のチームでも，個々のメンバーが1つの問題を別々の側面から見ているだけならば，問題の細部は照射できるかもしれないが，重大な発見をする見込みについては，「タイプライターを与えられたサルが発見する見込みと同様に低い」という修辞的な効果が含まれている．

　(7) では，オーストラリアの首都がどこかも知らない二十歳の若者（故ダイアナ妃）の考えることは，実際に「彼女の頭の中がどうなっているのかわからないほど理解できない」ことを，月まで飛んでいくことができないことを引き合いに出して，強調しているといえる．

　(6) (7) の例は，他の例と比較して，後行命題に選ばれている事態の成立可能性が極端に低く，「文脈」や「百科事典的知識」を参照するまでもなく明らかにゼロであることを話し手が巧みに利用し，先行命題が〈偽〉であることを効果的に示す発話であるといえる．[9]

3.3.　No more A than B 構文の修辞的効果

　前節の内容を簡単に要約するならば，いずれの例文にも「修辞的効果」が色濃く反映しており，それはつまり，成立可能性に関して先行命題と後行命題の間に「ギャップ」があることの根拠として解釈できる．注意すべきは，繰り返しになるが，構文がもつ結果としての「修辞的効果」の感取を通して，「修辞性」という曖昧な概念（原因）を特徴づけることが可能であるという点である．

　クジラ構文の場合，話し手は後行命題の成立可能性が明らかに「ゼロ」であることを引き合いに出して，真偽の必ずしも自明でない先行命題の成立可能性も，実は「ゼロ」であることに言及する．No more A than B 構文の事例でいうと，(4) から (7) の例では後行命題の成立可能性はゼロ，(2) (3) の例では後行命題の成立可能性は客観的にゼロとは言い難いが，ゼロに近いものとして概念化されているといえる．[10] いずれにせよ，後行命題として成立可能性が

---

　[9] No more A than B 構文で表された命題内容の理解には，一般に「文脈」の助けや「百科事典的知識」へのアクセスが必要であるが，そうした区分は必ずしも明確ではない．しかし，我々が聞き手としてその命題を実際に理解しようとするとき，その「修辞的効果」のインパクトは無視できない．とりわけ，(6) (7) の例に見られるように，後行命題として「絶対にありえないような突拍子もないこと」が引き合いに出される場合の「修辞的効果」のインパクトは，極めて特徴的であるといえる．

　[10] 後行命題の成立可能性が「ゼロに近い」場合の意味解釈は，「比較構文」の一種としても

極端に低い命題が選ばれることが，当該構文の基本的な特徴である．そうした条件に「差分がゼロ」の読みが加わることで，結局先行命題の成立可能性もゼロであると主張することになり，わざわざそうした回りくどい言い方をすることによって，「修辞的効果」が生じることになるといえる．

4. 結び

本稿では，まず，クジラ構文の意味構造の分析を通して，クジラ構文を「修辞性」という観点から特徴づけることができることを示した．具体的には，クジラ構文には互いに対照的な2種類のカテゴリー化（プロトタイプ・カテゴリー観と古典的カテゴリー観）という認知が反映しており，そうした認知を含んだ〈構文的意味〉と，構文の個々の構成要素の合成構造のみから導かれる文字通りの〈意味論的意味〉の間にはギャップが存在し，それを架橋するのが「レトリック」であると主張した．つまり，クジラ構文に見られる「レトリック」の修辞的効果は，先行命題と後行命題の成立可能性の「差分がゼロ」であるという〈意味論的意味〉に加えて，それぞれの命題に反映したカテゴリー化の仕方（捉え方）の差異と「後行命題の成立可能性がゼロである」という条件を契機として生じることを示した．次に，そうした分析を基に，No more A than B 構文への一般化を試みた．具体事例をみていく中で，クジラ構文と同様の認知プロセス（修辞性とその効果）を反映したものと，後行命題の成立可能性が「ゼロ」ではないが「ゼロに近い」ものとして措定されているものが観察された．[11] 結局，後行命題の成立可能性に関しては，真理条件意味論的に真偽が確定できるものの典型例がクジラ構文の場合であり，それ以外の場合は，そうした真偽の区分が同様に明確なもの（(4) から (7) の例），百科事典的知識を参照した上で文脈の支えも必要なもの（(3) の例），文脈から〈偽〉であることがわかるもの（(2) の例）に分類できる．

捉えることが可能だが，本稿ではそれについての議論は留保している（cf. 八木（2015: 174-176））．ただ，「ゼロ」の場合と比べて修辞的効果が低いといえるとすれば，それに伴っていわゆる「クジラの公式」の意味である「同定イディオム」（八木（2015: 173-174））としての解釈に揺れが生じ，「比較構文」との区別があいまいになると考えられる．

[11] 後行命題の成立可能性が「ゼロに近い」事例の場合，クジラ構文の場合とは異なり，古典的カテゴリー観 vs. プロトタイプカテゴリー観の対立は厳密な意味では成立していないが，修辞性とその効果という観点においては，それに近い認知的な事態把握がなされているといえる．

こうした特徴づけがなされる構文は，平沢（2012）では，「後行命題が〈偽〉であるのと同様，先行命題も〈偽〉である」というタイプの「クジラ構文」として規定される。[12] 平沢（ibid.）では，さらに「先行命題が〈真〉であるのと同様，後行命題も〈真〉である」という特殊なタイプの「クジラ構文」も存在すると主張されているが，その問題に関しては本稿では扱う余裕がない。本稿の主な関心は，従来型の「クジラ構文」を対象として，「レトリック」という観点から当該構文を分析することにある。平沢（ibid.）で提起された問題については，稿を改めて論じるつもりである。

主要参考文献

Dancygier, Barbara and Eve Sweetser (2014) *Figurative Language*, Cambridge University Press, Cambridge.

平沢慎也（2012）「「クジラ構文」の「構文」としての意味はどこにあるのか」『英語語法文法研究』第 19 号，50-65.

平沢慎也（2014）「「クジラ構文」はなぜ英語話者にとって自然に響くのか」『れにくさ(3)』，199-216，東京大学.

廣田篤（2015）「No more A than B 構文の認知言語学的・語用論的分析」『人間社会環境研究』第 30 号，22-29，金沢大学.

廣田篤（2017）「「クジラ構文」の意味構造と認知的な特徴に関する一考察」『人間社会環境研究』第 34 号，65-75，金沢大学.

加賀信広・廣瀬幸生（1997）『指示と照応と否定』（中右実（編）日英語比較選書4），研究社，東京.

柏野健次（2012）『英語語法詳解——英語語法学の確立へ向けて——』三省堂，東京.

Langacker, Ronald W. (1987) *Foundations of Cognitive Grammar I: Theoretical Prerequisites*, Stanford University Press, Stanford.

Langacker, Ronald W. (1991) *Foundations of Cognitive Grammar II: Descriptive Application*, Stanford University Press, Stanford.

Langacker, Ronald W. (2008) *Cognitive Grammar*: A *Basic Introduction*, Oxford University Press, Oxford.

Langacker, Ronald W. (2009) *Investigations in Cognitive Grammar*, Mouton de Gruyter, Berlin / New York.

リーチ，ジェフリー N.(著)，内田種臣・木下裕昭（訳）(1986)『意味論と語用論の現

---

[12] 研究者の間で統一的見解が得られていないが，厳密には，「比較構文」としての解釈に無理があり，むしろ「クジラの公式」として解釈するのが自然な (1) 及び (4) から (7) の例を，「クジラ構文」とみなすべきだと思われる。

在』理想社，東京．

松本曜（編）（2003）『認知意味論』大修館書店，東京．

明日誠一（2013）「アナロジーの視点から「クジラの公式」を読み解く」『英文学思潮86』，71-97，青山学院大学．

中村芳久（2010）「否定と（間）主観性」『否定と言語理論』，加藤泰彦・吉村あき子・今仁生美（編），424-442，開拓社，東京．

大堀壽夫・遠藤智子（2012）「構文的意味とは何か」『ひつじ意味論講座　第2巻　構文と意味』，澤田治美（編），31-48，ひつじ書房，東京．

Sawada, Osamu（2004）"The Cognitive Characteristics of the Idiomatic Comparative Constructions: A Case of the 'No more/less...than' Constructions," *Proceedings of the 9th Conference of Pan-Pacific Association of Applied Linguistics*（CD-ROM），273-279.

Sawada, Osamu（2005）"The Cognitive Patterns of Construal in Comparatives," *the 10th Conference of Pan-Pacific Association of Applied Linguistics, University of Edinburgh, August 2005*, 209-225.

澤田治（2012）「比較構文の語用論」『ひつじ意味論講座　第2巻　構文と意味』，澤田治美（編），133-155，ひつじ書房，東京．

瀬戸賢一（2002）『日本語のレトリック――文章表現の技法』岩波ジュニア新書，東京．

辻幸夫（編）（2002）『認知言語学キーワード事典』研究社，東京．

Verhagen, Arie（2007）"Construal and Perspectivization," *The Oxford Handbook of Cognitive Linguistics*, ed. by Dirk Geeraerts and Hubert Cuyckens, 48-81, Oxford University Press, Oxford.

八木克正（2015）「比較構文と同定イディオム――no more … than の本質――」『英語語法文法研究』第22号，167-182.

山梨正明（2000）『認知言語学原理』くろしお出版，東京．

山梨正明（2015）『修辞的表現論――認知と言葉の技法』開拓社，東京．

吉村公宏（2004）『はじめての認知言語学』研究社，東京．

例文の出典

British National Corpus（http://bnc.jkn21.com/）

英語の同族目的語構文とその類似表現について
―構文構築とその特性―*

堀田　優子
金沢大学

1. はじめに

　英語における同族目的語構文（cognate object construction）は，(1) の例文に示すように，[主語 - 動詞 - 目的語] という形式をとってはいるものの，普通の他動詞構文とは異なる特徴をもつ．

(1) a.　Mary **laughed** a hearty **laugh**. 「メアリは大笑いした」
　　b.　Bill **sighed** a weary **sigh**. 「ビルは疲れた様子で溜息をついた」
　　c.　Susan **slept** a dreamless **sleep**. 「スーザンは夢も見ないで眠った」
　　d.　John **died** a peaceful **death**. 「ジョンは安らかに死んだ」

まず，この構文に現れる動詞は基本的には自動詞である．そのため，動詞本来の意味においては，目的語をとらないにもかかわらず，目的語位置に動詞と形態的に同族の名詞（動詞派生名詞）が生じる．さらに，(2) に示すように，その同族名詞には，何らかの修飾語句が必要であるとされている (Jespersen (1927), Rice (1988), Massam (1990) など).

(2) a. *Willy sneezed {a / the} sneeze.
　　b. *The actress smiled {a / the} smile.　　　　　(Rice (1988: 209))

本稿では，Horita (1996), 堀田 (2005, 2012) による一連の同族目的語構文の研究内容を踏まえて，上記の構文の基本的特性について，中村 (2004) の「構文構築」の観点から捉え直しを試みるものである．また，表現上よく似ている，カンマやダッシュなどが挿入された形式との比較を通して，改めて，そ

---

　* 本研究は日本学術振興会（JSPS）科研費（基盤研究（C）24520537, 15K02594）の助成を受けた研究成果を含んでいる．

うした表現と「構文」との違いを明らかにしたい.

2. 文法構造と認知的際立ち

　Langacker（1987, 1991）の提唱する認知文法では，言語には私たち人間の事態認知の仕方，すなわち，ある状況を見る側（認知主体）の「捉え方（construal）」といった主体的な側面（認知プロセス）が直接反映されていると想定する.

　中でも，「認知的際立ち」という要因が言語構造を決定する基本的要因となる（Langacker（1987, 1991），中村（1997））．それは，心理学でいう「図と地の分化」に相当し，私たちがある事態を捉える際，その中で，注意の焦点となり，認知的に際立つものは「図（figure）」，背景化し認知的際立ちの低いものは「地（ground）」として捉える．そして，まず，認知的際立ちの有無によって言語化されるか否かが決まる．次に，その際立ちの強弱によって，言語構造の前景部（中核部）で表現されるのか，後景部（周辺／修飾部）で表現されるのかが決まる．最後に，その前景部で表される事態の参与者（participant）のうちでも際立ちに差が認められ，たとえば，John hit Bill. のような他動詞文で表される場合は，最も際立つ参与者（この場合は動作主 John）が主語として，2 番目に際立つ参与者（被動作主 Bill）が直接目的語として表されるという.

　人が何に注目するか（何に際立ちをおくか）は，固定的に決まっているわけではない．たとえば，能動文 John hit Bill. とその受動文 Bill was hit by John. の場合，それらが描写している状況は客観的には同じである．しかし，能動文では最も際立つ参与者であり主語として表される動作主 John が，何らかの理由（動機づけ）によって後景化されて，被動作主 Bill の方に一番の際立ちが与えられると，それが主語に選ばれて受動文として表現される．このように，主語・目的語選択にも，事態を構成する参与者間の認知的な際立ちの違いといった認知主体の捉え方が反映されているのである.

3. 同族目的語構文のスキーマ

　「主語」と「目的語」という基本的な文法関係を含む他動詞文を，認知文法の事態認知の観点から捉えると，すべての他動詞文が共有するスキーマ（schema）は，「1 番際立つ参与者（トラジェクター）が主語で表現され，その次に

際立つ参与者（ランドマーク）が直接目的語で表現される事態」となる．

1節で述べたように，同族目的語構文では，通常，目的語位置に動詞派生名詞（同族名詞）が現れる．認知文法では，動詞派生名詞は，完了相動詞が表すプロセスを，その時間の解釈を捨象して一つのモノとして表している名詞であると考える．そのため，動詞と動詞派生名詞の違いは，単に捉え方の違いでしかない．そうしたプロセスをモノ化した名詞を目的語にとる同族目的語構文のスキーマは図1のように表され，トラジェクター（tr）が主語で，ランドマーク（lm）が目的語となる．

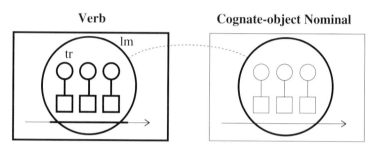

図1　同族目的語構文のスキーマ（Langacker（1991: 364））

同族目的語構文に現れる動詞は自動詞であり，動詞自体が表す事態の参与者は行為者だけである．図1の動詞の意味構造では，その行為者が1番際立つ参与者（trとある小さい○）として示され，同族目的語構文の主語になる．さらに，動詞が表すプロセスをモノ化した同族名詞句にも際立ちが与えられて（太線で表示），それがlmとなる．（図中の破線は「対応線」であり，同族目的語に現れる同族名詞が，動詞が表すプロセスのモノ化（名詞化）と同一であることを示している．）

次に，以下の図2では，もう少し具体的に，動詞句 observe (a) death と die (a brave) death を例に，構成要素である動詞と名詞の意味構造がどのように合成されて，動詞句の意味構造になるのかが示してある．

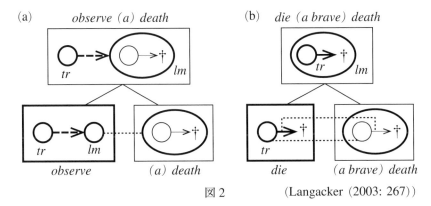

図 2　　　　　　　　　(Langacker (2003: 267))

　(a) の他動詞 observe の場合，その意味構造には，観察者である主語 (tr) と観察対象である目的語 (lm) がそもそも組み込まれており，観察対象である，動詞の lm に，具体的意味内容をもつ名詞 death が組み込まれて，observe (a) death という表現が合成される．それに対して，自動詞 die が同族名詞 death を目的語に取る同族目的語構文の場合は，他動詞の場合とは合成の仕方が異なる．(b) に示すように，自動詞 die の意味構造に組み込まれているのは，主語で示される参与者 (tr) だけである．また，同族名詞 death は，動詞 die が示すプロセスのモノ化（名詞化）であるので，双方の意味構造に含まれるプロセスの行為者及びプロセス自体は同じものである．（そのことは，(b) の図中の破線の「対応線」でそれぞれ示されている．）そして，同族目的語構文 die (a brave) death の合成構造（意味構造）においては，動詞 die の概念と完全に重なり合う名詞 death を lm として組み込むことになる．[1]

　ここで注意すべき点は，同族名詞句が直接目的語として生起するのは，動詞の意味から想定されることではなく，むしろ形式と意味の独特の結びつきである「構文」によるものであるということである (cf. Goldberg (1995) など)．動詞の表す意味内容と同族名詞の表す意味内容にほとんど違いがなく，基本的に同じであるとすると，動詞との意味の違いを作り出し，構文のランドマーク (lm) としての際立ちを保証するものは，同族名詞に加えられた何らかの情報ということになる．そのため，以下に示すように，同族名詞に様々な修飾語句

---

[1] Langacker (2003) における同族目的語構文への関心は，自動詞と目的語との融合の仕方 ("how the verb is integrated with the object" (ibid.: 267)) にあるため，同族目的語構文成立の細かい条件などは考慮されていない．そのため，形容詞 brave の意味構造は，図 2(b) には反映されていない．

264   IV. 英語表現・英語構文

がついた形で目的語位置に生起するのだと考えられる（堀田（2005: 74-76））.

(3) a. Tessa **sighed** a deep, uncontrollable **sigh** like a yawn.   (BNC[2])

   b. Mark **smiled** the bitter **smile** of a disillusioned corporate execu-
      tive.   (BNC)

   c. He **grinned** his wide toothless **grin** at her and made his way un-
      steadily across the room to her side.   (BNC)

このように，同族目的語構文は，行為を表す自動詞の後ろに，単にそれを言い
換えた名詞句が続いているのではなく，自動詞が表す行為をその同族名詞句を
用いて詳細に述べるという特別な意味機能と，同族名詞句を 2 番目に際立つ
参与者（lm）として直接目的語位置におく他動詞構文の形式がうまく結びつい
た文法構文であるといえる.（動詞句の後ろに同族名詞が続く，よく似た表現
形式との違いについては，5 節で述べることにする.）

4. 構文とその構文構築過程

中村（2004）では，構文スキーマに基づいてその具体的な構文表現が構築さ
れる際，そこには，3 種類の構文構築過程が存在すると指摘する.まず，動詞
（より一般的には語彙）に固定した意味構造に従って構文構築が行われる「動
詞主導」，次に，動詞の意味構造よりも，認知主体の捉え方に基づいて構文構
築が行われる「認知主導」，そして，認知主導の構文構築が定着することで出
来上がった構文スキーマに基づいて構文構築が行われる「構文主導」である.
これらの構文構築について，まずは，以下の結果構文を例に見てみよう.

(4) a. John broke the vase into pieces.

   b. John cooked the stove black.

   c. John sneezed the napkin off.   (ibid.: 13)

(4a) の場合，直接目的語 the vase は，他動詞 break の意味構造に従って選択
され，「動詞主導」によってその表現が構築されているが，(b) の目的語 the
stove（コンロ）は動詞 cook の意味構造から選択されるものではない.それは，
結果述語 black を伴うことにより，動詞の目的語として本来選択される対象
よりもコンロの状態を際立たせることで，「叙述される事態の中で，主語の次

---

[2] 以下，The British National Corpus から抽出した例文は，出典を BNC と示す.

に際立つ参与者がランドマークとして，文の直接目的語で表現される」という，認知主体の「捉え方」に基づく「認知主導」によって，直接目的語として選択されているといえる．さらに，動詞の意味構造から完全に独立して，認知主導で直接目的語が選択されるようになると，(c) のように本来目的語を取らない自動詞までが目的語を伴って結果構文に現れるようになる．こうした認知主導の構文構築によって，新たな構文（スキーマ）が創発されることになり，そうした認知主導の用法が慣習化し定着すると，以後は，構文レベル（構文主導）でこの種の表現の構文構築が行われるようになる．（さらに，使用頻度の高い動詞の意味構造自体にその新たな用法が組み込まれると，今度は動詞主導になるという．）

　以下では，こうした構文構築の観点から，同族目的語構文の特性について捉え直し，説明を試みる．

4.1. 構文構築と同族目的語の特性

　1 節で見たように，同族目的語構文においては，通常，自動詞が同族名詞句を目的語に取り，かつ同族名詞には限定詞以外の何らかの修飾要素がなければならない．このような特性は，普通の他動詞構文には見られない特性である．したがって，そうした特性は，「文の直接目的語で表現される参与者は，主語の次に際立つものでなければならない」という「認知主導」による構文構築が行われていることを裏付けるものであると考えられる．つまり，本来目的語を取らない自動詞が，意味内容にほとんど違いがない同族名詞を直接目的語に取るためには，修飾要素によって同族名詞に情報が加えられ，際立たせる必要があるのである．さらに，(5) に示すように，時には，同族名詞に限定詞以外の修飾要素がなくても容認されるのは，lm として十分際立つ内容を示すことがコンテクストから理解される場合に限られるといえる．

(5) a. As he knew it must be another bibliophil he said nothing but **smiled a smile**.[3] （大室 (2004: 146)) (Cf. (2b))

　　b. Then he **smiled that smile**. That started the secret time.

　　c. He **smiled his smile**. "Don't worry." ((b), (c) は COCA[4])

---

[3] 大室 (ibid.) によると，そのコンテクストで，同族名詞 smile に不定冠詞以外の修飾語句がない形で用いられるのは，かえって，何の特徴もない，形だけの微笑みであることを強調して表しているからだという．

[4] 以下，The Corpus of Contemporary American English から抽出した例文は，出典を

266   IV.　英語表現・英語構文

また，目的語位置の名詞が動詞の同族名詞ではない，(6) のような構文表現
も頻度はそう多くないが用いられる場合がある.[5]

(6) a.　He **smiled** his big toothy **grin** back at her.
    b.　Even Manhattan **slept** a restless **slumber** along this stretch of
        Madison Avenue ....   ((a), (b) は COCA)
    Cf.　He died an untimely {death / ?*end}.   (Horita (1996: 225))

本来，同族目的語構文は，動詞と同形または同語源の名詞を目的語にとり，修
飾語句を加えることで，名詞の意味を際立たせ，その意味内容をより詳しく特
定化している. そうした認知主導の構文構築が定着したため，(6) のような場
合も，同族目的語の意味が lm として十分際立ち，あくまで動詞の意味と矛盾
しないものであると解釈される範囲で許されるようになったと考えられ，構文
主導で構築された拡張例であるといえよう.

4.2.　構文構築と自動詞

同族目的語構文に生起できる自動詞について，Keyser and Roeper (1984)，
Massam (1990) などの多くの先行研究で，非能格動詞だけであるとされるが，
通常，非対格動詞に分類される動詞 die については，同族目的語構文の形が古
くから見られ，現代においても使用頻度が高いことで知られているため，構文
内での扱いが問題となっている.[6]

(7) a.　She **died** a miserable **death**.
    b.　He **died** a {hero's / soldier's / martyr's} **death**.

上記の例では，動詞 die は，「死ぬ」という，主語の非意図的な行為（事態）を

COCA と示す.

[5] この種の同族目的語構文について，COCA では，例えば，smile-grin タイプは 19 例 (cf.
smile-smile は 413 例)，grin-smile は 3 例 (cf. grin-grin は 50 例)，sleep-slumber は 1 例 (cf.
sleep-sleep は 48 例) 見つかっている.

[6] *OED* には，'die a (specified) death' 表現に関する記載があり，death は，古くは具格
(instrumental) で表され，中英語期には，on, in, a, o, of, by, with などの前置詞を伴っ
て現れていたとある. また，Visser (1963) によると，同族目的語構文の使用は古英語期には
稀で，中英語期と初期近代英語期にかけて徐々に増え，後期近代英語期において頻度が高く
なったとある. こうした背景には，古英語期に具格が与格に統合され，さらに，中英語期には
与格と対格も統合されて，目的格になるという，格の統合の歴史も関係するであろう. ちなみ
に，COCA では，die-death タイプの同族目的語構文は 209 例もある.

表し，同族目的語を伴って，「無残な死に方をした」，「英雄らしく死んだ」など，死ぬ際の「様態」やある種の「死に方」を表している．ただし，死ぬ際の「様態」や「死に方」といっても，主語がその行為を最後までコントロールできるわけではないので，あくまで話し手（認知主体）が捉えた「死に至るまでの様態」（死に方）に限られており，その点で，非能格動詞の同族目的語構文の解釈とは異なる．さらに，動詞 die 以外にも，高見・久野（2002）では，無生物主語をとる一部の非対格動詞（grow, drop, fall, blow, slide, bounce など）が同族目的語構文に現れると指摘している．

(8) a. The tree **grew** a century's **growth** within only ten years.
　　b. The stock market **dropped** its largest **drop** in three years today.
　　c. The apples **fell** just a short **fall** to the lower deck, and so were not too badly bruised.　　　　　　　　　　　　　　　　(ibid.: 142)

(8) では，話し手（認知主体）が，生じた出来事の至り方やその程度について，どのように捉えたか（例えば「100 年分の成長」や「最も大きな下落」など）を表しており，上で見た die-death 構文スキーマと結びつく解釈を満たしていると判断されうる．その背景として，同族目的語構文カテゴリーの中で，動詞die の使用頻度が高いので，下位の die-death 構文スキーマができ，その構文主導によって，(8) のような非対格動詞の同族目的語構文も構築されたと考えられる．ただし，(8) の例はすべて作例であり，BNC や COCA などの大規模コーパスでも die 以外の非対格動詞の同族目的語構文の実例を見つけることが難しいため，一時的な拡張例にすぎないであろう．
　また，自動詞の同族目的語構文の中には，以下のように，受動文になる場合がみられる．

(9) a. The biggest **smile** I ever saw **was smiled** by my father.
　　　　　　　　　　　　　　　　　　　　　(Horita (1996: 243))
　　b. The blood-curdling **scream** that they had all heard in countless horror movies **was screamed** by one of the campers.
　　　　　　　　　　　　　　　　　　　　(Langacker (1991: 363))

さらに，非対格動詞 die の受動文も，以下の例のように，かなり稀ではあるが構築されうる．

268 IV. 英語表現・英語構文

(10) a. The first Christian **death was died** by Christ.[7]

　　b. But, the one true R'n'R **death was died** by the one true original R'n'R star, Elvis, ... (Höche (2009: 161))

自動詞の同族目的語構文は，本来，目的語位置の同族目的語が動詞の意味に内在している目的語ではないため，受身文にはなりにくい．さらに，die の同族目的語構文の受身文の存在は，die が非対格動詞だからという理由で受身文にならないと主張してきた多くの研究者にとって問題となる．しかし，中村 (2004) の構文構築の考えに従えば，認知主導で構築された，自動詞の同族目的語構文が定着し，構文スキーマが抽出され，またさらにそれが定着すると，今度は，その構文スキーマに組み込まれた tr と lm の関係を（ある動機づけによって）認知主導で逆転させることで，同族目的語が一番際立つ tr（主語）となる受動文を構築することが可能となると説明することができる．[8]

5. 談話構築の中での同族目的語構文とその類似表現

同族目的語構文の実例を探していると，(11) に示すような，動詞と目的語の間にコンマやダッシュなどが挿入されている表現が見つかることがある．

(11) a. Durance **sighed,** *the long deep* **sigh** *of a man who has given up hope*. (BNC)

　　b. "And what about his little brother, then?" he **chuckled**—*a chuckle with which all his jokes were accompanied* ....

(http://gutenberg.net.au/ebooks06/0602821.txt)

こうした表現も動詞の表す行為を後ろの名詞句で詳しく述べている点で，同族目的語構文と共通しており，これまで，コンマやダッシュの有無以外，双方の形式や意味の違いについてはっきりとした説明がなされてこなかった．[9] 以下では，こうした表現と同族目的語構文表現との違いについて，認知文法の談話構築モデルの考え方をベースに見ていくことにする．

---

[7] この例は，Peter Edwards 氏（個人談話）に負っている．

[8] 同族目的語の 2 つの解釈（プロセス的解釈とタイプ的解釈）と受動文の可能性との関係については，Horita (1996)，堀田 (2005) を参照のこと．

[9] Jespersen (1927: 235-236) では，動詞の示す行為について情報を加えているという共通点から，同族目的語構文だけでなく，(11) のような例も同族目的語の項目に挙げている．

認知文法では，談話構築のプロセスを「現行談話スペース（current discourse space; 以下 CDS）」モデルを用いて捉えようと試みる．[10] CDS モデルでは，「イントネーション・ユニット（intonation units）」ごとに談話が構築され，談話が進行するにつれて，CDS の旧情報に新しい情報が取り入れられて，次々と更新されていくと考える．「イントネーション・ユニット」とは，単一の結束したイントネーションのもとで生じる，いくつかの語のまとまりを指し，話し手・聞き手が発話時に注意を向けるフレーム（以下，注意フレーム（attentional frames））を喚起する．1つのユニットには，人が一度に完全に処理できる程度の情報量が含まれており，ユニットどうしは短いポーズで区切られることが多い．イントネーションによる音韻的なグルーピング（まとまり）は，概念上のグルーピングに対応しており，したがって，文中のコンマの有無によって解釈の差が生じる場合がある．[11]

このように，音韻上のグルーピングが概念上のグルーピングに対応して1つの注意フレームを喚起することを踏まえて，先の（11）のような例を改めて見てみよう．3節で見たように，同族目的語構文は，その表現独自の形式と意味を凝縮した慣習化された構文スキーマであり，特定の単一ユニットを形成している．一方，（11）のような表現では，コンマやダッシュなどがポーズの存在を示しており，そのことは同時に，注意フレームの分割を表している．たとえば（11a）では，話し手が "Durance sighed" と一旦述べた後，思い直して，さらに情報を付加するという，話し手の思考過程を自然な形で反映しているといえる．[12]

また，コンマやダッシュなどで区切られる場合，以下に示すように，主節の動詞の直後に前置詞句や again などの副詞が現れたり，コンマの後で，主節

---

[10] CDS は，談話が成立するための基盤として，話し手と聞き手が共有する，様々な要素や関係から成るメンタルスペースであると規定されており，談話が進行するにつれて，常に更新されていく．詳しくは，Langacker（2001, 2008）を参照のこと．

[11] Langacker（2001: 161）では，たとえば，主節と because 節の間のコンマの有無で全体の解釈が異なる場合があることや，関係代名詞の制限用法と非制限用法で知られる意味の違いにコンマの有無が関係することなどを挙げ，音韻的グルーピングと概念的グルーピングの対応関係について述べている．

[12] インフォーマントに実際に読んでもらうと，同族目的語構文では，1つの長い文がまとまったイントネーションの中で発話されるのに対し，（11）のような表現では，コンマやダッシュのところでポーズが入り，前半部とは別のイントネーション・ユニットが形成される．インフォーマントとして Peter Edwards 氏にご協力いただいた．氏には記して感謝の意を表したい．

の動詞と同族でない名詞句の表現が続いたりする.[13] こうしたことからも，コンマやダッシュの前後で注意フレームの分割が生じていると考えられる.

(12) a. He **grinned at her,** *a wheedling expression on his face.*
(http://libriscrowe.com/marti/wolf28.htm)

b. Henry **smiled again,** *a bright but almost threatening flash of amusement.* (Charles Williams, *The Greater Trumps*)

その上，以下に示すように，同族目的語構文の後にカンマが挿入され，その後に名詞句が続いている場合もある．これらの例では，同族目的語には限定詞以外に修飾要素がないので，後ろの名詞句で情報を補足する形になっている.

(13) a. Lance **smiled** his **smile,** *a wide, white grin with a hole in the middle of it.* (COCA)

b. But then she **laughed** her **laugh** again**,** *the familiar laugh, her nervous tick.* (COCA)

このように，(11) の例では，動詞の後の同族名詞句が，動詞の表す意味をさらに詳しく述べている点で同族目的語構文と共通しているが，コンマやダッシュの有無は，それぞれの注意フレームの割り当て方の違いを反映し，談話の中での役割や文全体の解釈の違いにもつながっていくと考えられる．したがって，同族目的語構文と (11) のような類似の表現形式とは明らかに区別されるべきである.

6. おわりに

本稿では，英語の同族目的語構文に見られるいくつかの特性を取り上げ，これまでの先行研究の指摘と絡めて，中村 (2004) の「構文構築」の観点から掘り下げ，捉え直しを試みた．また，同族目的語構文とよく似た表現とを比較し，その違いを改めて明らかにした．その結果，同族目的語構文は，行為を表す自動詞の後ろに，たまたまそれを言い換えた名詞句が続いている形式ではなく，認知主導で，同族名詞句を直接目的語に取る「構文」として定着し，さら

---

[13] 対照的に，同族目的語構文では，同族名詞句と動詞との間に前置詞句は挿入できない.
(i) a. He **grinned** his wide toothless grin **at her**.
b. *He **grinned at her** his wide toothless grin.

には構文主導によって，自動詞でありながら同族目的語構文の受動文の構築ま
でが可能になっていると捉えることができた．

参考文献

Goldberg, Adele E. (1995) *Constructions: A Construction Grammar Approach to Argument Structure*, University of Chicago Press, Chicago.

Höche, Silke (2009) *Cognate Object Constructions in English: A Cognitive-Linguistic Account*, Gunter Narr Verlag, Tübingen.

Horita, Yuko (1996) "English Cognate Object Constructions and Their Transitivity," *English Linguistics* 13, 221-247.

堀田優子 (2005)「同族目的語構文のカテゴリーに関する一考察」『金沢大学文学部論集
言語・文学篇』第 25 号, 67-88.

堀田優子 (2012)「同族目的語構文の解釈とグラウンディング」*Kanazawa English Studies* 28, 271-284.

Jespersen, Otto (1927) *A Modern English Grammar: On Historical Principles,* Part III, Syntax (Second Volume), Reprinted in 1954 by George Allen & Unwin, London.

Keyser, Samuel J. and Thomas Roeper (1984) "On the Middle and Ergative Constructions in English," *Linguistic Inquiry* 15, 381-416.

Langacker, Ronald W. (1987) *Foundations of Cognitive Grammar: Theoretical Prerequisites*, vol. 1, Stanford University Press, Stanford.

Langacker, Ronald W. (1991) *Foundations of Cognitive Grammar: Descriptive Application*, vol. 2, Stanford University Press, Stanford.

Langacker, Ronald W. (2001) "Discourse in Cognitive Grammar," *Cognitive Linguistics* 12(2), 143-188.

Langacker, Ronald W. (2003) "Constructional Integration, Grammaticization and Serial Verb Constructions," *Language and Linguistics* 4(2), 251-278.

Langacker, Ronald W. (2008) *Cognitive Grammar: A Basic Introduction*, Oxford University Press, Oxford.

Massam, Diane (1990) "Cognate Objects as Thematic Objects," *Canadian Journal of Linguistics* 35, 161-190.

中村芳久 (1997)「認知構文論」『英語のこころ――山中猛士先生退官記念論文集――』,
225-240, 英宝社, 東京.

中村芳久 (2004)「主観性の言語学：主観性と文法構造・構文」『認知文法論 II』, 中村
芳久 (編), 3-51, 大修館書店, 東京.

大室剛志 (2004)「基本形と変種の同定にあずかる大規模コーパス――同族目的語構文を
例に」『英語コーパス研究』第 11 号, 137-151.

Rice, Sally (1988) "Unlikely Lexical Entries," *BLS* 14, 202–212.

高見健一・久野暲 (2002)『日英語の自動詞構文』研究社，東京.

Visser, Frederik Th. (1963) *An Historical Syntax of the English Language*, *Part One: Syntactical Units with One Verb*, E. J. Brill, Leiden.

I don't {think (that)/know that} ¬p の二義性について

森　貞
福井工業高等専門学校

1. はじめに

Langacker (2002, 2004) によれば，いわゆる NEG-Raising（否定辞繰り上げ）現象〈以降，NR 現象〉は，主節述語が Epistemic Control Cycle の inclination 段階 – 概念化者（Conceptualizer）が任意の概念対象（定型節の場合には従属節において示される「命題」（proposition））に対して，一時的に肯定的あるいは否定的な判断に傾いている心的状態 – の表示に関係している場合にのみ見られる現象である．

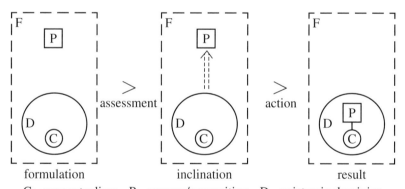

Figure 1: Epistemic Control Cycle (Langacker (2004: 542))

NR 現象の統語的特徴としては，(1) (2) に示すような主節否定による従属節 strict NPI の認可や Horn Clause (Collins & Postal (2014)) が挙げられる（主節述語 think は典型的な inclination predicate である）．

(1) KATHY MILLER, VOLUNTEER FOR TRUMP CAMPAIGN: I

don't think there was any racism until Obama got elected.

(CNN_NEWSROOM, 2016/09/22)

(2) BROWN: I don't think ever in history has there been a shot—two shots like this. (CNN_LIVE EVENT, 2003/03/20)

しかし，inclination predicate ではない know—Langacker (2004) では re-sult predicate に分類されている－が使われている場合（ただし，(3)(4)に示すように一人称単数現在の場合に限る）にも，同様の統語的特徴が観察される.

(3) {I/*They} don't know that Hillary really knew that until quite a bit later in life.

(www.pbs.org/wgbh/.../the-frontline-interview-betsy-ebeling/)

(4) {I/*They} don't know that ever in my life before has it taken so long to recuperate.

(www.habchurch.com/wp-content/.../Herald_July2014_Web)

上記の例は，I don't know that がこのまとまりで inclination 段階の表示に関わっていることを示している.

本稿では，会話における I don't {think (that)/know that} ¬p に焦点を当て，その二義性について，認知言語学的観点から考察を行う. 本稿の構成は以下のとおりである. 2 節では，I don't {think (that)/know that} の（認知言語学的に規定される）原義とその拡張義を示す. 3 節では，原義が関与する I don't {think (that)/know that} ¬p の実例を挙げ，その語用論的機能について論じる. 4 節では，拡張義が関与する I don't {think (that)/know that} ¬p の実例を挙げるとともに，従属節における否定辞 not の生起理由について論じる. 5 節はまとめである.

2. I don't {think (that)/know that} の原義とその拡張義

Figure 1 では，一時的な肯定的判断（inclination ［以降 *I*］）と一時的な否定的判断（disinclination ［以降 *D*]）の区別がなされていない. そこで，Mori (2009) では，下記のような形でそれぞれを図示することとした.

(a) Conceptual Base

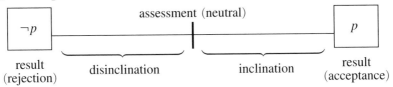

(b) Inclination toward p

(c) Disinclination toward p

Figure 2: Propositional Attitude and Psychological Distance

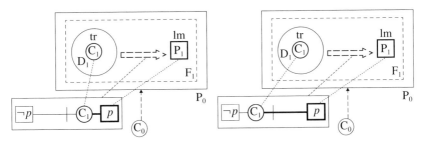

Figure 3: C_1's I toward p Figure 4: C_1's D toward p

I don't {think (that)/know that} の原義は，D であり，その意味構造は Figure 4 (厳密には，C_0[speaker (I)] と C_1 が破線で結ばれる必要がある) で表されるが，Figure 5 に示す profile shift を経て，I toward $\neg p$ の表示に関わるようになったと予測した (この profile shift は主節述語が inclination predicate の場合には一人称単数主語 (I) 以外にも生じるが，主語が I の場合には，頻度効果によって，このまとまりで I toward $\neg p$ を表示する epistemic marker として働くようになったと仮定した).

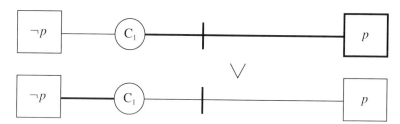

Figure 5: Profile Shift on Psychological Distance Scale

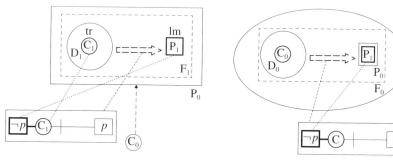

Figure 6: C_1's I toward $\neg p$ (via profile shift)

Figure 7: C_0's I toward $\neg p$ (epistemic marker)

従属節 strict NPI の認可は，統語的な節に対する捉え方 (construal) に依存すると考えられる．というのも，一人称単数の場合には，I toward $\neg p$ を表示する標識とする捉え方が確立しているが，そうでない場合には，その捉え方が確立していないために，当該構文の容認判断が人により異なるからである (% は容認判断が人により異なること示す)．

(5) %Trump doesn't think there was any racism until Obama got elected.

本節の考察は以下の 2 点にまとめることができる．

(6) I don't {think (that)/ know that} は元々，D toward p/ $\neg p$ の表示（原義）のみに関わっていたが，上記の profile shift を経て，I toward $\neg p$ の表示（拡張義）に関わるようになった．

(7) I don't {think (that)/ know that} は統語論的には節であるが，頻度効果によって，そのまとまりで，チャンク化し，I toward $\neg p$ を表示する epistemic marker として機能するようになった．

3. [*D* toward ¬*p*] を表示する I don't {think (that)/know that} ¬*p*

[*D* toward ¬*p*] を表示すると思われる（会話における）I don't {think (that)/ know that} ¬*p* の実例を以下に列挙する（(8)–(10) は，I don't think (that) ¬*p* の実例，(11)–(13) は I don't know that ¬*p* の実例であり，実例中の破線下線および実線下線は筆者によるものである）.

(8) GERALD: The Supreme Court has recently said that the presidency is bigger than Bill Clinton. And in doing so, they have established in my mind the strength of the presidency. The presidency can survive this test. And Eleanor Clift and a lot of people have said the American people don't care about these scandals; they just don't care about them. If that's true, what political fallout can Bill Clinton really experience by letting this lawsuit go through?

ROOK: Eleanor, you start.

ELEANOR CLIFT, "NEWSWEEK" MAGAZINE: Well, yeah, I don't think that the people don't care about these scandals, but they care more about issues that directly affect their lives, having to do with education or interest rates and so forth.

(CNN_TALKBACK LIVE, 1997/06/04)

(9) PERRY: Well, I think it's interesting, because, in part we don't know the mental health of this 10-year-old boy. Apparently, the one who did the shooting was actually very involved in sports and was supposed to be a good kid. But, obviously, the kid did not know between right and wrong. ...

ELLICOTT: I think the one thing I would disagree on is that I don't think this kid didn't know the difference between right and wrong. He didn't know the difference between wrong and very wrong.

(CNN_TALKBACK LIVE, 2002/08/09)

(10) BLITZER: I understand there is a separate, Iraqi investigation under way as opposed to the U.S. military investigation. Some commentators here in the United States have suggested you don't trust the U.S. military to come up with a good conclusion, a fair conclu-

sion. That's why you want to do your own, independent investigation. What do you think?

AL-RUBAIE: No, Wolf, <u>I don't think we don't trust the American military investigation</u>.   As a matter of fact, the Iraqi investigative team is seeking help, logistical, scientific help.   And they're interrogating some Iraqi civilians and Iraqi witnesses from the military and civilian.

(CNN_LATE EDITION, 2006/06/11)

(11)　KING: And what is their reasoning.   What would their reason—they're not stupid—what would their reasoning be?

VANOCUR: <u>I don't know that they're not stupid</u>.

(CNN_LARRY KING LIVE, 2000/10/26)

(12)　RICHARDSON: But looking at the fact that <u>we don't have enough antibiotics</u>, the secretary of health and human services has said that, that we don't have enough means to combat a potential threat to the public, that communities, for instance, the Centers for Disease Control went up to New York on this West Nile Virus, didn't have enough people and resources.   Do you really think we are prepared?

MILLOY: <u>I don't know that we don't have enough antibiotics</u>.   We have 2 million—enough antibiotics to handle 2 million cases of anthrax for 60 days.   I think that's more than ample for what we need now.

(CNN_CROSSFIRE, 2001/10/15)

(13)　KING: Do you think Mr. Blix got a bad deal with all of the criticism of <u>him</u> for <u>not finding them</u>?

RATHER: Well, do he get a bad deal?   <u>I don't know that he wasn't able to find them</u>.   I don't know that anybody in the U.S. government—did anybody really high up criticize him?   I suppose they did at times.   And in that sense, I think the answer is probably yes.   He probably did.

(CNN_LARRY KING LIVE, 2003/04/21)

実線下線部における従属節内容は，他者より提示（主張）された内容——破線下線部——を受けており，この点と I don't {think (that)/know that} が D の表示

に関わっているということを勘案すると、実線下線部の表現は、緩和的否認 (mitigated denial 〈以降 MD〉) として機能していると言うことができる。この場合の意味構造は下図のように表示できる.

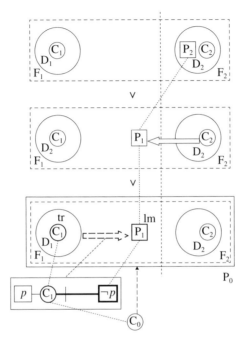

Figure 8: *MD* by C_0

4. [*I toward* ¬*p*] を表示する I don't {think (that)/know that} ¬*p*

[*I toward* ¬*p*] を表示すると思われる (会話における) I don't {think (that)/know that} ¬*p* の実例を以下に列挙する ((14)-(18) は、I don't think (that) ¬*p* の実例、(19)-(23) は I don't know that ¬*p* の実例であり、実例中の破線下線および実線下線は筆者によるものである).

(14) VAN SUSTEREN: Well, let me tell you something, the beauty of our system is that we happen to have a Senate that's now split 50/50, and believe me, we're not going to—at least I don't think we're not going to have any, you know, wild left-leaning or wild

280　　IV.　英語表現・英語構文

right-leaning jurists who are going to be nominated to the Supreme
Court.

(CNN_TALKBACK LIVE, 2000/12/12)

(15) KURTZ: This has certainly come up on CNBC, where some of
these people also made appearances, because they have stock ana-
lysts on, they have fund managers on, and they have rules, very
strict rules about requiring disclosure, but I don't think it didn't
seem to apply in this case, perhaps because they didn't know about
it.

(CNN_RELIABLE SOURCES, 2005/04/24)

(16) SHORTZ: I think it's because the "Times" doesn't do fads, you
know, and there's no comics or other puzzles besides the crossword
in the "Times". And also, anything "The Times" does have to be
more intellectual and more cultural than anyone else's version of it,
and Sudoku is this perfect little puzzle, and I don't think it can't be
improved.

(CNN_RELIABLE SOURCES, 2006/06/25)

(17) CARVILLE: … You don't take the home run trot before you hit it.
I think the Obama people are starting to take this thing for granted.
And the Clinton enemies are starting to write the obit.
DYSON: I don't think they are writing her obit. I don't think they
are not taking the trot of celebration.

(CNN_LARRY KING LIVE, 2008/02/14)

(18) KING: You would not go in angry? You would not file?
MILLER: I would not file a lawsuit.
KING: Not?
MILLER: I don't think we don't need—I guess our dads and our
government to protect us against an off-color joke or a pass.

(CNN_LARRY KING LIVE, 2008/04/02)

(19) LASHONDA: I have a question for that lady right there. How does
she know her daughter don't know about sex?
WOMAN: I just don't think she—I mean, I don't know that she
doesn't know. I don't think she knows about it, you know. I mean,
I don't think she knows anything about it.

I don't {think (that)/know that} ¬*p* の二義性について　　　281

(INDEPENDENT STATION_GERALD, 1994/07/21)

(20)　RICHARD SHELBY:　I want, as one senator, to support the President because he is our commander-in-chief and I want to give him the benefit of every doubt that he's acting, first of all, in the nation's interest, not his interest.

LEE HAMILTON:　Ted, I…

RICHARD SHELBY:　But it does give you time to think perhaps he is and I hope he is, but I don't know that altogether and I don't know that he's not acting totally in the nation's interest.　I want him to. I want him to succeed in what he's doing.

(ABC_NIGHTLINE, 1998/12/17)

(21)　KAUFMAN:　Mr. Tuttle, do you think Louie Wagner committed these murders?

Mr. TUTTLE:　I think that the defense—although it supposedly was conducted by two prominent attorneys, one a German-speaking attorney from Boston—that it wasn't a spirited defense and a lot of things passed by that were not challenged.　But there was a sentiment then that Maren said that he did it.　She was the eyewitness, ergo, Louie Wagner was the one who did it. I think there's reasonable doubt.　I don't know that he didn't and I don't know who did and why would Maren possibly do it.

KAUFMAN:　Did Louie Wagner always maintain that he was innocent?

Mr. TUTTLE:　Right till the very end.

(NPR_WEEKENDS ON ATC, 2000/02/20)

(22)　NOVAK:　... I was immediately struck, and perhaps you were, by the fact that he didn't mention communism....

HELMS:　I don't know that he personally didn't mention that but if he did I would say it didn't even make a...

(CNN_EVANS, NOVAK, HUNT & SHIELDS, 2001/09/22)

(23)　GIBSON:　Right.　And this is not a country that has any extradition problems with the United States.　I mean, you can extradite him straight away.　Why, then, do you think the authorities aren't just on the plane right now scooping him up, or would you guess that they are?!

BROSNAN: I don't know that they're not. My guess would be that they're probably not even on a plane. They're probably on the ground as we speak.

(FOX_THE JOHN GIBSON SHOW, 2004/02/25)

上記の実例で注意すべき点は，破線下線部を中心に文脈を考慮した場合，実線下線部における従属節中の not を虚辞として扱わなければ，文意の一貫性が損なわれる点である．したがって，(14)–(23) の実線下線部は，本来，(24) のように表現されるのが一般的であると考えられる．

(24) a. I don't think we're going to have any …
　　 b. I don't think it seemed to apply in this case.
　　 c. I don't think it can be improved.
　　 d. I don't think they are taking the trot of celebration.
　　 e. I don't think we need.
　　 f. I don't know that she knows.
　　 g. I don't know that he's acting totally in …
　　 h. I don't know that he did.
　　 i. I don't know that he personally mentioned that.
　　 j. I don't know that they are.

では，なぜ，従属節に（虚辞の）not が生じている例が散見されるのであろうか．NR 現象を否定辞 not が従属節から主節に移動した統語的繰り上げ（syntactic raising）と見なす立場からは，本来，covert であるはずの移動元〈痕跡〉がなんらかの理由で overt になったと説明されるかもしれないが，この説明は，主節が I don't know that の場合には適用できない．というのも，Collins & Postal (2015) で示されているように，主節の not は従属節から繰り上げられたものではないからである．

(25) a. I don't know that she ever before visited Cyprus. ≠
　　 b. I know that she did not ever before visit Cyprus.

(Collins & Postal (2015: 10))

本稿では，I don't {think (that)/know that} によってコード化されている [I toward ¬p] 中の【¬p】が契機となり，否定命題に対する心的態度の表明（し

たがって，*I* toward ¬*p* は語用論的には，緩和的な否定命題の主張（Mitigated Assertion）の機能を果たしていると言える）を行っているという意識が従属節に浸透（seep into）して，not という形になって表れた現象——ラネカー流に言えば，leakage（漏出）の例（Langacker (2004: 564)）——と規定したい．

同様の例が CHILDES のデータにも見られ，本節で提示した実例は，I don't {think (that)/know that} が [*I* toward ¬*p*] を表示する epistemic marker として機能していることを支持する強力な証拠となり得る．

(26) FAT: We'll have to see if you're tired, I'll put you to bed, if you're not tired, I'll take you to Tom's.

CHI: I don't think I'm not tired any more.

%exp: means: I'm not tired

FAT: You don't think you're not tired?

CHI: No, because I took a nap.

FAT: Oh, you mean that you're not tired?

CHI: No, because I took a nap when Andy and Greggy were here.

FAT: Oh, does that mean that you're not tired?

(Abe, 3;2.05)

5. まとめ

本稿においては，認知言語学的観点から，I don't {think (that)/know that} ¬*p* の二義性について考察を行い，以下の結果を得た．

(27) 発話時の話者が，発話時の話者以外の概念化者によって提示（主張）された¬*p* を緩和的に否認する際に用いられ得る．

(28) 発話時の話者が¬*p* を緩和的に主張する際に用いられ得る．但し，従属節中の否定辞 not は leakage によって生じたものであり，虚辞として扱われる．

主要参考文献

Bybee, Joan L. and Sandra Thompson (1997) "Three Frequency Effects in Syntax," *Berkeley Linguistic Society* 23, 378–388.

Collins, Chris and Paul M. Postal (2014) *Classical NEG Raising*, MIT Press, Cambridge, MA.

Collins, Chris and Paul M. Postal (2015) "Dispelling the Cloud of Unknowing."

Horn, Laurence R. (2014) "The Cloud of Unknowing," *Black Book: A Festschrift in Honor of Frans Zwarts*, ed. by Jack Hoeksema and Dicky Gilbers, 178–196, University of Groningen, Groningen, the Netherlands.

Langacker, Ronald W. (2002) "The Control Cycle: Why Grammar is a Matter of Life and Death," *JCLA* 2 (Proceedings of the Eighth Annual Meeting of the Japanese Cognitive Linguistics Association), 193–220.

Langacker, Ronald W. (2004) "Aspects of the Grammar of Finite Clauses," *Language, Culture, and Mind*, ed. by Michel Achard and Suzanne Kemmer, 535–577, CSLI Publications, Stanford.

Langacker, Ronald W. (2008) *Cognitive Grammar: A Basic Introduction*, Oxford University Press, New York.

Mori, Sadashi (2009) *The NEG-Raising Phenomenon: A Cognitive Linguistic Approach*, 未公刊博士論文, 金沢大学.

否定辞繰り上げ述語の規定について
―文法化の観点から―*

守屋　哲治
金沢大学

1.　はじめに

複文構造において，主節に位置する否定辞があたかも従属節にあるかのように振る舞う現象の存在が指摘されてきた.

(1) a.　I don't think he will come until tomorrow.
　　b. *He will come until tomorrow.
　　c.　He will not come until tomorrow.　　　　　　　　　(Lakoff (1969))

until tomorrow は明日までの継続的な時間を表すので，述部の動詞句は継続的な意味を表していなければならない. しかし (1b) において come という動作は，到着する一瞬の時点を表すので until tomorrow とは相容れない. それに対して，(1c) の not come は，到着していない状態を表すので継続的であり，until tomorrow と共起可能である. (1a) が文法的であることから，(1a) の主節の否定が，何らかの形で従属節にかかっている解釈が生じていることがわかる. このような現象は，否定辞繰り上げ現象 (Neg Raising Phenomenon：以下 NRP) と呼ばれている (Horn (1989: 308))

この現象については 1960 年代以降，様々なアプローチが試みられているが，未だに全容が解明されているとはいい難い. 特に，このような現象を許す述語をどう規定するのかという問題に関しては，Horn and Bayer (1984) 以降，体系的な取組がなされているとはいえない.

本稿では，NRP に対する主なアプローチを概観した上で，この現象は I think, I believe などが主節の主語・動詞が話者の認識様態的態度を表す挿入表現として文法化していることに由来していることを示す. その上で，構文的

---

* 本研究は，科研費 (課題番号 25370689, 17K02807) の助成を受けて行われている.

文法化（constructional grammaticalization）の観点から NRP も文法化によって生まれた構文であることを主張した上で，NRP を許す述語の規定を文法化の観点から行う可能性を示す．

2. 先行研究

2.1. 統語的分析

　主節の否定要素が，従属節に意味的に影響することがあるという観察自体は，古くは 11 世紀にはなされている（Horn（1989: 308））が，言語理論の中で体系的に取り上げられたのは，生成文法における生成意味論派と解釈意味論派との論争点として，Fillmore（1963）が否定辞要素搬送変形（transportation of *not*）を提案したのが最初である．

　この変形の統語的根拠として，Lakoff（1969）は（1）に挙げたような，強い否定極性表現（negative polarity item）との共起を挙げている．（1b）が非文であるにも関わらず，（1a）が容認可能であるのは，（1c）のような従属節にある否定辞 not が，変形操作によって主節に繰り上がるからだとしている．

　しかし，このような分析にはいくつか問題がある．第一に，この変形操作が可能かどうかが否定の種類や時制によって影響を受けるという点である．

(2) a. *I didn't ever think that John would leave until tomorrow.

　　b. *I never thought that John would leave until tomorrow.

(Lakoff (1969: 142))

（2）のように，否定が強められていたり，時制が過去になっていると，主節の否定辞が従属節にかかる解釈ができないが，変形規則に対して動詞の時制や否定の強さのような条件を課すことには難がある．

　2 番目の問題として，この変形を許す述語を理論的に規定していくことができないという点が挙げられる．Horn（1978, 1989）が指摘しているように，NRP を許す述語には意味的な特徴がある．英語の場合には，think, believe, suppose などの思考に関係する動詞，seem, appear などの知覚に関係する動詞，be probable, be likely など蓋然性を表す述語，want, intend, plan など願望や意図を表す動詞などが挙げられている（Horn（1978: 187））．変形操作によるアプローチでは，どの述語が NRP を許すのかを，レキシコンで指定する必要がある．しかし，語彙的に NRP 述語を指定することは，この現象に対する説明を与えたことにならず，理論的に好ましくない（Lakoff（1970））．

2.2. 語用論的分析

Horn（1978）は，意味的な尺度の中間に位置する述語が NRP 述語になり得るという「中間尺度の原理」（mid-scalar principle）を提案している．尺度の中間に位置する述語であれば，否定辞繰り上げ前の読みと否定辞繰り上げ後の読みに大きな差が生じないというのがその理由である．たとえば，可能性を表す意味的な尺度において，possible は弱い可能性を表すが，その否定形である impossible は可能性の強い否定を表す．それに対して，尺度の中間に位置する likely の否定形である unlikely は，可能性の否定の尺度でも中間に位置する．このような性質を持つ述語であれば，否定辞が補文の述語にかかる読みでも，主節述語にかかる読みでも，否定の強さに大きな差が生じないために NRP が可能になるとしている．

しかし Horn（1978）は中間尺度の条件は必要条件ではあるかもしれないが，十分条件にはなり得ないことを，多くの例外を挙げることで示している．例えば，ヘブライ語で think にあたる xošev は NRP 述語であるが，believe にあたる maamin は NRP 述語ではない．

Horn and Bayer（1984）はこのような例外を Morgan（1978）の短絡的含意（short circuited implicature）という概念を用いることで説明しようとしている．短絡的含意とは，文字通りの意味を元にして導かれる過程を経ずに生じる含意を指す．例えば，Can you pass me the salt? が依頼の意味に受け取られるのは，文字通りの疑問の意味から間接的発話行為としての依頼の意味が導かれるのではなく，依頼の意味が慣習化しており，依頼の意味も文字通りの意味として解釈されるという考え方である．しかし，この考え方でも，なぜある述語が短絡的含意を持ち，似たような意味を持つ別の表現が短絡的含意を持たないのかという点は説明できない．このような点を解明するためには，Groefsma（1991）や，Haugh（2002）のように，文脈的意味を考慮する必要がある．

3. 文法化としての NRP

3.1. 挿入表現の文法化

I think, I guess, I believe などの，挿入表現（parenthetical expression）としての用法が，主語・動詞の用法から文法化によって派生したとする考え方がある（Thompson and Mulac（1991）; Diesel and Tomasello（2001）; Thompson 2002; Van Bogaert（2010, 2011））．この用法では，これらの句は実際の思考過程を表すのではなく，見かけ上の補文に対する話者の認識様態を表して

288   IV. 英語表現・英語構文

いる：

(3) a. *I think* that we're definitely moving towards being more techno-
      logical.
   b. *I think* exercise is really beneficial to anybody.
   c. It's just your point of view you know what you like to do in your
      spare time *I think*.

(Thompson and Mulac (1991: 313))

Thompson and Mulac (1991) によれば，(3a) と異なり (3b) のように that
なしで補文をとる頻度が高くなることで I think が話者の認識様態を表す句と
して再解釈され，(3c) が示す通り認識様態副詞 maybe のように文頭以外の位
置にも起こることができるようになるとしている．また，Palander-Collin
(1997) は，中期英語から初期近代英語にかけての非人称構文 methinks の発
達においても，Thompson and Mulac (1991) が提示したのと同様な過程が見
られるとしている．

　Van Bogaert (2010, 2011) も I think のような挿入表現が文法化している
ことを，Hopper (1991) が提示した文法化の 5 個の原理である層状化 (layer-
ing)，分岐 (divergence)，特殊化 (specialization)，保持 (persistence)，脱範
疇化 (decategorization) に言及しながら示している．しかし，(4) に示すよう
な，I would think, I'll expect, I would guess などの時制や相に関する変異
が存在することは，形態的活用の喪失という特徴に反している．

(4) a. Now they're sort of things that you've probably seen yourself
      quite frequently *I would think*.
   b. Hm, *I'll expect* the other friends will take something.
   c. Probably, ninety percent of the water or more *I would guess* e
      erm is used for non potable usage.

(Van Bogaert (2011: 311–312))

　この問題に対して，Van Bogaert (2010, 2011) は Traugott (2007, 2008),
Trousdale (2008) などの構文的文法化 (constructional grammaticalization)
という概念を用いて説明を与えている．構文的文法化とは，I guess, I think
などの個々の語彙連鎖の文法化だけを問題にするのではなく，個々の語彙連鎖
に共通したスキーマ的構文を仮定し，そのスキーマ的構文が高頻度により十分
定着していく中で，固定化した語彙連鎖からの逸脱が許容され，いわば構文

ネットワーク全体が文法化されるという考え方である.

次節では，この挿入表現の文法化に対する考え方を援用することによって，I don't think や I don't imagine といった語彙連鎖も文法化を起こしており，挿入表現の構文的ネットワークの一部を構成していることを示す.

3.2. 文法化した構文としての NRP

NRP が前節で見た挿入表現と類似する点がいくつかある．まず，NRP に用いられる動詞の多くが挿入表現に用いられる動詞であるという点である．think, believe, guess といった動詞は挿入表現に用いられると同時に典型的な NRP 述語でもある．また，NRP と挿入表現の機能にも類似性が見られる．前節で見た通り，挿入表現は見かけ上の補文に対する話者の認識様態的態度を表すが，NRP は否定を弱めて対人関係的な影響を少なくする役割を持っており，これも認識様態的態度の一種と考えられる.

(5)　I don't think I would ever do such a thing again.

(5) は 'I think I would never do such a thing again' とほぼ同じ意味を持つが，主節の述部が否定をぼかす働きをしている．このような NRP のぼかし機能については，いくつかの先行研究で指摘されている．例えば Green（1974: 18-19）では，話者が John が来ないことに確信を持っている場合には，(6b) ではなく (6a) を用いるとしている.

(6) a.　I think John won't come.
　　b.　I don't think John will come.

また，Prince（1976）は NRP には遂行発話のように命題内容に対してメタ言語的に働き，否定をぼかす機能があるとしている．(7b) の I am guessing は主節の主部・述部として機能しているが，(7a) の I guess は命題内容をぼかす機能を果たしていて，その違いが (8a) と (8b) の容認度の違いに表れるとしている.

(7) a.　I guess that Harry likes it when people insult them.
　　b.　I am guessing that Harry likes it when people insult them.
(8) a.　I don't guess that Harry slept a wink / would lift a finger to help you / will leave until Tuesday.
　　b. *I am not guessing that Harry slept a wink / would lift a finger to

290   IV. 英語表現・英語構文

help you / will leave until Tuesday.

(Prince (1976: 417))

(8a) では, sleep a wink, lift a finger, until Tuesday などの否定対極表現が容認されていることが NRP としての読みができることを示しているが, (8b) ではこれらが容認されないことから NRP としての読みができないことがわかる.

また, このような捉え方は, なぜ NRP では一人称主語と単純現在形が好まれるのかということも自然に説明することができる. 挿入表現と同様, NRP は話者の発話時点におけるぼかしを示すのが典型であることが, 一人称主語と単純現在形の動詞を志向する原因と言える. 日本語でもこの点は共通している.

(9) a. 私は彼が全く犯人だとは思わない.
    b. *花子は彼が全く犯人だとは思わない.

(9a) は自然であるが, (9b) は台本のト書きのような場合以外は不自然になる. 一方, 主語が 3 人称であっても, 動詞の時制や相を変えると自然になる.

(10) a. 花子は彼が全く犯人だとは思っていない.
     b. 花子は彼が全く犯人だとは思わなかった.

このことは, (9a) の「思わない」が, 英語の場合と同様に, 話し手の認識様態的態度として否定をぼかす働きをしていることを示している. 英語においても, このような点は以下のような例からも明らかである.

(11) a. Bill didn't *suppose/?imagine/*guess that Mary had slept a wink/ would leave until next week.
     b. Bill told me that he didn't suppose/imaginge/guess that Mary had slept a wink / would leave until next week.

(Prince (1976: 422))

Prince (1976: 422-423) は, (11a) と異なり, (11b) が容認可能なのは, (11b) における主語と動詞は直接話法に直せば一人称・単純現在になるからだとしている.

さらに, NRP は文法化の特徴である脱範疇化の性質も有している. 主節の主語と動詞は, 意味変化に伴い, 主語と動詞という範疇から, 全体として副詞

句として機能へと範疇の変化も起こしている．このことは，以下のように語順の違いに反映する場合にはっきりと見てとれる．(12) は British National Corpus からの実例である．

(12) a. And that created a slight sort of canary-hopping attitude to policy-making which *I don't think* was very good and in the end I think Mrs. Thatcher felt the same. (BNC: B0H 1607)

b. There is no one dominant trend at the moment *I don't think*.
(BNC: KRS 35)

(12a) は，I don't think が I think などの挿入表現が典型的に表れる関係詞の直後に表れている例であり，(12b) は文末に表れている例である．

また，NRP を示す表現が，文法化の特徴である音声上の縮約を受けることも注目に値する．Bybee and Scheibman (1999) によると，don't の縮約が最も進んでいるのが，I don't know や I don't think といった文脈である．また，I think や I guess などの挿入表現が音声的に縮約されることは，Kärkkäinen (2003, 2007) によって指摘されている．

本節では，NRP が認識様態的態度を示す挿入表現と同様に，文法化によって生じていることを，挿入表現との並行性および NRP が示す文法化の特徴を挙げることによって示した．次節では NRP をこのように捉えることで，NRP 述語がどのように特徴づけることができるかを述べる．

4. NRP 述語の規定

4.1. NRP と挿入表現との関係

前節では，NRP も挿入表現同様に文法化の結果生じたものと考えられることを主張した．どちらも命題に対する話者の主観的態度を表しており，挿入表現が話者の認識の度合いを示すのに対し，NRP は命題内容に対して否定をぼかす機能を持っている．

NRP と挿入表現は，Van Bogaert (2010, 2011) における構文的文法化 (constructional grammaticalization) の理論を用いて関係づけることができる．I think や I guess といった定着度の高い挿入表現からスキーマ化することで I would think や I would guess といった変異形だけでなく，I don't think や I don't guess といった NRP も認可されると考えられる．Jackendoff (1971: 294) は (13a) が (13b) と同義の読みが可能であるのに対して，(14a) は

292　　　　　　　　　　　　　IV.　英語表現・英語構文

(14b) と同義の読みは持ち得ないとしている．これは，NRP が挿入表現と同様に一人称主語と単純現在形の動詞の組み合わせが好まれることを示しているが，このような特徴の共通性は，構文的文法化の考え方を用いることによって自然に説明ができる．

(13) a. I don't suppose they'll win.
　　 b. I suppose they won't win.
(14) a. Bill didn't suppose/imagine/guess that they had won.
　　 b. Bill supposed/imagined/guessed that they hadn't won.

4.2.　NRP 述語の特徴付け

　NRP が挿入表現と構文的文法化によって関連づけられるとすると，NRP 述語になり得るのは，定着度の高い挿入表現で用いられる述語ということになる．そうなると，ある言語である特定の述語が NRP 述語になり得るか否かは，その述語が思考動詞に属しているかや，意味的に尺度の中間に位置するかどうかを確認するだけでは十分ではなく，その述語がその言語において挿入表現として文法化しているかどうかを確かめることが必要になる．従って，言語間において，意味的に似通っている述語であっても，それぞれの言語において挿入表現の文法化の過程に入っているか否かによって NRP 述語としての可能性が異なるということを予測することになる．

　このような予測がどの程度，実際の NRP 述語の特徴付けとして機能しうるかは，今後の詳細な検討が必要になるが，ここでは，ひとつの例として，日本語の「考える」と「思う」を例として取り上げる．英語の think は，日本語の「思う」にも「考える」にも対応すると考えられる．しかし，「思う」は NRP 述語であるが，「考える」は NRP 述語とは言えない．これは (15) で示したように，「思わない」は否定対極表現である「びた一文」と共起できるのに対し，「考えない」は共起できないということからも見てとれる．

(15) a.　彼がびた一文払うとは思わない．
　　 b. *彼がびた一文払うとは考えない．

この違いは，「思う」が，挿入表現としての特徴を持つことに由来していると考えられる．例えば，「明日，雨が降ると思う」という文では，主語になりうるのは一人称に限られ，話者の命題に対する認識様態的態度を示している．それに対して，「考える」は「思う」と異なり，命題内容を分析的・論理的に把握

する心の動きを表している．森田 (1989) は (16a) では「思う」，「考える」のどちらも可能であるのに対し，(16b) では「考える」のみが可能なのは，疑問文などは原因・理由などを論理として分析していく思考過程であるからだとしている．

(16) a.　新しい会社を作ろうと思う／考える．
　　 b.　いかにして会社を再建するかを *思う／考える．

つまり「考える」は分析的な思考過程を示しており，認識様態的態度を表しているわけではないため，挿入表現的な働きは持ち得ないことになる．

　以上見たように，NRP 述語の think が日本語の「思う」と「考える」のいずれにも対応するのにもかかわらず，「思う」が NRP 述語であり，「考える」が NRP 述語ではないのは，「思う」が認識様態的態度を示す挿入表現としての機能を持つのに対して，「考える」が分析的な思考過程を示すため，挿入表現としての機能を持ち得ないことに由来することが分かった．このように，述語がどのような意味領域に属するかだけでなく，NRP を文法化の産物ととらえ，述語が文法化する条件を満たしているかどうかという観点から分析を行っていくことで，NRP 述語のより厳密な規定ができるのではないかと考える．

5.　まとめ

　本稿では，NRP を文法化によって生じた構文と捉えることにより，NRP 述語の規定をより厳密に行える可能性があることを示した．当該言語である述語が NRP に用いられるかは，その言語においてすでに話者の認識様態的態度を表す挿入表現に用いられているか否かによって判断できるという考え方を提示した．

　ただし，このような形で NRP 述語を規定するためには，どこまでの現象をNRP とするかという問題も考える必要がある．2.1 節で述べた通り，Horn (1978: 187) においては，want, intend, plan といった願望や意図を表す動詞も NRP 述語であるとされているが，これらの動詞が挿入表現に用いられるとは考えられない．そもそもこれらは補部に不定詞節をとる動詞であり，不定詞節中の否定対極表現が許容されるという事実を典型的な NRP 現象として捉えることができるのかどうかという点から検討が必要となってくる．

　また，本稿で示した方向性がどこまで妥当性を持つのかを，様々な個別言語の事例を取り上げて検証していくことも重要な課題である．

参考文献

Bybee, Joan and Scheibman, Joanne (1999) "The Effect of Usage on Degrees of Constituency: The Reduction of D*on't* in English," *Linguistics* 37, 575-596.

Diesel, Holger and Michael Tomasello (2001) "The Acquisition of Finite Complement Clauses in English: A Corpus-Based Analysis," *Cognitive Linguistics* 12, 97-141.

Fillmore, Charles J. (1963) "The Position of Embedding Transformations in a Grammar," *Word* 19, 208-231.

Green, Georgia M. (1974) *Semantics and Syntactic Regularity*, Indiana University Press, Bloomington.

Groefsema, Marjolein (1991) "'Can You Pass the Salt?': A Short-Circuited Implicature?" *UCL Working Papers in Linguistics* 3, 213-240.

Haugh, Michael (2002) "The Intuitive Basis of Implicature: Relevance Theoretic Implicitness Versus Gricean Implying," *Pragmatics* 12, 117-134.

Hopper, Paul J. (1991) "On Some Principles of Grammaticalization," *Approaches to Grammaticalization*, ed. by Elizabeth Closs Traugott and Bernd Heine, 17-35, John Benjamins, Amsterdam.

Horn, Laurence (1978) "Remarks on Neg-Raising," *Pragmatics* [Syntax and Semantics 9], ed. by Peter Cole, 129-220, Academic Press, New York.

Horn. Laurence (1989) *A Natural History of Negation*, University of Chicago Press, Chicago.

Horn, Laurence and Samuel Bayer (1984) "Short-Circuited Implicature: A Negative Contribution," *Linguistics and Philosophy* 7, 397-414.

Jackendoff, Ray (1971) "On Some Questionable Arguments about Quantifiers and Negation," *Language* 47, 282-297.

Kärkkäinen, Elise (2003) *Epistemic Stance in English Conversation: A Description of its Interactional Functions, with a Focus of* I think, John Benjamins, Amsterdam.

Kärkkäinen, Elise (2007) "The Role of *I Guess* in Conversational Stance Taking," *Stancetaking in Discourse: Subjectivity, Evaluation, Interaction* ed. by Robert Englebretson, 183-219, John Benjamins, Amsterdam.

Lakoff, George (1970) *Irregularities in Syntax*, Holt, New York.

Lakoff, Robin (1969) "A Syntactic Argument for Negative Transportation," *CLS* 5, 140-147.

Morgan, Jerry L. (1978) "Two Types of Convention in Indirect Speech Acts," *Pragmatics* [Syntactic and Semantics 9], ed. by Peter Cole, 261-280, Academic Press, New York.

森田良行 (1989)『基礎日本語辞典』角川書店，東京.

Palander-Collin, Minna (1997) "A Medieval Case of Grammaticalization, *Methinks*, *Grammaticalization at Work: Studies of Long-term Developments in English*, ed.

by Matti Rissanen, Merja Kytön and Kirsi Heikkonen, 371-403, Mouton de Gruyter, Berlin.

Prince, Ellen (1976) "The Syntax and Semantics of NEG-Raising, with Evidence from French," *Language* 52, 404-426.

Thompson, Sandra A. (2002) "Object Complements and Conversation: Towards a Realistic Account," *Studies in Language* 26, 125-163.

Thompson, Sandra A and Anthony Mulac (1991) "A Quantitative Perspective on the Grammaticalization of Epistemic Parentheticals in Englsih," *Approaches to Grammaticalization*, ed. by Elizabeth Closs Traugott and Bernd Heine, 313-339, John Benjamins, Amsterdam.

Traugott, Elizabeth Closs (2007) "The Concepts of Constructional Mismatch and Type-Shifting from the Perspective of Grammaticalization," *Cognitive Linguistics* 18, 523-557.

Traugott, Elizabeth Closs (2008) "Grammaticalization, Constructions and the Incremental Development of Language: Suggestions from the Development of Degree Modifiers in English," *Variation, Selection, Development: Probing the Evolutionary Model of Language Change*, ed. by Regine Eckhardt, Gerhard Jäger and Tonjes Veenstra, 189-218, John Benjamins, Amsterdam.

Trousdale, Graeme (2008) "Constructions in Grammaticalization and Lexicalization: Evidence from the History of a Composite Predicate Construction in English," *Constructional Approaches to English Grammar*, ed. by Graeme Trousdale and Nikolas Gisborne, 33-67, Mouton de Gruyter, Berlin.

Van Bogaert, Julie (2010) "A Constructional Taxonomy of *I think* and Related Expressions: Accounting for the Variability of Complement-Taking Mental Predicates," *English Language and Linguistics* 14, 399-427.

Van Bogaert, Julie (2011) "*I think* and Other Complement-Taking Mental Predicates: A Case of and for Constructional Grammaticalization," *Linguistics* 49, 295-332.

[X *is* X *is* X] 構文について[*]

宮浦　国江

北陸学院大学

1.　はじめに

　本稿では，一般的英文法の知識からは非文と思われる a fact is a fact is a fact のような文が実際には使われている事実に注目して，[X *is* X *is* X] 構文として取り上げ（Goldberg（1995）），その存在を Taylor（2002: 578）のエコロジカルニッチ（生態的な隙間）の観点から論じ，Langacker（2008/2011）の連続構文（serial construction）分析との比較を試みる．最後にコンテクストの中で用法を吟味することで近接構文であるトートロジとの相違を明らかにし，この構文の独自性を述べる．

　筆者が初めてこの文に出合ったのは Lakoff（2006）を彼自身の録音によるオーディオブックで聞いていた時である．共和党と民主党では自由の概念が異なるという論説に対して，ある論客が Freedom is freedom is freedom と断言したというのである．意味するところは「自由という概念は万人が認めている通りのものであり，自由の概念は一つである」という強い主張である．レイコフもこの文型が幾分逸脱していることを認めるように米詩人ガートルード・スタインの名句 A rose is a rose is a rose が元祖であることに触れている．筆者がこの文を耳から聞いて知ったのは幸運だったかもしれない．耳から聞く限り，文法的異様さではなく明確なメッセージを伝える自然な英語表現としてなんの抵抗もなく入ってくる．それでも英語話者は本当に 1 文に述語動詞が 2 つもあるこのような「非文」を使うのかと気になり，同僚のアメリカ人教員に

---

　[*]　本稿は，2008 年 8 月京都言語学コロキアム年次大会（KLCAM）での発表，2015 年 3 月認知文法研究会での発表，2010 年 2 月と 2016 年 8 月の UCSD でのラネカーとの面会を経てまとめたものである．多くの方からの貴重な意見に感謝する．また，本研究は科研費（26370454）の助成を受けたものである．

聞いてみた．なんとごく普通に使われる表現だと言う．にわかには信じがた
く，使われる名詞はごく限られているのでは，とさらに尋ねてみたが，a
horse is a horse is a horse のようにどんな名詞でも言えるという．検索して
みると確かに (1) や (2) のように実に多様かつ多数の用例が出てくる．

(1) McDonald's is McDonald's is McDonald's.
(2) So many aspects of life go unquestioned. A book is a book is a
     book. A duck is a duck is a duck.

(http://questioning.org/feb2013/book.html)

以下，2 節でこの構文の形式と意味を考える．3 節でこの構文のエコロジカ
ルニッチを探る (Taylor (2002))．すなわち，この特異な構文はどうして英語
話者の頭の中で存在が許されているのか，英語文法全体の中で他のどのような
要素と関わりをもっているかを考察する．4 節ではラネカーの連続構文の議論
を取り上げる．5 節でディスコースにおけるこの構文のふるまいに注目し，6
節のまとめでこの構文の存在が問いかけるものを考える．

2. 構文の形式と意味

まず形式面を見ると，X には (3) のように不定冠詞，(4) のように無冠詞，
(5) のように定冠詞，(6) のように固有名詞のいずれも可能である．[1]

(3) a. A church is a church is a church.
    b. A professor is a professor is a professor.
    c. A fake is a fake is a fake.
(4) a. Business is business is business.
    b. Grammar is grammar is grammar.
    c. Love is love is love.
(5) a. The president is the president is the president.
    b. The sun is the sun is the sun.
(6) a. Christmas is Christmas is Christmas.
    b. New York is New York is New York.

この構文が典型的に意味するところは，前節でも触れたように，「X とは，誰

---

[1] 後述のように複数形もあるが，本稿では [X *is* X *is* X] を構文名称として用いる．

もが承知している通りの X であり，その意味するところに異論を挟む余地は
ない」というようなことである．従って，X に入る名詞は一見無制約に思われ
るが，中心概念が明確な名詞，また，ステレオタイプ的な概念を伴う事物を指
す名詞が現れやすいといえよう．例えば (3b) の a professor のように X が職
業の場合，実際には百人百様ではあっても，多くの人がその職業の人について
あるイメージや固定観念を持っている場合が多い．もちろん，コンテクストに
よってその教授らしさは「専門知識がある」「世知に疎い」「うっかり者」など
解釈に幅はあろう．また，(6b) の固有名でもニューヨークのような大都会，
文化の中心，人種のるつぼなどきわだつ特徴を有する都市は X になりやすい
と言える．

　この構文には (7)–(9) のように形式的なバリエーションが見られる．

(7) a.　Fiction is fiction is fiction.
   b.　Fiction is fiction is fiction is fiction.
   c.　Fiction is fiction is fiction is fiction is fiction.

(8)　House Is a House Is a House Is a House: Architectures and Collabo-
   rations of Johnston Marklee（2016 年 4 月発売の本のタイトル）

(9)　A horse is a horse is a horse is a horse is a horse is a horse is a
   horse is a horse is horse is a horse is a horse is a horse is a horse is
   a horse is a horse ...
   (7/19/2015, http://www.mtv.com/news/2217933/baby-horse-mark-
   ings/)

このような自由度はあるが，構文としては [X *is* X *is* X] が基本で，断定の強
さに応じて表現が大きくなる類像性の現れと考えて差し支えないであろう．

　また，次の例を見ると意味的にも構文の中心義から多少拡張があるように思
われる．

(10)　Can a [*sic*] off-duty police officer pull you over and fine you?
   A cop is a cop is a cop, 24 hours a day, 7 days a week, 365 days a
   year. When you become a cop, you take an oath to enforce the law.
   It doesn't say "only when on duty".　　（アメリカ Yahoo! 質問箱）

(11)　As much as we love to compare the numbers in the hope of pretend-
   ing that baseball is baseball is baseball, it is not. The games being
   played all over the country today will look very much like the

games that were played 30, 50, or 100 years ago, but they will not be played with the same equipment, or under the same conditions, or even with the same mind-set, and all this affects any so-called "records" that will be set, ...

(10) では警官が勤務中であろうとなかろうと常に警官であることが述べられている. (11) では書き手が現在の野球と過去の野球とではいろいろな面で異なるという主張をする前にこの構文を用いており, 野球の時空を超えた恒常性が前景化されている.

　構文の振る舞いとして最後に複数形について見てみる.

(12) Cops are cops are cops. Whatever race, nationality they are, they are first of all cops and it's in their interest to get blacks, especially males, into the system as quickly as possible.

(12) が示すように構文本来の意味で複数形名詞が使われることがある. ただ複数形の場合の大部分はネコやバラの写真集に, cats are cats are cats, roses are roses are roses などのタイトルとして使われている. この用法は上の (8) の本のタイトルの例とも通じるものである.

3. [X *is* X *is* X] 構文のエコロジカルニッチ

　Taylor (2002: 28.4) は, Bang goes X! (X がおじゃんになってしまった) という構文を論じる際に, 構成要素や近接表現などを子細に分析した上で, この特定の意味を有する構文が存在することの収まりの良さを示し, 「すべての言語単位は, その言語内の言語単位の織りなす複雑なネットワーク内でエコロジカルニッチを有している」と述べている. 生態的な隙間とは言語学の中で奇妙な響きではあるが, 意味するところは, 語や構文などあらゆる言語単位は, その言語内に存在するさまざまな要素との関係の中でその存在すべき位置が定まる, ということであろう. 本稿では, 英文法規則に反していると思われる [X *is* X *is* X] が英語話者の頭の中でなぜ自然な表現として認められるのかを様々な隣接表現や英語の特徴から探る.

　第 1 に取り上げるべきは [X *is* X] 構文, すなわちトートロジであろう. 本稿では紙面の関係から詳述は避けるが, 定着した構文であり先行研究も多い (Grice (1975), Levinson (1983) ; Wierzbicka (1988) 等). 中でも認知言語

学的にカテゴリーの問題として論じる樋口（1988），中村（2000），コンテクストの中で (i) 記述，(ii) 同定，(iii) 記述拒否，(iv) 同定拒否の4用法を示した坂原（2002），X の性質による容認度の違いを実験に基づいて示したGibbs and McCarrell（1990）は示唆に富み，これらの研究から得られた知見は [X *is* X *is* X] 構文にも当てはまる部分もある．

　第2に，既述の類像性である．(13) の下線部のように，感情を込めれば込めるほど表現は長くなる．

(13) a. Life goes on.
　　 b. Life goes on and on.
　　 c. Life goes on and on and on.

　この関連で [X *is* X *is* X] を見ると，時に（14）のようにカンマ付きの例が注目に値する．

(14) a. *Freedom is freedom, is freedom*
　　 b. *A rule, is a rule, is a rule*

確信度の強まりとともに付け加えられるのは述定の部分であり，主題（theme）に対して評言（rheme）を繰り返していく形といえる．

　第3に，wswswswsws と弱強を繰り返す弱強五歩格（iambic pentameter）をはじめとする韻律の定着パタンが挙げられる．前述（4c）の love のようにX が単音節語であれば，s ws ws ws となり，(14b) の a rule のように X が不定冠詞と単音節語であれば ws wws wws wws となる．[2]

　第4に，意味的には関係しないが，形式面での類似がみてとれる参照点連鎖の所有表現がある．

(15)　Lily's father's friend's son's summerhouse

（Radden and Dirven（2007））

形態的にも意味的も異なるが，名詞句 /z/ 名詞句 /z/ 名詞句の連鎖は [X *is* X *is* X] と共通するものである．

　最後に，数学の等式を挙げよう（Pinker（2002; 2006））．数学では，同じ値であれば複数の等号で式を長くすることは普通のことである．この論理が一般

---

[2] X の名詞句は多様であり，繰り返し部分も wsw wsw（(6a) 等）や wwwsw wwwsw（(3b)）と多様であるが，一定パタンを繰り返す．

英語表現に現れたと思えば不思議はないのかもしれない．

(16) a. *zero equals zero* (0 = 0)
  b. *zero equals zero equals zero* (0 = 0 = 0)

以上のように英語話者の言語知識の中に [X *is* X *is* X] 構文の存在を幾重にも許容するものを認めることができよう．

4. ラネカーの連続構文

[X *is* X *is* X] 構文を扱う数少ない研究が，Langacker (2008/2011) の連続構文である．通常 (17a) と解析される day after day after day が，(17b) で示すようにオンライン処理過程に沿って概念，音韻，そして記号的まとまりが順次加わり集合体をなしていくと分析されている．

(17) a. (day (after (day (after (day (after (day (after (day))))))))))
  b. ((day) (after day) (after day) (after day) (after day))

同様に (18a) も，(18b) に示すようなチャンクの連鎖として分析される．埋め込みという局所的な関係で結ばれ，フラットで線的な構造を持つとされる (図 1)．どちらの連続構文も，ほぼ同じ構造を持つチャンクが鎖状に連なっている．

(18) a. [Amy says [Bob thinks [Chris knows [Doris left.]]]]
  b. Amy says / Bob thinks / Chris knows / Doris left.

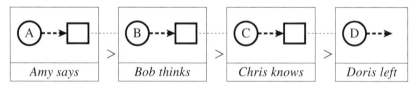

図 1: Amy says Bob thinks Chris knows Doris left.
    (Langacker (2008/2011))

興味深いのは，連続構文として (19) に示す多様な形式を挙げていることである．中でも (19a) はまさに [X *is* X *is* X] 構文であり，ラネカーは交差構成素として (intersecting constituents)，図 2 のような鎖状の構成を示している．

(19) a. a lie / is a lie / is a lie / is a lie / is a lie
b. I have a friend / who has a friend / who knows Barack Obama.
c. She flew from San Diego / to Dallas / to Chicago / to Cleveland.
d. He ran / and ran / and ran / and ran /and ran ….
e. It happened again /and again / and again / and again.
f. I want an iMac / and an iPod / and an iPhone / and a new Mercedes.

図 2: a lie is a lie is a lie is a lie is a lie (Langacker (2008/2011))

　ラネカーの連続構文の分析は英語話者の言語使用のあり方からも自然であり，本稿で論じている点と重なりをもつ．しかし (19) の種々の形式を全く同等に扱って良いのだろうか．(17) (19c) (19e) のような副詞句連鎖や，(19d) のような等位接続詞 and で述部動詞をつなぐ重文は通常の英文法内でも確立している操作である．また，(19f) のように and で名詞句を繋ぎ高次構成素を作ることも同様に確立している（図 3 参照）．しかし，(19a) はそうとは言えないであろう．

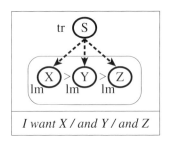

図 3: I want X /and Y/ and Z (Langacker (2008/2011))

　また，図 1 の分析が埋め込み構造で局地的にチャンク間の関係を確立しながら，処理時間に沿って連鎖を作りながら伸長することは直感的にもうなずけるが，図 2 の分析は繰り返される名詞句が前の文の補語であると同時に次の文の主語として二重に機能していることになる．ラネカーはこの文は述語主格 (predicate nominative) が基にあるとしている．述語主格とは，例えば It's I のようにコピュラ文で補語位置にくる主格名詞のことで，ラテン語にも見られ

る現象である．しかし，今日 It's me が優勢になっていることや，発話時のオンライン処理過程の面からも名詞句を二重に機能させていくというのは直ちに首肯しがたい．

図1，図3に示されたラネカーの連続構文分析を参照しつつ，図2に代わる [X *is* X *is* X] 構文の構造分析の試案を図4に示す．

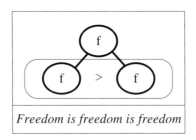

図 4: Freedom is freedom is freedom 代案

ラネカーの連続構文分析の主眼の1つである人間の処理能力のキャパシティに応じた1チャンクの言語単位というものが，この構文では上述3節 (14) のイントネーションユニットがそれに当たると考える．主題―評言／評言／評言と，順次伸長させ，込める感情にふさわしい大きさになるまで続ける．1つの主題に対して，同一形式の繰り返しが高次構成素となるという分析である．

5. ディスコースに現れる [X *is* X *is* X] 構文の独自性

[X *is* X *is* X] 構文は一見非文のようでありながら，言語体系の中で他の構成要素と連関を保ちつつ，独自の構文として存在していることを見てきた．最後の問いとして，この構文に最も近接し，かつ定着度も高い [X *is* X] 構文（トートロジ）との比較対照によって [X *is* X *is* X] 構文の存在意義を確認したい．

[X *is* X *is* X] 構文のディスコースでの現れ方にはいくつかのパタンがある．まずはそのままの形で使われる場合，次いで疑問文で現れる場合 (20)，あるいは引用の後に疑問文を付ける場合 (21) である．

(20) A book is a book is a book? An in-depth study on e-books in Sweden.
    (summary of research report 2013/14:RFR3/The Committee on Cul-

tural Affairs)

(21) a. Phonics is Phonics is Phonics—Or Is It?

(https://archive.org/details/ERIC_ED439401)

    b. A noun is a noun is a noun or is it?　　（Croft の論文タイトル）

そしてディスコース内でのふるまいとして最も際立っているのが, 次の (22) に挙げるカウンター・ディスコースとしての用法である. つまり, [X *is* X *is* X] を言うが, それはその次に述べる自身の主張を対比的に際立たせるための前置きに過ぎないのである.

(22) a. A McDonald's is a McDonald's is a McDonald's, right? Sure, to an extent. The Big Mac here is the same one they serve in Ullan Bator. But there's something about eating it on a McDonald's owned deck overlooking Lake Superior that makes it a little more soul satisfying.

(6/7/2010, http://www.yelp.com/biz/mcdonalds-duluth-9)

    b. "People think a fake is a fake is a fake, and it's not. There are some really good fakes—the ones that are $350 to 500 are hard to tell, you have to have a trained eye," he says.

(http://time.com/money/4207990/how-to-tell-rolex-fake/)

    c. *Believe it or not, all churches are not the same. If your idea has been that "a church is a church is a church" then you need to investigate more closely. Some churches are different in their organizational arrangement. ….*　　(http://www.rochesterchristians.org/)

(22a) では「マクドナルドはマクドナルドなんだからどこでも同じ, かい？確かに, ある程度はね. でも…同じ Big Mac でもスペリオル湖を見渡しながら食べるのはなにかもっと心満たしてくれるものがある」とどこでも同じではない, という自説にもっていっている. (22b) では「みんなは偽物は偽物, どこまでいって偽物と思っているけど, そうじゃない」と即座に否定し, 中には高級な偽物もあるという主張を展開している. (22c) では先に教会はどれもみな同じというわけではないと述べておいてから, この構文を用いて「教会は教会なんだからどこの教会も皆同じという考えをこれまで持っていたとしたらもっとよく調べてみなくてはいけない」と自説の詳細に入っていく.

このカウンター・ディスコースとしての用法は, あたかも通常の会話で聞

き手に配慮しながら自分の意見を述べる時に (23) のように前置き部分を very 等の強調語とともに表現するのと相通じる.

(23)　What he says is very true, but I think we should take this into consideration.

この自説に導くためのカウンター・ディスコースとしての [X *is* X *is* X] 構文の用法は，トートロジとの違いを際立たせる．トートロジには 3 節で見たようにいくつかの用法あるが，その特徴的なものは「話しを打ち切る」機能である ('topic-closing quality' (Levinson (1983: 110–111)))．対して [X *is* X *is* X] 構文は (20) のような疑問文であれ，(21) のような引用と疑問文であれ，(22) のカウンター・ディスコースであれ，むしろ，次につなげるための表現であり，ここに [X *is* X *is* X] 構文の独自性があると言えよう.

6.　終わりに— [X *is* X *is* X] 構文の存在が問うもの

　本稿では一見「非文」に見える Freedom is freedom is freedom のような文を [X *is* X *is* X] 構文として取り上げ，英語話者の頭の中で自然な英語表現として受け入れられる理由はどこにあるのか，エコロジカルニッチという観点で隣接する構文や表現，英語の特質などから考察した．また，ラネカーの連続構文分析から示唆を得て [X *is* X *is* X] 構文分析を試みた．用例の吟味からディスコースにおけるこの構文のふるまいが近接構文のトートロジとも異なる独自性を備えていることを明らかにし，[X *is* X *is* X] 構文は英語文法全体の中で存在理由をもって確たる位置を占めていることを示した.

　最後に，[X *is* X *is* X] 構文の存在が問うものについて触れておきたい．Langacker (2008/2011) は，連続構文は決して典型的文型ではないが英文法のより一般的なパタンに従っていること，さらには，英語という言語全体を見渡せば多様な形式があり，典型的文型はむしろ限定的存在であると述べている．Taylor (2002) も同様に，イディオム的表現が決して周辺的な存在ではないことを指摘している.

　[X *is* X *is* X] 構文の存在は，5 文型など抽象度の高い理想形のみが英文法規則と思いがちな外国語学習者に，母語話者の頭の中にある文法あるいは言語知識というものがどのようなものかを垣間見せてくれる．同時に，イディオム的な表現が中心を占めるという文法観が妥当であることを示し，英語教育についても重要な示唆を与えてくれていると言えよう.

参考文献

Gibbs, Raymond W. Jr. and Nancy S. McCarrell (1990) "Why Boys will be Boys and Girls will be Girls: Understanding Colloquial Tautologies," *Journal of Psycholinguistic Research*, Vol. 19, No. 2, 125-145.

Grice, H. P. (1975) "Logic and Conversation," *Syntax and semantics 9: Speech Acts*, ed. by P. Cole and J. Morgan, 41-58, Academic Press, New York.

樋口万里子 (1988)「トートロジーの意味理解」『活水論文集』第 31 集, 167-186.

Lakoff, George (2006) *Whose Freedom?: The Battle over America's Most Important Idea*, Picador, New York.

Langacker, Ronald W. (2008) *Cognitive Grammar: A Basic Introduction*, Oxford University Press, New York.

Langacker, Ronald W. (2008/2011) "Day after Day after Day," *Cognitive Linguistics: Critical Concepts in Linguistics, Vol. 4: Grammar II*, ed. by Adele E. Goldberg, 149-162.

Levinson, Stephen C. (1983) *Pragmatics*, Cambridge University Press, Cambridge.

宮浦国江 (2008)「「間投詞」を認知語用論的に捉えなおす」『日本認知言語学会論文集』第 8 巻, 245-255.

中村芳久 (2000)「「勝ちは勝ち」「負けは負け」」『言語』第 29 巻, 第 11 号, 71-76.

Pinker, Steven (2002) *The Blank Slate: The Modern Denial of Human Nature*, Penguin Books, New York.

Pinker, Steven (2006) "The Blank Slate," *The General Psychologist*, Vol. 41, No. 1.

Radden, Günter and René Dirven (2007) *Cognitive English Grammar*, John Benjamins, Amsterdam.

坂原茂 (2002)「トートロジーとカテゴリー化のダイナミズム」『認知言語学 II：カテゴリー化』, 大堀壽夫 (編), 105-134, 東京大学出版会, 東京.

Taylor, John R. (2002) *Cognitive Grammar*, Oxford University Press, Oxford.

Wierzbicka, Anna (1987) "Boys will be Boys: 'Radical Semantics' vs. 'Radical Pragmatics,'" *Language* 63 (1), 95-114.

話しことばと断片的表現

—Not XP について—

澤田　茂保

金沢大学

0.　はじめに

　ことばの仕組みを表す「文法」は通例書かれた言葉（written language/WL）をもとにしている．その WL に根拠をおく文法論の視点で話される言葉（spoken language/SL）を眺めてみると，必要と思われる要素が欠落していたり，構造が断片的であるように見える．その印象から「話すときには文法なんかいらない，単語を並べればよい」といった極論も出てくる．だが，母語話者による欠落・断片化は，非母語話者によるパターンとは異なる．SL に顕著な欠落・断片化は決して無秩序なものではなく，何か背後に隠れた原理や仕組みがあると思う．

　本稿では，SL に見られる断片化表現の一例である <Not XP> を取り上げて，実際の使用場面に立ち返って事例研究を行う．第 1 節では，先行する議論のあるタグのついた形式（「Not XP＋タグ」）について述べる．第 2 節では，タグのない <Not XP> について，実際の使用状況とその特殊化について考える．最後に，第 3 節では，<Not XP> を焦点化という観点から再考してみる．

1.　Not XP ＋ タグについて

　Culicover (1999) は，(1a) のような例を挙げて，その一般形式 (1b) が特殊な「構文形式」であると論じている．[1]

(1) a.　<u>Not in my car</u> *you won't.*

---

[1] Quirk et al. (1985: 1418) は，注記でこの形式に触れている．また，天沼 (2012) では，この形式を動的文法論の考え方から論じている．

308   IV. 英語表現・英語構文

b.　<u>Not XP</u> IP [＋Neg]　　　　　　　　（Culicover (1999: 182-186)）

Culicover は下線部を話題化のトピックと見なしており，(1b) を「Not 話題化
(Not-topicalization)」と呼ぶ．そして，否定の領域が XP を超えて IP まで及
ばない等の統語的証拠を集めて，「Not XP は IP に対して，adjunct の位置に
付加しており，specifier の位置ではない」と説明する．英語の可能な形式の言
語理論上の構造特定の意図は理解できる．また，(1b) の構造が普遍的な原理
ではなく，ある種の個別言語で学ばれなければならない構造である，という主
張もよい．だが，この説明で，(1a) のような表現がわかった，という気にな
れる非母語話者はいないだろう．本稿では，できるだけ特定の言語理論に依る
ことなく，(1a) のような断片化表現の意味や働きを非母語話者である英語学
習者の視点から見てみたいと思う．

　まず，出現環境である．Culicover 自身も気づいていると思うが，Not XP
＋タグは (2) で示されるような「やりとり（インタラクション）」の文脈環境
でしか出現しない．

(2)　A:　I think I will smoke a cigarette.
　　　B:　<u>Not in my car</u> *you won't*.
(3)　You won't smoke a cigarette in my car

(2B) と (3) とは伝達内容は類似している．しかしながら，(3) は単に禁止を
表す陳述文で，特定文脈から切り離して議論することは可能である．だが，
(2B) は (2) のような文脈環境から切り離すことはできない．まず確認したの
は，(2B) のような断片形式が常に何らかの先行する発話への応答（あるいは
反応形式）でしかあり得ない，ということである．

　SL は複数の話者がリアルタイムでやりとりする言語である．Sinclair and
Coulthard (1975) は，インタラクションの最小単位を「I-R-F 連鎖」で考えて
いる．[2]

---

[2] Sinclair and Coulthard (1975) はもともと教室での教師と学習者の間の談話に関する研究
である．しかし，母語話者間の通常の会話でも同様のことがいえる．蛇足だが，TOEIC のリ
スニング Part 3 では，以前の形式では I-R-F パターンであったが，現行試験ではより長い形
式に変更されている．I-R-F だけの模式的な会話から現実の会話により近づけた，ということ
であろう．

(4) *Initiation* (*I*): "Oh, beautiful day!"
   Response (*R*): "Yeah, it is. I wanna go out for a drive."
   Follow-up (*F*): "So do I."

I はインタラクションの出だしで，R はそれに対する反応である．単純な質疑応答（Q and A）であればここで終わるが，インタラクションとなるために言い出した話者がもう一回返して終わる図式である．これを使えば，(3) の形式は I-R-F 連鎖のいずれでも出現可能であるが，(2B) の形式は R でしか出現しない，という言い方ができる．[3]

R は I を受けて出現するために，何らかの意味で先行の発話とつながりを持っている．意味的・語用論的な関係のこともあれば，構造上の並行性といった場合もある．構造上の平行性の場合は，R において省略・欠落が生まれる原因となる．それは SL では，共有されることはあえて言語化しない，といった理由と関係している．そのため，R においては省略・欠落・断片化が頻繁に出現する．[4]

さて，(2) に戻ろう．I think I'll ... は話者の心中での計画（内的計画）を表す．しかし，これが発話として現れると，語用論的に話し手の意志（I want ...）を表し，その使用場面では，許可を求める発話の力を生む．[5] その発話の力のため，聞き手は禁止指示で応じる，ということになる．そのとき，(3) は (2A) の応答として意味的には成り立つ．だが，リアルタイムで即座に浮かんだ禁止指示としては (2B) がふさわしい．(2B) は (2A) が先行して初めて存在できる断片形式である．逆に言えば，(2B) を独立して聞けば，(2A) のような先行発話を頭の中で想起してしまう．

Culicover は not XP に続く部分を you won't に統一しているが，この部分は先行する発話に応じて変化するタグ部である．このタグ付きの例は頻繁に出

---

[3] F に典型的な形式という場合もある．例えば，応答に対するある種の「承認」を表す That's interesting などがそうである．一方向的な言語使用の WL と異なり，SL はリアルタイムで進む双方的な言語使用であるから，SL の分析においてはインタラクションにおける構成上の位置という視点が必要であると思う．

[4] 応答の研究は断片表現研究の様相を呈すが，Culicover and Jackendoff (2005) では，そういった断片的な応答を言語分析の対象にした事例が見られる．

[5] ある人が現実場面で何らかの発話をした場合，その発話は周りにいてそれを聞いた人に対してある反応を強いる「力」を持っている．もし同じ内容が紙に上に書いてあるだけなら，この力は発生しない．(4) の R で，it is と応じているように，I が現実の場面で発話されると，あたかも "Beautiful day, *isn't it*?" のような相手の同意を誘うタグが隠れている，という言い方もできる．

310 IV. 英語表現・英語構文

現する訳ではない．以下にラジオドラマの資料にあった例を示す．

(5) A: "I don't see any bench."
    B: "Not now *you don't*. Used to be right over there …."

[*TZ: The Might Casey*][6]

(6) A: "Watch it. You're a Ph.D, not some sorority girl."
    B: "Not yet *I'm not*. There is a little matter of a thesis, remember."

[*TZ: Long Live James Walter*]

(7) A: "Well, it'd be more fun if you could play with me. How come you have to go to work?"
    B: "Not any more *I don't*. I'll play with you tomorrow, OK."

[*TZ: Cavendar is Coming*]

これらは広い意味で応答のタグに分類される形式である．[7] ラジオドラマでの台詞はリアルタイムの発話を模倣しているが，基本的に事前の用意のある発話である．そのため構造上の平行性が非常にきれいにわかる．(5) から (7) の斜字体の表現は (8a-c) の否定陳述文に関係付けられ，Not XP に続く断片部は，先行する発話に否定的に応じたタグであることがわかる．

(8) a. You don't see any bench now.
    b. I'm not a Ph.D yet.
    c. I don't have to go to work anymore

(8) は陳述文で出現場所に制約はないが，not XP＋タグは，上例の通り，R として現れるだけである．否定の応答タグなので，タグの存在は否定の意味を強める，といえる．[8]

Not XP＋タグは応答なので SL の特徴であるが，話題化は SL だけの特徴

---

[6] 事例は澤田 (2016) からのものである．略号 TZ は，ラジオドラマの Twilight Zone シリーズからの引用であることを示し，次の斜体字は TZ のタイトル名を指す．

[7] 「応答のタグ」は，先行する疑問文あるいは陳述文に反応して，主語と第一助動詞だけで応ずる形式である．澤田 (2016: 62-72) 参照．

[8] Quirk et al. (1985: 1418) の注記において，次例を示して，これらを amplificatory tagging と呼んでいるのはそのためである．

   (i) A: Have I made this clear to you all?
       B: Not to me you haven't.

話しことばと断片的表現　　　311

とはいえない．話題化はある種の談話構造上の条件を満たすときに出現する．その条件を見てみる．話題化は節構造の名詞句要素，多くは目的語の NP が節頭に現れる現象で，例えば，次のような例である．

(9) a. I drink *milk* before bed. Coffee I drink △ in the morning.

    b. Beth was satisfied with *her hair*, but her freckles she regarded △ as a great and unmerited affliction. 　　　　　(Biber et al. (1999))

話題化は条件がそろえば必ず発生する規則のようなものではないので，節頭の下線部 NP が△の位置にあっても意味的には全く問題はない．だが，節頭に出現することで，通常の語順では感じられない特殊な談話環境を生み出す．

　典型的な (9a) で説明する．話者は，前半でミルクのことを述べ，それを契機として同類の要素であるコーヒーがいわば頭にポンと浮かんで，それについては飲んでいる時間は「就寝前」ではなく，「朝」であると，付加的・対比的に伝える談話の流れとなっている．この「ポンと浮かぶ」感覚は推敲するような文では消えてしまう感覚で，そのため話題化は WL には非常に少ない．

　コーヒーとミルクは，話し手と聞き手の認識上で，自然な「集合」を構成している．例えば，{習慣的飲物 (X)：ミルク，酒，コーヒー，ソーダ ....} といった集合である．この集合関係の存在が二つの文を強く結び付けて，模式的に言えば，[I drink X at Y] (私は　時間 Y で，習慣的飲物 X を飲む) といった変項を含んだ命題が想起される文脈環境を生み出している．このような集合や命題を想起させないならば，それは話題化の文脈環境ではない．[9] 他方，後半で談話に導入される時間 in the morning は，前半の before bed と対比的に導入された新情報である．[10]

　(9b) でもう一度述べてみる．「そばかす」と「髪」は自然な集合 (「人の容姿」) を構成している．Her freckles の節頭の出現で，その集合を想起させると同時に，「人の容姿」を巡って二つの対立項が導入され，そのうちの一つの値を新情報，つまり，焦点として導入する．換言すれば，文脈上で「自分が容姿 (X) について　満足で (ある / ない)」という命題が想起され，その対比の一方，つまり「満足でない」こと，ここでは regarded as a great and un-

---

　[9] 例えば，次のような話題化は不自然である．

    (i)　I drink coffee before bed. The New York Times I buy in the morning.

なぜなら下線部 NP は前半のいかなる要素とも自然な集合を構成せず，共通の命題も想起させない．

　[10] ここでの話題化の分析は Prince (1998) に依っている．

merited affliction 全体，を新情報として導入しているのである．話題化文として頻出するのは，実際のところ，この対比部分で肯定／否定の対立の事例である．

(10) では，焦点の対比が肯定／否定であることがより顕著に現れている．A は天才科学者トニー・スタークで，B はその妻である．

(10)　A1:　This is about the Agengers!, which I know nothing about. (「これはアベンジャーのことね！，それについては，私は何も知らないけど」)

　　　B1:　The Agengers Initiative was scrapped, I thought, and I didn't even qualify. (「アベンジャー計画はおシャカになったと思ってたよ，それに，僕は資格もなかったし」)

　　　A2:　I didn't know that, either. (「それも知らなかったわ」)

　　　B2:　Yeah, apparently, I'm volatile, self-obsessed, don't play with others. (ああ，明らかに，僕は気まぐれ，自己チュウで，他人とうまくいかないんだ))

　　　A3:　That I did know △ . (「それは，知っていたわ」)

(映画『アイアンマン』より)

ここでは，トニーに関わる二つの事柄について述べれている．話題化によって対比されているのは，know についての肯定／否定で，A2 での否定に対して，A3 では，それが肯定 (did know) であることを新情報として導入している．

　通常の話題化の現象を概観したが，Not XP＋タグも同じような図式が見て取れる．次例で見てみよう．

(11)　A:　You drink every night, don't you?

　　　B:　Not on the weekend I don't.

節頭要素によって，先行する発話のある要素とある種の集合関係が想起される．ここでは並列関係ではなく，包含関係にある要素である．つまり，{夜：月曜日の夜，火曜日の夜，週末の夜，...} の関係がある．そして，Not XP の節頭の出現は，全体集合からその要素を除く，という排除想起として働く．そして，タグ部は，その排除要素において，肯定／否定の対比において，否定を新情報として導入している．通常の話題化と全く同じではないが，節頭要素によって，前の文脈とつながるある集合とある命題を想起させること，タグの部分で肯定／否定の対比の一方（ただし，否定）を導入すること，といった基本

話しことばと断片的表現　　　313

的な図式は保持されている.

　先の (5) の例で考えてみる. (5A) の節頭要素の出現は, (12a) の集合を想起させる. Not XP は, その中のある要素の排除してしまう. 節頭要素は, 全時間を要素とする全体集合のうち, now だけを選び出して, それについて, not see (否定) であることをタグで導入する. やりとりの基盤となっている共通の想起命題は, 概略 (12c) のように表されるであろう.

(12) a.　{時間 : now, in the past, in the future, tomorrow....}
　　　b.　[see/ not see]
　　　c.　[You [+ / −] see a bench [$_{time}$ XP]]

節頭要素は, 集合の中のある要素の排除的取り立ての引き金となっており, タグ部は命題がその要素で成り立たないことを伝えている.

2.　単独で現れる not XP 断片について—Not NP の特殊性—

　前節では, 先行議論があった Not XP＋タグについて述べ, 話題化の枠組みの中でその意味を考察した. しかし, このタグ付きの Not XP は事例としては少なく, むしろ SL で実際に広範囲に観察されるのはタグのない単独型である. 本節では, それについて考えてみる.

　(13) では, (7) と同じ Not anymore だが, 単独で現れている. (13) の場面は, 廃品回収業者 (A) と自分のものを取り返そうとする人 (B) との会話で, A は B の大切なものをたまたまゴミとして回収し, それを取り返そうとする B に対して値段を釣り上げているところである.

(13)　A1:　"Make it forty." (「40 ドルにしよう」)
　　　B1:　"Forty dollars for my own property."
　　　　　(「自分の所有物に 40 ドルだと ...」)
　　　A2:　"Not anymore." (「もう違いますぜ」)
　　　B2:　"And you're determined to make a profit, huh?"
　　　　　(「で, 儲けようって魂胆か？」)　　　　　　　　[*TZ: Static*]

(A2) の伝えたい意味は,「(廃品回収業である自分のもとにあるので) もはやあなたの所有物ではない」(It's not your property any more) ということである. この文脈で,"Not anymore it's not." のようにタグを加えることは可能で

ある.[11] タグがある場合とない場合に相違を無理に求めるならば，まず，タグがある場合は，先述の通り，強意的に聞こえる．また，タグの言語化によって話し手は事実上否定陳述を表明していることとなる．そのため，(5) から (7) の例のように，直後にその陳述の理由・説明に相当する発話が来る傾向がある．一方，単独型は単純な応答として現れてやすく，また，タグがないため，スパッと言い切る即応性が感じられ，それ以上の応答を拒むような語感もある，といえる．

　単独型は応答として非常に頻繁にみられる．例を見てみよう．

(14)　A:　Daddy, please, she's my dolly.
　　　B:　Not until I decide if she's gonna stay.
　　　（「お父さんが，置いていい，って言うまで，違うよ」）

[*TZ: A Living Doll*]

(15)　A:　Here, Robert, sit in this chair, lower your head.
　　　B:　Not if you mean to deactivate me.

[*TZ: The Lateness of the Hour*]

(15) は SF 的な内容なので説明がいるだろう．A はロボット工学者で，B は A が作った家事ロボットである．A が B に対して，頭脳部を見せて，機能停止の措置をしようとしている場面である．通例，ロボットは主人の命令を聞くようになっているが，「機能停止をする」意図ならば頭脳部を見せない，という拒絶である．ここでは，I won't lower my head if [X] の [X] 部の排除条件を与えている．

　これらの例では，次のようにタグを付加することも可能である．

(16)　a.　Not until I decide if she's gonna stay *she isn't*.
　　　b.　Not if you mean to deactivate me *I won't*.

ただし，即座の応答としての文脈ならば，単独型がはるかに自然である．

　単独型は Not XP＋タグと明らかに関係があり，単独型は Not XP＋タグからタグが消失し，即応的な反応形式として現れている，と一応は主張できると思う．しかしながら，いろいろな事例を観察・分析してみると，常に適切なタ

---

[11] It's not というタグがある場合，先行する文脈との構造的平行性が必要なので，A2 は B1 の発話を It's forty dollars for something that's my property! と解釈して，それを強く否定する意味になる．

話しことばと断片的表現　　315

グを補ってこの関係を示すことはできる訳ではないようである．とくに名詞句の場合に特殊な例がある．(11) は Star Wars の一場面である．

(17)　Obi Wan:　"Padme, Anakin has turned to the dark side."
　　　　　　　　（「パドメ，アナキンは暗黒面に落ちてしまったよ」）
　　　　Padme:　"You're wrong. How could you even say that?"
　　　　　　　　（「そんなはずはないわ．どうしてそんなこといえるの？」）
　　　　Obi Wan:　"I've seen a security hologram...of him... killing young-
　　　　　　　　lings."
　　　　　　　　（「保安映像を見たんだ，彼のね，子供たちを殺してい
　　　　　　　　る ...」）
　　　　Padme:　<u>Not Anakin.</u> (...*pause*...) He couldn't."
　　　　　　　　　　　　　　　　　　　　　　　[*Star Wars Episode III*]

下線部は「（オビワンが保安映像で見た殺人犯は）アナキンじゃないわ」という意味だとわかる．この究極の NP 断片を，ただ単語を並べてあるだけ，といった表面的な観察ではなく，何かパターンがある，と見なした場合，この断片の文法論上の説明が難しい．もしオビワンの先行する発話を受けた応答であれば，適切な Not XP ＋タグは，Not of Anakin you haven't と前置詞句が適切であるが，ここでは単独の名詞である．

　Not ＋名詞の場合で，タグを付加することが可能な例は当然ある．例えば，(18) は，頑固な老教師が教え子の前で涙を見せるという場面である．

(18)　A:　What's the matter with old weird beards?
　　　B:　He was crying. Did you see it? （「先生，泣いてたな，見たか
　　　　　い)）
　　　A:　No, <u>not him</u>. （「いや，先生に限って」）
　　　B:　Yeah, he was. He was crying. （「そうだよ，泣いていたよ」）
　　　　　　　　　　　　　　　　　[*TZ: The Changing of the Guard*]

ここで Not him *he wasn't* のようにタグを付加することはできる．ただ，その場合は，否定陳述の表明で，次に泣いていたのではないと感じた説明的発話がくると思う．だが，(17) と似て，単独の言い切りでは，陳述上の否定というより，Not ＋名詞句だけで，その名詞句の指示物に関して，場面に即応した感情の表出，例えば，驚き，失望，あるいは信じられないといった感情を伝える応答となっているようである．

316 IV. 英語表現・英語構文

（19）は同様な事例である．これは，ハワイ州が予算の切迫を受けて，学校予算を削減するが，その方法は通常のやり方ではなく，金曜日を休日にした，というニュースの一部である．X はレポーター，Y はインタビュー部分である．

（19） X:　The state（＝Hawaii）is so strapped for cash because of the recession.　The governor cut 14% from the school budget.

　　　Y:　"One could imagine letting teachers go, reducing ... increasing a class size and retaining the best performing teachers."

　　　X:　Not Hawaii.　They decided not to lay off any teachers.　Instead, they're saying Aloha to furlough Fridays.

（*ABC World News Tonight*）

ここでもなんとなく意味はわかる．教育予算がなくなれば，ふつう先生の解雇といった措置が行われる，といった前提があって，下線部は，その前提がハワイだけは当てはまらない，ということである．だが，ここでも適切なタグを付けることは難しい．

　一般に，Not NP が単独の場合，他の句表現と異なって，指示対象を直接的に取り立てて，強い感情表出の語感を生じるようである．作例であるが次例を参照してほしい．

（20） A:　I smoked a cigarette in your car.

　　　B:　No, not my car!

Not in my car ではなく，名詞句を単に否定すると，「信じられない」「信じたくない」といった激しい感情が生まれる．[12]

　また，too がついた形式もある．（21）の場面は，ケアハウスで生活する高齢者たちで，マナーを気にする老婦人 A が，食事中に鼻歌を歌う B と C に対して嘆息する場面である．

（21） A1:　You're humming at the table.（「食事中に鼻歌をしてますよ」）

　　　B:　Was I?（「そうだった？」）

　　　C:　What was that, anyway?　That melody.　It went "ta-la-..."

　　　　　（「それなんだったっけ？そのメロディさ，タララー，っていう」）

---

[12] （20）では，音調も関係して，ある種否定的な「感嘆・嘆息」であるようにも思える．

A2:   Oh, not you, too, professor. (「まあ，先生まで！」)   [*TZ: Static*]

A2 には「先生もですか（やめてくださいよ）」といった否定的な含意がある．この場合，"Oh, you, too" としてもよいが，含意は微妙に違うようである．例えば，パソコンが何かの理由で壊れてしまい，プリンターはどうか，とボタン操作をしながら，チェックする状況があったとしよう．反応として二つの場合がある．"Oh, this, too" は，「これもか」といった中立的な反応である．しかし，"Oh, not this, too." となるとは，「まいったなー，これもかよ」といった感じで，何か否定的な感情がこもっている．

3.　その他の焦点化要素とタグの付加

　ここまで，とくに名詞句の場合は特殊性が認められるものの，原則として，not XP はタグ付きの Not XP と結びつけられることを主張した．それによって，単独型 not XP は単なる語の並列ではなく，英語のある種の特殊な構文に結びつけることで存在の理由付けができるからである．それでは Not XP＋タグはどの程度特殊なのだろうか？

　ある種の応答において，タグがつく事例はほかにもある．例えば，Even XP や only XP もタグと共にある種の応答表現として成り立つ．

(22)　A:　Students can use a smart phone in school.
　　　B1:　Not in my class *they can't.*
　　　B2:　Only after class *they can.*
　　　B3:　Even in class *they can.*

(B1) は Not XP＋タグであるが，B2 も B3 にもタグがついている．

　Even XP や only XP は，先行する発話によって，談話の中で前提とされるある種の集合において，一つの要素を「取り立て」る働きがある．only XP は，該当する領域を限定する働きがあり，(B2) では放課後に限定している．一方，even XP の場合は，通常は該当する領域を広げる働きがあり，(B3) では，A が授業のない時間を前提にしていると感じて，授業中にも広げている．

　Quirk et al. (1985) には，文の一部の要素に焦点を引きつける働きのある焦点下接詞 (focusing subjuncts) について言及している．焦点下接詞の典型的な例は even や only であるが，especially も含まれる．そして，応答形式でタグをつけることができる．

318   IV.　英語表現・英語構文

(23)　A:　There're many things Mary doesn't like about John.

　　　B:　Especially his manners *she doesn't*.

(24)　A:　There're many things Mary likes about John.

　　　B:　Especially his humor *she does*.

事実，Quirk et al.（1988: 604-605）には，not は，否定の focusing subjunct
として見なすことが可能である，とある．Not XP＋タグという一見特殊な形
式は，こういった焦点下接詞による応答形式の中に包摂されると考えられる．

4.　まとめにかえて

　日本人学習者が教室で学ぶ英語に比べると，実際のインタラクションで使用
される話しことばは不完全で，断片的で，崩れているような印象を持ってしま
う．とくに応答ではそれが著しい．だが，話しことばには書きことばとは立ち
現れ方が異なる理由があり，そういった理由を考慮すれば，話しことばは無秩
序なものではなく，背後にはそれなりの論理があるのではないかと思う．

参考文献

天沼実（2012）「否定辞付き話題化構文の特異性──文断片からの動的・機能的分析──」
　　JELS 29, 3-9.

Biber, D., S. Johansson, G. Leech, S. Conrad and E. Finegan (1999) *Longman Grammar of Spoken and Written English*, Longman, London.

Culicover, P. (1999) *Syntactic Nuts*, Oxford University Press, Oxford.

Culicover, P. and R. Jackendoff (2005) *Simpler Syntax*, Oxford University Press, Oxford.

Prince, E. (1998) "On the Limits of Syntax, with reference to Left-dislocation and Topicalization," *Syntax and Semantics 29*, ed. by P. Culicover and L. McNally, 281-302, Academic Press, New York.

Quirk, R, S. Greenbaum, J. Leech and J. Svartvick (1985) *A Comprehensive Grammar of the English Language*, Longman, London.

澤田茂保（2016）『ことばの実際 1──話しことばの構造──』研究社，東京.

Sinclair, J. and M. Coulthard (1975) *Towards an Analysis of Discourse: The English Used by Teachers and Pupils*, Oxford University Press, Oxford.

That said について[*]

大橋　浩

九州大学

1.　はじめに

小論では（1）に見られる英語の接続表現 that said の文法的，意味的，談話的特徴について考察する.[1]

(1)　Much of the book was very dull. *That said*, I have to admit that the ending was extremely clever.

(https://www.merriam-webster.com/dictionary/that%20said)

筆者は拙論（大橋（2013））で having said that の関連構文のひとつとして that said をとりあげ，コーパスの用例を分析してその特徴を論じた．しかしその時の検索方法では採取できていない用例があることがわかったため，having said that とその関連構文について改めて収集したデータに基づいた分析を進行中であり，本論はその一環として that said の特徴について分析するものである.

今回も現在の言語使用状況を観察するために現代アメリカ英語のコーパスである The Corpus of Contemporary American English（以下，COCA）を利用して収集した 1,890 例を分析の対象とした.[2] なお，強調形の all that said や that all said, with が付加された with that said やその強調形である with all that said は除外した．以下の例文は特に明示しない限り COCA からの引用である.

---

[*] 本稿は JSPS 科研費 JP15K02605 によって行った研究を含んでいる.
[1] 以下，例文中では that said をイタリック体で示す.
[2] http://corpus.byu.edu/coca/ で 2017 年 5 月 21 日に検索したデータを分析した.

320   IV. 英語表現・英語構文

　本稿では，2 節で that said の文法的，意味的特徴を検討した後，3 節で
that said を含む文がトピックシフトという談話機能を果たしている例を考察
する．4 節はまとめである．

2.　文法的・意味的特徴

2.1.　文法的特徴

　That said を含む文は that being said の being が省略されたものと考えられ
る．明示的な主語 that を持つ that said 節と主節から構成される，いわゆる独
立分詞構文（absolute participial construction）由来のものである．

　That said と主節の位置関係については，今回の調査では全ての例で that
said が主節に先行している．大橋（2013）でも述べたように，英語の分詞構文
の包括的な研究である Kortmann（1991）による調査では，譲歩と解釈される
分詞節の文中位置は，49 例中主節の前が 20，主節の中が 7，主節の後が 22
であり，主節に先行する例と後続する例の数にあまり差がない．この調査に比
べると that said の分布には大きな偏りがあるが，that said の場合はこの構文
が持つ特徴から自然な節順であるといえる．まず，that は話し手による先行発
話や書き手による直前の文を指すので，先行部分との結束性（cohesion）が強
い．また，that が指す文が発話されたのは自明なので that said が担う情報的
な価値は非常に低い．一方，主節内容は伝達の中心部分を担う新情報を表す．
したがってこの節順は情報構造上ごく自然なものであると言える．[3]

　また，(2) のように that said の前に but が使われる例が多いが，これは 2.2
節で見るように，that said の中心的な意味が譲歩であることの表れだと考え
ることができる．

(2)　Well, maybe.　Maybe I'm uninformed.　But *that said*, I think that,
　　that I could do it.

これも大橋（2013）でふれたことであるが，Kortmann は，分詞節が対比や譲
歩の意味を表す場合，それらの意味を強化する接続詞か副詞と共起する例が約
40％あり，時間的同時性や前後関係や条件を表す場合より著しく多いことを

---

　[3] 主節との節順に見られる偏りとその動機づけは having said that についても同じことが言
える．大橋（2013）を参照．また，that を使うことの機能的，認知的動機づけについても大橋
（2013）を参照．

報告している．この違いは，時や条件などにくらべると，対比や譲歩の関係を
認定するにはより多くの情報が必要とされるためにその関係を明示する必要が
あると話し手が判断する場合が多いことの反映であるとされている（Kortmann
(1991: 196–197)）．

2.2. 意味的特徴

That said を項目としてあげている辞書は多くないようであるが，The Ox-
ford English Dictionary（OED）は say の項目で having said that, that being
said とともに (3) のように解説し，(4) の例文をあげている．

(3) In concessive clauses, as *having said that*, *that said*, *that being said*:
even though this is the case; even so; nevertheless.

(4) a. *That said*, there is little to criticize in the performance last night.
b. *That said*, the new pic does have a dotty Capraesque charm.

また，『ジーニアス英和大辞典』（p. 1920）には (5) の語義が与えられている．

(5) 〔「私の言ったことを認めるけれど」が原義〕（↗）《正式》たとえそう
でも，とはいうものの，それでもやはり（even so）《◆《主に略式》
having said that》

ともに「受け入れる」という譲歩の意味を与えている．COCA での実例を見
てみよう．

(6) Stanlee Gatti is a fine florist. *That said*, he is in no way qualified to
be the chairman of the Visual Arts Committee.

(7) You're only going to beat USC if you can get into a shootout. The
team that has the best chance to do that is Cal. *That said*, I don't
think anybody beats them.

(8) The bottom line is the name doesn't affect your outcome at all.
That said, parents like to give kids names that they think sound suc-
cessful, which means taking them from families that are kind of
high education, high income families.

(6) ではある人物の優秀さを認めた上で委員長になるほど優れているわけでは
ないと述べている．(7) では USC を倒せる可能性があるのは Cal だと認めた
上で，Cal をふくめ誰も倒せないだろうと述べている．(8) ではまず「名前と

収入には相関関係はまったくない」と言った上で,「それでも親は子供に成功者のように聞こえる名前をつけたがる」と述べている.いずれの例でも話し手・書き手自身が直前に述べた内容を that said で受けた上で,それと対立する内容を述べており,譲歩用法の典型例だと言えるだろう.[4] 今回の調査では (9)–(10) の 2 例をのぞき,譲歩の意味で使われている.

(9) "What's going on up there?"
"I don't know, but it looks like trouble. And we're not sticking around to find out!" *That said*, Hannah reacted almost instantaneously as she wrenched the wheel, pumped the brakes, steered out of a skid, and managed to fishtail onto the curvy access road that led to the Winnetka County rest stop.

(10) "We need to be more careful, that's all." *That said*, he moved on to a topic very much on the minds of the congregation, in light of the new scrutiny that came with the Romney candidacy: (…)

ここでは「そう言って」という時間的,継起的な意味を表している.That は話し手ではなく主節主語による先行発話を指し,主節は話し手や書き手の主張ではなく,主節主語による行為の客観的な描写となっている.

以上の使用状況から,that said を含む文は,「話し手自身の発話を受けた上でそれに対立する内容を述べる」という譲歩の意味を表す構文として定着していると考えていいだろう.ただし,この形式で完全に凍結しているわけではなく,1 節でも少しふれたように,(11)–(14) のような表現も使われる.

(11) Hewitt projects increases of only 3.6% in 2004. *All that said*, there's reason for optimism.

(12) *That all said*, of course my focus was the U.S. piece, and I'll get to the map and the camp that we're going to start erecting here in just a minute.

(13) We watch sports for entertainment, not political statements. *With that said*, I strongly believe baseball is America's most representative sport.

---

[4] 譲歩文の複合的な認知構造については Verhagen (2005) を,会話における譲歩的なやりとりについては Couper-Kuhlen and Thompson (2000) を参照.

(14)　Now, *with all that said*, this has been an incredible week.

これらの表現もすべての用例で譲歩の意味で使われている．all that said, that
all said は that said の強調形であり，with all that said は with that said の強
調形であるが，これらの構文の関係，さらには，that said, having said that,
that being said の関係をどのようにとらえるかは理論面での今後の課題であ
る．

　さて，実例を観察すると，that が指す先行発話の内容と主節の内容が (6)-
(8) のような典型的な譲歩文に見られるような直接的な対立関係にあるものば
かりではない．次の例を見てみよう．

(15)　And it has moments of power, but overall it feels sort of like an or-
dinary sports film. *That said*, any movie directed by Clint Eastwood
for film fans is worth seeing.

(16)　— And the guy who plays William is actually quite convincing. — I
would say he is wooden at best.　But *that said*, it's nevertheless a
rather good impression.

(15) の書き手は，クリントイーストウッドが監督したある映画について平凡
だと述べた後に映画ファンにとっては彼が監督した映画はどれも見る価値があ
ると言っている．(16) の話し手は，ある男優のことを表情に乏しいと言った
後で演じた人物に似ていると言っている．それぞれの直前の文と直接対立する
内容であれば「その映画が平凡ではない」や「その男優の演技が生き生きとし
ている」などとなるであろうが，そうではなく，先行部分から導かれる可能性
のある「クリントイーストウッドが監督した映画は誰にとっても平凡だ」や
「モデルとなった人物に似ていない」という推論と対立する内容となっている．
興味深いことに Oxford Advanced Learner's Dictionary 9th edition（以下
OALD）(p. 1378) は that said を次のように解説している．[5]

(17)　used to introduce an opinion that makes what you have just said
seem less strong

---

[5] that said の用例はあげられていないが，having said that にも同一の語義が与えられた上
で，次の例文があげられている (ibid.).
　(i)　I sometimes get worried in this job. Having said that, I enjoy doing it, it's a chal-
　　　lenge

324   IV. 英語表現・英語構文

自分の発言の強さを緩和することを目的とした用法を緩和用法とよぶとする
と，(15)-(16) は緩和用法の例と言える.

　このように that said によって関係づけられる内容は直接的なものとは限ら
ない. 直前の発話と主節という局所的な関係だけでなく，よりグローバルな領
域での関係を表している場合もある. 少々長いが次の例を見よう.

(18)　(…); the United States need not abandon its ideals. But it will have
     a better chance of realizing them if it takes a more prudent and stra-
     tegic approach to world affairs. In practice, this means recognizing
     that the United States can't do everything. Like any normal nation,
     it must prioritize. And it should view the world as a single geopolit-
     ical chessboard. This means that if Washington wants to improve its
     standing in, for example, Indonesia — the world's most populous
     Muslim nation — it must work to address the Arab-Israeli conflict.
     Such linkages count. *That said*, the United States is still the world's
     strongest country. That means it has plenty of cards to play. As
     well as formidable hard power, Washington retains significant soft
     power-the ability to attract, not compel. Foreign elites still dream of
     sending their kids to U.S. universities (indeed, all three of my chil-
     dren are happy to study there). More broadly, the American Dream
     continues to excite the imagination of young people everywhere.
     Were such assets deployed more intelligently, Washington could
     work wonders.

that は直接には「そのような連携が重要だ」という前文を指すが，具体的には
よりグローバルにそれに先立つ部分で述べられている内容を指していると考え
られる. 一方，「アメリカは未だ世界最強の国である」という主節が表す内容
もまた，その後の部分で具体的に述べられている.

　このように that said が接続する内容の対立の度合いは中心的な譲歩用法の
場合のように直接的でローカルなものから，間接的なものやグローバルなもの
までさまざまであるが，これは that said に限ったことではなく，いわゆる「対
立・対比」の意味を表す言語要素に共通の特徴であると思われる.[6] 少し長い

---

[6] having said that が接続する先行部分と後続部分の関係にも同じことが言える. 大橋
(2013) を参照.

が松尾ほか (2015: 186) による but に関する「概説」の関係する部分を以下に引用する.

(19) この語は (…) but に先行する部分と後続する部分との意味的「対比」を表す (…). さらに，論理的な意味的「対比」を直接表すのではなく，but に先行する部分で述べられる内容から想起される推論と矛盾する内容を but 以下で述べる「想定・期待の否認」を表す用法が生じた. 先行部分から導き出される想定には，文脈からの推論，but 以下の陳述の前提となる事柄，その他様々な発話行為に関する条件などがある. 発展的に，but が独立的に文頭に生じ，談話標識として幅広く用いられる. (…).

より大きな単位の発話や談話と関連し，話題の転換や展開を合図して，話題の再方向付けの標識として機能する (…).

「話題の転換や展開を合図」する用法として次の例があげられている（イタリック体は原文）.

(20) a. *But* now to the main question.
　　b. JUDGE: Have you reached the verdict?　FOREMAN: We have, Your Honor.　Your Honor, we have agreed to hold for the plaintiff, Deborah Anne Kaye and against St. Catherine Laboure, Doctors Towler and Marx. *But*, Your Honor, are we limited on the size of the award?

これらは「さて」や「ところで」にあたる話題転換を合図する談話標識的な役割をはたしている. 大橋 (2013, 2015) などで having said that にこのトピックシフトとしての用法があることを論じたが，that said にもこの用法が観察される. 3 節でその例を見ることにしよう.

3. トピックシフト・マーカーとしての談話標識的用法

　以下の例文では that said は直前の自分の文を受けてはいるが，主節はその内容に対立するものとはなっていない.

(21) The good news is that now is probably the best time to rethink your compensation strategy and put a plan in place that will make your

326　　　　　　　　　　IV.　英語表現・英語構文

company more competitive than ever. *That said*, how do you start? Take a few lessons from CEOs who've tried it.

(22)　The vast majority of critters are beneficial. I'd even argue that everything I encounter in the garden is beneficial, including mosquitoes. It is important to remember this, lest you be tempted to spray something to kill an insect or bacterium that may be doing some damage to your crop. If you use a poison that kills on contact, you are killing hundreds of thousands of beneficial insects and microscopic organisms for every one of the critters you have identified as a problem. *That said*, let's begin. Identification Both [sic] knowing and spotting your culprits is the first step in any sensible method of pest control in the garden.

(23)　Ballesteros, the European captain, sniffed. "My team played with their hearts," he said. "That's why they won." *That said*, let's examine what appear to be a few basic differences between the Europeans and the Americans in this biennial team competition.

(21) では，今が補償戦略を再考し会社を競争力のあるものにする計画を実行する絶好の機会だ，と述べた後，「では，どうやってはじめよう.」と話題を展開し，その経験のある CEO たちによる教訓へと談話を導いている．(22) では庭の害虫駆除に関して，庭にいる生き物は全て有益で，殺虫剤を使うと多くの有益な昆虫や微生物も殺すことになる，ということに注意を向けた後，「では，始めましょう」と述べて，害虫の見つけ方へと話題を転換している．(23) では「私のチームは全力で戦った」というキャプテンの言葉を紹介した後，「では，ヨーロッパ人とアメリカ人が基本的に違うと思われる点について考えてみましょう」と話題を転換している.

　これらの例で that said に導かれる後続部分が先行部分と対立関係にないことは，that said を even so や nevertheless などで置き換えると不自然になることから明らかである.

(21)′ ??(…) Even so/Nevertheless, how do you start?
(22)′ ??(…) Even so/Nevertheless, let's begin.
(23)′ ??(…) Even so/Nevertheless, let's examine what appear to be a few basic differences between the Europeans and the Americans in this biennial team competition.

ちなみに譲歩の意味であれば主節が疑問文や命令文であっても even so や nevertheless でパラフレーズしても不自然な文にはならない.

(24) "If you and your partner are well connected, he won't cheat on you — no matter what her intentions are," says Allen Berger, PhD, author of *Love Secrets Revealed*. *That said*, should you sit back and do nothing while your guy interacts with a female friend or colleague who you know will attempt to seduce him at every turn? No way.

(25) It's the default setting, of course, but I don't really know why men are so nervous about diverging from white. Light blue is hardly going to kill them. *That said*, keep your interview shirts plain or minimally striped, (…)

(24)′ (…) Even so/Nevertheless, should you sit back and do nothing (…)?

(25)′ (…) Even so/Nevertheless, keep your interview shirts plain or minimally striped, (…)

トピックシフトの用例に戻ろう. 次の (26) では「では, 質問.」と聞き手に向かって質問を求めるという形で話題の転換がはっきりと示されている.

(26) We anticipate that we will be able to start housing refugees in the camp within the next 10 days. *That said*, questions.

また, これまでの例では that は話し手や書き手自身による先行文を受けていたが, 次の文では対話者による発言を受けている.

(27) ROCHELLE All right. (…) Who do you believe?
Ms. BARDSLEY: Well, *that said*, you know, I'd like to address that. I think that's an excellent point.

聞き手からの質問を受けて,「それではその問題を取り上げましょう.」と話題を転換している.

　以上, 本節では that said 構文には話題の転換を表す例があり, that said はトピックシフトを示す談話標識的な機能を担っている可能性があることを示した. (27) のような例は, that said の使用文脈の広がりを示しており, この表

現の意味的な漂白化に伴う結果であると考えることができる.[7]

4. おわりに

That said には譲歩用法とトピックシフト用法があることを COCA からの用例の分析を通して実証的に論じてきた. 共時的な使用頻度が多義の構造を反映していると考えると譲歩用法が中心的でトピックシフト用法は譲歩用法からの拡張であると考えられる. これは having said that (大橋 (2013, 2015)) や, 2 節で見た「対比」の意味を表す but についての事実とも一致する.

譲歩を表す接続表現が, 主節と従属節という文内の関係から, 文を越えて, 後続談話との関係を示す用法を発達させることは, 従来譲歩からの意味の発達についてあまり論じられることがなかったことを考えると大変興味深い. この点について Hilpert (2013: 170) は次のように述べている.

(28) Concessive connectives have, however, been found to undergo structural scope expansion (Tabor and Traugott (1998)), in which they develop beyond the structural domain of sentential clause connection into the realm of discourse organization.

この例として anyway が (29a) の譲歩の意味から, (29b) のように, 一旦中断した話題に話をもどす合図としての談話標識用法を発達させたこと (Tabor and Traugott (1998)) や, (30) のように, 譲歩の意味を表す接続詞に導かれた挿入節が, 矛盾した見方を提示することで断定を弱めるヘッジの役割を果たしている例などをあげることができる.

(29) a. The weather was cold but I took a shower anyway.
  b. Anyway, I'd better go now—I'll see you tomorrow. (OALD p. 58)
(30) a. Power, although important, is not everything.
  b. Though small, the collection is considered the best of its kind.
  c. The year 1960 in Canada, if disappointing, was not all that bad.
  d. This defensive strategy, while clever, wasn't necessary.

(Hilpert (2013: 93))

---

[7] 文法化にともなって言語表現の使用範囲が広がる傾向については Himmelmann (2004) などを参照.

That said や having said that のトピックシフト用法が通時的に段階的に発達
したものか，あるいは譲歩用法の定着と同時期に現れたのかについては今後多
くの通時的資料を使っての調査が必要である．

参考文献

Couper-Kuhlen, Elizabeth and Sandra A. Thompson (2000) "Concessive Patterns in Discourse," *Cause-Condition-Concession: Cognitive and Discourse Perspectives*, ed. by Elizabeth Couper-Kuhlen and Bernd Kortmann, 381–410, Mouton de Gruyter, Berlin/New York.

早瀬尚子 (2002)『英語構文のカテゴリー形成―認知言語学の視点から―』勁草書房，東京．

早瀬尚子 (2009)「懸垂分詞構文を動機づける「内」の視点」『「内」と「外」の言語学』，坪本篤朗・早瀬尚子・和田尚明 (編)，55–97，開拓社，東京．

Himmelmann, Nikolaus P. (2004) "Lexicalization and Grammaticalization: Opposite or Orthogonal?" *What Makes Grammaticalization? A Look from its Fringes and its Components*, ed. by Walter Bisang, Nikolaus P. Himmelmann and Björn Wiemer, 21–42, Mouton de Gruyter, Berlin.

Hilpert, Martin (2013) *Constructional Change in English: Developments in Allomorphy, Word Formation, and Syntax*, Cambridge University Press, Cambridge.

König, Ekkehard (1985) "On the History of Concessive Connectives in English: Diachronic and Synchronic Evidence," *Lingua* 66, 1–19.

Kortmann, Bernd (1991) *Free Adjuncts and Absolutes in English: Problems of Control and Interpretation*, Routledge, London/New York.

Kortmann, Bernd (1995) "Adverbial Participial Clauses in English," *Converbs in Cross-Linguistic Perspective: Structure and Meaning of Adverbial Verb Forms— Adverbial Participles, Gerunds*, ed. by Martin Haspelmath and Ekkehard König, 189-237, Mouton de Gruyter, Berlin/New York.

松尾文子・広瀬浩三・西川眞由美 (編著) (2015)『英語談話標識用法辞典』研究社，東京．

大橋浩 (2013)「Having said that をめぐる覚え書き」『言語学からの眺望』，大橋浩・宗正佳啓・田中公介・西岡宣明 (編)，12-27，九州大学出版会，福岡．

大橋浩 (2015)「譲歩への変化と譲歩からの変化」『日本認知言語学会論文集』第 15 巻，18-30．

Tabor, Whitney and Elizabeth Closs Traugott (1998) "Structural Scope Expansion and Grammaticalization," *The Limits of Grammaticalization*, ed. by Anna Giacalone Ramat and Paul J. Hopper, 229-272, John Benjamins, Amsterdam/Philadelphia.

Verhagen, Arie (2005) *Constructions of Intersubjectivity: Discourse, Syntax, and*

Cognition, Oxford University Press, Oxford.

コーパス

The Corpus of Contemporary American English（COCA）（http://corpus.byu.edu/coca）

辞　書

『ジーニアス英和大辞典』（2001）大修館書店，東京.
Oxford Advanced Learner's Dictionary, 9th ed.（OALD）（2015）Oxford University Press, Oxford.
The Oxford English Dictionary online,（OED）（http://www.oed.com.anywhere.lib.kyushu-u.ac.jp），Oxford University Press, Oxford.

V.

言語発達・言語習得

有標・無標から見た言語発達の諸相

米倉　よう子

奈良教育大学

1.　はじめに

　本稿では，「有標（markedness）」・「無標（unmarkedness）」という概念を軸に据え，言語の史的発達と子どもの母語習得との間に見られる並行性を取り上げながら，言語変化の本質を考えてみたい．

2.　有標・無標

　「有標」・「無標」は言語学の基本的概念の1つである．その解釈についてはいろいろあるが（例えば Crystal（2003: 282-284）を参照），本稿では以下の2つの解釈に着目する．

　まず，有標・無標は，ある言語形式の使用頻度（frequency of occurrence）に関係することが知られている．高頻度のものほど「より無標」であり，低頻度のものほど「より有標」である（Greenberg（1966））．たとえば一般に，名詞の単数形は複数形よりも頻度が高い．したがって，単数形は無標であり，複数形は有標である（cf. Greenberg（1966: 94））．

　つぎに，意味特性と有標・無標を結びつける解釈がある．この解釈では，意味的により特殊性が高いと見なされれば，有標性が高いとされる．たとえば英語名詞 dog と bitch を比べると，性別を指定する bitch よりも性別面で中立な dog のほうがより一般的な語なので，dog は無標，bitch は有標な語である（Crystal（2003: 283））．

　以上のように，使用頻度と意味的特殊性の観点からいえば，無標性は言語文化・社会において一般的傾向を持つものと結び付けられやすく，一方，有標性は一般的傾向からどこか外れるものに関連付けられやすい．

　有標・無標の区分は言語類型論にも示唆的である．たとえば音声学では，母

332

音は発音される際の舌の位置と高さにより分類されるが，限られた数の無標な母音群がより有標な母音に先んじて優先権を与えられ，音素として定着していくとされる（田中（2009: 20））．ここで，3母音体系，5母音体系，7母音体系の言語が持つ母音の種類を調べてみると，ほぼ以下のようになるという．

(1) a. 3母音体系 {a, i, u} アラビア語，琉球方言，ケチュア語（中南米）など

   b. 5母音体系 {a, i, u, e, o} 日本語，スペイン語，ハワイ語，マオリ語など

   c. 7母音体系 {a, i, u, e, o, ɛ, ɔ} イタリア語トスカーナ方言，俗ラテン語，マテンゴ語（タンザニア），リンガラ語（コンゴ）など

（田中（2009: 20））

(1) の3種類の母音体系は，いずれも {a, i, u} を共通に持っている．したがって，この3つの母音は他の母音に比べて無標な存在と考えられる．これは言語類型だけでなく，母語獲得にも当てはまり，無標な母音ほど子どもの習得が早い（田中（2009: 20））．

また有標・無標の概念は，母音群だけでなく，子音群や音節構造にもある．音節構造を例に取り上げよう．最も無標な音節構造は，核（nucleus）となる母音の前に頭子音を1つ伴うもの（Consonant + Vowel, CV）である．これは最適性理論（Optimality Theory（Prince and Smolensky（1993/2004）））では，以下のような制約（constraint）としてまとめられている．

(2) 有標性制約（markedness constraints）

   尾子音なし（–Cod）'Syllables do not have codas' *CVC

   頭子音あり（Ons）'Syllables must have onsets' *V

   複雑構造の排除（*Complex）'No more than one C or V may associate to any syllable position node' *CCV

（Prince and Smolensky（1993/2004: 20, 41, 108））

(2) を厳密に守る言語もあれば（たとえばヤウェルマニ語），それほど厳密には守らない原語もある（たとえば英語）（Crystal（2003: 284））．

ただし，(2) をそれほど厳密には守らない英語においてですら，無標な音節を形成しようとする圧力は働いている．我々は子どもの言語習得にその圧力を見出すことができる．無標な母音ほど，子どもによる習得が早いのと同じように，無標な音節もまた，言語習得の早い時期から現れるのである．Gnanadesikan（1995）は，標準米国語を母語として習得しつつある2歳3か月から2歳9か月の子どもの発話を観察し，頭子音が1つしかない語の産出が多いことを指摘した.[1]（3）は彼女があげた子供による音節産出例の一部である.

   (3)   clean [kin]   snow [so]   （Gnanadesikan (1995: 7, 9)）

ここで，子どもが言語習得環境において受け取る入力（つまり大人の発話）と子どもが実際に行う出力に，ズレが生じていることに注意したい．この入力——出力間に見られるズレは，闇雲に入力を改変して出てくるものではなく，有標な子音や音節構造を排除する方向で生み出されている．すなわち，（2）の有標性制約に沿う方向で，出力されるのである．

「有標性制約」に対して，入力を出力に忠実に反映させることを要求する制約は，最適性理論において「忠実性制約（faithfulness constraints）」と呼ばれる．英語を母語として獲得しつつある子どもの音韻知識では，はじめは有標性制約が強く働き，有標性が高い子音は頭子音から排除されるものの，獲得が進むにつれ，忠実性制約が有標性制約に勝るようになる（Gnanadesikan (1995: 1)）.

「有標性排除に努める制約（有標性制約）」と「有標性維持に努める制約（忠実性制約）」という，2つの相反する制約体系の相互作用が人間言語（ひいては文法）の形成にどう関わるのかについて，Kager (1999: Section 1.2.2) は以下のようなたとえ話をあげて説明している．まず，「忠実性制約」が最大限尊重される言語では，入力される弁別的特徴が出力でも維持される．世界の言語には約50の子音と30の母音があるとされ，その組み合わせに有標性制約が一切関わらないとすると，2分節音を持つ語は理論上，$80^2 = 6,400$ もあることになる（同一音の重複も許されるとする）．わずか2分節音の語ですらこうなのだから，分節音数が増えて行けば，それに合わせて理論的に可能な語数も指数関数的に増加していくことになる（Kager (1999: 6-7)）.

反対に，有標性制約が最大限尊重され，忠実性制約が最小限しか守られない言語では何が起こるのだろうか．そのような言語では，最も無標な音節構造（すなわち CV（の繰り返し構造））だけとなり，これに無標子音 C ∈ {p, t, k}，無標母音 V ∈ {i, a} が適用され，単音節の語としては {pi, ti, ki, pa, ta,

---

[1] 頭子音が複数ある場合，共鳴度（sonority）が高い子音ほど削除対象になる．これには，音節の核（nucleus）位置の音素は高共鳴度のものが無標だという事実が関係している（Gnana-desikan (1995: 13-14)）.

ka}のみが可能となる．音節数が 2 であれば，$6^2 = 36$，音節数が 3 であれば，$6^3 = 216$ である．音節数を増やせば可能なアイテム数も増えるものの，音節数にも無標なものがあり，無標音節数は 2 とされている．ならば最も無標な言語というのは，わずか 36 語しか持たない言語ということになるが，常識的に考えて，そのような言語はありそうにない（Kager (1999: 7)）．先述の米語圏の子どもの例にみるように，幼い子どもが最初は有標性制約を優先し，頭子音の数と種類に制約をかけていたのが，徐々に忠実性制約を取り入れ，大人と同じく多彩な音韻構造を出力するようになるのも，有標性制約のみを尊重すると，その言語の語彙体系を維持するのに十分な数の弁別的音素を維持できないためである（Gnanadesikan (1995: 1-2)）．

3. 言語類型・言語習得・通時的言語変化

前節では，有標・無標が，音韻構造の言語類型や習得順序にどうかかわっているのかを考察した．田中（2009）は，同種の考え方が史的言語変化（通時的言語変化）にも応用可能としている．すなわち，類型も史的言語変化も獲得も，有標性制約と忠実性制約という 2 種の制約のバランスで説明ができるのだという（p. 179）．

具体例をあげよう．前節で世界言語に見られる母音数の有標・無標について触れたが，この現象には史的言語発達との並行性が見て取れる（田中（2009: 181-183））．初期の人間言語の母音は {a} という，最も無標な母音を含む 1 母音体系であったのが，やがて 3 母音体系となり，次いで 5 母音体系へと移行したというわけである．これは，言語が発達するにつれ，有標性制約よりも忠実性制約が重視されるようになり，より単純な体系からより複雑な体系へと変化していくことを示している．

「言語は史的発達を経るにつれてより複雑な体系になる」というのは，音韻分野に限った話ではない．文法化研究でも，その方向性は示唆されている．たとえば Heine and Kuteva (2002) は，350 例ほどの文法化事例を通言語的に比較した研究成果として，図 1 の通言語的文法化経路を提示した．[2] この経路図の趣旨が正しいならば，最初期の言語には 2 種類の言語項目，すなわちモ

---

[2] ただし，図 1 は世界の言語に見られる文法化をすべて網羅したものではない．ここには描かれていない文法化例（たとえば結果状態的形容詞構文から受動態文への発達（Terasawa (1997)）も数多くある．

ノ的・時間上安定的な項目（'thing-like, time stable entities'）である名詞と，行為や出来事等を表す時間上非安定的な概念（'non-time-stable concepts'）を担う項目である動詞しか存在しなかったことになる(Heine and Kuteva (2002: 390)).

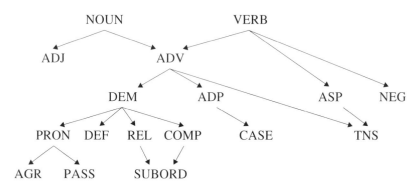

ADJ＝形容詞（adjective），ADP＝接置詞（adposition），ADV＝副詞（adverb），AGR＝呼応（agreement），ASP＝相（aspect），COMP＝補文標識（complementizer），DEF＝定性マーカー（definite marker），DEM＝指示詞（demonstrative），NEG＝否定辞（negation），PASS＝受動態（passive），PRON＝代名詞（pronoun），SUBORD＝従属節マーカー（subordination marker），TNS＝時制（tense）

図1　文法化における範疇的シフト経路の例
(Heine and Kuteva (2002: 383))

語どうしの関係を表すことが主たる機能である語や形態素（たとえば接置詞（ADP），補文標識（COMP）や呼応（AGR））は初期言語にはなく，名詞や動詞よりも後から発達したと考えられる (pp. 390-391)．これは，「言語は史的発達を経るにつれてより複雑な体系になる」という発想と相性がよいことは言を俟たない．また，この図の上部に位置する文法カテゴリーほど無標性が高く，下部に位置するものほど有標性が高いことになる．すなわち，名詞や動詞を欠く人間言語の存在は通言語的に考えにくいが，呼応や従属節マーカーを欠く言語の可能性は十分ありうる．

　次に，子どもの母語習得過程と史的言語変化過程の並行性について考えてみよう．「子どもの言語発達は通時的言語変化を映す鏡とは一概にいえない(Diessel (2012: 1599))」ものの，両者の並行性を示す証拠がいくつか指摘されてきている．とりわけ，屈折形態素の習得や文法的マーカー・文法的構文の

発達において，母語習得過程と史的言語変化の間には一定の並行性を見いだせ
ることが知られている．[3]

　Ziegeler（1997）は，文法化経路（grammaticalization path）と同種の発達
経路が，個人の言語習得過程でも見られることを指摘している．たとえば（4）
が示すように，英語法助動詞 would は動詞 wish の補部では容認されない場
合がある．

(4) *I wish I would come to your party.　　　　　(Ziegeler (1997: 210))

Ziegeler（1997: 213）はこのような例を，would の古い用法である「意思用法
（volitional use）」の残滓が特定環境において存在するためと説く．興味深いの
は，子どもの言語習得過程に，大人の言語にはもはや見られなくなった（した
がって子供の言語の入力とはなりえない）would の元の語彙的意味の存在が感
じられる点である．Ziegeler（1997: 222）に引用のある Goossens（1995）に
よると，would が過去の意図（past volition）を表す法助動詞として使われる
ことは，現代英語では極めて稀で，コーパス調査によれば，そのような would
の使用確率はわずか2〜4%である．ところが子どもの発話ではそうではない．
Stephany（1988: 390）によると，子どもは will, want to, going to, would
を意図用法中心（volition-centered）で使い始める．なぜ子どもの言語習得過
程で史的言語変化と同じような発達順序が見られるのかというと，両発達にお
いて，起源となる概念が同じだからだと Ziegeler（1997: 231）は主張する．[4]
この「発達の起源となる概念」については，4 節で考察を行う．

　子どもの言語習得過程と歴史的言語発達との関係性を示唆する現象は他にも
ある．Hughes and Allen（2014）は，英語圏の子ども（2〜3 歳）が主語（1
人称および 2 人称主語の例は除く）を省略する現象を観察した．たとえば（5）
は，2 歳 0 か月の子どもが産出した主語省略文である．

(5)　母親：　That block fell down. ［ブロック A について言及］
　　　母親：　Where does this block go? ［ブロック B について言及］

---

　[3] 音韻分野についてもある程度の言語習得・言語変化間の並行性が報告されている．2 節に
おいて英語圏の子どもが複数の子音群を減じさせる傾向があることを見たが（例えば例（3）），
通時的変化でも同じような現象がよく見られる（Hock（1991: 88-89））．ただし，子どもの音
韻知識獲得と通時的音韻変化には差異があることも確かである．この点については Diessel
（2012）を参照のこと．
　[4] Ziegeler（1997）は，子どもの言語習得と史的言語変化の間に多分に並行性が見られるの
は，両者が同じ "semantic space"（p. 234）から発達するためと主張している．

子ども： **Ø** go there.［ブロック B について言及］

(Hughes and Allen (2014: 151))

このような主語省略文を，被省略主語が無生物か否か，発話の場に物理的に存在しているものか否か，発話の場において既に言及されたものか否か，共同注意が成立しているか否か等の6つの指標でアクセス可能性度合いを区別し，分析したところ，アクセス可能度が高い場合ほど主語省略が起こりやすい（つまりトピック的性質が強い主語ほど省略されやすい）こと，また子どもの年齢が上がるほど，大人の発話に近づき，主語省略が起こらなくなることが分かったという。[5]

　トピック（topic）から主語（subject）への文法化はよく知られているが，その進み具合は言語により異なる。英語のように高度に文法化され，語彙的述語の義務的な項となった主語を持つ言語もあれば，日本語のようにトピックから主語へのシフトが道半ばの言語もある（Shibatani (1991: 102-103)）。英語圏の子どもが，主語明示の義務化が進んだ言語環境から入力を受けながらも，あたかも日本語であるかのようなトピック感受性の高さを示す文を産出することは，言語習得過程と史的言語発達過程の間の並行性を示唆する。トピックは主語と異なり，語彙的述語の義務的項ではないため，必然的に「トピック省略文」も産出される。トピック省略文（topicless sentence）はしばしば，話し手がちょうど今，目撃・経験した出来事や状態を分析せずそのまま表現するのに使用される（cf. Shibatani (1991: 99-100)）。

　実際，「分析せずそのまま表現する」というのは，子どもの発話にしばしば見られる特徴なのである。Kantartzis et al. (2011: 583) によると，新規語とともに「ある行為者（actor）がある行為（action）をしている動画クリップ」を同時に提示された3歳児は普通，その新規語が行為者を指すのか，行為を指すのか理解するのが困難だという。これは，幼い子供にとって，言語表現を構成素部分に分解し（すなわち総体概念から部分概念を切り出し），その切り出された部分をある記号に結びつけるという操作が容易ではないことを示している。[6]

---

[5] Hughes and Allen (2014) では，アクセス可能性度だけでなく，動詞が定形（finite）か非定形（non-finite）かも，子どもの発話の主語省略に影響することが指摘されている。

[6] Kantartzis et al. (2011) は，オノマトペが行為と行為者との切り離しを容易にすると指摘している。この主張の根拠は，日本語を知らない英語を母語とする3歳児を被験者として実験をしたところ，日本語オノマトペに基づいて作成した新規語はそうでない新規語よりも容易

「分析せずそのまま表現する」という言語使用の在り方から分析的な言語使用への移行は，母語習得過程だけでなく，言語の史的発達にも当てはまるようだ．中村（2012）は，人間言語が進化する際には，「総体としての事態の一部が切り出され記号として用いられる」という操作を経たと主張する．たとえば「鳥飛ぶ」という総体的概念から自立概念である名詞（「鳥」）と依存概念である動詞（「飛ぶ」）を切り出すと，図1に示した最も初期の段階の言語（動詞と名詞だけを含む言語）が出来上がる（cf. 中村（2012: 28））．さらにここから言語が進化するにつれ，指示詞や相，代名詞，補文標識，時制マーカーといった文法機能を備える「より複雑な言語体系」への変容が起こるわけだが，そのような変容に必要な文法的項目や文法的構文を生み出す文法化が起こる際，有標・無標という概念はどのように関わるのだろうか．次節で考えてみよう．

4. より複雑な体系への言語変化と有標・無標

文法化を受ける項目となるのは，通言語的にみて，一般的な意味を表す基本語が多い．たとえば動詞であれば，do/make, come, arrive, leave, stay, exist, want, like 等，「非常に基本的な人間の行為（'the most basic human activities'）」を表す語句が，文法化の起源概念となりやすい（Heine et al. (1991: 35)）．英語の準動詞構文 be going to V でも，基本的な語彙 go を含む動詞構文が文法的機能を獲得した．

基本的概念を表す語句は，意味的特殊性が低く使用頻度が高いもの，つまり無標性が高いものが多い．意味的特殊性が低いということは，クセがないため汎用性が高く，他の意味機能に転用されやすいということであり，文法化を受ける項目になりやすいのは当然の帰結である．

また，高頻度という点にも，文法化を受ける項目になりやすい特性がある．Be going to V の場合，その高頻度使用により，「目的不定詞を伴う空間的移動構文」として言語の使い手の記憶に容易に蓄積される．次に go が本来の主動詞だという感覚が薄れ（意味的希薄化），語順的にその後ろに続く不定詞が主動詞部であるかのように見なされる文脈で現れる．Hopper and Traugott (2003: 89) があげる（6）を考えてみよう．

に行為を表す言語要素（すなわち動詞）として理解されたという実験結果である．Kantartzis et al. (2011) は，これを「オノマトペが持つ音象徴性」が言語進化のいわば「痕跡」であるためと主張している．

(6) Thys onhappy sowle … was goyng to be broughte into helle for the synne and onleful [unlawful] lustys of her body. (1482, Monk of Evesham [OED go 47b]: Hopper and Traugott (2003: 89))

(6) の不定詞節では受動態が使用されているため，go の主語は不定詞の動詞が表す事態について意図的とはいえない．また，場所名詞 helle が現れているが，これは goyng ではなく，broughte の付加詞部（の一部）である．つまり，この例の goyng は特にどこに進むというわけではなく，そのために空間的移動の意味が喪失されやすい（Hopper and Traugott (2003: 89)）．このように，go の空間移動の意味が薄れる文脈で何度も使われると，新たな意味機能である近未来的意味が，これまた高頻度使用のおかげで，言語の使い手の記憶に容易に蓄積される．そして徐々に新しい文法機能を担う言語形式が確立され，言語を「より複雑な体系」へと進化させていくと考えられる（cf. Bybee (2006: 719-721)）．

5. 無標構造・有標構造の生き残り策

高い無標性を備えた言語項目は一般に，使用頻度の高さという，言語において消失することなく生き延びていくための手段を持っている．しかしながら，無標項目にも弱点がないわけではない．

我々は 2 節にて，Kager (1999) を引用しながら，有標・無標のバランスが言語をどのように形成するのかを見た．それによると，無標性だけで構成された言語は，多様な意味機能を十分にカバーできなくなるということであった．一方で有標なアイテムは，その意味機能の特殊性ゆえに，無標なアイテムに比べれば言語に定着するのに苦労するが，一旦定着すれば，その特殊性が生存競争において有利に働くことがある．音韻現象から例をあげよう．英語の後語彙同化規則はよく知られているが，すべての場合に適用されるわけではない（田中 (2009: 62)）．(7) を見てみよう．

(7)

	Paris	Tokyo	Kyoto
a. in	in/im Paris	in Tokyo	in/iŋ Kyoto
b. from	from Paris	from/*fron Tokyo	from/*froŋ Kyoto
c. aloŋ	aloŋ/*alom Paris	aloŋ/*alon Tokyo	aloŋ Kyoto

一般に，子音は舌頂音（[n] など）より，舌背音（[ŋ] など）や唇音（[m] など）

がより有標とされる（田中（2009: 21））．（7）では舌頂音のみが後語彙同化規則を受け，舌背音および唇音は同化されていない．これは，無標音は「没個性的（田中（2009: 63））」で，周りにすぐ影響される無節操な面があるのに対し，有標音は，その特殊性を守り抜く忠実な面があるためである．このように，有標性をもつ言語項目は，その特殊性を逆手にとって，変質することなく生きのびていくのに適している．ただし見方を変えれば，（7）の無標音も，柔軟に形を変えることによって生き残りを模索していると言えなくもない．たとえば確かに [n] は，後ろに Paris などの両唇音で始まる語が来ると同化現象を起こして [m] になりうるが，それでもこの [m] は n の「異音（allophone）」として認識されるにすぎず，心的にはあくまで /n/ として捉えられている．

　ここまでの議論をまとめてみよう．言語における無標性・有標性の相互作用という観点から言語進化を考えると，無標な言語項目・有標な言語項目のいずれもが，生き残りを模索していることがわかる．ただし，そのためにとられる方策はそれぞれ違う．有標な言語項目は，その意味機能の特殊性を活かして生き残りを図る．一方，無標な言語項目は母語習得においては早くから獲得され，言語類型では多数派を占めるため，概して有標なものより生存競争で有利な立場にある．反面，意味が一般的すぎたり，軽くなりすぎたりして，「なくてもよい要素」となる恐れもある．このような事情を考えると，無標な項目にとって，文法化を受ける起源項目となるのは，新たな意味機能を獲得し，言語の多彩な文法機能を支える構成員となることで生き残りの可能性を高めるチャンスでもある．すでに be going to V の例を我々は見たが，他にも I think や mind（you）等，もともと主節として振舞っていたものが談話標識（discourse marker）へと発達するケースも，高い無標性を持つ構文の意味が別の機能を獲得することで生き延びていく可能性を高めた例といえるのではないか．すなわち，意味的希薄化が進みすぎた元主節部分に「談話標識」という新機能を担わせることで，意味的に軽くなってしまった元主要部の自然淘汰を防ぐとともに，多彩な文法機能を持つ言語への脱皮に一役かっているのである．

6.　さいごに

　本稿では，有標・無標が言語の史的発達にどのように関わるかを，子どもの言語習得過程とも絡めながら考察した．最適性理論が制約の順序付けで音韻現象を説明するように，有標・無標に関わるメカニズムの適用のされ方を調べることで，たとえば通言語的によく見られる文法化経路等を説明できるのかもし

342 V. 言語発達・言語習得

れない.[7] また，人間の持つ認知能力は世界共通であっても，どの認知機能が無標で重用されるかは言語により異なる順序付けが与えられているという，認知相対論的な考え方（中村（2003））にもつながるだろう．今後の研究の発展が待たれるところである．

参考文献

Bybee, Joan (2006) "From Usage to Grammar: The Mind's Response to Repetition," *Language* 82 (4), 711–733.

Crystal, David (2003) *A Dictionary of Linguistics and Phonetics*, 5th ed., Blackwell, Oxford.

Diessel, Holger (2012) "Diachronic Change and Language Acquisition," *English Historical Linguistics: An International Handbook*, Vol. 2, ed. by Alexander Bergs and Laurel J. Brinton, 1599–1613, De Gruyter Mouton, Berlin.

Gnanadesikan, Amalia E. (1995) "Markedness and Faithfulness Constraints in Child Phonology," ms., University of Massachusetts.

Goossens, Louis (1995) "The English Modals as Grounding Predications: A Synchronic-dynamic View," paper presented at the 4th International Cognitive Linguistics Conference, Albuquerque, New Mexico, July 17–21.

Greenberg, Joseph H. (1963[1966]) "Some Universals of Grammar with Particular Reference to the Order of Meaningful Elements," *Universals of Grammar*, 2nd ed., ed. by Joseph H. Greenberg, 73–113, MIT Press, Cambridge, MA.

Heine, Bernd, Ulrike Claudi and Friederike Hünnemeyer (1991) *Grammaticalization: A Conceptual Framework*, University of Chicago Press, Chicago.

Heine, Bernd and Tania Kuteva (2002) "On the Evolution of Grammatical Form," *The Transition to the Language*, ed. by Alison Wray, 376–397, Oxford University Press, New York.

Hock, Hans Heinrich (1991) *Principles of Historical Linguistics*, Mouton de Gruyter, Berlin/New York.

Hopper, Paul J. and Elizabeth Closs Traugott (2003) *Grammaticalization*[2], Cambridge University Press, Cambridge.

Hughes, Mary E. and Shanley E. M. Allen (2014) "Competing Motivations in Children's Omission of Subjects? The Interaction between Verb Finiteness and Referent Accessibility," *Competing Motivations in Grammar and Usage*, ed. by Brian MacWhinney, Andrej Malcoukov and Edith Moravcsik, 144–162, Oxford Univer-

---

[7] Diessel (2012: 1610) は，子どもの言語習得過程と史的言語変化過程の間にしばしば並行性が見られる理由を，両者が同じようなメカニズムを利用するためとしている．

sity Press, Oxford.

Kager, Rene (1999) *Optimality Theory*, Cambridge University Press, Cambridge.

Kantartzis, Katerina, Mutsumi Imai and Sotaro Kita (2011) "Japanese Sound-Symbolism Facilitates Word Learning in English-Speaking Children," *Cognitive Science* 33, 575–586.

中村芳久 (2003)「言語相対論から認知相対論へ──脱主体化と 2 つの認知モード」『研究年報』17, 77–93, 日本エドワード・サピア協会.

中村芳久 (2012)「認知モード・言語類型・言語進化──再帰性 (recursion) との関連から──」*Kanazawa English Studies* 28, 285–300.

Prince, Alan and Paul Smolensky (1993/2004) *Optimality Theory: Constraint Interaction in Generative Grammar*, Rutgers University & University of Colorado at Boulder, Published 2004, Blackwell, Oxford.

Shibatani, Masayoshi (1991) "Grammaticization of Topic into Subject," *Approaches to Grammaticalization*, Vol. II, ed. by Elizabeth C. Traugott and Bernd Heine, 93–133, John Benjamins, Amsterdam.

Stephany, Ursula (1988) "Modality," *Language Acquisition: Studies in First Language Development*, ed. by Paul Fletcher and Michael Garman, 375–400, Cambridge University Press, Cambridge.

田中伸一 (2009)『日常言語に潜む音法則の世界』開拓社, 東京.

Terasawa, Jun (1997) "The Passive as a Perfect in Old English," *The Locus of Meaning: Papers in Honor of Yoshihiko Ikegami*, ed. by Keiichi Yamanaka and Toshio Ohori, 305–324, Kurosio, Tokyo.

Ziegeler, Debra (1997) "Retention in Ontogenetic and Diachronic Grammaticalization," *Cognitive Linguistics* 8 (3), 207–241.

Get + V-*en* 構文の拡張と幼児の言語習得について[*]

市川　泰弘

日本工業大学

1. はじめに

Get + V-*en* 構文はいくつかの意味を持っている．本稿ではこの構文がどのように拡張するかを中村（2004）が提案している再帰中間構文での「(主語)名詞の働きかけ」の希薄化と梶田（1994）が提案している拡張理論にもとづいて考察し，それぞれの構文の拡張と幼児の言語習得でのデータを照らし合わせ，この拡張の妥当性を考える．

2. *Get* + V-*en* 構文の分析

まず分析の基盤となる理論を概観する．中村（2004: 142）は構文は意味的に拡張し，その拡張は放射線状ではなく線状であると述べている．その上で，中間構文の認知構造は再帰中間構文から線状的に拡張していくと主張している．

(1) a. Cognitive Structure of Reflexive construction

John stabbed himself.

b. Cognitive Structure I of Reflexive middle construction

John dressed himself.

---

[*] 本研究は JSPS 科研費 JP17J02817 の助成を受けたものです．

c. Cognitive Structure II of Reflexive middle construction

John pricked himself with a needle.
d. Cognitive Structure III of Reflexive middle construction

John hurt himself in the game.
e. Cognitive Structure IV of Reflexive middle construction

The bag opened itself.
f. Cognitive Structure V of Reflexive middle construction

The sun showed itself.

この拡張は主語名詞の働きかけの希薄化によって生じる．Kajita (1987: 1) は文法は言語習得過程の中で拡張の原理に基づいて確証していくと考えている．さらに構文の拡張は基本形から派生のためのモデルとなる構造が引き金となって行われると述べ，その引き金となるものとして次のようなものを挙げている．

(2) —Information from data and extragrammatical systems incorporated into sentence structure
　　—Feedback from sentence structure
　　—Alteration of the rules activated in generating the structure
　　—At least some rules: "grammatical construction"
　　—Constructions: certain types of associations of phonological, syntactic, and semantic properties of sentences
　　—New (syntagmatic and/or paradigmatic) associations of such properties formed via generated structure
　　—Hierarchical arrangement of constructions and subconstructions
　　—Certain intermediate-level of constructions directly operative in

extension, which higher-level (sub) constructions providing the framework for extensional operations (e.g. determining the presence and the nature of paradigmatic gaps)

次に *Get*+V-*en* 構文を詳しく見てみる．この構文は *get*-inchoative 構文と *get*-passive 構文に分けられる．

(3) a. He got lost.
    b. He got arrested.

(3a) は「彼は迷子になった」という意味で，*get*-inchoative 構文に属し，(3b) は「彼は逮捕された」という意味で *get*-passive 構文に属する．*get*-inchoative 構文は「～になる」という意味を持ち受動的な意味を持たない一方，*get*-passive 構文は「～される」という受動的な意味を持つ．それぞれの構文には細かな意味の違いが含まれ，構文内での認知構造の拡張が生じていると考えられる．さらに *get*+V-*en* 構文は再帰代名詞と過去分詞を含む *get* 構文から拡張していくと主張する．次の文を考えてみる．

(4) a. Ollie managed to get himself sacked from the place. (BNC EDJ)
    b. I got myself all dressed up for you ... (BNC ARK)

(4a) は「オリーはどうにか自分自身を首にした」という意味で，*himself* は通常の名詞と同じ扱いになっている一方，(4b) は「私はあなたのためにすっかり身なりを整えた」という意味になり *myself* は名詞としての扱いがされていない．したがって，これらの認知構造は次のようになると考えられる．

(5) a.
    b.

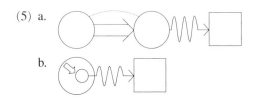

(4b) での再帰代名詞は主語名詞の一部を示している．この場合の再帰代名詞は名詞としての機能がなくなっていると考え，この状況は中村 (2004: 144) が示した再帰代名詞が等位接続詞で名詞と結びついた場合非文になる例からもあり得ることであると言える．

(6) a. *John dressed himself and his son.
    b. Who did John dress/shave? — *He dressed/shaved himself.

したがって，(4b) は中村（2004）が主張している再帰中間構文での「身嗜み」を示す認知構造 (5b) を持つと考えられる．
　次に，*get*-inchoative 構文の認知構造を考える．

(7) a. We had to get dressed and go home. 　　　　　(CWB SUN)
　　b. ... you do not get pricked by a needle. 　　　　(BNC ALI)
　　c. The guy's allowed to get drunk one night. 　　(CWB SUN)
　　d. If an attractive chair gets damaged, don't throw it out.
　　　　　　　　　　　　　　　　　　　　　　　　　(BNC CCX)

(7a) は「私たちは身なりを整えて家に帰らなければならなかった」，(7b) は「あなたは針が刺さっていない」，(7c) は「その男は一晩酔っ払うことが許されている」，(7d) は「たとえ魅力的な椅子が傷ついても捨ててはいけません」という意味になる．(7a) は「服を着る」という身嗜みを示し，主語が体の一部に働きかけをしている．(7b) では「針で自分を刺してしまう」ということは主語の働きかけは希薄になり，自己コントロールができない状況を示している．一方，(7c) では主語の働きかけはなくなり，自らが心的，肉体的経験を感受している．(7d) では主語自体が無生物であり，自らに働きかけをせず，状態の変化のみを示している．これらの意味は中村（2004）が再帰中間構文で示した認知構造と同じ構造を持っていると考えられる．したがって (7) はそれぞれ (8) のような認知構造になると言える．

(8) a.　　　　　　　　　　b.
　　c.　　　　　　　　　　d.

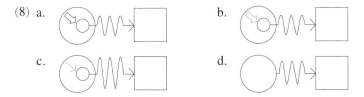

これらの構造では円の中にある矢印で示している主語名詞の働きかけが希薄化し，最後には喪失している．この働きかけの希薄化によって筆者は *get*-inchoative 構文は構文内での拡張が起こっていると主張する．次に，*get*-passive 構文について考える．

(9) a. Women's hair got blown about. 　　　　　　　(BNC EDN)
　　b. Tell them you got shot up by enemy aircraft. 　(BND HRA)

この構文では「～される」という受け身の意味が生じてくる．この場合，主語

自体が「働きかけ」がなくなり，能動文で landmark として機能していた語句が trajector となって際立たせられる．したがって (9) の認知構造は (10) のようになる．(9a) では動作主が明示されていないので，その部分は点線となり，(9b) では「敵の飛行機」が動作主となるので明示される．

(10)

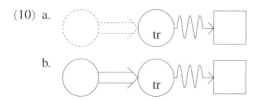

筆者は *get*-inchoative 構文は再帰代名詞と過去分詞を伴う構文の拡張された「身嗜み」を示す構文から *be*-inchoative 構文を統語的形式の引き金として派生すると主張する．その派生形は「名詞の働きかけの希薄化」によって構文内の意味（認知構造）の拡張を経て，「働きかけ」が消失した認知構造になる．この構造から *be*-passive 構文が引き金となり，「際立たせのシフト (a shift of highlighting)」が起こって *get*-passive 構文が派生したと考える．

(11) *Get + oneself + V-en*

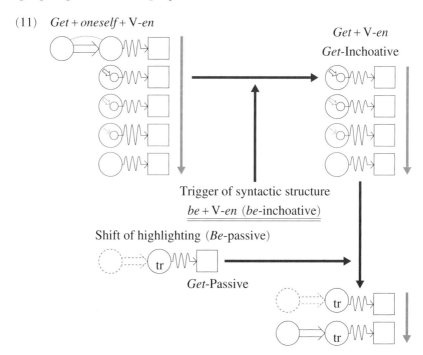

この分析では *get*-inchoative 構文から *get*-passive 構文が派生し，それぞれの構文の生起にはモデルとなる *be*-inchoative 構文と *be*-passive 構文の存在が重要となる．次節でこれらの構文が言語習得過程の中でどのように生起しているかを見る．

3. 言語習得からの検証

幼児の言語習得では様々な表現が生じてくるが，ここでは CHILDES (Child Language Data Exchange System) のデータで上述の構文の生起状況がどのようになっているかを考える．CHILDES からはアメリカ英語を母語とする幼児／児童 328 名（1 歳 4 ヶ月から 12 歳まで）とイギリス英語を母語とする幼児／児童 164 名（1 歳 5 ヶ月から 7 歳 3 ヶ月まで）の言語資料を無作為に抽出した．その結果，*get* を含む表現が生じた数はアメリカ英語で 914，イギリス英語で 1561 であった．

3.1. AMERICAN ENGLISH

提案した分析では *get*-inchoative 構文が生じるためにはその元となる構文と構造上の引き金となる構文，すなわち *get* + *oneself* + V-*en* 構文が存在しなければならない．後者の構文は初期の言語習得の中での発話は見つけることができなかった．これはこの構文自体かなり難しい形式の構文であり，また言語習得初期では再帰代名詞が意味的に存在しても音形として発話されることが少ないためであると考えられる．したがって拡張の基本形となる *get*-inchoative 構文の生起状況を調査した．

(12) a. get hurt.   (Nina 2.00)
　　 b. it get twisted Mommy.   (Nina 2.03)
　　 c. my horses gonna get stuck in here.   (Nina 2.05)
　　 d. They got frozen.   (Nina 2.09)

これらの文が示すように *get*-inchoative 構文は 2 歳 0 ヶ月から生じ始めている．(12a) は人形のサルが床に落ちた時の発話で「怪我をした」と言う意味になると考えられ，(12b) は母親がおもちゃの列車を引っ張って行くのかどうかを尋ねた時の発話で「絡まってしまった」という意味であると考えられる．(12c) は母親が馬を馬舎の近くへ連れて行くつもりだと話したときに発話したもので，「馬が動けなくなった」という意味になると思われ，(12d) は母親が

ニーナに足に何が起こったのかを尋ねたときの発話であり，「足（they）が動かなくなった（すくんだ）」という意味を示すと思われる．

(13) a. they got scared.   (Nina 3.02)
    b. it's time to get dressed, Elizabeth.   (Nina 3.03)

さらに母親がニーナに子供たちに何が起こったかを尋ねたときの発話で，(13a) は「子供たち（they）が怖がった」という意味であると考えられ，(13b) は母親がニーナにゴールデンゲートパークに行くと言ったときの発話で，エリザベスに対して「洋服を着る時間です」という意味を示すと考えられる．一方，*get*-passive 構文の発話は (14) は，5歳9ヶ月から生じている．

(14) a. someone might get hit in the head.   (John 5.09)
    b. it's pinkish because it got mixed in.   (No name 9.09)

(14a) は母親がジョンにゴールを得る方法を学んだかをたずねた時の発話で，「誰かが頭を殴られたみたい」という意味であると思われ，(14b) は母親が発話者にもっとミルクがほしいかミルク半分チョコレート半分がほしいか尋ねられた時の発話で，「（それが）加えられた（混ぜられた）からピンク色だ」という意味を示すと考えられる．(13)，(14) が示すように *get*-inchoative 構文の発話の後に *get*-passive 構文が生じるようになっている．次に *get*-inchoative 構文が派生する条件となる *be*-inchoative 構文の生起について見てみる．

(15) a. They's tired.   (Nina 2.02)
    b. It's all finished.   (Nina 2.04)
    c. he's gone.   (Nina 2.05)
    d. because he was scared.   (Doug 2.07)

幼児の発話では *be*-inchoative 構文は2歳2ヶ月から生じている．(15a) は話者が彼ら（they）が眠っていると言った後の発話で，「彼らは疲れている」という意味であると思われ，(15b) は話者が人形のあごをナプキンで拭いた後の発話で「すっかり終わった（済んだ）」という意味を示すと思われる．(15c) は母親が赤ちゃんペンギンを話者がどこで見たのかを尋ねたときの発話で，「いなくなっちゃった」という意味であると考えられ，(15d) は母親が話者にアンディがなぜそれを手にしたくないのかを尋ねたときの発話で，「だって彼は怖がっているから」という意味であると考えられる．次に *be*-passive 構文を見てみる．

(16) a. you know what these things are called? (Nina 2.03)
b. Gilly's daddy was called XXX, right? (Nina 2.04)
c. my blanket's made out of wool. (Nina 2.05)

(16) が示すように，*be*-passive 構文は 2 歳 3 ヶ月から生じている．(16a) は話者が母親にあるものをある場所に置くように言ったときの発話で，「これらは何て呼ばれるの」という意味を示すと考えられ，(16b) は話者の家族がジリーの家族を訪問するためにロサンゼルスへ旅行した後の発話で，「ジリーのパパは XXX と呼ばれたでしょ？」という意味であると考えられる．また，(16c) は話者がブランケットのことを話したときの発話で「私のブランケットはウールで作られている」という意味であると思われる．

3.2. BRITISH ENGLISH

次にイギリス英語の発話生起状況を見てみる．まず，*get*-inchoative 構文について考察する．

(17) a. get washed. (Anne 2.01)
b. Mummy's getting dressed. (Lucy 2.04)
c. Curly gets stuck. (Anne 2.08)
d. Wah he splashed into the water. that one get splashed into the water after they're (.) or if they're bad! Stuart 3.10)

これらの例文は *get*-inchoative 構文が 2 歳 1 ヶ月から生じ始めていることを示している．(17a) は母親が話者に対して蜘蛛に何が起こったかを尋ねたときの発話で，「体を洗った」という意味であると考えられ，(17b) は話者が「ママはまだ終わっていない」と言った後の発話で，「ママは洋服を着ている」という意味であると考えられる．(17c) は母親が話者を前に進めようとしたときの発話で「カーリーが動けなくなっている」という意味であると思われ，(17d) は列車が彼らに水をはねかけた時の発話で，「誰かが水に飛び込んだ」と言う意味になると思われる．次に *get*-passive 構文と考えられる発話を見る．

(18) a. put them on here in case they get knocked down. (Stuart 3.10)
b. my dad had to use glue down it and my dad'll have to clean it up before it gets scraped. (David 3.11)
c. and do you get killed? (Conor 4.06)
d. last year they got all broken. (Keith 6.09)

352 V. 言語発達・言語習得

(18a) は，話者が「動物（の人形）をすべてあるもの（それ）の上に置いて．そうすればぶつかるから」と言った後の発話で，「倒されたらこれら（動物）をここの上において」という意味であると思われ，(18b) は話者がなにかを床にたたきつけた状況での発話で，「パパは（たたきつけたものに）のりを使わなければだめ．そうすればパパはそれが（乱暴に）擦られる前にきれいにしなきゃいけない」という意味になると考えられる．(18c) は話者（Conor）に対してあなたは騎士かどうか尋ねた後の発話で，「それであなたは殺されるの？」という意味であると考えられ，(18d) は聞き手が話者に自分のおもちゃを大切にしているか尋ねた時の発話で，「去年すべて（のおもちゃ）が壊れた」という意味であると思われる．これらの例は get-inchoative 構文は3歳1ヶ月から生じ始めていることを示し，この構文の発話の後に get-passive 構文が生じるようになっていること示している．次に get-inchoative 構文が派生する条件となる be-inchoative 構文の生起について見てみる．

(19) a. is stuck. （Anna 1.11）
     b. where's Da bear gone? （Anna 1.11）
     c. that's stuck. （Anna 2.00）
     d. They are gone. （Anna 2.02）
     e. I'm tired. （Anna 2.07）
     f. Where's the bag gone. （Anna 2.09）

(19a) は話者が「人形が馬に乗りたくない」と言った後の発話で，「動かない」という意味であり，(19b) はジョンの電車のおもちゃセットで遊んでいる時，付属の熊の人形についての発話で，「熊はどこに行っちゃった？」という意味である．(19c) は話者が自分の消防自動車のおもちゃで遊んでいる時の発話で，「動かない」という意味であり，(19d) は母親が話者に何が起こったのかを尋ねたときの発話で，「かすんじゃってる」という意味である．(19e) は母親が話者に「どこかで眠らなきゃだめ」と言った後の発話で，「疲れている」という意味であり，(19f) はアンナがバッグを探しているときの発話で，「バックがどこかにきえちゃった」という意味である．一方，be-passive と考えられる発話は (20) のようなものである．

(20) a. kings are told (there's a new king of Bethlehem). （Anna 2.03）
     b. it's all the bridge is broken. （Anna 2.06）
     c. my hedgehog isn't chopped off. （Daniel 3.00）

d. the car's mended now. (Lara 3.01)

(20a) は母親が話者に「ここで何が起こったか」と尋ねた時の発話で,「ベツレヘムの新しい王様がいると王たちが告げられた」と言う意味であり,(20b) は母親が話者にその橋に何が起こったかを尋ねた時の発話で,「その橋はすっかり壊された」という意味である.(20c) は聞き手がパトリックはハリネズミ(人形)の頭を切り落としたかどうかを話者に尋ねたときの発話で,「私のハリネズミは首を切られていない」という意味であり,(20d) は母親がララのゲームをしていたときの発話で,「その車(ララの車)は修理されている」という意味である.

(19),(20) が示すように be-inchoative 構文は1歳11ヶ月から生じ,be-passive 構文は2歳3ヶ月から生じている.

以上の生起状況を時系列でまとめてみると次のようになる.

(21)

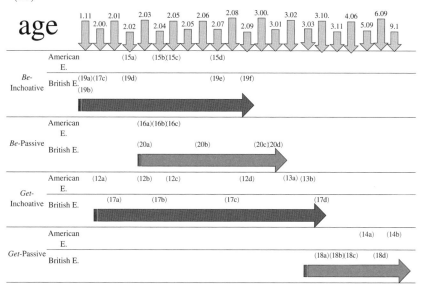

(21) が示すように幼児の言語習得過程の中でもまず be-inchoative 構文が生じ,この構文を引き金として get-inchoative 構文が生起する.また get-inchoative 構文と be-passive 構文が生じたあとに get-passive 構文が生じはじめている.したがって,それぞれの構文の生起はここで提案した分析の拡張が示している生起順番と一致し,分析が妥当であることを示すと思われる.

4. まとめ

本稿では *get* + V-*en* 構文に着目し，この構文が *get*-inchoative 構文と *get*-passive 構文に分類され，*get*-inchoative 構文は再帰代名詞と動詞の各分詞を伴う *get* 構文から *be*-inchoative 構文が統語的構造の引き金となって拡張し，さらに主語名詞の働きかけの希薄化によって認知構造が拡張していくことを示した．さらに *get*-inchoative 構文から *be*-passive が引き金となり a shift of highlighting が生じて *get*-passive 構文に拡張していくと主張した．この拡張の妥当性を検証するため，共時的資料として CHILDES から幼児の言語習得でのデータを無作為に抽出した．アメリカ英語では 328 名分，年齢は 1 歳 4 ヶ月から 12 歳までの資料を，イギリス英語では 164 名分，年齢は 1 歳 5 ヶ月から 7 歳 3 ヶ月までの資料を調査したところ *get* を含む表現がアメリカ英語で 914，イギリス英語で 1562 発見された．その中から *get*-inchoative 構文とみなされるものと *get*-passive 構文とみなされるもの，引き金となる *be*-inchoative 構文と *be*-passive 構文を抽出したところ各構文の生起の順番は提案した分析の順番と同じであることがわかった．残念ながら再帰代名詞と動詞の過去分詞を含む *get* 構文は初期の言語習得のデータには存在しなかった．しかしながら，意味・認知構造の拡張が言語習得過程での生起順と一致していることは提案した分析が妥当であると考えるに足る証拠となると思われる．

参考文献

Givón, T. and L. Yang（1994）"The Rise of the English *Get*-passive," *Typological Studies in Language 27, Voice: form and function,* ed. by B. Fox and P. J. Hopper, 119–149, John Benjamins, Amsterdam/Philadelphia.

Hageman, L.（1985）"The *Get*-passive and Burzio's Generalization," *Lingua* 66, 53–77.

Ichikawa, Y.（2008）"The Derivation of the *Get*-passive Construction," *An Enterprise in the Cognitive Science of Language: A Festschrift for Yukio Otsu.* ed. by T. Sano, M. Endo, M. Isobe, K. Otaki, K. Sugisaki and T. Suzuki, 139–151, Hituzi Syobo, Tokyo.

市川泰弘（2009）「動詞の意味拡張：*get-passives* における *get* を例にして」金沢大学大学院研究会．

Kajita, M.（1977）"Towards a Dynamic Model of Syntax," *Studies in English Linguistics* 5, 44–76.

Kajita, M.（1983）"Some Derivative Processes in Syntax," presented at Tokyo English

Linguistic Circle.

Kajita, M. (1987) "'Grammatical Construction' in Dynamic Syntax," presented at Tokyo Linguistic Circle.

Kajita, M. (1997) "Some Foundational Postulates for the Dynamic Theories of Language," *Studies in English Linguistics: A Festschrift for Akira Ota on the Occasion of His Eightieth Birthday*, ed. by M. Ukaji et al., 377-393, Taishukan, Tokyo.

Langacker, R. W. (1990) *Concept, Image, and Symbol: The Cognitive Basis of Grammar*, Mouton de Gruyter, Berlin.

Langecker, R. W. (1991) *Foundations of Cognitive Grammar,* Vol. II, *Descriptive Application*, Stanford University Press, Stanford.

Langacker, R. W. (2009) *Investigations in Cognitive Grammar*, Mouton de Gruyter, Berlin.

中村芳久 (1995)「構文の認知構造ネットワークの精緻化：kick/break 類動詞構文の場合」『金沢大学文学部論集　文学科篇』15, A127-A146.

中村芳久 (1999)「ヴォイス・システム：態間関係の認知メカニズム」『金沢大学文学部論集　文学科篇』19, 39-65a.

中村芳久 (2001)「二重目的語構文の認知構造――構文内ネットワークと構文間ネットワークの症例」『認知言語学論考　第1巻』, 59-110, ひつじ書房, 東京.

中村芳久 (2004)「行為連鎖と構文 III: 再帰中間構文」『認知文法論 II』, 中村芳久 (編), 137-168, 大修館書店, 東京.

Tomasello, M. (1992) *First Verbs: A Case Study of Early Grammatical Development*, Cambridge University Press, Cambridge.

Get-passive の被害性に関する考察
—通時的発展と言語獲得の観点から—*

谷口　一美

京都大学

1.　はじめに

　本稿では英語の *get*-passive を取り上げ，その意味的特徴の 1 つと言われる「被害性」について考察する．*Get*-passive が否定的状態への変化を表す傾向は何に由来しているか，特に *get*-passive と密接な関わりをもつ形式である *get* ＋形容詞（*get*-adj）の構文と比較しつつ，歴史的発展およびこどもの言語獲得という動的観点から検討を試みる．

2.　*Get*-passive の通時的発展と被害性

　英語には，補語を選択し状態の変化を表す動詞群が存在するが，口語において汎用的なのが動詞 *get* である．以下の例を見てみよう．

(1) a.　He got angry at me.
　　b.　Her face got red.
　　c.　She got hurt.
　　d.　He got married.

これらの表現の中で，特に (2) のように過去分詞を選択するものが *get*-passive である．

(2) a.　John got fired.
　　b.　She got run over (by a car).

---

　* 本稿は第 14 回国際認知言語学会における口頭発表の内容に一部基づく．また，本研究は科学研究補助金基盤研究（C）（課題番号 15K02597）の助成を受けている．

なお，(1c) の *hurt* や (1d) の *married* を過去分詞とみなすか形容詞とみなすかは見方が分かれるが，本稿では動詞由来の形態である場合は過去分詞と分類し，*get*-passive に位置づける．

　本稿で取り上げる *get*-passive には興味深い統語的・意味的特性があり，多数の先行研究においてこれまで議論されている．特に *get*-passive に特徴的であると言われるのは，(i) 生起した出来事に対し，主語指示物が「責任」(responsibility) を負うこと，(ii) 被害性 (adversity) を表すことが多いこと，以上の2点である．そのため，(2a) であれば「解雇」という出来事に対して John 自身も責任があるという含意があるが，*be*-passive の "John was fired." にはそうした含意が生じない．また，被害性については (2) で挙げた2つの事例が共に該当しているが，一方で必ずしも被害性を表さないような (3) のような事例も観察されている．

(3) a. She got promoted.
　　b. She got invited.

　Hundt (2001), Leech et al. (2009) によると，*get*-passive は17世紀末頃に出現し，18世紀末に使用頻度の増えた，比較的新しい文法形式である．このことからも，*get*-passive が *get* を用いた他構文からの拡張であると推定できるが，その歴史的起源については大きく2つの説がある．1つは (4) のように *get* が場所句を伴う移動使役用法が再帰用法を経て段階的に拡張したとする *get*-causative 起源の説，もう1つは (1a), (1b) に挙げた形容詞を補語とする *get*-adj の用法を起源とする説である．

(4) a. He got the horse into the barn.
　　b. He got himself into the barn.
　　c. He got himself to be admired.
　　d. He got himself admired.

　歴史的コーパスの整備が進むにつれ，いずれの説が支持されるかを調査する計量的研究もなされている (Hundt (2001))．特に，*get*-adj と *get*-passive の生起状況については Helsinki コーパスや ARCHAR コーパスをもとに調査されているが，いずれも事例数が限られており，どちらが優勢に用いられていたかを説得力をもって示す分布とはなっていない (谷口 (2015))．また，*get*-passive と *get*-adj の初出についても見方は2通りあり，Givón and Yang (1994) は *get*-adj の出現の方が後であり19世紀後半であると述べているが，

Hundt (2001) は get-adj の事例が 17 世紀には観察されることを指摘している．いずれにせよ，get-passive の初出と大きな年代的な相違は見受けられないため，両者の拡張関係を歴史的データから裏づけることは困難である．

谷口 (2015) では，get-passive の再帰性と主語指示物の負う責任の 2 つの特性を動機づけることができるのは get-causative であるとの見方を示し，一方で過去分詞と形容詞の連続性，表層的構造の類似性から get-adj との融合も生じつつあると仮定し，図 1 の構文拡張のネットワークを示した．しかし，get-passive の被害性の出所については依然として問題として残っており，get-causative, get-adj いずれの説からも十分に動機づけることはできない．[1]

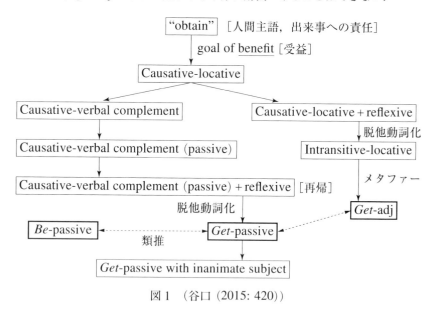

図 1 （谷口 (2015: 420)））

Get が他動詞として使用される場合の一次的意義である「物体の獲得」（＝obtain）が get-passive でも保持されたとみなせば，「物体の獲得」から「利益の

---

[1] Get-adj にも被害・受益の意味側面があったと Fleisher (2006) は指摘している．Fleisher によると，get-adj は get ＋場所句による移動表現，とりわけ escape/loss に関わる移動に由来しているという．Get-adj が被害・受益の意味を中立化させているのと同様の変化を get-passive も辿っているのではないかと Fleisher は推測している．逆に Givón and Yang (1994) は，「獲得」義から生じた受益の意味が移動の到達点を派生させたという見方を示しており，拡張の方向性については実証的に検討する必要がある．

獲得」への拡張そのものは妥当ではある.[2] しかし，なぜ現在のように受益以上に「被害」の意味合いを帯びるようになったかは，必ずしも自明ではない．また，*get*-passive とは異なり *get*-adj には被害性の傾向が指摘されていないため（*get red*, *get bigger* など），*get*-passive を *get*-adj 起源とみなしたとしても，被害性がなぜ生じたかを十分に説明することはできない．

そもそも *get*-passive が本当に被害性を表すかについては，Chappell (1980) や Villalibre (2015) のように懐疑的な見方もある.[3] 一方で，近年 30 年間の *get*-passive の使用をアメリカ英語・イギリス英語のパラレルコーパスで調査した Leech et al. (2009) によると，1960 年代は 60.3%，1990 年代は 66.3% が被害性の事例であり，大半を占めていることがわかる．(5a) のように被害性のない中立的タイプや，(5b) のように被害性の逆で受益のタイプもあるが，依然として被害性の意味が強いため，*get* が完全に *be*-passive と同様の受動態マーカーとはならないのではないか，と Leech et al. は推測している．

(5) a. … if people are to learn to live together and get trained to do things well, …

 b. … those who deserve rewards get rewarded appropriately

(Leech et al. (2009: 157))

このように見ると，少なくとも現代英語においては，*get*-passive の意味特性を考察する上で被害性を看過することはできないと言えるだろう．さらに，Leech et al. (2009) の調査でも示されているように，被害性の事例は増加傾向にある．*Get*-passive と被害性との結合性は，むしろ現代において強まっているのではないだろうか．この見方を検証するために，次節では Hatcher (1949) を詳しく取り上げ吟味してみたい．

3. 受益性から被害性へ：Hatcher (1949)

現在から遡ること約 60 年前の論稿である Hatcher (1949) は，*get*-passive の語法と意味を詳述し，歴史的発展の推定が示されている点で貴重な資料であ

---

[2] 例として，日本語の「もらう」「くれる」などの授受用法も物体の獲得から受益への拡張として挙げることができる．

[3] Villalibre (2015) が調査したのは 7 種類の地域変種英語コーパスである ICE であり，比較されているデータも outer circle に属する英語話者であるため，現地の言語からの影響性も考えられる．

360 V. 言語発達・言語習得

る．その中で Hatcher は，(6) のように述べている．

(6) Now it should be noted that *get* will be used only for the two types of events just treated: those felt as having either fortunate or unfortunate consequences for the subject.

(Hatcher (1949: 441))

この記述において，*get*-passive の「受益」(この場合は「幸運」) と「被害」(この場合は「不運」) は対等であり，現在のように被害性が *get*-passive の典型であるという状況は読み取ることができない．[4]

また Hatcher は，*get*-passive の歴史的発展についても考察をしており，以下のような段階を経て，「物体の獲得」の意味に由来して「受益」が生じ，さらに（おそらく意味の反転により）「被害性」が最終的に生じた，と推定している．

(7) a. to obtain (something desirable) by one's own efforts
b. to receive something desired or desirable through the good-offices of another (or of Fate)
c. to receive something undesirable through the bad offices of another (or of Fate).

(Hatcher (1949: 445))

さらに Hatcher によると，*get*-adj の事例も (8) に示すように (7) と同じ順序で出現しているという．

(8) get clear (1596 年) → get better (1776 年) → get lame (1810 年)

そのため *get*-passive も，*get examined* (= (7a) に該当)，*get invited* (= (7b) に該当)，*get fired* (= (7c) に該当) の順で発展したのではないかと Hatcher は想定している．実際にはこれを例証する具体的な事例は挙げられていないが，Hatcher は *get fired* のような "hard luck" タイプの (7c) が (7a) から直接派生したとは想定しがたいと述べている．確かに，(7a) の「自らの努力によって獲得する」から，"hard luck" にもかかわらずそれをあえて獲得

---

[4] Hatcher (1949) の論文のタイトルに使用されているのも "Be/get invited" と受益の用法であることにも注意されたい．このことは，被害性の用法が現在ほどは典型的ではなかったことを反映している可能性もある．

するという意味が派生するとは考えにくい．

　以上，Hatcher (1949) の記述および分析からは，当時の *get*-passive が「被害性」と現在ほどは強く結びついておらず，「受益」も同等に使用されていたという使用状況が推測される．そうであれば，Hatcher が仮定したように，(7b) の「受益」がまず生じ，そこから「被害性」へと意味が転じたとみなすのも妥当性がある．

　Hatcher の記述でもう 1 つ注目すべき点は，*get* が「獲得」から「受け取り」(receive) の意味を派生させているという見方である．実際に，*get*-passive のうち受益を意味すると言われている用法は，行為と同時に，地位や報酬などを実際に受け取っている場合が多い．

　(9) a.　He got elected president.
　　　b.　She got promoted.
　　　c.　He got paid.
　　　d.　Mary got admitted to Harvard!　　　　　(Chappell (1980: 436))

さらに，受益者が (10) のように物体の所有者として *get*-passive の主語に生じる場合であっても，自転車を修理された状態で「受け取る」場合にのみ容認される（言うまでもなく，自転車が盗まれるのは逆で「損失」である）．

　(10) a.　Jane's bike got fixed.
　　　b. *Jane's bike got stolen.
　　　　　　　　　　　　　　　　　　　　(Villalibre (2015: 17))

また，受益として解釈可能かどうかは，以下の例で示されるように，コンテクストから決定される場合もある．(11) と (12) の主語指示物が受け取るものは，公立ではなく私立学校に通うという特別な機会 (opportunity)，当時の権威者であるアイゼンハワーに紹介される名誉，といったように，フレーム的知識に照合し解釈する必要がある．

　(11) a. *She got sent to school when she was six.
　　　b.　He has all the luck: He gets sent to a private school.
　(12) a. *She got introduced to the hostess.
　　　b.　She got introduced to General Eisenhower.
　　　　　　　　　　　　　　　　　　　　(Hatcher (1949: 441))

　このように見ると，「受益」の *get*-passive の場合は「獲得」と密接に結びつ

く「受け取り」の含意が濃厚である．また，多くのものは Hatcher の挙げた (7a) の意味側面，すなわち「自ら努力して」利益を得た，という含意もある．一方で，被害性の get-passive の場合は，具体的に受け取るものが生じない．また，被害であるため，「自ら努力して」という意図性も適合しがたくなっている．

　ここで注目したいのは，過去分詞の指定する行為が get-passive の主語となる人物のためになるかどうかという受益性だけではなく，実際に有形・無形のものを「受け取って」いる点である．[5] そのため，受益の get-passive の意味的特性を考える上で，主語指示物がどのような意味役割を担うかという観点だけでは不十分である．というのも，意味役割として見た場合，get-passive の主語指示物は patient（被動作主），goal（到達点）といった役割を担うことになり，これらの役割だけでは「受益」との関わりは不透明であるためである．受益の get-passive の意味を適切に説明するためには，表される行為に付随して何がやりとりされ，何を主語指示物は受け取ることになるのかに関し，フレーム的知識への参照が必要であることも示唆される．

4.　言語獲得における *get*-passive と *get*-adj

　前節では，Hatcher（1949）による記述から約 60 年前の get-passive の使用を探り，当時は「被害性」と同程度に「受益」の事例も産出されていた可能性を指摘した．先に挙げたように，Leech et al.（2009）の調査によると，被害の get-passive は増加傾向にある．この点を考慮すると，Hatcher の時代から現在に至るまで get-passive と「被害性」の結合が強まっていることが伺える．

　それでは，なぜ被害性が get-passive において強まってきたのだろうか．この問いに答える 1 つの方法として，この節では言語獲得のプロセスに着目し，get-passive および get-adj の習得を観察し比較していきたい．

　Taniguchi（2014）は，こどもと大人の対話者のデータベースである CHILDES（MacWhinny（2000））を使用し，get-passive を含むアメリカ英語話者のこどもの発話と大人の発話を収集し，使用されている過去分詞のタイプを調

---

　[5] 同様のことは，英語の受益構文にも言える．例えば "She baked him a cake." の場合は彼がケーキを受け取ることによる受益である一方，"She baked a cake for him." の場合，彼の代わりにケーキを焼いてあげたなど，彼の利益になっていればモノの受け取りは必要とされない．

査した。[6] この調査と同じ元データを使用して形容詞補語の分布を調査し，get-passive の年齢別使用状況と比較したのが図 2 である．Get-adj は 2-3 歳の事例がもっとも多く，全般的に get-passive にやや先行して産出されているが，両構文ともに最も発話数が多く観察された 3 歳で比較すると，get-passive は 257 例，get-adj は 258 例とほぼ同数である．

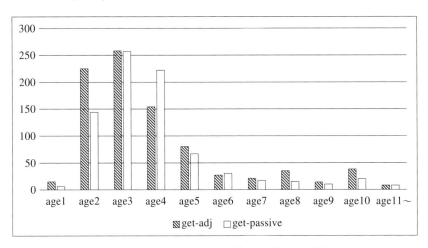

図 2: get-passive と get-adj の年齢別発話数

次に，get-passive と get-adj の産出数が最も多い 3 歳時のデータを取り上げ，共起する形容詞および過去分詞の分布を比較する．以下のグラフでは，望ましくない否定的状態への変化，すなわち「被害性」を意味すると判定できるトークンを黒で表示している．

はじめに get-passive について見てみると，Taniguchi (2014) で示したように，被害性を意味する過去分詞が高頻度で使用されていることがわかる．被害性を意味する過去分詞の上位 4 つの発話数を合計すると 83 件，総発話数における割合は 32.3% を占めている．被害性をもたない過去分詞で高頻度に使用されているものは，get dressed, get set のように，対応する自動詞形をもたない他動詞の再帰的用法（get oneself dressed, get oneself set に相当）であ

---

[6] 調査対象は，2012 年 9 月時点で CHILDES に採録されていたアメリカ英語話者の全データである．実際の分類に用いたのはこどもの年齢特定が可能なデータのみである．また，過去分詞と形容詞の区別については，動詞由来である事例を「過去分詞」として分類した．ただし "get rid of" や "get used to" などのイディオムは除外している．

る.

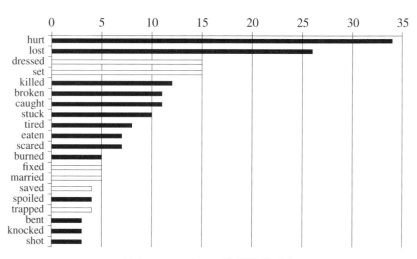

図 3: *get*-passive の発話数（3 歳）

一方で，3 歳のこどもで *get*-adj を含む発話に共起する形容詞を見てみると，高頻度群は明らかに被害性を意味する形容詞で占められている．中には *get bigger* のように被害性をもたない形容詞も含まれてはいるが，被害性を意味する高頻度の形容詞 4 つ（*mad, sick, wet, cold*）の発話数を合計すると全体の 35.1% を占めており，*get*-adj も被害性と強い結びつきをもつことが分かる．

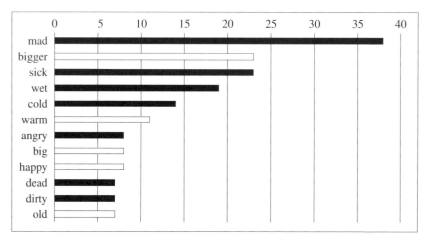

図 4: *get*-adj の発話数（3 歳）

このように，*get*-adj と *get*-passive は獲得初期において共に被害性を表す場合に使用される傾向にあり，それらはいずれも *get hurt*, *get lost*, *get wet*, *get sick* など，こども自身の身体的経験において不快を伴うものであることがわかる．また，*get*-adj で高頻度に使用されている *get mad* は，（13）のように両親など第三者の感情を指す場合もあるが，（14）のようにこども自身の感情の変化を描写すると思われる発話も多くみられ，自身の負の感情経験に基づいているとみなされる．

(13) a. won't Mom get mad?　　　(HSLLD/HV1/MT/kevmt1.cha)［3歳］
　　 b. my dad's gonna get mad.　　(HSLLD/HV1/TP/fratp1.cha)［3歳］
(14) a. I'm going to get really really mad and I can get mad at my
　　　　Daddy　　　　　　　　　　　(MacWhinney/32a2.cha)［3歳］
　　 b. I'm gonna get real mad at him.　　(Kuczaj/abe076.cha)［3歳］

こうした傾向は，望ましくない否定的状態への変化がこどもにとって有標となる，一種の注意バイアスが関与する可能性を示唆するものである．この点については認知心理学的観点による詳細な検討が必要ではあるが，本節で述べた調査結果からは，こどもの初期の使用において *get*-passive と *get*-adj が未分化な状態にあり，両者が併合した「*get* 状態変化構文」として機能しており，主に否定的な状態変化を描写するのに使用される傾向にあることが示唆される．*Get*-passive と *get*-adj が構文としてどのように分化していくかについては，稿を改めて議論することとするが，*get*-passive の被害性が言語獲得初期の段階で習得されている意味要因であることが，その後構築されていく大人の文法知識，さらには 3 節で述べた *get*-passive の通時的変化に対しても累積的に何らかの影響を与えている可能性も，検討の余地があるだろう．[7]

5.　おわりに

本稿では，英語の *get*-passive にみられる「被害性」の意味側面の起源を考察し，通時的には受益から被害性へと推移しつつある点，言語獲得初期においては *get*-passive と *get*-adj の双方ともに否定的状態への変化を描写するために用いられる点を示した．言語獲得の初期に構文の意味の一部として習得した

---

[7] 個人の言語獲得と言語の歴史的進化の相互関係に関して，Christiansen（2017）を参照のこと．

「被害性」が，*get*-passive の意味的特性として文法知識に定着し，その結果，通時的には受益から被害性への結合が徐々に強化されている可能性を指摘した．言語獲得という個体発生的な次元と個別言語の系統的な変化の相互作用の一端を，*get*-passive は示唆していると言える．

参考文献

Brown, Roger (1973) *A First Language: The Early Stages*, Harvard University Press, Cambridge, MA.

Chappell, Hilary (1980) "Is the Get-passive Adversative?" *Papers in Linguistics: International Journal of Human Communication* 13 (3), 411-452.

Christiansen, Morten H. (2017) "Language Intertwined across Multiple Timescales: Processing, Acquisition and Evolution," *Dependencies in Language: On the Causal Ontology of Linguistics Systems*, ed. by Nick Enfield, 53-61, Language Science Press, Berlin.

Fleisher, Nicholas (2006) "The Origin of Passive *Get*," *English Language and Linguistics* 10 (2), 225-252.

Givón, Talmy and Lynne Yang (1994) "The Rise of the English *Get*-passive," *Voice: Form and Function*, ed. by Barbara Fox and Paul J. Hopper, 119-149, John Benjamins, Amsterdam.

Hatcher, Anna G. (1949) "To Get/Be Invited," *Modern Language Notes* 64 (7), 433-446.

Hundt, Marianne (2001) "What Corpora Tell us about the Grammaticalisation of Voice in *Get*-constructions," *Studies in Language* 25 (1), 49-88.

Leech, Geoffrey, Marianne Hundt, Christian Mair and Nicholas Smith (2009) *Change in Contemporary English: A Grammatical Study*, Cambridge University Press, Cambridge.

MacWhinny, Brian (2000) The CHILDES Project: Tools for analyzing talk, 3rd ed. Vol. 2, The Database, LEA, Mahwah, NJ.

Taniguchi, Kazumi (2014) "A Usage-based Account of the Acquisition of English *Get*-Passives"『言語科学論集』20, 101-114.

谷口一美 (2015)「*Get*-passive の特性と通時的成立に関する考察」『言葉のしんそう（深層・真相）──大庭幸男教授退職記念論文集──』，岡田禎之（編），411-422，英宝社，東京．

Villalibre, Eduardo C. (2015) "Is the *Get*-passive Really That Adversative?" *A Journal of English and American Studies* 51, 13-26.

VI.

談話標識

談話標識をよりよく理解するために

廣瀬　浩三

島根大学

1.　はじめに

　Schourup（1985），Schifrrin（1987）の先駆的な研究に始まり，関連性理論に立脚した Blakemore（1987, 1992, 2002）の研究により理論言語学の表舞台にも登場し，その後 Fraser（1990, 1996, 1999）を中心にまとめあげられてきた談話標識研究は，本格的に研究され始めて 30 年以上の時を経過した．その興味は尽きることなく，現在もなお，研究課題の宝庫となっている．ただし，個々の談話標識の記述にとどまる語法的なアプローチによる談話標識研究の時代は終わり，今後はさらに体系だった研究が求められる．[1]

　将来そうした体系だった研究を進めていく上で，本稿ではあえて原点にもどり，筆者のこれまでの談話標識研究を踏まえ，談話標識をよりよく理解していくためのエッセンスを再整理したい．

2.　談話標識の捉え方について

　これまで談話標識の体系的な研究がなされてこなかった根本的な原因の 1 つとして，談話標識の定義が定まらず，談話標識にどのような言語表現を含めるのかについてもコンセンサスがなかった点が上げられる．

　談話標識の全体像をまとめようとした B. Fraser の一連の研究を踏まえて，Tutorial overview と題してまとめられた Schourup（1999）によって，共通基盤を構築しながら談話標識を研究していく方向性が定まったと言えよう．Schourup（1999）では，(i) Conectivity, (ii) Optionality, (iii) Non-truth-

---

[1] 基本的な英語談話標識の個別的特徴をまとめ上げた最近のものとして松尾・廣瀬・西川（編著）『英語談話標識用法辞典——43 の基本ディスコースマーカー』（2015，研究社）がある．

conditionality, (iv) Weak clause association, (v) Initiality, (vi) Orality, (vii) Multi-categoriality といった7つの談話標識の特徴を指摘したが，廣瀬 (2012)，松尾・廣瀬 (2015)，松尾・廣瀬・西川 (2015) で，さらに幅広く談話標識の一般的な特徴をまとめ上げた．以下，それらを少し修正する形で，談話標識の一般的な特徴を整理しておきたい．

【語彙的・音韻的特徴】
 (i) 一語からなるものが多いが，句レベル，節レベルのものが含まれる．
 (ii) 伝統的な単一の品詞には属さない．
 (iii) 通例ポーズを伴い，独立した音調群を形成することが多い．
 (iv) その談話機能に応じ，様々な音調を伴う．

【統語的特徴】
 (i) 文頭の位置に現れることが多いが，文中，文尾に生じるものもある．
 (ii) 命題の構成要素の外側に生じる，あるいは命題内容の統語構造に緩やかに付加されて生じる．
 (iii) 談話標識の有無によって，その談話標識が生じている発話（文）の文法性は左右されることなく，選択的である．
 (iv) 複数の談話標識が同時に生じることがあり，その配列が定まっている．
 (v) 談話標識が単独で生じる場合があり，独自の談話機能を果たす．

【意味的特徴】
 (i) それ自体で，文の真偽値に関わる概念的意味をほとんど，あるいはまったく持たないものが多い．
 (ii) 文の真偽値に関わる概念的意味を持つ場合にも，付加的に特有の談話的意味を表す．

【機能的特徴】
 (i) 多機能的である．
 (ii) 1つの談話標識が，ある文脈で同時に複数の機能レベルで働くことがある．

【社会的・文体的特徴】
 (i) 話し言葉で使用される談話標識が多いが，もっぱら書き言葉で好んで使用される談話標識もあり，言語使用域に変異がある．

(ii) アメリカ英語やイギリス英語，さらにニュージーランド英語などで好まれる談話標識があり，地理的な変異がある．

(iii) 女性言葉により典型的に現れるものがあり，ジェンダー的な変異がある．

(iv) 若者が好んで使用する談話標識があり，年齢的な変異がある．

上記のような雑多な特徴を持つ談話標識について，Swan (1995) では，21 の項目を立てて機能分類しているが，そこで取り上げられている談話標識をアルファベット順に並べると，以下のようになる．

(1) *actually, after all, also, anyway, at least, by the way, frankly, furthermore, however, I mean, in addition, incidentally,* in conclusion, *in fact, in other words, kind* [*sort*] *of, look* (*here*), *mind you, nevertheless, now, of course, OK, on the contrary, on the other hand,* (*all*) *right, so, still, then, therefore, well, you know,* etc.

筆者の立場では，さらに次に示すような名詞表現も特有の談話機能を持ち，談話標識に加えてよいと考えている．

(2) I feel so terrible. *Correction*, I feel nothing. Which is worse.

(E. Segal, *Oliver's Story*)

(とてもひどい気分だ．いや，何も感じない．それはよりひどい症状だ．)

(3) "You live alone?" "Except for my dog. He is a little dog but a lot of people won't break into a place if there's a dog, no matter what size it is. They're just scared of dogs, *period*."

(L. Block, *A Walk among the Tombstones*)

(「君は一人暮らしかい？」「飼っている犬を除けばね．小さな犬なんだけど，どんな大きさでも，もし犬がいれば押し入ってくる人はあんまりいないわ．人は犬が怖い，そんなものよ．」)

correction は，「訂正」と明言して，前言を取り消す働きをし，談話修正を表す談話標識の1つとして位置づけられる．また，period は，文の最後にくる終止符をあえて「以上」と述べて，自分の主張の正しさを強調し，場合によっては相手に有無を言わせず，話題を打ち切る働きがある．

以上のように幅広く談話標識を認めると，1つのカテゴリーとしては捉えに

くい存在になるが，そのカテゴリー化にあたっては,「プロトタイプ」(prototype) を想定し，その典型的なメンバーに照らして，どの程度類似性を持っているかによってメンバーを定めるプロトタイプ論的な考え方が有効的である．この考え方では，談話標識にはある一定の共通した特徴は認められるにせよ，すべての特徴を各談話標識が共有するとは限らないということになる．そして，典型的に談話標識として用いられるものもあれば，もっぱら文の構成要素の一部として働き，談話標識としては周辺的なものとみなしていける．そうすれば，談話標識を「段階性」(gradience) のあるものとして捉えることができ，雑多な語句や表現を1つのカテゴリーにまとめ上げることができるのである．

このように，談話標識のカテゴリーは，伝統的な品詞論的カテゴリーではなく，むしろ機能的カテゴリーとして理解し，そのメンバーにはさまざま言語表現を認めていくという立場をとりたい．従来，副詞，前置詞，間投詞として分類されてきたものが談話標識の主なメンバーとなるが，レキシカルフレイズ (lexical phrase) と称される定型表現の一部も談話標識に含めたい．

談話標識の基本的な捉え方として，1つの談話標識が複数の用法を持つ場合の考え方について，もう少し詳しく述べておきたい．談話標識の意味的特徴として，一般に，命題内容の一部として文の真偽値に関わる意味を（ほぼ）持たないと言及したが，談話標識自体が何らかの「談話機能」を有することは明らかであり，1つの談話標識が複数の用法を持つことが多い．それらをどのように捉えるのかについては，主に以下の3つの考え方ができる (cf. Schourup (1999: 242-257)，松尾・廣瀬・西川 (2015: 335))．

(i) 同音異義語的アプローチ (homonymy approach)：ある談話標識が複数の用法で用いられる場合に，それぞれの用法を表す談話機能を同音異義語的に捉える考え方．

Figure1: 同音異義語的アプローチ

(ii) 多義語的アプローチ (polysemy approach)：ある談話標識が複数の用法を持つ場合に，それらの用法を多義語的に捉える考え方．

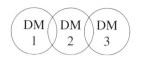

Figure2: 多義的アプローチ

(iii) 単一意味的アプローチ（monosemy approach）：ある談話標識に中核的な共通の意味を認め，その中核的な意味機能からすべての用法，あるいはその派生的な用法を説明していく考え方．

Figure 3: 単一意味的アプローチ

まず，(i) の考え方では，1つの談話標識がいくつかの用法を持っている場合，それぞれの用法を別の語の談話機能であると考えていくことになる．しかし，このような考え方では，それぞれの用法を列挙していくことになり，辞書においてもそれぞれの用法を別項目として記載していかざるを得ない．こうした記述の仕方では他の用法との関連もはっきりしない記述となり，談話標識の全体像もつかめない．(ii) では，複数の談話機能が連続性（continuum）を持っているという考え方ができ，この考え方では，ある談話標識の用法は，文字通りの意味用法から発展したものと考え，その談話標識として発展した1つの用法から，さらに別の用法を発展させているというふうに考えていくのである．こうした用法の連続的な捉え方は，英語の歴史的観点からの研究によっても妥当なものとして裏づけられる．

最後に，(iii) の考え方は，例えば，ある談話標識に3つの用法がある場合に，それらに共通するコア的意味があると考え，その共通的な意味から3つの用法を説明していくことになる．談話標識の全体像を掴むためには，この単一意味的な考え方が重要である．

具体的な談話標識の記述においては，(ii) の多義語的アプローチをとり，その意味的・談話機能的ネットワークを考えていくのが分かりやすい．ただし，単一意味的アプローチ，あるいは，中核的意味アプローチ（core meaning approach）とも呼べる立場から，各談話標識のエッセンスを抽出し，談話標識全体を眺めてその理解を深めることも必要である．具体的な分析において注意し

ておくべきことは，談話標識の用法を細分化し出すと，行き着く先は，文脈ごとに機能が違うということになってしまい，結局，捉えどころがなくなってしまうということになりかねない．談話標識の用法記述したつもりが，文脈記述をしたことになってしまうのである．

　また，ここで関連性理論における談話標識の取り扱いについても少し言及しておきたい．関連性理論では，談話標識は「手続き的意味」(prcedural meaning) を担う言語表現ということで集約され，関連性理論に基づく研究により，談話標識の理解が深まったことに間違いはないが，あくまでその目標は，関連性理論の強化にあり，談話標識を利用して，関連性理論で議論する「言語学的意味」がより明確となり，その適用性を広げたと理解しておいたほうがよい．

3. 談話標識の共通点

　すでに言及したように，すべての談話標識の共通点を見出すことは難しく，突き詰めていくと，談話標識の定義そのものに行き着くことになる．しかし，談話標識の体系だった研究にとって，談話標識についての共通認識は必要であり，廣瀬 (2017) では，Aijmer (2013) において取り上げられた 3 つのキーワードを取り上げ，談話標識の共通点を確認した．廣瀬 (2017) における記述を若干補足しながら，本稿でも，それぞれのキーワードを取り上げておきたい．

3.1. DM as reflexive language

　Aijmer (2013: 4) では，まず，談話標識が持つ共通の性質として reflexivity (再帰性) を認め，以下のように述べている．

　　Reflexivity is manifested as the speaker's awareness of the linguistic choices made both with regard to what to say and how to say it (Verscheren 1999: 187). Speakers have access to their own speech production and closely attend to what is going on; they are "metalinguistically aware" of what type of interaction they are involved in, if something goes wrong in the process, and what their attitudes are.

　　　　　　　　　　　　　　　　　　　　　　　　　(Aijmer (2013: 4))

　さらに，Lucy (1993: 11) を引用して，reflexivity の重要性を強調している．

In sum, speech is permeated by reflexive activity as speakers remark on language, report utterances, index and describes aspects of the speech event, invoke conventional names, and guide listeners in the proper interpretation of their utterances. This reflexivity is so pervasive and essential that we can say that language is, by nature, fundamentally reflexive.
(Lucy (1993: 11))

ここでいう「再帰的」というのは，ある事柄について記述する際に，何らかの形で記述している事柄それ自身への言及が，その記述内容に表れていることを言っている．したがって，Lucy (1993) 自体は，談話標識に特化して re-flexivity の議論をしているのではなく，かなり多くの言語現象を扱っているが，言語の基本的な機能として外界世界の客観的事実を記述する面ではなく，メタレベルでの言語使用に着目していることが非常に興味深い．言語そのものについて言及する狭義の metalinguistic な使用，意味的な側面での metase-mantic な使用，さらにはコミュニケーション活動について様々な側面を言及する metapragmatic，あるいは metacommunicative と言える言語使用の側面の重要性を指摘しているのである．こうしたメタ言語的な言語使用の重要性については，廣瀬 (1997, 1998, 1999) でも注目し，メタ言語的使用の観点から数多くの英語表現を分析した．命題内容そのものに組み入れられるのではなく，その周辺に位置して聞き手に対して発話解釈を誘導する働きを持つ談話標識の本質的な働きは，上記の用語で言うと，metapragmatic，あるいは meta-communicative と言えるのである．

3.2. DM as a contextualization cue
談話標識の共通する特徴の1つとして，その名称から明らかなように，文レベルを超えて機能し，前後の発話とともに，さらに幅広く談話構造そのものとの係り合いを持っている．Gumpez (1982: 131) では，「文脈化合図」(con-textulization cues) という用語を用いて，表層に現れるコミュニケーションにおける話し手の様々な方略を特徴づけた．

Constellations of surface features of message form are the means by which speakers signal and listeners interpret what the activity is, how semantic content is to be understood and how each sentence relates to what precedes or follows. These features are referred to as *contextuliza-tion cues*.
(Gumpez (1982: 131))

「文脈化合図」という用語は，談話標識の基本機能として広く適用すること
ができ，談話標識は，その使用されている文脈の中で，話し手が聞き手の理解
を助けていると言える．後年，Gumperz（1996）は，先のメタ言語的な側面
にも言及しつつ，この「文脈化合図」について以下のように述べているが，
contextulization cues というのを discourse markers に置き換えることができ
る．

As metapragmatic signs, contextualization cues represent speakers'
ways of signaling and providing information to interloculors and audi-
ence about how language is being used at any point in the ongoing
stream of talk. [Gumpez (1996: 366)]

談話構造との関わりは，談話標識の中心的な働きを表し，その前後の文脈に
おける論理的な関係を表すことにとどまらず，談話全体の始めから終結の部分
に至るまでの各段階で，その談話構成と関わって談話標識が重要な機能を果た
している．まず，発話の生産と関わって，「切り出し」，「途中の言いよどみ」，
「修正」，「進展」，「締めくくり」の各段階で談話標識が機能する．特に，「順番
交代（turn-taking）」との関わりで果たす機能も大きく，その他，話題マネジ
メントと関わって，「話題の開始」，「話題の継続」，「話題の変更」，「話題の脱
線」，「主題への回帰」，「話題の終了」などを合図する．類似した意味を持つ談
話標識の中から，実際の発話状況ではある特定の談話標識が選択されることに
なるが，それぞれの談話標識は，発話の特定の文脈における「文脈化合図」を
表し，話し手の発話意図をより明確にし，誤解が生じないように聞き手の解釈
を助けるのに最もふさわしい談話標識が選択されるというふうに説明できる．
　最も端的に言えば，談話標識は，「談話的な特徴を持つ［示す］標識」と言
え，その談話的な特徴が問われ，"a marker of [for] what?" を考えていかな
ければならない．この what の内容として，さまざまな観点から談話機能を考
え，それらを明らかにしていかなければならないのである．

3.3. Meaning potentials

　3つ目のキーワードとして，意味的潜在性（meaning potentials）についてみ
ていきたい．Aijimer（2013）では，Norén and Linell（2007）による意味的
潜在性（meaning potential）の考え方を引用し，談話標識を特徴づけている．

According to Norén and Linell (2007 : 387), the basic assumptions

of a theory of meaning potentials are 'that the linguistic resources pro-
vide language users with semantic resources to understand, say, and
mean specific things in particular usage events, and that this always in-
volves an interplay with contextual factors.'　　　(Aijimer (2013: 12))

ある言語表現には，当然ある意味を伴うことになるが，それぞれ使用される
文脈に応じて，具体的な意味が決まってくるという考え方である．この考え方
を談話標識に適用する場合には，廣瀬（1998）で提示した「談話的志向性」と
称したほうが，談話標識の理解がより深まると考えられる．談話標識は固定さ
れた談話機能を安定的に保持しているというよりは，実際に使用された文脈と
の関係で，その「談話志向性」が顕在化してくる言語表現であると考えるので
ある．
　この「談話志向性」をさらに具体的に説明する上で，談話標識が機能するい
くつかの領域（domain）についての理解が必要となる．

The different studies of discourse markers distinguish several domains
where they may be functional, in which are included textual, attitudinal,
cognitive and interactive parameters.　　　(Jucker and Ziv (1998: 4))

Jucker and Ziv（1998）では，談話標識は，「テクスト的」，「態度的」，「認
知的」，「相互作用的」領域で機能することが指摘されている．これらの用語の
中で，「認知的」というのは幅広い意味で使用されることもあるので，筆者と
しては，談話標識が情報の授受や新旧の情報と関わることから，「情報的」と
いう用語を使用しておきたい．また，「相互作用的」という用語についても，
談話標識がポライトネスと関わることが多くあり，むしろ対人関係の調整機能
を果たすといったほうが分かりやすく，「対人関係的」（interpersonal）という
用語を使用しておきたい．
　松尾・廣瀬・西川（2015）では，Jucker and Ziv（1998）を修正し，大きく
以下のような4つの機能レベルに整理した．

　(i)　Textual Function（談話の構成と関わる機能）
　(ii)　Informational Function（情報の授受と関わる機能）
　(iii)　Attitudinal Function（話し手の発話態度と関わる機能）
　(iv)　Interpersonal Function（話し手・聞き手の対人関係と関わる機能）

　談話標識の機能を理解する上で難しい点は，すでに機能的特徴を述べた箇所

で言及したが，特定の文脈で，もっぱら１つの機能を発揮する談話標識と，ある１つの談話標識が，複数の機能面で作用する場合があるということである．同時に複数の機能を果たす場合には，その主たる機能と付随的な機能を区別していく必要がある．特に，上記の機能レベルの中で，(iv) の機能レベルについて若干補足しておきたい．(iv) の機能レベルは，談話標識とポライトネスとの関係を表すことになり，各談話標識がポライトネスにどう寄与するかは，それぞれの文脈で談話標識が主として果たす機能とは別レベルの機能であると言えるかもしれない．しかし，会話のやりとりを理解していく上で，会話の担い手である話し手と聞き手の対人関係がどのように調整されながら会話が進められているかを理解することが極めて重要となる．こうした談話標識とポライトネスとの関係をさらに探っていくことが，今後の談話標識研究の大きな課題の１つと言える．

　以上，談話標識の共通点について論じてきたが，筆者が現在たどり着いている談話標識についての理解は，以下の通りである．

　　「談話標識」とは，話し手が主に伝達しようとする発話メッセージ［命題内容］の周辺に位置し，聞き手がその内容を正しく理解するように意味解釈の仕方を合図する標識である．そして，その意味解釈の仕方を合図するにあたり，談話的志向性を備えており，文脈に応じ，談話構造，情報価値，話し手の態度表明・感情表出，対人関係などに聞き手の意識を向けさせる言語表現である．

4.　おわりに

　本稿では，筆者のこれまでの談話標識研究を再整理する形で，談話標識の一般的な特徴，その基本的な考え方を振り返った．本稿でちりばめた談話標識に関する基本概念を整理すると，ある意味，談話標識研究の道具立てはそろったと言える．基礎研究，理論研究が出そろった後に来るのは，その応用的研究である．

　日本人英語学習者にとってますます英語発信能力の向上が求められていく中，談話標識に関する知識を習得し，論理立てて情報を発信していく術を身につけ，また英語理解においても発話者の真意を敏感に感じ取れる英語感覚を身につけていくことは極めて重要である．そうした状況を踏まえて，体系だった談話標識研究として必要なのは，機能別にグループ化された談話標識の使い分

けを明確にしていくことである．その談話標識の使い分けを記述していく上で
キーとなるのは，談話標識と「言語使用域」の関係であると考えている．そし
て，その談話標識の「言語使用域」を明らかにする手法としてのコーパス利用
が今後の大きな課題である．コーパスを利用して，談話標識使用の量的な特徴
づけにとどまらず，質的な特徴づけがどこまでできるかが，今後の談話標識研
究のチャレンジである．

　筆者としても，本稿で整理した談話標識に関する基本的な考え方を十分踏ま
え，談話標識の使い分けに関する記述研究を進めていきたい．

参考文献

Aijmer, K. (2013) *Understanding Pragmatic Markers: A Variational Pragmatic Approach,* Edinburgh University Press, Edinburgh.

Blakemore, D. (1987) *Semantic Constrains on Relevance*, Blackwell, Oxford.

Blakemore, D. (1992) *Understanding Utterances,* Blackwell, Oxford.

Blakemore, D. (2002) *Relevance and Linguistic Meaning,* Cambridge University Press, Cambridge.

Fraser, B. (1990) "'An Approach to Discourse Markers," *Journal of Pragmatics* 14, 383-395.

Fraser, B. (1996) "Pragmatic Markers," *Pragmatics* 6 (2), 167-190.

Fraser, B. (1999) "What Are Discourse Markers?" *Journal of Pragmatics* 31, 931-952.

Gumperz. J. J. (1982) *Discourse Strategies,* Cambridge University Press, Cambridge.

Gumperz. J. J. (1996) "The Linguistic and Cultural Relativity of Inference," *Rethinking Linguistic Relativity*, ed. by J. J. Gumperz and S. C. Levinson, 374-406, Cambridge University Press, Cambridge.

廣瀬浩三 (1997)「Love means never having to say"What do you mean?" ──メタ言語活動の諸相 (1)」『島大言語文化』4, 14-61.

廣瀬浩三 (1998)「メタ言語的観点から見た英語表現について」『現代英語の語法と文法』，小西友七先生傘寿記念論文集編集委員会 (編), 287-295, 大修館書店，東京.

廣瀬浩三 (1999)「Love means never having to say "What do you mean?" 英語におけるメタ言語的活動の諸相 (2)」『島大言語文化』第 7 号, 1-51.

廣瀬浩三 (2000)「語法研究の立場から見た談話標識」『英語語法文法研究』第 7 号, 35-50.

廣瀬浩三 (2003)「関連性理論から見た談話標識」『島大言語文化』第 14 号, 21-41.

廣瀬浩三 (2012)「談話標識を巡って」『島根大学外国語教育センタージャーナル』第 7 号, 1-37.

廣瀬浩三（2014）「談話標識を再考する」『島根大学外国語教育センタージャーナル』第9号，1-33.

廣瀬浩三（2017）「英語談話標識のシノニム的記述を巡って」『島根大学外国語教育センタージャーナル』第12号，1-12.

Jucker, A. H. and Y. Ziv, eds. (1998) *Discourse Markers*: *Description and Theory*, John Benjamins, Amsterdam.

松尾文子・廣瀬浩三・西川真由美（編著）（2015）『英語談話標識用法辞典──43の基本的ディスコースマーカー』研究社，東京.

松尾文子・廣瀬浩三（2014）「英語談話標識の諸相（1）──英語談話標識研究の変遷」『梅光言語文化研究』第5号，1-38.

松尾文子・廣瀬浩三（2015）「英語談話標識の諸相（2）──談話標識についての基本的考え方と分析の観点」『梅光言語文化研究』第6号，1-51.

Norén, K. and P. Linnel (2007) "Meaning Potentials and the Interaction between Lexis and Contexts: An Empirical Substantiation," *Pragmatics* 17(3), 387-416.

Schiffrin, D. (1987) *Discourse markers,* Cambridge University Press, Cambridge.

Schiffrin, D. (2001) "Discourse Markers: Language, Meaning and Context," *The Handbook of Discourse Analysis,* ed. by D. Schiffrin, D. Tannen and H. E. Hamilton, 54-76, Blackwell, Oxford.

Schourup, L. (1985) *Common Discourse Particles in English Conversation*, Garland, New York.

Schourup, L. (1999) "Discourse Markers," *Lingua* 107, 227-265.

Sperber, D. and D. Wilson (1986/1995) *Relevance*: *Communication and Recognition*, Oxford University Press, Oxford.

Swan, M. (1995) *Practical English Usage*, 3rd ed., Oxford University Press, Oxford.

間主観性と CDS

──談話標識 *I mean* を例に──[*]

小林　隆

石川工業高等専門学校

1.　はじめに

　「間主観性とは何か」「間主観性の概念を用いることで説明可能な現象とは何か」ということについて，研究者の間で定義や主張が一致しているとはいえない（cf. 早瀬（2016: 221））．認知言語学においても，間主観性は「他者と一緒に同じものに注意を向けること」という共同注意（joint attention）から（本多（2011: 130）），話し手と聞き手が互いに何を考えているかを想定し合うという認識の調整（coordinating cognition）まで（Verhagen（2007: 60）），幅広い現象を含んでいる．

　本稿の目的は間主観性を定義することではなく，談話における話し手と聞き手のさまざまなレベルでのやりとり（言語現象）を，認知文法の統一的観点から記述することである．間主観性の定義は「2 人以上の主体による経験（e.g. 感情，知覚，思考，言語的意味）の共有」（Zlatev et al.（2008:1））とし，談話標識 *I mean* を例に，認知文法的談話モデルとしての CDS（Current Discourse Space）が記述可能な談話の側面と記述困難な談話の側面を示す．*I mean* による調整は，命題内容，会話的推意（conversational implicature），相手のフェイスの保持，ターン交替など，談話の多様なレベルで機能しているが，これらは CDS というモデルを用いることで，統一的に記述することが可能となる．またダイナミックに展開する認知プロセスをより詳細に記述するため，既存の CDS に対する修正を提案する．

---

　[*] 本稿は第三回認知文法研究会（2014 年 3 月於愛知県立大学）および日本語用論学会第 18 回大会（2015 年 12 月於名古屋大学）での発表内容に修正を施し，論文の形にしたものである．予備発表でご指導くださった中村芳久先生と堀田優子先生，発表の機会をくださった町田章先生，会場で建設的なご意見をくださった先生方と院生のみなさまには，この場を借りて厚く御礼申し上げる．また本稿における議論の詳細は Kobayashi（2018 予定）を参照されたい．

2. 現行談話スペース (CDS: Current Discourse Space)

ラネカーの理論的枠組みに，コミュニケーションの社会的で動的な相互行為としての側面が反映されていないということが，認知文法の欠点としてよく挙げられる．しかし「現行談話スペース（CDS）」モデルの登場は，認知文法理論の射程に，話者交替や新旧情報の観点だけでなく，動的に展開される推論のプロセス（cf.「参照点起動の推論モデル」山梨（2000））や，Brown and Levinson (1987) のポライトネス理論におけるフェイスワークの観点を収める可能性を示唆している．

CDS は図1のように示され，先行発話，現行発話，後続発話の3つの使用事態（usage event）によって構成される．実際の発話において，ある瞬間にその会話を理解するために話し手と聞き手の間で共有されるすべてを含む概念である（Langacker (2001: 144))．中央の客観的概念内容（OC: objective content）は概念化者によって客体的に捉えられた対象を表し，認知的な際立ちの高い部分はプロファイル（profile）と呼ばれ、太線によって示される．その下のグラウンド（ground）には概念化者としての話し手（S）と聞き手（H）がおり，S と H の間の双頭破線矢印は，話し手と聞き手の間の相互作用（interaction）を表す．S と H から OC へと伸びる2本の破線矢印は，S と H が同一の対象に注意を向けていること（共同注意）を表している．発話によって話し手は聞き手の注意を対象へ向けるように働きかけ，共同注意が達成される．

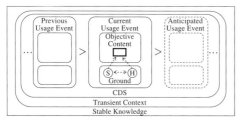
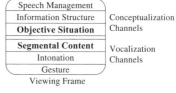

図1. CDS   　　　　　図2. 分野（channels）
　（Langacker (2008: 466)）　　　（Langacker (2001: 146)）

図2は図1中央の現行の使用事態（current usage event）を詳述したもので，使用事態が2つの極で構成されることを示している．中央の二重線の上段は概念化の分野（conceptualization channel），下段は音声化の分野（vocalization channel）と呼ばれ，2つの極はそれぞれ3つの分野に分かれる．情報構造（information structure）は新旧情報，スピーチ管理（speech management）は話者交替の概念を含む（Langacker (2001: 145-146)）．

3. CDS によって記述可能な側面
3.1. 意味論的意味のレベル
3.1.1. 命題態度のレベル

中村（2016）は法助動詞と *I suppose/suspect/think that* ～に関する認知構図をそれぞれ図 3 と図 4 のように示している．例えば *He may be waiting.* では概念化者（C）は観る側（概念化の主体）として眺めており，命題のみがプロファイルされるのに対し，*I think he is waiting.* では C と C の命題への認識的態度（破線矢印）が観られる側として捉えられ，C・命題態度・命題がすべて IS の中にあり，プロファイルされる．C と命題態度の「観る側性の度合（subjectivity）」が高いのが法助動詞であり，低いのが *I think* などである（ibid.: 17-18）．[1]

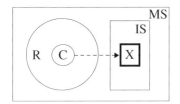 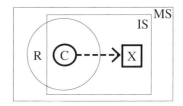

図 3. 法助動詞 *may*　　図 4. *I suppose/suspect/think that* ～
　　　（Ibid.: 17）　　　　　　（Ibid.: 18）

I mean について考えると，構成要素の意味が強く反映された *I mean that* ～ の形では，*that* 以下で先行発話での意味・意図を示すため，C と命題内容，C の命題態度がプロファイルされる．以下の例（1）に見られるような *I mean that* ～ における認知プロセスを CDS を用いて表すと，図 5 のようになる．

(1) "And she never returned."
    "What do you mean, she never returned?"

---

[1] Langacker (2016: 51) は，*I think* の主節から修飾語への再分析について，後者の *I think* では命題態度（epistemic assessment）がプロファイルされず，その機能はグラウンディング要素と同等であると指摘している．

"*I mean* that she died on her journey."　　　　　　　　　　(COCA)[2]

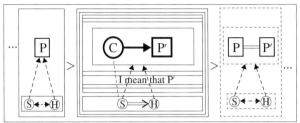

図 5.　*I mean that ~*

　命題 P は (1) の *she never returned*, P′ は *she died on her journey* であり，話し手は（先行発話で提示した P が）P′ の意味であったことを *I mean* を用いて示している．P′ の発話後に予期される事態は，話し手と聞き手が「P が P′ の意味であったこと (P = P′)」に互いに注意を向けることである．

3.1.2.　命題内容レベル

　Langacker (2001: 149) は副詞 *therefore* における認知プロセスを図 6 のように示している．副詞 *therefore* は (2) の *He's very rich and powerful* という命題 P と *I like him* という命題 P′ の関係を表すため，客観的概念内容の分野における P_1 と P_2 をつなぐ実線矢印がプロファイルされる．

(2)　He's very rich and powerful. ***Therefore*** I like him.　　(Ibid.: 149)

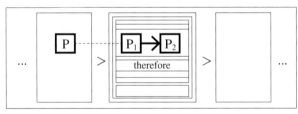

図 6.　副詞 *therefore* (Ibid.: 149)

　挿入句的に用いられる *I mean* は「話し手による先行発話の内容・意図の修正」を表す標識として機能する (Schiffrin (1987: 296))．「先行発話の言い換え」という点で，*I mean* は前述の副詞 *therefore* と同様に，命題間の関係を示しているといえる．*I mean* は統語的には文中で句要素を統率していたが，*I mean* と句要素との結合が弱まり，文中や文尾など統語的に自由なふるまいを

---

[2]　Corpus of Contemporary American English (http://corpus.byu.edu/coca/)

したり,文を超えた範疇を持つようになった.そして意味的には「(先行発話で)〜を意図する」というメタ言語的意味から,強調や話者の評価などの主観的 (subjective) 意味と聞き手へのほのめかしや根拠の提示などの間主観的 (intersubjective) 意味を獲得した (Brinton (2008: 127-128)).談話標識は一般的に,本来の意味を若干残しつつ意味変化するため,話者の命題態度がその意味に全く反映されないということはない.しかし人称や時制を変えると同じ意味が保持されないことを考慮すると,以下に示すような *I mean* の用法では,連結詞 (connectives) と同様に,(話者の命題態度というよりも) 談話の局所的結束を示しているといえる.

(3) I haven't been to Florida. ***I mean***, I have. I've been to Orlando.
(CRMTP)[3]

話し手は X *I mean* Y の形で「X,というより Y」や「X,ではなく Y」を示しており,*I mean* は先行発話と後続発話の関係を示す副詞的な要素である.副詞 *therefore* との違いは関係のスキーマ性が高いことであり,そのことが図7の P と P′ を結ぶ太線の実線直線に反映されている (図7).

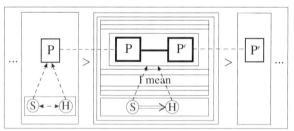

図7. 命題内容レベルの *I mean*

3.2. 語用論的意味のレベル
3.2.1. 推論・発話行為のレベル

発話解釈における語用論的プロセスを認知言語学の観点から説明したものに,山梨 (2000) の「参照点起動の推論モデル」がある.(4a) から (4b) の解釈を得るとき,解釈者 I は発話 U を参照点として,字義通りの意味 Mi へアクセスし,Mi を参照点として (4b) のメタファー的意味 Mj に到達する.

---

[3] Cultural Resource Manager Training Program:筆者が金沢大学フィールド・マネージャー養成プログラムの助成を受け,2012年にアメリカ合衆国ボストンのタフツ大学で収集した,未公開の自然発話データ (cf. 小林 (2013)).

(4) a. 君は我が社の宝物だ．
    b. 〈君は我が社にとって貴重な存在だ〉（メタファー）

(山梨 (2004: 94))

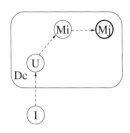

I: 解釈者
U: 発話
Dc: 所定の文脈において問題の発話が潜在的に規定する解釈のターゲットの候補のドメイン
Mi: 一次的（意味論的）意味
Mj: 二次的（意味論的）意味

図8．参照点起動の推論モデル(山梨(2001: 186))

　Schiffrin (1987: 296) によると，話し手が *I mean* を用いる動機の1つに「（自分の意図が）相手に伝わっていないのではないか」という疑いがあるという．そのとき話し手は「聞き手が私の発言内容・意図を誤解しているかもしれない」と思っているということになる．下がその動機が反映された例であり，男性にプロポーズされたときのことを話し手が回想している場面で，引用部のみを抜き取ったものである．

(5) "I wish you could come with me!"
    "I couldn't go away with you."
    "*I mean*, let's get married."　　　(Schiffrin (1987: 297); 一部改)

男性は最初の発話でプロポーズを意図していたのだが，女性は字義通りの意味で解釈したため，男性は *I mean* 以下で意図を明示している．ここには少なくとも，①「聞き手が自分と異なる対象に注意を向けていることを話し手が認識する」こと，②「聞き手が話し手も自分と同じ対象に注意を向けていると思っている，ということを話し手が認識する」こと，という2段階の認識のプロセスが見られる．つまり①は「話し手はプロポーズを意図したのに，聞き手が字義通りの意味で解釈してしまっていると話し手が気づく」ことであり，②は「聞き手は話し手も字義通りの意味で解釈していると思っている，と話し手が気づく」ことである．ここで，山梨 (2000) の参照点起動の推論モデルを CDS に援用して，上記の認知プロセスの記述を試みる．字義通りの意味と話し手の意図をそれぞれ Mi と Mj とし，話し手と聞き手の注意の向け方を別々に示す．[4]

---

[4] Langacker (2009: 169-171) では，指示詞における認知プロセスの記述に際し，話し手と聞き手の知識・認識の領域が別個に設定されている．

しかし Langacker（2001, 2008）の CDS では，単一のイントネーションユニットと単一の概念化がシンボル構造を形成しており，既存の CDS のままでは，①と②のような，動的に展開するプロセスを示すことが難しい．そこで本稿では，1 つの概念化が複数の段階（phase）によって構成される，新しい CDS の形を提案する．

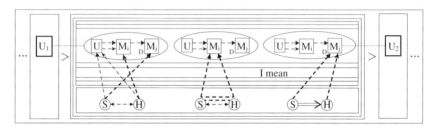

図 9. 推論レベルの *I mean*

図の中央に 3 つの段階が示されている．左では話し手のメンタルパス（-----▶）が最終的な意図 Mj に到達しているのに対し，聞き手のメンタルパス（-----▶）は参照点である字義通りの意味 Mi まで伸びている．[5] 図の中央では，①のプロセスが話し手から聞き手を経由して Mi に伸びる破線矢印によって示され，②のプロセスが聞き手から話し手を経由して Mi に伸びる破線矢印によって示されている．①と②を経て，話し手は *I mean* を発話し（音声化の分野），聞き手に話し手と同じ対象 Mj に注意を向けるように促す．その話し手から聞き手への働きかけがグラウンド内の二重線矢印によって示されている．そして後続発話で，話し手と聞き手が同じ対象に注意を向ける（共同注意）．[6]

先行研究では，訂正，理由づけ，相手のフェイス保持，ターン維持など，*I mean* の多様な語用論的機能が示されているが（cf. Brinton（2008: 111-118）），用法分類に終始しており，*I mean* を用いる動機や用法間の関係は明

---

[5] 図の左で，話し手から左右に 2 本の破線矢印が伸びているが，左は話し手が U と Mi という参照点を経ていること，右は最終的に話し手が Mj に注意を向けていることを示している．聞き手から伸びる 2 本の破線矢印も同様である．

[6] 編者の先生より「*I mean* の発話時では後続発話（U2）が特定されていないため，Mj が入ったり，それに聞き手の注意が向いたりするのは後続発話内ではないか」というご指摘を頂いた．より詳細に記述すれば，現行発話は Mj ではなく，空欄の破線四角形で示されるべきであり，U2 が発話された時点で，そのスキーマが精緻化される，ということになろう．小林（2016: 46）では現行発話から後続発話で展開される *I mean* のスキーマ精緻化のプロセスを示した．本稿では紙幅の都合と説明の便宜上，スキーマではなく初めから Mj を入れてある．

らかにされてこなかった．そこで本稿では認知言語学的観点より，*I mean* に関する認知プロセスを明らかにすることで，用法間の有機的な関係を示すことにする．以下の例では話し手が自身の先行発話ではなく，聞き手の期待に言及しているが，その認知プロセスは推論レベルの用法と同様の参照点能力に基づいている．次の (6) の T は男性，L は女性で，T の実家がボストン郊外にあるということから話が始まっている．

(6) T: Yeah, it's like 40-minute drive. So, I can visit home often to keep my mom some company.

L: Do you have a car?

T: *I mean* like my family has two cars.

L: Okay but not here.

T: I mean, sophomores aren't even allowed to have cars here, are they? (CRMTP)

まず (6) の *I mean* の後続発話「家族が車を 2 台保有していること」は先行発話「実家で母親に会うこと」の言い換えではないため，命題内容のレベルの用法ではない．また直前の発話は対話者の質問であり，次の発話者が指定されるため，話者交替に関する用法でもない．ここで注目したいのは，話し手が *I mean* を用いて対話者の質問に言及しているという点である．ある行為に共通して現れる出来事の流れを「シナリオ (scenario)」と呼ぶが，質問シナリオは「話し手の知りたい情報を聞き手が与えてくれる」という期待や要求を含む (Langacker (2008: 474-475))．したがって L の質問 *Do you have a car?* は「T が車を持っているか否かを教えてくれる」という L の期待を伝えることになる．しかし *I mean* 以下より，大学と実家が近い T にとっては，車の所有如何よりも，車を自由に使えるかどうかが重要であることが分かる．聞き手の期待とは別のところに注意を向けているため，話し手は聞き手の注意を自身と同じところへ向けようとする．(6) と (5) では参照点が異なるが，①「聞き手が異なる対象に注意を向けていることを話し手が認識している」ことと，②「聞き手が話し手も参照点に注意を向けていると思っていると話し手が認識している」ことが共通している．対象が話し手の先行発話ではなく聞き手の期待であっても，同一の認知プロセスが適用されることで，*I mean* を用いることが可能となる．[7] *I mean* の間主観的な調整の機能は，以下のように一般化できる．

---

[7] 本多 (2016) は *Pluto became a dwarf planet in 2006.* のように，共有知識の変化を表す

(7) 談話標識 *I mean* は,「話し手の意図するところとは違うところに聞き手が注目していると,話し手が見て取ったときに,話し手が *I mean* を用いて「私の意図しているところは(そこではなくて)こちらです」という形で,話し手の真意へと聞き手の注意を導く機能」を有する.

3.2.2. 話者交替とポライトネスのレベル

Langacker (2001) ではターン維持を目的とした *uh* と相手への親密さを伝えるスペイン語の二人称代名詞 *tu* はそれぞれ以下のように示されている.[8]

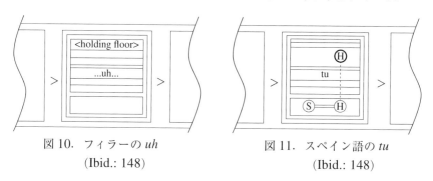

図 10. フィラーの *uh*　　　図 11. スペイン語の *tu*
　(Ibid.: 148)　　　　　　　(Ibid.: 148)

図 10 では *uh* の概念化がスピーチ管理の分野に「フロアの保持」として記述され,図 11 では聞き手に対する親密さとポライトネスの観点がグラウンド内の相互作用(実線の二重線)によって示されている.

I mean のターン獲得と維持の用法は図 10 と同じく,概念化の分野でより抽象的な,スピーチ管理の分野における使用事態として説明できる.ポライトネスに関する *I mean* の用法は,客観的概念内容として命題内容の修正があり,*I mean* の使用動機である「フェイス侵害の軽減」はグラウンド内の相互作用によって示される.以下は軍隊での司令官と部下との会話で,話し手は正直な *No, sir.* によって相手の「相手と距離を置きたい」というネガティブフェイスを侵害したと認識したため,*Yes, sir.* への言い換えを行っている.

(8) "It's what you joined to do, isn't it?" "No, sir. *I mean* Yes, sir. I

表現を「間主観的状態表現」と呼び,共有知識の変化と客観的変化に同一の言語表現 (become) が適用可能となるには,次のような動機づけがあるという.「**異なる対象**に**同じ捉え方**を適用して捉えることが,異なる対象に同じ**言語表現**を適用することが可能になる仕組みの1つである.」(ibid.: 268)

[8] 図 10-11 の波線は省略を示しており,筆者の手による.

mean, I'm an actor, sir." (BNC)[9]

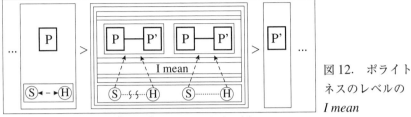

図12. ポライトネスのレベルの *I mean*

(8) では，①話し手が先行発話で聞き手のフェイスを侵害したことに気づいたために *I mean* を発話し，②相手のフェイス侵害を軽減する発話へと言い換えを行っている．したがってポライトネスのレベルにも，複数の段階を設定する必要がある．

3.3. レベル間の関係

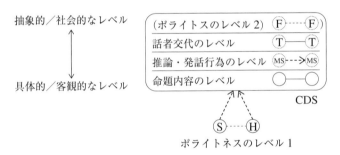

図13. レベル間の関係

これまで *I mean* の使用原理に基づいた用法を提示し，その認知プロセスを示してきた．*I mean* の間主観的な調整は会話の4つのレベルにおいて機能している．図13に示すように，各レベルは，概念化の分野において前景化される対象がより具体的・客観的なレベルか，より抽象的・社会的なレベルかという観点から，位置付けることができる．命題，推論，話者交替，ポライトネスと，レベルの抽象性・社会性が上がるにつれ，前景化される対象は客観世界から聞き手の頭の中へ，会話の慣習としてのターンのやりとり，そして相手の社

---

[9] British National Corpus (http://scnweb.jkn21.com/BNC2/)

会的欲求へとシフトする．そのシフトに伴い，（たとえば（8）の例のように）表面的には先行発話と後続発話の関係のみが前景化しているように見えるが，言語使用（の動機）においては，発話時の話し手と聞き手の間の相互行為（グラウンド内のインタラクション）のレベルが前景化される．

　例（1）のような本来的用法では，話し手と命題態度がプロファイルされるのに対し，命題内容のレベルでは，*so* や *therefore* と同じく，命題と命題との関係がプロファイルされる．推論・発話行為のレベルでは先行発話と後続発話の関係は背景化され，（メンタルスペース（MS）内の）参照点能力に基づく話し手と聞き手の想定の調整が前景化する．そして話者交替のレベルは，概念化の分野において抽象的な分野に位置づけられる．ポライトネスに関する用法では，表面的には命題と命題との関係を示しているように見えるが，相手のフェイス侵害と配慮が，グラウンド内の話し手と聞き手の相互行為によって示される（ポライトネスのレベル 1）．図 11 に示すように，Langacker（2001）では言語表現がプロファイルするのは概念化の分野の要素であり，親密性はグラウンドの相互行為の一部として示される．このことは「フェイスの侵害と軽減は *I mean* の有無に関わらず認められるため，相手のフェイス侵害の回避は *I mean* 固有の特徴ではない」とする Fox Tree and Schrock（2002: 733–734）の指摘と矛盾しない．相手のフェイス保持は，*I mean* の（定着した）意味として考えない方がよいと思われる．ただ，*I mean* という発話自体によって，カジュアルな雰囲気を彷彿とさせたり，自身の発話へのコミットメントを弱めたりすることで相手のフェイスに配慮する用法があるようだが（ibid.: 741），その場合はフェイスのレベルを概念化の分野の 1 つとして認めることができるかもしれない（ポライトネスのレベル 2）．

　I mean は話し手と聞き手の間の調整の機能を果たし，どのレベルの調整かによって，少なくとも会話の 4 つのレベルを想定できる．各レベルは，概念化者が対象を客体的・物理的に捉えるレベルと抽象的・社会的に捉えるレベルの間に位置付けることができる．命題，推論，話者交替，ポライトネスとレベルが上がるにつれ，話し手の言及する対象は客観世界から聞き手の頭の中へ，会話の慣習としてのターン交替，そして相手の社会的欲求へとシフトする．

4.　まとめ

　本稿では談話標識 *I mean* を例に，CDS で記述可能な側面と記述困難な側面を示した．推論・発話行為のレベルとポライトネスのレベルにおいて，ダイ

ナミックに展開される *I mean* の認知プロセスを記述するため,「複数の段階 (phase) によって構成される CDS」という理論的修正案を示した.

　間主観性を広義にとらえると,言語表現を用いたやりとりは,すべて間主観的であると言える.[10] しかし本稿であえて間主観性の概念を持ち出したのは,これまで見てきたように,話し手の *I mean* の使用原理の根幹に「話し手が想定している聞き手の想定」と「聞き手が持つ話し手の想定」,フェイスやターンなど,話し手と聞き手の間の相互作用が深く関与していることを主張するためである.

参考文献

Brinton, Laurel J. (2008) *The Comment Clause in English*, Cambridge University Press, Cambridge.

Brown, Penelope and Stephen C. Levinson. (1987) *Politeness: Some Universal in Language Usage*, Cambridge University Press, Cambridge.

Fox Tree, Jean E. and Josef C. Schrock. (2002) "Basic Meanings of *You Know* and *I Mean*," *Journal of Pragmatics* 34, 727-747.

早瀬尚子 (2016)「懸垂分詞構文から見た (inter)subjectivity と (inter)subjectification」『ラネカーの(間)主観性とその展開』,中村芳久・上原聡 (編), 207-230, 開拓社,東京.

本多啓 (2011)「共同注意と間主観性」『ひつじ意味論講座 5　主観性と主体性』,澤田治美 (編), 127-148, ひつじ書房,東京.

本多啓 (2016)「間主観性状態表現—認知意味論からの考察—」『日英対照文法と語彙への統合的アプローチ—生成文法・認知言語学と日本語学—』,藤田耕司・西村義樹 (編), 254-273, 開拓社,東京.

小林隆 (2013)「アメリカ人大学生の談話標識使用傾向—タフツ大学の学生への調査から—」『金沢大学文化資源学研究』12, 158-164.

小林隆 (2016)「CDS の射程〜談話標識 *I mean* の新しい例からの検証〜」『日本語用論学会第 18 回大会発表論文集』第 11 号, 41-48.

Kobayashi, Takashi (2018 予定) *I mean as a Marker of Intersubjective Adjustment: A Cognitive Linguistic Approach*, Hituzi Syobo, Tokyo.

Langacker, Ronald W. (2001) "Discourse in Cognitive Grammar," *Cognitive Linguistics* 12 (2), 143-188.

Langacker, Ronald W. (2008) *Cognitive Grammar: A Basic Introduction*, Oxford Uni-

---

[10] Langacker (2016: 32) では,叙述すること (description) は会話の参加者が互いに相手の経験を再現 (simulate) することであり,間主観的なプロセスであるとしている.

versity Press, New York.

Langacker, Ronald W. (2009) *Investigations in Cognitive Grammar*, Mouton de Gruyter, New York.

Langacker, Ronald W. (2016) "Toward an Integrated View of Structure, Processing, and Discourse," *Studies in Lexicogrammar: Theory and Applications*, ed. by Grzegorz Drożdż, 23-53, John Benjamins, Amsterdam/Philadelphia.

中村芳久 (2016)「Langacker の視点構図と(間)主観性――認知文法の記述力とその拡張――」『ラネカーの(間)主観性とその展開』, 中村芳久・上原聡 (編), 1-51, 開拓社, 東京.

Schiffrin, Deborah (1987) *Discourse Markers*, Cambridge University Press, Cambridge.

Verhagen, Arie (2007) "Construal and Perspectualization," *The Oxford Handbook of Cognitive Linguistics*, ed. by Dirk Geeraerts and Hubert Cuyckens, 48-81, Oxford University Press, Oxford.

山梨正明 (2000)『認知言語学原理』くろしお出版, 東京.

山梨正明 (2001)「認知語用論」『入門語用論研究――理論と応用――』, 小泉保 (編), 179-194, 研究社, 東京.

山梨正明 (2004)『ことばの認知空間』開拓社, 東京.

Zlatev, Jordan, Timothy P. Racine, Chris Sinha, and Esa Itkonen (2008) "Intersubjectivity: What makes us human?" *The Shared Mind: Perspectives on Intersubjectivity*, ed. by Jordan Zlatev, Timothy P. Racine, Chris Sinha and Esa Itkonen, 1-14, John Benjamins, Amsterdam/Philadelphia.

Multiple Occurrences of Discourse Markers and Fillers: A Relevance-theoretic View[*]

Takahiro Otsu
Kyushu University

1. Discourse Marker Sequence

It seems that previous studies on discourse markers (henceforth, DMs) have not distinguished their use in written and spoken discourse. In spoken discourse, the interaction of participants and the dialog formation are based on interpersonal considerations. Therefore, we observe many cases in which DMs and fillers are combined, as well as being exploited alone in an utterance. Since DMs and fillers are a group of linguistic expressions that are essentially devoid of grammar and syntactically decategorized through a process of grammaticalization, it is assumed that they impose loose syntactic constraints. Regarding multiple occurrences, how DMs and fillers are combined is an interesting topic from the perspective of semantic and pragmatic constraints on sequencing.

Recent relevant research by Fraser (2015) classifies DMs as either primary DMs (henceforth, PDMs), such as *and*, *but*, *so*, or secondary DMs (henceforth, SDMs), including *nevertheless*, *on the other hand*, *therefore*, *as a consequence* and so on, depending on the distinction between the general and specific discourse relations they convey. He also illustrates the possible combinations of two DMs from the same class and those from different classes. Another finding is that contrastive DMs are more likely to be combined, compared with other types of DMs. Fraser's general/specific classification seems to correspond to the hierarchy proposed by Oates (2000), in

---

[*] The work for this article is partially supported by a Grant-in-Aid for Scientific Research (C) (No. 17K02683) from the Japan Society for the Promotion of Science.

which 'weak' DMs invariably precede 'strong' DMs, and 'weak' DMs cue a large number of discourse relations and choose the following 'strong' DMs. Syntactic constraints on the sequencing of two DMs can be explained to some degree from the viewpoint of the grammaticalization they have followed respectively. Koops and Lohmann (2013: 120) pose two hypotheses that the DMs "deriving from independent sequential moves" precede those "deriving from sentence-level structures", and that the sequencing of DMs deriving from sentence-level structures remains to a large extent constrained by the syntax of their source structure.

Neither the classification nor the hierarchy account sufficiently explains how PDMs/'weak' DMs and SDMs/'strong' DMs have different functions and why some particular sequences are more preferable than others. The co-occurrence of two DMs is motivated by a functional similarity and a complementary function between them (Lohmann and Koops (2016: 441– 442)). If we wish to identify where these two motivations come from, Relevance-theoretic accounts, including the combinations with fillers, may provide more sufficient semantic and pragmatic explanations. This paper attempts to investigate the patterns of DM/filler combinations and the operation of complex procedures using the corpus data from Wordbanks Online. The limited number of DMs and fillers which this paper mainly deals with are: *but* and *so* (PDMs); *nevertheless, in fact, therefore, on the other hand* (SDMs); and *you know, you see, I mean, like* (fillers).

2. Procedural Constraints of DMs and Fillers

In Relevance Theory, discourse markers are indicators that constrain the inference of utterance interpretation and "directly encode the type of cognitive effects intended" (Blakemore (2002: 95)). Discourse markers indicate the inferential route so that the hearer ends up with a conceptual representation by encoding information about the inferential process that the addressee uses (Blakemore (2002: 90)). In other words, they are devices that combine conceptual representations inferentially. This definition most appropriately applies to the PDMs. The current discussions differentiate the subtle shade of meaning of similar DMs even though they belong to the same coherence or speech act category (cf. Blakemore (2002: 161, 2004: 235)). The necessity for closer examination of procedural constraints and cognitive effects is indicated in the distinctive analysis of similar DMs *but*, *however* and *nevertheless* in Blakemore (2000: 479–484; 2002: 115–128). It indicates that, compared with *but*, *however* and *nevertheless* encode additional procedures and, therefore, that PDMs and SDMs make a different contribution to the interpretation of the utterance in which they co-occur. On the other hand, fillers seem to encode the variety and complexity of constraints on utterance interpretation. Unlike DMs, some procedural expressions seem to be linked to capacities such as mindreading, emotion reading, social cognition, and so on, rather than comprehension (Wilson (2011: 25–26)). Fillers belong to these types of procedural expressions.

The classification or hierarchy among DMs and fillers can therefore be analyzed from a procedural point of view. In contrast with PDMs that provide positive and direct cognitive effects, SDMs and fillers impose a distinctive procedural constraints: constructing a high-level explicature (e.g. *on the other hand*, *therefore*), selecting the context (e.g. *nevertheless*, *in fact*), representing a thought (e.g. *I mean*, *like*) or pointing the route of inference (e.g. *you know*, *you see*), all of which complement the procedure encoded by PDMs.

3. Complex Procedures of DMs and Fillers

In compositional semantic rules, concepts can be combined to construct new and more complicated conceptual representations, as examples (1) and (2) indicate.

(1) Stanley spends the whole day inside. In complete contrast, Oscar only comes in for meals. (Blakemore (2004: 231))
(2) Quite frankly, he is a fool. (Ifantidou-Trouki (1993: 85))

In (1), the meaning of the adjective *complete* modifies the one of *in contrast* to create a new complex concept, whereas, in (2), *quite* modifies *frankly* to strengthen the concept of frankness. Unlike concepts, these rules are inapplicable to the procedures encoded by DMs, as examples (3) and (4) indi-

396   VI. 談話標識

cate.

(3) Oscar has already eaten. But nevertheless I'll leave him some milk.
                                              (Blakemore (2004: 231))
(4) A: That's how I feel about it!
     B: But then, you're prejudiced, moreover/too.
                                              (Rouchota (1998: 116))

In (3), it is not clear that the procedures encoded by *but* and *nevertheless*
combine to form larger, more complex procedures (Blakemore (2004:
231)). Procedures become complex not because the procedure encoded by
one DM is combined with another one to form larger procedures, but be-
cause more than one DM in a single utterance points in the same direction
to arrive at the intended interpretation of the utterance (Rouchota (1998:
116–117)). As example (4) exhibits, the procedures encoded by two DMs
in a separate position operate individually in a single utterance. This ac-
count seems applicable in the combination of DMs and other procedural ex-
pressions such as fillers.

Considering the semantics of DMs (PDMs and SDMs) and fillers, the fol-
lowing sequence patterns are theoretically possible.

(5) Pattern 1: PDM + SDM
     Pattern 2: PDM +   + Filler
     Pattern 3:   SDM + Filler
     Pattern 4:   Filler + Filler

My hypothesis regarding the sequence pattern is that, after PDMs point in
the direction of utterance interpretation (or directly provide positive cogni-
tive effects), SDMs and fillers function as modulating it in their distinctive
manners. SDMs contribute to the relevance of utterance interpretation by
restricting more specifically the inferential process by selecting the context
in which the utterance including them is interpreted or constructing a higher-
level explicature. Unlike SDMs, fillers slightly modify the interpretation on
the progress of conversation according to the interaction between speaker
and addressee or the attention of the addressee. This semantic account may
theoretically ensure the ordering of PDM, SDM and filler.

Multiple Occurrences of Discourse Markers and Fillers: A Relevance-theoretic View 397

Table 1 indicates the token frequency of the combinations among PDMs, SDMs and fillers using the spoken data from Wordbanks Online.

Table 1: Estimated Frequency of DM/Filler Combinations

PDM+SDM/Filler*	Freq.	SDM+Filler*	Freq.	Filler+Filler	Freq.
but nevertheless	101	nevertheless you know	4	you know you see	8
but in fact	185	nevertheless you see	3	you know I mean	624
but therefore	2	in fact you know	25	you know like	609
but on the other hand	157	in fact you see	3	you see you know	19
but you know	1143	in fact I mean	19	you see I mean	47
but you see	285	therefore you know	15	you see like	20
but I mean	1816	therefore you see	2	I mean you know	601
but like	479	therefore I mean	4	I mean you see	32
so in fact	80	on the other hand you know	14	I mean like	380
so therefore	160	on the other hand you see	3	like you know	758
so you know	774	on the other hand I mean	5	like you see	24
so you see	80			like I mean	23
so I mean	780				
so like	90				

* The frequency of other PDM and SDM/filler combinations and other SDM and filler combinations is less than one.

One of the remarkable characteristics is that higher co-occurrence is observed in the combination between *but/so* and *you know/I mean*, and the combination of fillers such as *I mean*, *you know* and *like*. In contrast, *you see* has an extremely lower affinity with DMs and other fillers. On the other hand, the SDM/filler combination has a lower occurrence, compared with the other combinations. This is presumably because SDMs inherently restrict the utterance interpretation more specifically by selecting the context or adding conceptually encoded information to the host utterance, and therefore they do not need further modulation.

As Oates' (2000) hierarchical account suggests, and the semantic accounts indicate, the reverse order can hardly be assumed: SDM/PDM combination (e.g. *nevertheless but* (0), *in fact but* (0), *on the other hand but* (0), *therefore so* (2)), filler/SDM combination (e.g. *I mean therefore* (0), *I mean in fact* (9), *you see in fact* (3), *you know in fact* (9), *I mean in fact* (12), *you know therefore* (2), *you see therefore* (0), *you know nevertheless*

(0), *you see nevertheless* (0), *I mean nevertheless* (0)). Co-occurrence is not observed between PDMs (Fraser (2015: 53)), whereas two fillers are more often likely to co-occur and their order can be changed without a significant effect on the interpretation of the utterance including them.

Considering the high frequency of DM/filler combinations listed above, complex procedures seem to point in two directions: one is to specify the intended interpretation; the other is to modify the procedure towards the intended interpretation on the move.

3.1. Specification of Procedures

Let us first examine how SDMs specify the cognitive effect imposed by PDMs. Consider examples (6)-(8).

(6) She was—on the one hand, she's a woman who thinks completely like a man, who's physically been brought up like a man, mentally been brought up like a man, reacts to everything like a man, but nevertheless she is a woman. (NPR_0031)

(7) Well, the strange thing about China is that if you look at the published statistics from the government, it appears, on the surface, to be one of the most impoverished nations in the world. But, in fact, there's a substantial amount of private wealth in China particularly in southern China. (NPR_0077)

(8) They do things the same way and that comes out of our modelling that we do at two years of age when we choose a parent to become like. So therefore each generation repeats the past generation unless they want to make a change ... (UKSPOKEN_0727)

PDM *but* constrains the cognitive effect of the contradiction and elimination of an assumption in the previous utterance (Blakemore (2002: 95)). In (6), SDM *nevertheless* encodes restrictions on the contexts in which the contradiction and elimination is achieved and the host utterance is understood as an answer to a question that has been raised by the preceding discourse (Blakemore (2002: 126-128)). In (7), SDM *in fact* constrains the context selection in which the host utterance is pertinent as a sort of repair of the previous discourse (Đurić (2015: 141)). As a result of *in fact* introducing the counter-expectation against the normative view or social expectation, the intended exclusiveness is strengthened in the direction of adversative interpretation of the utterance (Traugott and Dasher (2002: 157-160)). In (8), PDM *so* imposes a procedural constraint on the derivation of an implicated conclusion from the previous discourse (Blakemore (1992: 138-139)), whereas SDM *therefore* is conceptual and encodes a higher-level explicature (i.e. "P therefore Q" means "it is consequence of P that Q") (Blakemore (1992: 153)). In this respect, the derived conclusion is a combination of inferential conclusion and conceptual conclusion (Higashimori (1996: 230)).

Example (9) exemplifies the co-occurrence of DM *so* and filler *you see*, both of which introduce a conclusion.

(9) In a very small group of employees—10 employees—two of my people have been with the company 26 years. So you see, this isn't just a job. It's sort of a family. (NPR_0028)

From the close relation with the small number of employees, *so* derives a conclusion that the company and the employees are not tied together by an employment relationship but by a family relationship. In addition, *you see* is a procedural expression that indicates the route of inference. Schourup and Waida (1988: 192) suggest that *you see* convinces the addressee to share the relation between reason and conclusion from the context. However, *you see* commonly instructs the addressee to retrospectively access the implicated premise from the newly presented conclusion, rather than identifying some clear causal relation. In example (9), the addressee is instructed to access some evidence that derives a conclusion that the company and the employees are bound by a family relationship. This retroactive effect convinces the addressee of the validity of the conclusion. As Table 1 indicates, *you see* has a low affinity with other DMs and fillers presumably because the confirmation of the conclusion is sometimes likely to threaten the addressee's face. However, it is effectively and preferably combined with other procedural expressions, as long as the confirmation of the conclusion has a positive effect on the interpretation.

3.2. Modification of Procedures

Another direction of co-occurrence is to slightly modify the inferential route. One example is the co-occurrence of DM and filler. In conversation, the newly-introduced utterance that contradicts and eliminates the previous utterance or presents a conclusion is more often likely to sound intense. As Table 1 indicates, *you know* and *I mean* have a high affinity with DMs and other fillers when they co-occur in a single utterance. These two fillers help mitigate the intensity of such positive cognitive effects imposed by *but* or *so*. Consider examples (10)-(11) in which *you know* adjusts direct cognitive effects.

(10) I feel sorry for the innocent people in the building, but I want to hurt that person whoever gives the order to the Israeli to kill the Palestinian. But, you know, innocent people pay the price. Even in Afghanistan, innocent people have to pay. (SC2_040303)

(11) I mean, Tony Blair has been steadfast in believing in the mission and keeping troops there, despite incredible political pressure. So, you know, I don't think he's totally answering to the pressure. I think it's a response to the reality. (SU4_091202 2007)

In (10), where the speaker is talking about the September 11 attacks, *but* contradicts and eliminates the implicated assumption communicated by the previous utterance (i.e. the person who gives the order to the Israeli to kill the Palestinian deserves to be killed), and then conveys a belief that sounds intense. In this case, *you know* mitigates the intensity of the host utterance by making it an implicated premise and inviting the route of inference towards some implicated conclusion (e.g. we are facing the unavoidable fact caused by the severe condition between Israel and Palestine). In (11), *so* attempts to communicate Tony Blair's indomitable military attitude against the political pressure as a conclusion derived from the previous utterance. In its combination, *you know* instructs the addressee to reach the further conclusion (e.g. his attitude is a response to the reality). This is a strategic device of softening the speaker's assertive attitude because it invites the addressee to an inferential route leaving room open for retreat (Fox Tree and Schrock (2002: 741)).

In examples (12)-(13), *I mean* following *but* and *so* also serves as a mitigator.

(12)   Committee chair: Not a legal issue, a parliamentary issues.
       Former public works minister: Well, it's a parliamentary issue but I
       mean, you're asking me to incriminate myself and therefore I won't
       do that.   (SC1_040320)

(13)   It's just obviously an advertising campaign to get people this incred-
       ible of sustenance and so I mean the Americans are really most
       guilty of all of drinking coffee and abusing.   (UKSPOKEN_0030)

In (12), the speaker is deriving a malicious intention from the committee
chair's expression "a parliamentary issue". In (13), on the other hand, the
speaker is claiming the harm of too much coffee intake, but the host utter-
ance sound severe as the conclusion derived from the advertising campaign
promoting coffee intake. The sequence *but I mean* and *so I mean* mitigate
the speaker's claim because *I mean* slightly mitigate the speaker's utterance
attitude in that the following utterance is representing the speaker's thought
rather than stating it as a fact.

You know, I mean and *like* form a compatible combination with each other,
as examples (14)-(16) indicate.

(14)   Do you … Just one last question do you think your parents had dif-
       ferent expectations of your brothers to you or do you think they
       hoped the same for all of you? I mean like they didn't expect you
       to be doctors or lawyers or Mm. or anything like that.
                                                          (UKSPOKEN_0333)

(15)   A: I mean that's I've always had an open relationship with my
            kids.
       B: Mhm.
       A: You know like I can talk to them about anything. I mean any-
            thing at all.   (UKSPOKEN_0560)

(16)   You know, I look at my own kids, age 7 and 11, and they eat every-
       thing. Did they eat it all the first time? Well, of course not. You
       know, I mean, it takes about 30 times for a child to really, after tast-

ing it, to think, "Wow, maybe that's OK."   (SU4_091202 2007)

In (14), *I mean* restates the thought represented by the previous utterance
on the assumption that it may not have been communicated to the addressee.
Like, on the other hand, has been expanded from a meta-linguistic concept
indicating the similarity between two items. As this linguistic expression
encodes a procedure, the similarity has been made in a meta-communicative
concept between language and thought. From a relevance-theoretic point of
view, *like* is a loose-talk marker that indicates a disparity between the fol-
lowing proposition and the thought or belief it represents (Andersen (1998:
153)). This linguistic expression matches the dialogical context in which
the speaker is likely to express under-organized thoughts or beliefs. In this
combination, *like* is pragmatically significant in use because it indicates that
the restated utterance is a representation true to the speaker's thought. In
(15), the speaker is attempting to explain his relationship with his children
to the addressee who hardly understands it. In (16), in contrast, the speaker
is convincing the addressee that it takes time for children to overcome their
eating difficulties. In those contexts, *you know* marks the following utter-
ance as some particular premise that is likely to serve such purposes, but
those premises are presented mildly as a loose representation of thought in
(15) and as a restatement of thought in (16).

4. Conclusion

   This paper has investigated the complex procedural constraints imposed
by the combination of DMs and fillers. PDMs determine the direction of ut-
terance interpretation by the cognitive effect of strengthening, contradiction
and elimination, and the derivation of an implicated conclusion. SDMs and
fillers following PDMs perform a fine adjustment of utterance interpretation.
In addition, the PDM/filler combination and the filler/filler combination are
associated with the highest priorities in communication, such as an invitation
to make inferences, mitigation of utterance attitudes, or the faithfulness to
thoughts. In this paper, I have proposed two patterns of complex proce-
dures: one is that two procedural constraints specify the intended interpreta-

tion, and the other is that two procedural constraints modify and complement the interpretive process of the utterance in which two DMs or fillers co-occur.

When three DMs and fillers are combined, the typical sequences are very likely PDM/SDM/filler (e.g. *so therefore I mean*), PDM/filler/filler (e.g. *but I mean you know*) or filler/filler/filler (e.g. *you know like I mean*). The phenomena of the DM/filler combination reflect the communicative principle of relevance. Therefore, the types of sequence and the number of DMs and fillers combined meet a presumption of optimal relevance that can be achieved according to the context. If cognitive effects do not offset processing efforts, it is assumed that DMs and fillers are not unnecessarily combined in a single utterance.

References

Andersen, Gisle (1998) "The Pragmatic Marker *like* from a Relevance-theoretic Perspective," *Discourse Markers: Descriptions and Theory*, ed. by Andreas H. Jucker and Yael Ziv, 147–169, John Benjamins, Amsterdam.

Blakemore, Diane (1992) *Understanding Utterance: An Introduction to Pragmatics*, Blackwell, Oxford.

Blakemore, Diane (2000) "Indicators and Procedures: *nevertheless* and *but*," *Journal of Linguistics* 36, 463–486.

Blakemore, Diane (2002) *Relevance and Linguistic Meaning: The Semantics and Pragmatics of Discourse Markers*, Cambridge University Press, Cambridge.

Blakemore, Diane (2004) "Discourse Markers," *The Handbook of Pragmatics*, ed. by Laurence R. Horn and Gregory Ward, 221–240, Blackwell, Oxford.

Đurić, Miloš D. (2015) "Some Aspects of Discourse Markers in Academic Discourse," *Academic Discourse across Cultures*, ed. by Igor Lakić, Branka Živković and Milica Vuković, 129–149, Cambridge Scholars Publishing, Cambridge.

Fox Tree, Jean E. and Josef C. Schrock (2002) "Basic Meanings of *you know* and *I mean*," *Journal of Pragmatics* 34, 727–747.

Fraser, Bruce (2015) "The Combination of Discourse Markers—A Beginning," *Journal of Pragmatics* 86, 48–53.

Higashimori, Isao (1996) "A Combinatory Dictionary of English Discourse Connectives, Based on Relevance Theory," Euralex '96 Proceedings I-II, 223–235.

Ifantidou-Trouki, E. (1993) "Sentential Adverbs and Relevance," *Lingua* 90, 60–90.

Koops, Christian and Arne Lohmann (2013) "Discourse Marker Sequencing and Grammaticalization," *Berkley Linguistic Society* 39, 108–122.

Lohmann, Arne and Christian Koops (2016) "Aspects of Discourse Marker Sequencing: Empirical Challenges and Theoretical Implications," *Outside the Clauses: Form and Function of Extra-clausal Constituents*, ed. by Gunther Kaltenböck, Evelien Keizer and Arne Lohmann, 417–446, John Benjamins, Amsterdam.

Oates, Sarah Louise (2000) "Multiple Discourse Maker Occurrence: Creating Hierarchies for Natural Language Generation," *Proceedings of the 3rd CLUK Colloquium*, 41–45.

Otsu, Takahiro (2017) "*Taiwa ni okeru Danwa Hyoshiki* (Discourse Markers in Dialog]," *Taiwa Hyogen wa naze Hituyo nanoka* [Why are Dialogic Expressions Necessary?), ed. by Isao Higashimori, 64–93, Asakura Shoten, Tokyo.

Rouchota, Villy (1998) "Procedural Meaning and Parenthetical Discourse Markers," *Discourse Markers: Descriptions and Theory*, ed. by Andreas H. Jucker and Yael Ziv, 97–126, John Benjamins, Amsterdam.

Schourup, Lawrence and Toshiko Waida (1988) *English Connectives*, Kurosio, Tokyo.

Sperber, Dan and Deirdre Wilson (1986/1995) *Relevance: Communication and Cognition*, Blackwell, Oxford.

Traugott, Elizabeth C. and Richard B. Dasher (2002) *Regularity in Semantic Change*, Cambridge University Press, Cambridge.

Wilson, Deirdre (2011) "The Conceptual-Procedural Distinction: Past, Present and Future," *Procedural Meaning: Problems and Perspectives*, ed. by Victoria Escandell-Vida, Manuel Leonetti and Aoife Ahern, 3–31, Emerald, Bingley.

Data References

Wordbanks <http://scnweb.jkn21.com>

VII.

日本語における主観性

日本語の内的状態述語の考察
―Ｉモード認知と主客の相補性―[*]

今泉　智子

北海道大学

1. はじめに

　本稿では，日本語の内的状態述語にまつわる言語現象について，中村（2004, 2009, 2016）の「Ｉモード／Ｄモード認知」及び「認知の無限定性」による分析を踏まえ，認知文法（主に Langacker（2008, 2009））の枠組みを利用してより詳細な説明を試みる．その中で，Ｉモード認知の非有界性と主客の相補性が，認知の本質に迫る記述を与えてくれることを主張する．

2. 現実の認知とＩモード／Ｄモード認知

2.1. 現実と仮想

　私たちは普段，目で見たものがそこに存在すると信じ，疑うことはせずに生活している．しかしながら，私たちが見ていると思っているものは，実際は脳の中で構築されたイメージでしかない．それではなぜ私たちは脳内の「仮想」を，客観的「現実」だと信じるのだろうか．脳内のイメージと外界を結びつけているのは，様々な身体的インタラクションである．私たちは，視覚，聴覚，味覚，触覚，嗅覚といった様々な感覚モダリティを通して外界を経験し，それらの感覚入力が一致することで，「現実」を捉えている（茂木（2004: 101-103））．

---

　[*] 本稿に温かいコメントをくださった中村芳久先生に感謝申し上げます．本稿の引用文献のいくつかは，金沢大学学部生時代に中村先生のレポート課題として読んだもので，筆者の認知言語学への興味の礎になっています．金沢大学で中村先生の講義に出席する機会に恵まれたことを心より幸運に思い，感謝しております．また，細部に至るご指摘をくださった佐藤俊一先生にも感謝申し上げます．本稿中の不備は全て筆者の責任です．

2.2. Iモード／Dモード認知

　客観的だと思っているものが，実は主体と外界とのインタラクションに根差したものであるということを，二つの認知モードによって提示したのが，中村 (2004, 2009) のIモード／Dモード認知である（図1）．Iモードは，認知主体と対象との主客未分な身体的インタラクションを基盤とした認知モードで，Dモードは，認知主体が本来存在するインタラクションから独立し，外から対象を眺める脱主体化された認知モードである（中村 (2004, 2009)）．

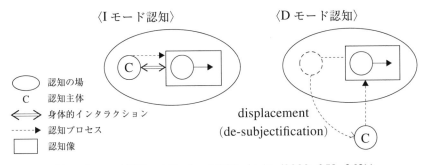

図1　Iモード認知／Dモード認知（中村 (2009: 359, 363)）

　中村 (2004, 2009) は，Iモード認知では，認知主体Cの円と対象としての円，認知の場としての外円が一体化していて，「認知主体としての私たち自身の境界があいまいであること，さらに私たちと対象とのインタラクションが，私たち（円C）の外部で生じているのか，私たちの内部で（楕円の内部で，脳内で）生じているのかがあいまいであるという認知の実情を捉えることができる（中村 (2009: 360)）」とし，日本語の「寒い！」のような表現に反映されているとしている．

　2.1で述べたように，私たちの外界の経験は外界とのインタラクションとして直接実現する．しかし，それを自己の経験として捉え，直接経験していない他者と共有するには，インタラクションを抜きにした認知モードが必要になる．したがって言語は，Dモード認知と不可分のシステムであるといえる．中村 (2004: 38) もDモードは人間を特徴づける認知モードであると述べている．

3. 日本語の内的状態述語の考察

3.1. 内的状態述語の人称制限

　内的状態述語とは，感情，感覚など主体の心や体の内部の状態を表す表現で

ある．日本語においてこれらの表現は一人称主語に限られ，二，三人称主語は許されない（(1a, b)）．これがいわゆる内的状態述語の人称制限である．また，一人称主語の場合も特別な文脈を設定しない限り主語をガ格で表示できず，主題としても現れにくい（(1a, c)）．

(1) a. （私は）寒い．
    b. *{太郎は／あなたは} 寒い．
    c. *私が寒い．

この現象に関しては中村（2004, 2009, 2016）のＩモード認知からの分析以外にも多くの先行研究があるが，感情，感覚といった直接知り得ない他者の経験に言及することが許されないとする見解（益岡（1997），池上（2004）等）が主流である．一方，ミラーニューロンの発見と「心の理論」関連の研究の進展をはじめ，他者の意図や心の理解が人間特有の認知能力であり，人間のコミュニケーションの基盤であるということが，言語研究だけではなく認知科学の分野においても近年盛んに論じられている（例えば乾（2012）など）．本稿では，他者の経験は（脳内で仮想として）シミュレーションできるということを前提とし，言語がその仮想をどのようにコード化するかという観点から内的状態述語の人称制限を考察していく．

3.2. 内的状態述語とＩモード

内的状態述語によって表されるのは人の知覚そのものであり，「経験すること（experience）であると同時にそれを捉えること（apprehension）（Langacker（2009: 204））」である．また「（自分の）経験を（自分が）捉える」ことであるため，観る側と観られる側も不可分となる．図1のＩモード認知ではこれが巧みに表されている．インタラクションそのものが認知プロセスであり，主体と客体，認知の場が非有界的に一体化している．

本稿では，このＩモード認知の「非有界性」が特に重要であると考える．そこで非有界性と主客の一体性を強調した下図を用いることにする．図2 (a) において，点線で表示されている3つの円（2つの小円と外円）が非有界的に捉えられることで融合し，結果として (a') のように捉えられる．また，インタラクションと認知プロセスも不可分であり，両者が一体となって「寒い（太矢印）」という知覚であるので，(a') ではそれらも融合されている．ただし，示されていないからといって存在しないのではなく，あくまで同時に不可分に存在している．3つの円の隔合体としての点線の円も，実際は非有界的に捉えら

れるため，結果的に「寒い」という感覚のみが立ち現れるように捉えられる．

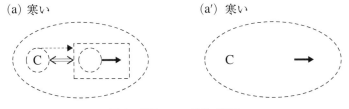

図2 「寒い」の認知構図

主体と客体という，相反する存在が同時に成立するということは，一見矛盾しているように思われるかもしれない．しかし，それは矛盾ではなく，「相補的」な存在である．中村氏は認知モードを論じる上で度々量子力学の自然観を引き合いに出しているが，「相補性」は量子力学の基底を成す理論で，物体が微視レベルで波動と粒子の二重性から成り立つように，相反する概念が互いに補い合って全体として一つの概念を形成するという考え方である．

3.3. 人称制限の例外に対する統一的説明

中村（2004, 2009, 2016）の主張の通り，日本語の内的状態述語にはIモードの認知の導入が有効であることを見たが，この内的状態述語の人称制限には例外が存在する．一つ目は Nonreportive style，二つ目は二人称疑問文，三つ目は「の」「こと」などによる名詞化構文である．以降では，これらの環境における日本語のふるまいも，Iモード認知に基づいて統一的に説明できることを示していく．

3.3.1. Nonreportive style

Nonreportive style とは，特定の聞き手に伝えるという話し手の意図が存在しない，物語の語りのようなモノローグにおけるスタイルである（Kuroda (1973: 381))．Nonreportive style では，(2b) のように三人称主語でも内的状態述語を無標で使用することができる．

(2) a. *メアリーは{さびしい／暑かった}よ． 【Reportive】
    b. 山寺の鐘を聞いて，メアリーは悲しかった． 【Nonreportive】
                                        (Kuroda (1973: 384))

この現象を中村（2016）は「認知の無限定性」として説明している．日本語

の Nonreportive style では，語り手は現在と過去，自分の経験と他者の経験の間を自由に行き来することができるため (2b) が可能となる．一方，(2a) は「よ」によって発話時に限定されるため，主語は一人称に限定される（中村 (2016: 46)）．

reportive/nonreportive の区別にあたり，「言語が総体としてもつ機能はコミュニケーションである (Tomasello (1998: xiv))」という立場から見ると，前者のほうが言語本来のあり方であるといえる．認知文法でも，対話者が特定の場所に立って周りの世界を観察し，それを報告する構図がデフォルトとされている ("In the **default viewing arrangement**, the interlocutors are together in a fixed location from which they observe and report on actual occurrences in the world around them" (Langacker (2009: 192)))．そして，実際の発話事態において，話し手と聞き手，および発話の時と場所を含む即時的・直接的な環境がグラウンドである (Langacker (2008: 259))．Nonreportive style では，聞き手も時も場も特定されないため，中村 (2016: 45) が言うように，「グラウンド化されようがない」．また，「自己」とは「他者」を意識して初めて意識されるものであると考えると，聞き手を想定しない Nonreportive style ではそもそも自己という認識も存在しないといえる．

3.3.2. 二人称疑問文

二人称も三人称と同様に他者であるので，(3a) は許されないが，(3b) のように疑問文では無標でも非文とならない．これは，質問という行為が，後続する相手の発話を想定するものであるからだと考えられる．

(3) a. *(あなたは) 寒い．
    b. 寒い？
    c. *(太郎は) 寒い？

Langacker (2008) は，基本的な発話行為シナリオとして「陳述シナリオ」「命令シナリオ」「質問シナリオ」を挙げている．そのうち質問シナリオ（図 3)[1] では，現行の言語使用イベントにおける聞き手が，後続の言語使用イベントにおいて話し手になり，観られる側の C と一致する（参与者同士を結ぶ点線は両者の一致を示す）．

---

[1] 図中の S は話し手，H は聞き手，G はグラウンド，C は概念化者，e は C による認識的態度を表す．

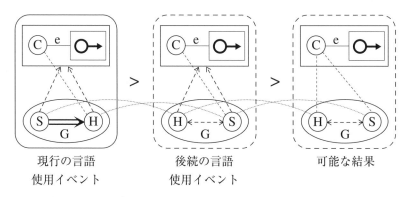

図3 質問シナリオ（Langacker (2008: 474)，邦訳：山梨編 (2011: 631)）

つまり，疑問文は後続文脈で聞き手自身に自己の直接経験を語らせる働きかけであるため，最終的に現実への位置づけを行うのは直接経験者の聞き手になる．したがって (3b) が許される．三人称疑問文 (3c) の場合，後続文脈で回答するのは太郎ではなくあくまで聞き手であり，聞き手は直接経験者（＝太郎）ではないため，無標で表すことができない．

また，欲求を表す「〜たい」も，同様の人称制限を持つとされているが，「食べたいですか？」のように二人称疑問文での使用は丁寧さを欠く表現とされる．3.1で言及した益岡 (1997)，池上 (2004) などの考え方では，「他者の私的領域を侵害することは適切ではない」という語用論的制約として説明されるが，日本語の感情への言及について，Wierzbicka (2003) が興味深い指摘をしている．それは，日本文化は「思いやり」という概念があるように，共感を重視する文化であるから，他者の感情に関心を示すことをよしとしないのではなく，自己の感情を表明することをよしとしない，という分析である (Wierzbicka (2003: 87-88))．この考え方に沿うと，二人称疑問文の「〜たい」が語用論的に不適切となるのは，他者の私的領域の侵害ではなく，後続の言語使用イベントで相手に自己の欲求を表明させるということが，日本語の文化的規範に反すると説明できる．

ところで，図3は，グラウンドと認知の対象である事態が対峙するDモード認知であり，実は日本語の「寒い？」には適合しない．日本語の「寒い」は，観る側と観られる側が融合したIモード認知（図2）で，図3に当てはまる日本語の表現は直感的に「寒いの？」である．「寒いの」は人称に関わらず使用することができる．一人称で使用された場合，nonreportive な感覚の吐露としての「寒い．」に対し，「寒いの．」は聞き手の存在を感じさせる．それでは，この

ように「の」が付加されることで突然 reportive になるのはなぜだろうか.

3.3.3. 名詞化構文

以下の (4a, b) はどちらも Reportive style であるが，(4a) は三人称主語をとることができず，「の」を使用した (4b) は許される.

(4) a. *太郎は悲しいよ.
 b. 太郎は悲しいんだよ.

「悲しいよ」は話し手のその場における I モード認知の視点を，直接聞き手にもとらせようとする働きかけであると考えられる．したがって，図2にグラウンドを付け加えた図4のように示すことができる.

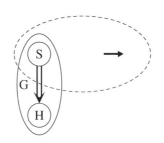

図4 「悲しいよ」の認知構図

一方，「の」「こと」などによる名詞化は，中村 (2004, 2009) にも指摘があるように，D モード化されている．外から事態全体を捉えると，事態の境界が認知される．つまり「の」「こと」によって，非有界的に捉えられていた事態に境界が与えられる．統語的に考えてみると，「太郎が悲しいこと」は修飾部「太郎が悲しい」+ 主要部「こと」という関係節構造であり，図5のように最終的なプロファイルは主要部の「こと」になるため，補部の非有界性は無効になる.[2] 図1のIモード認知における円は非有界的に捉えられ，主体であると同時に客体であり，認知の場でもあった．それらに境界が与えられることでそれぞれが分離し，独立した存在として有界的に現れる．したがって，補部節内ではガ格で主語を明示できると説明できる.

---

[2]「従属節は，一般的な記述として，そのプロファイルがより高次の文法構造レベルにおいては無効にされる（より高次の文法構造レベルまでには継承されない）節である（Langacker (2008: 415), 邦訳：山梨編 (2011: 547))」

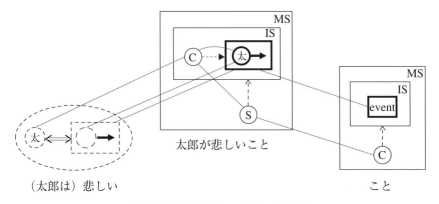

図5 「太郎が悲しいこと」の構造

よって聞き手に話し手としての視点をとらせようとする (4b) は，図6 (a) のように表せる．これは，図3に相当する構図になり，英語の "Taro is sad (, leave him alone.)" のような表現（図6 (b)）と平行的になる．

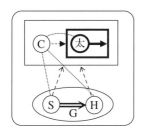 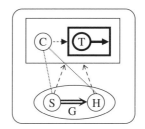

(a) 太郎は悲しいんだよ．　　(b) Taro is sad(, leave him alone).

図6

図6 (a), (b) は類似しているが，(a) ではCと太郎が一致している．[3] 英語の "sad" が語彙レベルで設定する図6 (b) のCは，常に外からの観察点である．一方日本語の「悲しい」は本来図2のIモード認知であり，図6 (a) のCはもともとIモード認知で主体と客体の相補的存在であったものが，主要部の有界性によって境界を与えられ，姿を現したものである．したがって，あくまでC＝太郎であり，太郎の視点でなければならない．そこで話し手は太郎

---

[3] 上原 (2015) は，内的状態述語は語彙としてこの一致を要求し，「のだ」はそれを解除する構文であるとしている．本稿では，ノダ構文によって，語彙に内在する視点が無効化されるのではなく，話し手が他者の視点に入り込むと考えるため，この一致をはずさずに分析する．

の視点に立ち，太郎の経験をシミュレーションする．ただし，そのまま直接経験として聞き手に伝えることはできず，最終的に主要部で話し手の立場から現実性の位置づけを行わなければならない．つまり，「*太郎は悲しい」が非文になるのは，他者の心的状態に言及できないのではなく，グラウンドから離れた視点のままでそれを他者に伝えることはできず，話し手としての視座に戻って捉え直さなければならない，ということである．これは 3.3.1 で見た視点の無限定性あっての法則であるといえる．中村（2016）及び池上（2004）等では視点の移動を Nonreportive style に限って論じているが，本稿では Reportive style においても機能している日本語一般のシステムであると考える．一方英語では，C は常に公共の視点なので，個人的な視点に移動する必要はない．

　英語は話し手と聞き手が常に固定された同じ位置から事態を眺めていることが前提となっているため，観る側性[4] を考慮した時点で間主観性も考慮される．これは，3.3.1 で言及した default viewing arrangement に相当する．一方日本語は視点がグラウンドを離れて移動するため，話し手としての位置（グラウンド）に戻ってはじめて間主観性が表示できる．[5] 事態を有界化して捉える「の」「こと」等の関係節の主要部が，話し手の位置，つまりグラウンドからの現実性の位置づけを表示する，と考えると，日本語のモダリティ表現に「そうだ」「ようだ」のような形式名詞を含む表現が多くあることも，グラウンディングとの関りとして考えられる（今泉（2016））．また，英語の "a"，"the" などのグラウンディング要素が名詞句の主要部である (Hewson (1991)) と考えると，構造上は日本語も英語のグラウンディングと同様の記述ができることになる．

4.　おわりに

　以上，日本語の内的状態述語の統語的ふるまいが I モード／D モード認知と視点の無限定性によって統一的に説明できることを示した．また，それらの考察を通して，英語と日本語の間主観性の在り方の相違点（と共通性）が見えてきた．それらはひとえに，主客の相補的存在を認める I モード認知の導入によってもたらされた分析である．相補性の提唱者ボーアも心理学における主

---

[4]　観る・観られ関係としての subjectivity をさす（中村（2016））．
[5]　中村（2004: 36）も，I モードは間主観的インタラクションまでは含まないと述べている．日本語の間主観性は，聞き手も話し手と同じように視点を移動させることができる，ということを前提に成り立つと考えられる（今泉（2016: 87-88））．

客の在り方に度々言及している．

(5)　私たちの心の働きを記述するためには，私たちは，一方では，客観的
　　　に与えられた内容が，それを観測している主観に対置されて置かれる
　　　ことを必要とするが，他方では，このような言い回しからすでに明ら
　　　かなように，後者の主観もまた私たちの心的内容に属するのであるか
　　　ら，主観と客観のあいだの厳格な区別を維持することはできないので
　　　ある．この事情からは，すべての概念，ないしすべての語の意味が相
　　　対的であること，すなわち観点の選択に左右されるということが結果
　　　するが，それだけでなく，一般に私たちは，一個同一の対象を説明す
　　　るために，単なる一通りの記述には収まらない多様な観点を必要とす
　　　るという事実を受け入れる用意がなければならない，ということにな
　　　る．　　　　　　　　　(Bohr (1934: 96)，邦訳：山本 (1999: 70))

　ボーアはまた，対象の観察は常にその測定装置の影響を受けることを指摘し
た．そもそも言語は，2.2 で述べたように D モード認知によって成り立つシ
ステムであるから，その観察は D モード認知という「ものさし」の影響を受
ける．確かに，言語の記述において主体と客体は，基本的に独立し対立する存
在として考えられてきた．しかしながら，日本語の内的状態述語のように，D
モードに基づく観察では説明できない現象が出てくる．中村氏によって I モー
ド／D モードという 2 つの認知モードが提案されたことで，「一通りの記述」
では捉えられなかった現象に，新たな観点がもたらされたと筆者は考える．特
に日本語のような言語にとっては，内的状態述語だけではなく，その他の様々
な文法現象に関しても，I モード認知の導入がより本質に迫る分析をもたらし
てくれると思われる．
　また，I モードと D モードという 2 つのモードも，相補的な存在であると
考えなければならないだろう．私たちには I モード認知があるからこそ，外
の現実を経験でき，D モード認知があるからこそ，それを捉えて他者に伝え
ることができる．私たちの認知は，I モードと D モードの相補性から成り立っ
ているといえるのではないだろうか．

参考文献

Bohr, Niels (1934) *Atomic Theory and the Description of Nature*, Cambridge University Press, Cambridge. ［邦訳：山本義隆（編訳）(1999)『ニールス・ボーア論文集

１因果性と相補性』岩波書店，東京．]

Hewson, John (1991) "Determiners as Heads," *Cognitive Linguistics* 2(4), 317-337.

池上嘉彦 (2004)「言語における〈主観性〉と〈主観性〉の言語的指標 (2)」『認知言語学論考 No. 4』，山梨正明 (編)，1-50，ひつじ書房，東京．

今泉智子 (2016)「脱主体化プロセスとしての日本語モダリティ再考」『認知言語学会論文集』第 16 巻，79-91．

乾敏郎 (2012)「円滑な間主観的インタラクションを可能にする神経機構」『こころの未来』第 9 号，14-17．

Kuroda S.-Y. (1973) "Where Epistemology, Style, and Grammar Meet: A Case Study from Japanese," *A Festschrift for Morris Halle*, ed. by Anderson Stephen R, and Kiparsky Paul, 377-391, Holt, Rinehart and Winston, New York.

Langacker, Ronald W. (2008) *Cognitive Grammar: A Basic Introduction*, Oxford University Press, New York.［邦訳：山梨正明 (監訳) (2011)『認知文法論序説』研究社，東京．]

Langacker, Ronald W. (2009) *Investigations in Cognitive Grammar*, Walter de Gruyter, Berlin.

益岡隆志 (1997)「表現の主観性」『視点と言語行動』，田窪行則 (編)，1-11，くろしお出版，東京．

茂木健一郎 (2004)『脳と仮想』新潮社，東京．

中村芳久 (2004)「主観性の言語学：主観性と文法構造・構文」『認知文法論 II』中村芳久 (編)，3-51，大修館書店，東京．

中村芳久 (2009)「認知モードの射程」『「内」と「外」の言語学』，坪本篤郎・早瀬尚子・和田尚明 (編)，353-393，開拓社，東京．

中村芳久 (2016)「Langacker の視点構図と(間)主観性──認知文法の記述力とその拡張──」『ラネカーの(間)主観性とその展開』，中村芳久・上原聡 (編)，1-51，開拓社，東京．

Tomasello, Michael (1998) "A Cognitive-functional Perspective on Language Structure," *The New Psychology of Language: Cognitive and Functional Approaches to Language Structure*, ed. by Tomasello Michael, vii-xxiii, Laurence Erlbaum Associates, Mahwah, NJ.

上原聡 (2015)「日本語の「人称制限」は「人称」制限ではない──内的状態述語における話者・概念化者・体験者の区別──」『日本認知言語学会論文集』第 15 巻，112-124．

Wierzbicka, Anna (2003) *Cross-Cultural Pragmatics: The Semantics of Human Interaction,* Walter de Gruyter, Berlin/New York.

証拠性「らしい」の文法化を動機づける脱主体化のプロセス

髙島　彬

金沢大学大学院

1.　はじめに

　現代日本語の「らしい」には接尾辞と助動詞の用法があるとされる．接尾辞「らしい」は，(1a) に示すように，主に「一般に世間が，その人，もの，ことについて，典型としてもっているイメージに合致する.」という「典型」の意味を表す（寺村 (1984: 243)）．助動詞「らしい」には 2 つの用法があり，(1b)「観察されたことを証拠として，未知の事柄を推定する」という「推量 (inference)」と (1c)「他者から得た情報を証拠として，未知の情報を推定する」という「伝聞 (reported)」がある（日本語記述文法研究会 (2003: 168–169)）．(1b–c) の証拠性を表す「らしい」は (1a) の接尾辞用法からの発達であることが指摘されている（村上 (1981)，鈴木 (1988)，岩崎 (2011)）．

(1) a.　彼は，とても男らしい．
　　b.　田中の部屋の電灯が消えている．どうやら寝ているらしい．
　　c.　知人の話では，あの店は経営者が変わったらしい．

　従来，「文法化」は一定の方向へと進み逆行することはないという「一方向性 (Unidirectionality)」であるとされ，そのプロセスは「内容項目 (content item) ＞文法的な語 (grammatical word) ＞接語 (clitic) ＞屈折接辞 (inflectional affix)」(Hopper and Traugott (2003: 10)) というように形態的にも意味的にも，徐々に他の自立語に依存的になっていく「縮小モデル (Reduction model)」として知られている．しかし，近年，「接続詞」(e.g. *This plank is as long as that one > Hold it in place as long as it is needed*) や「談話標識」のように，語に接続していたものが節に付くようになるといった統語的・意味的スコープが拡張する方向の言語変化が報告されており，このような「拡張モデル (Expansion Model)」の言語変化も文法化の現象として扱われるように

なってきている (Traugott (2010)).

本稿では，日本語の証拠性「らしい」を「拡張モデル」に基づく文法化の一例であると考え，形容詞 [X らしい] が命題に付く証拠性 [[命題] らしい] へと文法化するプロセスを認知言語学の観点から考察する．そして，この文法化の動機づけとして，「脱主体化」の認知プロセスが関わっていることを示す．

2. 脱主体化と概念化の階層性

認知文法では，言語には人間の一般的認知能力が反映されていると考える．このような認知文法の観点から言語変化を捉えるということは，何かしらの捉え方・概念化の在り様の変化を考察することといえる．本稿では，証拠性「らしい」の発生には，「概念内容 (Conceptual content)」と「捉え方 (Construal)」が分離する「脱主体化 (Displacement)」の必要であることを主張する．

2.1. 認知モードと脱主体化 (displacement)

中村 (2012) は，人間の認識には「〈イマ・ココ〉で対象と直接触れ合い，相互作用しながら体感するような認知様式」である I モード (Interactional mode of cognition) と「対象と対峙しいわば客観的に分析的に対象を認識するような認知様式」である D モード (Displaced mode of cognition) の 2 つ認知様式があることを主張する (中村 (2012: 27)).

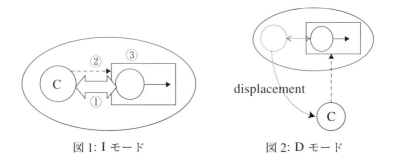

図 1: I モード　　図 2: D モード

従来の認知文法の基礎を成す Langacker の主客対峙の視点構図は，身体を伴った我々人間が世界とインタラクトすることによって形成される認知像をあたかも外界の客観的存在であるかのように眺めることで生じる「脱主体化」のプロセスが関与するというのが中村 (2012) の主たる主張である．

脱主体化のプロセスは言語の階層性や再帰性に深く関与しており，以下に示

す言語進化の3つの側面に脱主体化のプロセスが関与しているという.

(2) a. 言語の記号性の進化
  b. 単純結合（単文構造）の進化
  c. 複雑結合（複文構造）の進化

(中村 (2012: 28))

（2a）の記号性の進化には，意味と音声の単純な連想関係ではなく，話し手と聞き手が互いの心や意図を理解するという認知の側面が必要であり，そのような対人関係を通して，総体としての事態が記号の指示対象として切り出される．(2b) は認知文法の理論的基盤の1つである自律要素と依存要素の結合（A/D alignment）の発生である．DモードはIモードの認識の全体や部分を反省し，分析的に眺めるという認知様式であるが，（2a）によって切り出された総体的概念（e.g. 鳥飛ぶ）から自律概念（名詞「鳥」）と依存概念（動詞「飛ぶ」）を切り出す働きもする．最後の (2c) は補文標識や関係詞，日本語の「こと」に反映されるような階層性・再帰性の発生に関わる．認知的モノ化能力により，事態を自律概念にすることで命題の中に命題を含む階層的な複文構造（e.g.［鳥飛ぶ］ことを想う）が生じる．この3つの側面は一語文レベルの発話から分析性が高まり，構文を形成し，より複雑な記号構造を習得するようになる Tomasello (2003) の言語習得のモデルと平行的であることからも支持が得られる.

2.2. グラウンディング

認知文法では，文法化は主体化（Subjectification）として捉えられる傾向にある．Langacker の主体化とは，言語表現の意味に概念化者（デフォルトは話し手）の解釈が顕在化するようになるプロセスである．そのため，認知文法における文法化とはある記号の意味として主体の解釈が現れるようになる意味変化であるといえる．この主体化の結果として，英語の時制やモダリティは「即時性（immediacy）」と「現実概念（reality）」の観点から叙述内容と発話時（グラウンド）との関連を示すグラウンディング要素として機能する．英語の時制や法助動詞は高度に文法化が進んでいるため，文法体系として定着している「節内のグラウンディング要素（clause-internal Grounding）」であるといえる．これまでは，時制とモダリティが節のグラウンディング要素として捉えられてきたが，Langacker (2009) では文法化の度合いは低いが，法副詞（e.g. *Perhaps they will finish the project.*）や補文関係における主節（e.g. ***Joe believes*** *they will finish the project on time.*) もまたグラウンディングの機能を担うと述べている．これらの要素は，節に外接し，より高次レベルで機能するので，「節外のグラウンディング要素 (clause-external grounding)」に位置づけられる．

節内と節外のグラウンディング要素は以下のように示される．両者とも概念化者が客体の認識的位置づけ（epistemic status）を評価するという点で共通の構造を持つが，節内のグラウンディング要素は述語が表すプロセスをグラウンド化するのに対して，節外のグラウンディング要素は［プロセス＋節内のグラウンディング要素が喚起する概念化者（G'）の認識的態度］によって構成される命題（proposition: P）をグラウンド化する．つまり，節外のグラウンディング要素はプロセスを概念化する概念化者をさらに概念化するというより高次レベルで働くのである．

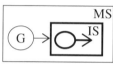

図3：Clause-internal Grounding　　図4：Clause-external Grounding

2.3. 証拠性と脱主体化

本稿では，証拠性もまたグラウンディング要素であると考える．証拠性を文法として初めて定式化した Jacobson (1957) は証拠性を次のように定式化している．

(3) E^nE^{ns}/E^s) EVIDENTIAL is a tentative label for this verbal category which takes into account three events—a narrated event, a speech event, and a narrated speech event (E^{ns}).　(Jacobsen (1957: 392))

Jacobson (1957) は「発話イベント（a speech event: E^s）」と発話イベントにおいて「語られるイベント（a narrated event: E^n）」，そして「情報を取得するイベント（a narrated speech event: E^{ns}）」という3つのイベントの関係として証拠性を捉えている．そして，E^{ns} と E^s との関係により，直接証拠性 [E^{ns} = E^s] と間接証拠性 [E^{ns} ≠ E^s] があるとしたのであるが，「情報を取得するイベント（E^{ns}）」という項目は証拠性の記述のみに用いられる特殊な項目である．

Jacobson (1957) は文法を記述するのに直示性（Deixis）に注目したという

点で，認知文法のグラウンディングの概念に近いといえる．そうすると，証拠性もグラウンディングに関わることが予測されるが，情報源（source of information）という概念をどのように記述するのかが問題となる．証拠性は時制・モダリティのような主体と客体を結ぶような関係だけでは捉えきれないのは明らかであり，本稿では中村（2012, 2016）の脱主体化が必要であると考える．

後期ウィトゲンシュタインに「相貌（アスペクト）」という概念があるが，この相貌に関する議論は脱主体化のプロセスと関連する．相貌とは，「対象が〜に見える」という新たなアスペクト把握が現れてくる体験のことである．日常生活において我々は遭遇する対象を盲目的に単一の見方で捉えており，この指示対象と相貌が安定した段階を野矢（2012）にならい「単相状態」と呼ぶ．単相状態における指示対象の相貌が私と他者で異なる可能性が意識されると「不安定な複相状態」となる．アスペクト把握はこの「複相状態」を前提にしており，様々な相貌の可能性の中で，自己のアスペクト把握を報告する．したがって，アスペクト把握の発生には，他者の相貌の可能性が意識されることが必要なのである．そして，この複相状態は，コミュニケーションの中で，他者のアスペクト把握が「腑に落ちる」形で位置づけられることにより解消され，「「他者のアスペクト把握」を私は理解している」といった「安定した複相状態」となる．例えば，子供は「ままごと」の際には「石や木の枝」などを「ケーキやフォーク」に見立てる．この時，複相状態が発生するのだが，この状況が「ままごと」として成立するためには，相手が「石や木の枝」を「ケーキやフォーク」に見立てているということを理解する必要がある．つまり，相貌の発生により単相状態から不安定な複相状態となり，他者とのコミュニケーションの中で自己とは異なる相貌を他者が持っていることを理解することで，安定した複相状態になるのである．

「概念内容（conceptual content）」と「解釈（construal）」が一体化した主客未分化のIモードからその2つを引き剥がすことにより脱主体化が生じる（cf. 中村（2016））．これは単相状態から，異なる相貌を意識する複相状態にあることに気づくことと解釈できる．そして，コミュニケーションの中で複相状態は他者理解という形で安定するが，これは［ある人が対象をそのように解釈している］と私が理解する］するという階層性の創発に関わる．このような認知モードのシフトを証拠性の記述に採り入れ，以下のような図式化を提案する．証拠性には基本的に，感覚パラメタ，推論パラメタ，伝聞パラメタの3つのパラメタがあるとされる（Aikhenvald（2004））．ここでは，本稿の議論に合わせて推論パラメタと伝聞パラメタを示す．

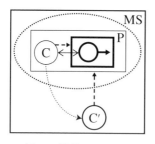 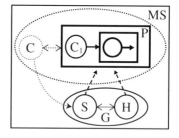

図 5：推論パラメタ　　　　図 6：伝聞パラメタ

この証拠性の意味構図の特徴は以下の 3 点である．

1. 点線の楕円は I モード認知によるインタラクションを表す．インタラクションによって創発する体験を概念化者Ⓒ（伝聞の場合，話し手Ⓢ）がメタ的に捉え直す構図を表している．
2. 脱主体化した概念化者は MS 内の要素に位置づけられる．これは証拠性がグラウンディング要素であることを意味するが，D モード認知の背景として情報の取得という I モード認知の存在が示されている点で，Langacker の最適視点構図を基盤とする時制・モダリティのシステムとは異なるグラウンディングの在り方であることを示している．
3. 推論と伝聞の違いは概念化の主体が概念化者 C′ であるかとグラウンド内の話し手 S であるかによる．この概念化の主体側の差異は，推論が自己の体験を内省的に概念化するモノローグ的な性格に対して，伝聞には他者とインタラクトして取得した伝聞内容を伝える聞き手が必要であるというダイアローグ的な性格を持つことを示している．

3. 証拠性「らしい」の通時的変遷

本節では，村上（1981），鈴木（1988），岩崎（2011）の先行研究を基に「らしい」の通時的な変遷を整理し，その後，共時的な観点からその変化の詳細を考察する．接尾辞としての「らしい」の初出は中世（12c-16c）であるとされている．村上（1981）では，名詞を語基としているものが多いとしているが，岩崎（2011）は以下のような「愛らしい」は「かわいらしい，愛すべき」という意味で用いられており，意味的には接続する名詞を切り出すことはできず，初期の接尾辞「らしい」は形容詞の一部であったとしている．

(4) 或ル乳母，姫君ヲ養ヒテ，余リニホメントテ，童ワガ養姫ハ，御美目
ノウツクシク，御日ハ細／＼トシテ愛ラシクオワシマス〔ゾ〕ヤトイ
フヲ……　　　　　　　　　　　　　　　（『抄石集』巻一　86・6）
　　　　　　　　　　　　　　　　　　　　　　　　　（村上（1981: 18-20））

　現代では「彼らしい振る舞い」や「田中らしい行動」といった代名詞や固有名
詞に接続する例があるが，この時代にはそのような例は見られないことを考慮
すると，この時代の「X らしい」は一語で形容詞であったといえる．
　近世（17c-18c）の中期に入ると，［X＋らしい］で「X のように見える（思
える）」という意味が発生する（以後「様態」と呼ぶ）．（5）「目薬らしい物」は
「目薬のように見える（思える）もの」という意味で用いられている．そして，
近世後期の 1800 年代には（6）のように終止用法が発生する．

(5) とつとぬけたる男聞て，目薬が吉岑に沢山にござるかといふ．一山の
内にハどこにもござるといふ．をれもとりに行ませうといひしが，あ
くる晩にきたりて，けふよしミねへ行て尋たが，**目薬らしい物**ハな
かったといふ．どうしやったといへば，木のねにあらうと思ひ，ほり
かへしてミましたといふた．　（作者未詳「当世手打笑」1681〈延宝 9〉）

(6) てい「イヤそのおふたりのおつれは，**おひとりはお江戸らしい**が，今
おひとりは，京のお人で，目のうへに，此くらひな，痰瘤のあるおか
たじやおませんかいな」　　　（十返舎一九「東海道中膝栗毛」15 編追加）
　　　　　　　　　　　　　　　　　　　　　　　　　（岩崎（2011: 146））

　近世の「らしい」の変遷を整理すると以下のようになる．中世から見られる
形容詞［X らしい］の X が示しているのは指示対象ではなく，その典型的な
属性である．そのため，［X らしい］は一語で形容詞として機能している．一
方で，近世において発生する「A は X のように見える（思える）」という「様
態」の意味では，「A＝X」という関係が成り立つことから，X はその典型的な
属性ではなく，A を特徴づけるために喚起された「代表事例」[1]を表す名詞句
であるといえる．このような再分析[2]を介して［［A＝X］らしい］という名詞

---

[1]「代表事例」とは，実在の対象（actual instance）ではなく，そのような事例を代表するよ
うに，心に呼び起された（conjured up）仮想的な事例を表す（cf. Langacker（2008: ch 9））．
[2] 類推（analogy）とは構造内の節点で選択される範列の一般化を指し，再分析（reanalysis）
は古い構造から新しい構造の創発に関わる統語的な変化である文や単語の内部的な区切りの変化
を指す（Hopper and Traugott（2003））．

述語文に接続する助動詞相当の「らしい」が生産される.

時代	構造	意味
近世初期	［X らしい］	X の典型的属性
近世中期	［X＋らしい］	X のように見える（思える）
近世後期	［［A＝X］らしい］	［A＝X］のように見える（思える）

表 1：近世における「らしい」の変遷

このプロセスは一語で形容詞であったものが,「名詞 X」と助動詞相当の「らしい」に分離して A/D Alignment を形成するようになることから,中村（2012）の単純結合の進化と平行的である.

用言の終止形に接続する「らしい」の初出は明治期から大正期にかけての近代（1860-1945）であるとされ,1900 年頃を境に「らしい」が動詞の終止形に接続する助動詞用法が増える（鈴木（1988））.現代の証拠性「らしい」の用法である「推量」と「伝聞」は,1900 年頃の『金色夜叉』にはすでに両方の用法が存在している.（7）の例は夫が着飾って出かけるのを見た妻が「氷川へ行ったんじゃない」という「推量」を働かせる例であり,（8）では熱海へ出かけた夫婦の話を聞き手に伝える「伝聞」の例である.

(7) 今朝出掛けたのもどうも異いの,確に氷川へ行つたんぢやないらしい.だから御覧なさい.この頃は何となく冶れてゐますわね,さうして今朝なんぞは羽織から帯まで仕立下し渾成で,その奇麗事と謂つたら,何が日にも氷川へ行くのにあんなに靚した事はありはしません.

(8) 二人はの,今朝新聞を見ると急に思着いて,熱海へ出掛けたよ.何でも昨日医者が湯治が良いと言うて切に勧めたらしいのだ.

(『金色夜叉』)

近代に発生する用言の終止形に接続する ［［命題］らしい］は近世における名詞述語文 ［［A＝X］らしい］が類推により,一般化することで拡張したものと考えられる.この一般化により,本来名詞句であったところに命題が埋め込まれるようになる複雑結合の進化が見られる.

形容詞の一部としての「X らしい」から定型節につく証拠性の標識「［命題］らしい」が発生する通時的変遷を以下のようにまとめる.このような「らしい」の変遷を中村（2012）が示した言語進化の 3 つの側面に照らし合わせてみると,「典型」から「様態」への拡張は A/D alignment の発生である「単純結合

の進化」に，「様態」から「証拠性」への拡張は「複雑結合の進化」に相当する
ため，証拠性「らしい」の発達には「脱主体化」のプロセスが関わるといえる．

時代	中世 (12c-16c)	近世 (17c-18c)	近代 (1860-1945)
文法範疇	接尾辞	>	証拠性の標識
用法	典型	様態	推量 伝聞
構造	[X らしい] >	[[X] らしい] >	[[命題] らしい]
	単純結合の進化	複雑結合の進化	

表2：「らしい」の変遷

　表で示した「らしい」の用法はどれも現存する例であるため，共時的な観点
から連続性をとらえていくことにする．まず，「典型」と「様態」の連続性を考
える．以下の例はどちらの読みにもとれるが，「焦げ茶色の上っぱり」が「仕
事着」であることを話し手がわかっている場合，「仕事着らしさ」が前景化す
る「典型」の読みになるが，「焦げ茶色の上っぱり」が「仕事着」かわからない
場合，「X であるように思える A」という「様態」の読みが前景化する．

(9)　十六歳になったばかりのメイ・バーニーは**仕事着らしい焦げ茶色の
上っぱり**をはおり，青白い額に短く切り揃えた断髪を垂らしていた．

(BCCWJ)

つまり，「典型」の読みでは，「上っぱり＝仕事着」という前提のもと，その
「上っぱり」を「仕事着らしい」で修飾することで，仕事着らしい有様を表現し
ているのである．対照的に，「様態」の読みでは「仕事着であるとは知らない
上っぱり」に対して「仕事着らしい」と表現している．そうすると，「典型」か
ら「様態」への意味拡張は「X らしい」における X の捉え方を X ではない他
の対象 A に適用することによって成立する脱主体化現象であるといえる．

　この拡張を以下のように示す．「典型」では，X とインタラクトすることで
認知像 X が創発することを表しているが，「様態」では対象 A を認知像 X で
捉えていることを表している．つまり，概念内容と解釈が未分化である単相状
態から解釈を引き剥がし，他の対象に適用する複相状態への脱主体化のプロセ
スであると考えられる．

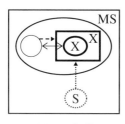 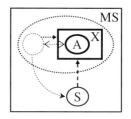

図7：典型　　　　　図8：様態

　次に，「様態」から証拠性の「推量」と「伝聞」の発生についてだが，命題に対して認識的な判断を下す概念化者が MS 内に位置づけられ，意味に含まれるという点でグラウンディング要素であるといえる．過去形「た」のあとにつくことを考える (e.g.「{どうやら／話によると}，太郎は昨日事故に遭ったらしい」) と，節に外接するより高次レベルのグラウンディング要素であるといえる（図5，6参照）．つまり，英語の時制や法助動詞ほどではないが，グラウンディング要素になるという点で，接尾辞「らしい」よりは文法化が進んでいる．

　では，「推量」と「伝聞」はどのような連続性にあるのか．「らしい」の「伝聞」と「推量」には以下のように使用に違いがある．

(10)　もし明日雨が降ったら，運動会は中止になるらしい．
(11)　太郎の話では，[もし明日雨が降ったら運動会は中止になる]らしい

(10) において「推量」は何かしらの証拠を元にした推量であるため，証拠に基づかない仮想の状況では用いられないのに対して，(10) を (11) のように単に太郎の話を聞き手に報告する「伝聞」の読みで解釈すれば何の問題もなくなる．このとき，[[[もし明日雨が降ったら運動会は中止になる]と太郎は思っている]ということを私は知っている]という階層を成している．つまり，話し手とは違う概念化者の思考を客体的な命題（あるいは，「情報」）として [[命題]らしい] に埋め込むことで「伝聞」となる．

　他者の発話や考えを命題にとる「伝聞」の用法の発生には，他者の思考やアスペクト把握を読み合う「間主観性（intersubjectivity）」が必要となる．以下の例では事情聴取の時に感じた警察の意志を推察しているという点で「推量」として，その警察の意図を妻に伝えるという点で「伝聞」として解釈できる．この状況では複相状態が幾重にも重なる構図となっていることに注目したい．話し手から見れば，情報の取得の場における警察の思考［もうちょっと補充し

たいことがある］を読む（つまり，「推量」する）のだが，発話の場における聞き手である妻から見れば，［［［もうちょっと補充したいことがある］と警察が考えている］と話し手は思っている］を読むことで「伝聞」が成立する．この場合，聞き手にとって，警察の考えは話し手が志向する客体的命題となる．

(12)　［警察の事情聴取を受けた倉橋は夜自宅で今日のことを妻に伝える］
　　　「警察の狙いは，たぶん会社の使途不明金のことだよ．どこに使ったかってね．政治家とかいろいろあるんだろう．だが，おれは本筋じゃない．事情を知らない．大久保常務や経理部長も呼ばれた．調査はそっちが主だ」「なんだ，あなたひとりじゃないの？」「おれはいっさい特殊なつきあいをやっていないさ」「じゃあ，今日でしまいなの？」「いや，**もうちょっと補充したいことがあるらしい**．だが，たぶんそれで終わるだろう．頼むから心配しないでくれ．おまえに心配されると，おれのほうも心配になる」
　　　　　　　　　　　　　　　　　　　　　　　　　　　　　　　（BCCWJ）

このような階層性［聞き手は［［話し手が［警察の考え］を理解している］ことを理解する］の発生が「伝聞」に関わるとすると，他者のアスペクト把握を理解する話し手，そして話し手が他者のアスペクト把握を理解していることを理解する聞き手というように，多重化する「間主観性」の構図を考慮に入れる必要があるだろう．[3]

4.　まとめ

　本稿では，日本語の証拠性「らしい」を「拡張モデル」に基づく文法化の一例と捉え，形容詞［X らしい］が命題に付く証拠性［［命題］らしい］への文法化のプロセスを認知言語学の観点から考察した．「らしい」の文法化には，概念化の主体と客体を分離する単純結合の進化，命題をはめ込むようになる複雑結合の進化がみられることを示し，これは意味を構成する概念内容と捉え方の分離である「脱主体化」の認知プロセスとした．

　証拠性は概念世界だけでなく，情報の取得という環境世界との関係が反映さ

---

　[3] ここでの「間主観」という用語は次の現象学の定義に従う．「「間主観性」とは，"他我"が〈私〉と同じ〈主観〉として存在し，かつこの「他我」も〈私〉と同じく唯一同一の世界の存在を確信しているはずだ"という〈私〉の確信を意味する．」（竹田（2005: 132））

れており，情報の取得と言語化される命題との関係や話し手の命題に対する信頼性など研究すべきことは多いと思われる．今後，証拠性の考察を通して，人間の認識の在り方の考察を深めていきたい．

参考文献

Aikhenvald, Alexandra Y. (2004) *Evidentiality*, Oxford University Press, Oxford.

Hopper, P. J. and E. C. Traugott (2003) *Grammaticalization*, 2nd ed., Cambridge University Press, Cambridge.

岩崎真梨子 (2011)「「—らしい」の連体用法に関する考察」『岡山大学大学院社会文化科学研究科紀要』第 32 号.

Langacker, Ronald W. (2008) *Cognitive Grammar: A Basic Introduction*, Oxford University Press, Oxford.

Langacker, Ronald W. (2009) *Investigation in Cognitive Grammar*, Mouton de Gruyter, New York.

村上昭子 (1981)「接尾辞ラシイの成立」『国語学』124.

中村芳久 (2012)「認知モード・言語類型・言語進化—再帰性 (recursion) との関連から—」『Kanazawa English Studies 28』金沢大学英文学会.

中村芳久 (2016)「Langacker の視点構図と(間)主観性—認知文法の記述力とその拡張—」『ラネカーの(間)主観性とその展開』，中村芳久・上原聡 (編)，1-51，開拓社，東京.

日本語記述文法研究会 (編) (2003)『現代日本語文法④　第 8 部　モダリティ』くろしお出版，東京.

野矢茂樹 (2012)『心と他者』(中公文庫)，中央公論新社，東京.

鈴木英明 (1988)「明治期以降のラシイの変貌」『国語国文』57-3.

寺村秀夫 (1984)『日本語のシンタクスと意味 II』くろしお出版，東京.

Tomasello, Michael (2003) *Constructing a Language: A Usage-Based Theory of Language Acquisition*, Harvard University Press, Cambridge, MA.

Traugott, Elizabeth Closs (2010) "(Inter) subjectivity and (Inter) subjectification: A Reassessment," *Subjectification, Intersubjectification and Grammaticalization*, Topics in English Linguistics 66, ed. by K. Davidse, L. Vandelanotte and H. Cuyckens, Walter de Gruyter, Berlin/New York.

引用元

『現代日本語書き言葉均衡コーパス』(BCCWJ)

「X の中の X」と「望ましさ」主観性

阿部　宏

東北大学

1. はじめに

　視覚による空間認知は人間にとってきわめて直接的であり，捉えにくいものを捉えやすいものに還元して把握するという認知的働きによって，空間概念は様々なメタファーを生み出す源の 1 つとなっている．「男の中の男」のような「X の中の X」型の同語反復表現も，「記憶の中の生家」，「仕事の中の喜び」などの「中」と同様に，元の空間的意味が失われており，やはりメタファーである．また，辞書にも記載される[1]ほど成句として定着しており，いわば死んだメタファーということになろう．しかし，「X の中の X」が特殊なのは，物理的意味が抽象的意味に変わったにとどまらず，この成句で形容される対象（以下，「当該対象」とする）に対する発話者の評価，つまり主観性の働きが窺えることである．

　他方，「X の中の X」の類義表現として「X 中の X」があり，(1) や (2) のように両者が可能な場合も多いが，例えば当該対象がプラス評価を受ける (3) や (4) では「X 中の X」より「X の中の X」が自然で，マイナス評価を受ける (5) や (6) ではむしろ「X 中の X」のほうが自然である．(1) や (2) の「X の中の X」でも当該対象はプラス評価を受けていると解釈できるが，ここから窺えるのは，「X の中の X」は，発話者が当該対象を称揚する機能ではないか，ということである．

(1)　　彼は，〈エリートの中のエリート／エリート中のエリート〉だ！

(2)　　この本こそ，〈名著の中の名著／名著中の名著〉だ！

---

[1] 例えば，「男の一の男［＝一番男と言われるのにふさわしい才覚・力量・胆力を持っている人］」（『新明解国語辞典・第 5 版』(2003) 三省堂, p. 1034).

(3)　財務省は，〈官庁の中の官庁／？官庁中の官庁〉だ！

(4)　これこそ，〈酒の中の酒／？酒中の酒〉だ！

(5)　この事件こそ，〈？冤罪の中の冤罪だ／冤罪中の冤罪だ〉！

(6)　これこそ，〈？災難の中の災難／災難中の災難〉だ！

　本論文は，「X の中の X」に観察されるこの称揚性を手がかりに，言語における「望ましさ」主観性仮説の可能性を検討するものである．

2.　主観性

　生成変形文法は構文分析が中心であったが，アメリカ系の言語研究はその後，生成意味論を経由して認知意味論に至り，意味の問題，特にその中でも言語における主観性が 20 世紀末以降，研究者の強い関心を惹いて今日に至っている．

　他方，意味論が常に言語研究の中心にあったフランス語圏においては，この主観性の現象は早くから気づかれていた．例えばすでに 19 世紀末に，ミシェル・ブレアルは以下のようにきわめて先駆的な指摘をしている．

　　　この（＝言語の）主観的側面は，①語や句，②文法的形態，③われわれが問題とする諸言語の一般的構造によって，表現される．

　　　　　　　　　　　　　　　　　　　　　（Bréal (1987: 234)，拙訳）

この中で例えば②は，「真実性」主観性を担う perhaps や probably のような，文法化が進み主観化した文副詞や may や must のようなモダリティ助動詞などがそれにあたるであろう．実際，ブレアルは以下のように続けている．

　　　われわれが文中に同様に挿入する多くの副詞，形容詞，句があるが，これらは発話者の思考や評価を表すものである．発話する者にとっての確からしさや信念の程度を表現する「おそらく (sans doute ＝（英）perhaps)」，「たぶん (peut-être ＝（英）maybe)」，「どうやら (probablement ＝（英）probably)」，「確実に (sûrement ＝（英）surely)」などの表現を，まず指摘しておきたい．／もし私がある旅行者について，「今ごろ彼は，おそらく到着しているだろう．」といったとすれば，「おそらく」は旅行者のことではなく，自分に関わっているのである．(Bréal (1987: 234)，拙訳，（ ）内の英語は本論文執筆者による．)

また③の「諸言語の一般的構造」とは，例えば日本語は状況内的，英語は状況外的な記述をそれぞれ好む，といった各言語の全体的傾向がこれにあたる．中村芳久の概念では，発話者と状況とのインタラクション，つまり（間）主体性が働く日本語はIモード的，発話者が状況から分離した英語はDモード的ということになろう（中村 (2004, 2016)）．

ところでブレアルによれば，①のように，機能語的でない語彙的な語や種々の句もまた主観性を担いうるということになる．「Xの中のX」に観察される称揚性は，まさにこの種の主観性にあたるのではなかろうか．

ついで，シャルル・バイイの示唆的な指摘を検討してみたい．バイイは，フェルディナン・ド・ソシュールの『一般言語学講義』の編者の1人として今日知られているが，言語研究者としての彼の関心は，以下のようにまさに主観性にあった．「表象」と「思考主体の能動的参加」という彼の概念は，現代的用語では「命題」と「主観性」にそれぞれあたるものである．

> 文（phrase）は，思想の伝達のできるだけ単純な形式である．／思考（penser）とは，表象にたいしてこれを認証し，評価し，または欲求しつつ反応することである．／したがってそれは，あるものがある，またはないと判断することであり，あるいはそれが望ましいまたは望ましくないと評価することであり，あるいはそれがある，またはないことを欲することである．ひとは雨がふっていると〈信じる〉か，〈信じない〉か，〈うたがう〉かであり，ひとは雨がふっていることを〈悦ぶ〉か〈悲しむ〉かであり，ひとは雨がふることを，またはふらないことを〈願う〉のである．／第一の場合には，ひとは事実判断を，第二の場合には価値判断を，第三の場合には意欲を，言表するのだ．／第一の操作は悟性に，第二のそれは感情に，第三のそれは意志にぞくする，意志はその終局を行動の中にもつが，この終局は言語活動をこえるとはいえそれの機能の一なのである．／思想はそれゆえ，これを思考主体の能動的参加をまったく欠いた単純な表象にひきもどすことはできない．(Bally (1932 [1965]: 35)，小林訳 (1970: 27-28))

つまりバイイによれば，文は命題だけで成り立っているのではなく，そこに「事実判断」，「価値判断」，「意欲」のいずれかの主観性が介入し，最終的に発話が成立する，ということになろう．「(雨) 降る」という命題があったとして，これを「〈信じる〉か，〈信じない〉か，〈うたがう〉か」という「事実判断」が現代的用語の「真実性」にあたることは明らかであるが，注目すべきは，彼が

それと平行する形で「価値判断」,「意欲」という2つの別種の主観性概念を提示していることである.

このバイイの「価値判断」に関連して,直接的影響関係はおそらくないであろうが,赤塚紀子が類似の概念によって仮定文の分析を試みていることを指摘しておきたい.

彼女によれば,仮定文「If A, B」はAが真ならばBも真といった命題の「真実性」を問題とするだけではなく,(7) のようにAがDESIRABLEならばBも必ずDESIRABLE, (8) のようにAがUNDESIRABLEならばBも必ずUNDESIRABLEとなり,DESIRABLEとUNDESIRABLE, UNDESIRABLEとDESIRABLEのセットになることはないという.

ところで,「If A, B」はDESIRABLE・DESIRABLE, UNDESIRABLE・UNDESIRABLEの両者を許容するが,日本語の「Aては,B」は,UNDESIRABLE・UNDESIRABLEだけの組み合わせになる.したがって (9) は自然だが,(10) は不自然になる.

(7) If you eat spinach [DESIRABLE], you'll be strong [DESIRABLE].

(8) If you don't eat spinach [UNDESIRABLE], I will spank you [UN-DESIRABLE].　　　　　　　　　　　　　（以上,赤塚・坪本 (1998: 17)）

(9) 生かしておいては [UNDESIRABLE],何をしでかすかわからない [UNDESIRABLE].

(10) ??あんなに勉強しては [UNDESIRABLE],きっと優等生になる [DE-SIRABLE]. （以上,Akatsuka (1997: 327),ローマ字表記の日本語例文をひらがなと漢字の表示に戻した.）

言語における主観性には,先駆的な研究者であったブレアルやバイイが指摘したように,性質を異にする複数の側面がある.その1つとして,任意の対象・事態に対して発話者の「望ましい」あるいは「望ましくない」とする判断,あるいはまた「望ましさ」度の評価,つまり「望ましさ」主観性がありうるのではなかろうか.またそれは,赤塚が考察した仮定文に限らず様々な言語現象に関わっているのではなかろうか.[2]

---

[2] 本論文執筆者は,この「望ましさ」主観性仮説の下でフランス語,日本語等の一連の言語現象を考察してきた (Abe (2009), 阿部 (2009), 阿部 (2014), 阿部 (2015), など).

3. 「Xの中のX」とメタファー

「Xの中のX」を構成する「中」には，2つの異なる空間的意味があり，以下のように辞書でもこれが明確に区別されて記述される場合がある．

> ① 囲い・仕切りの内側．内部．「列車の―」② 〔空間的に〕中央．まんなか．「子どもを―にして囲む」・・・
>
> (『現代新国語辞典』(改訂第三版) 学研，p. 971)

この違いは，それぞれの対概念を想定するとわかりやすい．①の語義は「外」と対立しており，②の語義は「周辺」と対立するものであろう．

「Xの中のX」は，多数のXを擁する集合Xの中心部に当該対象[3]が位置しているという，以下のような空間イメージがメタファーの元になっていると考えられる．

またこれは，以下のようなプロトタイプ意味論の概念ときわめて親和性のある図式でもあろう．

> [prototype] A relatively abstract mental representation that assembles the key attributes or features that best represent instances of a given category. Accordingly, the prototype is viewed as a schematic representation of the most salient or central characteristics associated with members of the category in question. (Evans (2007: 175))

「Xの中のX」を正面から扱った研究に野呂 (2016) があるが，以下のように野呂の分析も基本的にプロトタイプ意味論に発想をえたものである．また，前述した称揚性に対する野呂の考察もあげておきたい．

---

[3] 厳密には，「田中君は，〈親友の中の親友〉だ！」などのように当該対象が個体の場合と，「白鳥！，〈鳥の中の鳥〉！」などのように範疇の場合がある．

「N の中の N」：／〈顕著な属性を持っているため他の成員から際立っており，N カテゴリーの代表例と，話者が認めるもの〉

（野呂（2016: 68））

　… 対象を賞賛するような意味合いが感じられるのは，「N の中の N」で示される存在を代表例と認めるところから生じており，このような意味は，構成要素の「の中の」からもたらされるものではなく，「N の中の N」全体と慣習的に結びついたものである．　　　　　　　（野呂（2016: 67））

　しかし，このプロトタイプ意味論や野呂説では，以下の 3 点が説明不可能であろう．これらについて，次節で検討を試みたい．

- I 「X の中の X」と「X 中の X」には共に上記の「集合 X」のようなメタファー図式が想定可能であるが，それぞれに現れる名詞 X の意味特性はかなり異なること．
- II 「X の中の X」には称揚性が感じられるが，「X 中の X」にはそれが感じられないこと．
- III 不自然さが感じられる「X の中の X」であっても，文脈を与えれば自然になるケースがあること．

4. 「X の中の X」と「X 中の X」

　本論文執筆者が書籍等から採集することのできたのは，「X の中の X」29 例，「X 中の X」68 例であるが，X の意味特性において両者間でかなりの相違が観察された．(11)–(14) を見られたい．

- (11) 芸能人は「見た目」社会で生き抜いてきたエリートだ．「〈美人の中の美人〉」，「〈イケメンの中のイケメン〉」は，私たちの周囲にいる美人やイケメンとはレベルの違う人が多い．メジャーリーガーと高校球児くらいの差がある．

　　　　　　　（竹内一郎（2013）『やっぱり見た目が 9 割』新潮新書，p. 98）
- (12) 東京大学に 2002 年度から設けられている「総長賞」．受賞者は，「〈東大生の中の東大生〉」とも言える強者たちだ．だが，その顔ぶれを見ると意外な印象も受ける．従来のありがちな東大生のイメージとは違う．時代は動いている．　　　　　（『朝日新聞 Web 版』，2015 年 5 月 6 日）
- (13) 石川　政治を志す者の必読書，〈古典中の古典〉として，マックス・

ウェーバーの『職業としての政治』は有名です．しかしながら，実際に読んだ人は少ないと感じますし，内容もほとんど知られていないようです．書名ばかりが先行している印象です．（佐藤優・石川知裕(2015)『政治って何だ！？』ワニブックス PLUS 新書, p. 16)

(14) だが，すでに彼女（＝稲田朋美）は自民党の政調会長として「〈難事中の難事〉」と言われ続けてきた農協改革に取り組み一定の実績を挙げている．

(佐々敦行 (2015)『私を通り過ぎたマドンナたち』文藝春秋, p. 239)

「X の中の X」の X は (11) や (12) に見るように，プラス評価の名詞がほとんどである[4]のに対し，「X 中の X」の X についてはプラスあるいはマイナス評価は関与的ではない．むしろ，(13) では各古典について伝統的著作としての定着の度合い，いわば「古典」の程度差が想定されているのではないだろうか．通常，ある作品は「古典」であるかそうでないか，二分法的に分類されようが，「X 中の X」はここに強引に程度差，つまりアナログ的スケールを導入し，当該対象である『職業としての政治』を最も「古典」性が強い，と位置づけるのである．(14) においても同様に，解決の難しさの度合い，いわば「難事」に程度差を導入し，農協改革を「難事」性が最も顕著であるとする．

なお，(11) において「美人中の美人」，「イケメン中のイケメン」，(12) において「東大生中の東大生」は，必ずしも不可能ではない．しかしその場合は当該対象の称揚ではなく，「美人」性，「イケメン」性，「東大生」性といったそれぞれの性質の顕著さが主張されることになろう．(14) において「難事中の難事」を「難事の中の難事」にすれば自然さは損なわれるが，これはマイナス評価の「難事」が「X の中の X」の称揚性と矛盾してしまうためである．他方，(13) において「古典の中の古典」は可能である．「古典」は称揚性と矛盾せず，むしろ親和性があるからである．これらの観察は，「X 中の X」にはない「X の中の X」の称揚的機能を再確認させてくれるものである．

----

[4] ただし「X の中の X」の採取例の中には，当該対象に特にプラス評価が感じられないものが若干ながら含まれる．また，この種の使用を自然であるとして許容する日本語ネィティブ・スピーカが存在する．以下，本論文執筆者には不自然さが感じられる具体例を 1 例あげる．

そしてその中から真っ先に湊氏が，近くのホテルで米価審議の最中中座して幹部会に出席した帰りの路上で脳溢血で倒れてみまかり，ついで玉置氏が中曽根内閣の閣僚を務める間に癌で死に，中川氏は自殺というも，他殺という説がいまだあり彼の死は〈謎の中の謎〉だ．さらに中尾氏は不祥事に巻き込まれて引退，収監．元気なのは浜田氏と私くらいのものだ．　　（石原慎太郎 (2008)『オンリー・イエスタディ』幻冬舎, pp. 114-115)

ところで，ここで (15) と (16) を見られたい．

(15)　財務省は，〈官庁の中の官庁／? 官庁中の官庁〉だ！　(= (3))

(16)　これこそ，〈酒の中の酒／? 酒中の酒〉だ！　(= (4))

　(15) において「官庁中の官庁」が不自然なのは，例えば「官庁」は，公共性，権威性，エリート性，信頼性，安定性，取っつきにくさ，などなど性質を異にする様々なイメージを喚起し，依拠すべきスケールが判然としない，ということではなかろうか．(16) においても同様に，「酒」性をイメージしようとしても，アルコール度，辛さ，甘さ，価格，嗜好品としてのグレード，危険な中毒性などなど，性質のスケールは多々ありうるのである．

　つまり，「X 中の X」は具体的で唯一の性質を問題として，当該対象がこの性質を最も強く有していることを意味する．これに対して，「X の中の X」は個々の具体的な性質はイメージせずに，ただ総合判断として当該対象が「望ましい」と主張する働きである．したがって，両者を上記の「集合 X」のメタファー図式で表すとしても，次のような違いがあるであろう．「X 中の X」にあっては，特定の性質だけで囲い込まれた各 X で集合ができており，中心部にいくほどその性質は強度を増す．他方，「X の中の X」では，具体的性質は問題とされない各 X で集合ができており，中心部にいくほど発話者にとっての「望ましさ」度が増大する．

　上述したように当該対象を称揚する機能である「X の中の X」は，当然ながら「不良の中の不良」，「拷問の中の拷問」のように，X がマイナス評価の名詞の場合は不自然になる．しかし興味深いのは，(17) や (18) のように，これを自然にする文脈も想定可能なことである．

(17)　(不良に憧れている少年が) 田中こそ，〈不良の中の不良〉だぜ！ オレもああなりたいなあ！

(18)　(敵対するギャングを厳しい拷問にかけて) これこそ，〈拷問の中の拷問〉だ！ アイツ，仲間の居場所を絶対に吐くぜ！

　このことから，一般的評価においてマイナスの X であっても，当該対象が発話者にとって「望まし」ければ，「X の中の X」は自然になることがわかる．一般的評価と各個人の評価はふつう一致することから，この現象は気づかれにくいが，両者の判断が矛盾する例外的なケースにおいては，後者が優先されるメカニズムなのである．「X 中の X」が当該対象の任意の性質の顕著さを記述するだけであるのに対し，「X の中の X」は当該対象への発話者の「望ましさ」，

つまり主観的判断を問題とするものであることが，了解されよう．

5.　関連する現象

「望ましさ」主観性に関連すると考えられるその他の現象を，以下いくつか箇
条書き的に提示してみたい．

- (19) 【以上】彼は僕にとって，友だち<u>以上</u>の存在だ！ →「彼の「望ましさ」
  は一般的友だちのそれを超えている．」
- (20) 【以下】彼は，イヌ<u>以下</u>の人間だ．→「彼の「望ましさ」は，イヌのそ
  れ以下だ．」
- (21) 【それ以上でも，それ以下でもない】あの人は自分の生物学的父親だが，
  <u>それ以上でも，それ以下でもない</u>．→「あの人には自分の生物学的父
  親という「望ましさ」だけはあるが，それ以上の「望ましさ」はない．」
- (22) 【トートロジ】明治の時代，<u>男は男</u>だった．→「明治時代の男には，男
  としての「望ましさ」があった．」
- (23) 【矛盾文】（ある人間性に問題のある先生について）あんな<u>先生，先生</u>
  <u>じゃないよ</u>！ →「あの先生には先生としての「望ましさ」がない．」
- (24) 【より】亀の甲<u>より</u>年の功．花<u>より</u>団子．→「亀の甲と年の功では，
  後者が「望ましい」．」「花と団子では，後者が「望ましい」．」
- (25) 【そのうえ】昼食を奢ってもらった．<u>そのうえ</u>，時計のプレゼントまで
  もらった．→「昼食を奢ってもらったことに加えて，さらに「望まし
  さ」が上であるような，時計のプレゼントをいただくという恩恵に浴
  した．」

6.　まとめ

「X の中の X」型の成句は，la musique des musiques（＝the music of mu-
sics），le savant des savants（＝the scholar of scholars）などのように，フラ
ンス語や英語にも存在するが，文法学者フェルディナン・ブリュノはこれはヘ
ブライ語に影響されてできた成句で，「その類を最も代表するもの」を示す，
としている（Brunot（1922: 691））．しかし「X の中の X」と同様に，フラン
ス語や英語においても，X がマイナス評価になる le voleur des voleurs（＝
the thief of thieves），l'échec des échecs（＝the failure of failures）は不自然

である一方で，これらを Le voleur des voleurs, c'est Arsène Lupin !（＝The thief of thieves, he is Arsène Lupin !）のように発話者が当該対象を称揚する文脈におけば自然になるのである．

「X の中の X」は，「X は X だ！」型のトートロジや「X は X でない！」型の矛盾文などとも同様に，形式的には同一の X を繰り返すだけの，情報伝達をはじめから放棄したかのような奇妙な形式である．しかし，この情報のゼロ化は主観性を介入させるための積極的な方策なのではなかろうか．いずれにせよ，同語反復現象と主観性とは密接な関連がありそうである．日本語のみならず通言語的な観点からの考察が，次の課題である．

参考文献

Abe, Hiroshi (2009) "La tautologie et la notion subjective de «désirabilité»," *Current Issues in Unity and Diversity of Language, Collection of the Papers Selected from the 18th International Congress of Linguists held at Korea University in Seoul on July 21-26*, 3266-3278, Published by The Linguistic Society of Korea, Korea.

阿部宏 (2009)「日本語における「望ましさ」概念について」*Civilisation of Evolution, Civilisation of Revolution, Metamorphoses in Japan 1900-2000*, ed. by A. Jablonski et al., *Proceedings of the International Conference in Japanese Studies held in Krakow in October 2007*, Museum of Japanese Art & Technology Manggha, Krakow.

阿部宏 (2014)「フランス語のムードとモダリティ」『ひつじ意味論講座　第 3 巻　モダリティ I：理論と方法』，225-247，ひつじ書房，東京．

阿部宏 (2015)『言葉に心の声を聞く—印欧語・ソシュール・主観性—』（人文社会科学ライブラリー第 4 巻）東北大学出版会，仙台．

Akatsuka, Noriko (1997) "Negative Conditionality, Subjectification, and Conditional Reasoning," *On Conditionals Again: Current Issues in Linguistic Theory 143*, ed. by A. Athanasiadou and R. Dirven, 323-355, John Benjamins, Amsterdam.

赤塚紀子・坪本篤朗 (1998)『モダリティと発話行為』（日英語比較選集 3）研究社出版，東京．

Bally, Charles (1932 [1965]) *Linguistique générale et linguistique française*, A. Francke, Berne.［シャルル・バイイ，小林英夫訳 (1970)『一般言語学とフランス言語学』岩波書店，東京.］

Bréal, Michel (1897 [1976]) *Essai de sémantique*, Slatkine Reprints, Genève.

Brunot, Ferdinand (1922) *La pensée et la modalité, méthode, principe et plan d'une théorie nouvelle du langage appliquée au français*, Masson et Cie, Paris.

Evans, Vyvyan (2007) *A Glossary of Cognitive Linguistics*, Edinburgh University

Press, Edinburgh.

中村芳久 (2004)「第1章　主観性の言語学：主観性と文法構造・構文」『認知文法論II』(シリーズ認知言語学入門第5巻)，中村芳久 (編)，3-51，大修館書店，東京.

中村芳久 (2016)「第1章　Langacker の視点構図と(間)主観性―認知文法の記述力とその拡張―」『ラネカーの(間)主観性とその展開』，中村芳久・上原聡 (編)，1-51，開拓社，東京.

野呂健一 (2016)『現代日本語の反復構文―構文文法と類像性の観点から』くろしお出版，東京.

VIII.
メディア・教育

テレビニュースの言語に見られる現象

―その要因と背景―

轟　里香

北陸大学

1.　はじめに

　本稿では，テレビのニュースで用いられる言語に近年見られる様々な現象を
取り上げ，その背後にある要因を考察する．

　日本においてニュースで使われる言語には，従来見られなかったような現象
が顕著になっている．その中には，名詞句の多用，要点の省略，疑問形式の文
の使用，分裂文などが含まれる．これらは，一見すると関連性のない多様な言
語現象のように見える．しかし，轟（2014）が指摘するように，これらには共
通点がある．それは，要点を後置するという点である．

　本稿の目的は，ニュースで使われる言語自体に見られる現象と，ニュースで
用いられる様々な手法が，同じ要因によって生じているということを示すこと
である．データとしては，NHK のニュースを用いる．ニュース，殊に NHK
のニュースにおいて使われる言語は，公式の場で使われる言語とみなされ，
様々な面で影響が大きい．したがって，ニュースで使われている言語について
考察することは意義のあることである．

　なお，NHK の分類では，放送するプログラム全体を，「ニュース」とそれ
以外のプログラムに二分し，「ニュース」以外のプログラムを「番組」としてい
る．このため，公式には「ニュース番組」という表現はないことになるが，こ
の表現は一般的には用いられているので，本稿では，「番組」という語を「テ
レビで放送されるプログラム」という意味で用い，ニュースを扱っているプロ
グラムを「ニュース番組」と呼ぶ場合がある．

　本稿の構成は，次のようなものである．まず 2 節で，近年ニュースにおい
て使われる言語自体に見られる現象を指摘する．3 節では，これらの現象が共
通の要因から生じていることを示し，これらの言語現象とニュースでしばしば
とられる様々な他の形式とを関連付ける．4 節では，ニュースに生じる現象を

442

引き起こしている要因についてさらに考察する．5 節では本稿の議論のまとめを行う．

2. ニュースで使われる言語に生じる現象

この節では，テレビのニュースにおいて顕著な言語現象として，「名詞句の多用」「要点の省略」「疑問形式の文の使用」「分裂文」という 4 点を挙げ，具体的にどのような事例が生じているのかを示す．

2.1. 名詞句の多用

名詞句の多用とは，従来であれば文が用いられたような場合に，文の代わりに名詞句が用いられる現象である．結果として生じる言語表現は，いわゆる「体言止め」となる．次の例を見てみよう．

(1) 各地で続く大雨．

（「ニュース 7」NHK，2014 年 8 月 4 日放送）

(2) 与野党の激しい対立で予算が成立せず，政府機関の一部閉鎖が続くアメリカ．

（「ニュース 7」NHK，2013 年 10 月 4 日放送）

(2) を (3) と比較してみよう．

(3) アメリカ（で）は，与野党の激しい対立で予算が成立せず，政府機関の一部閉鎖が続く（続いている）．

(2) と (3) は同じ内容であるが，(3) は文の形であるのに対し，(2) では，文の代わりに，名詞が修飾語句を伴う名詞句の形をとっている．このような現象が今日テレビニュースで顕著になっている．比較のために，関連した内容が報道された新聞記事を以下に挙げる．

(4) 米政府機関の一部閉鎖が 1 日，17 年ぶりに始まった．オバマ政権が進める医療保険制度をめぐる与野党の対立が続き，1 日からの新年度の暫定予算案で折り合えなかった．

（朝日新聞（東京）2013 年 10 月 1 日夕刊 1 面）

新聞記事においては，（複数の）文の形が用いられていることが分かる．

2.2. 要点の省略

近年のテレビニュースにおいては，文の重要な要素や文法的に必須の要素がしばしば省略される．

(5) 民主党の対案の提案に対し，与党は．
（「ニュースウォッチ9」NHK，2007 年 12 月 21 日放送，轟（2008: 125））

(6) 専門家は．
（「ニュース 7」NHK，2013 年 11 月 17 日放送，轟（2013: 170））

(7) 高知市ではコンクリート製の橋が崩れる被害も．
（「ニュース 7」NHK，2014 年 8 月 4 日放送）

(8) 我が家でも飼っています．
（「ニュース 7」NHK，2011 年 6 月 24 日放送，ibid., 170）

(9) いよいよ快挙に挑みます．
（「ニュース 7」NHK，2014 年 9 月 6 日放送）

ニュースに生じる要点の省略には様々なタイプがある．例文（5）–（7）では，述部が完全に省略されている．例文（8）（9）は，それぞれのニュース項目の冒頭の文であるが，文の重要な要素が省略されている．(9) を，その後に続く文と共に示すと，以下のようになる．

(10) いよいよ快挙に挑みます．錦織圭選手．テニスの全米オープン準決勝まであと 6 時間を切りました．

(10) を見ると，冒頭の文で省略された情報が，後になって徐々に明らかにされる，という構造になっていることが分かる．[1]

2.3. 疑問形式の文

テレビのニュースにおいて顕著な言語現象の 3 点目として，疑問形式の文の使用が挙げられる．

(11) 株価の下落に歯止めがかからないのはなぜなんでしょうか．
（「ニュース 7」NHK，2008 年 10 月 6 日放送，轟（2014: 39））

---

[1] テレビニュースは，ラジオとは異なり，音声言語だけではなく画像や映像，画面上の文字など視覚的な情報がある．音声言語において省略された情報が，視覚的な情報で補われる可能性があるが，同時には補われない場合もある．詳しくは，轟（2013）を参照されたい．

(12)　その人気メニューがなぜ禁止となったのか.

　　　　　（「ニュースウォッチ 9」NHK, 2012 年 6 月 12 日放送, ibid., 39)

(13)　野田総理大臣, 難しい連立方程式の解を見つけ出すことができるので
　　　しょうか.

　　　　　（「ニュースウォッチ 9」NHK, 2012 年 6 月 12 日放送, ibid., 39)

(14)　法案に反対した場合, 執行部はどう臨むのか.

　　　　　（「ニュース 7」NHK, 2012 年 6 月 25 日放送, ibid., 39)

このような疑問形の文（またはその省略形）が, 画面上の文字として生じる場
合もある.

(15)　反対なら離党?

　　　　　（「ニュース 7」NHK, 2012 年 6 月 25 日放送, ibid., 40)

(16)　執行部の処分は?

　　　　　（「ニュース 7」NHK, 2012 年 6 月 25 日放送, ibid., 40)

このような疑問形式の文にはそれに対しての答えの存在が考えられるが,
ニュースにおいて疑問形式の文に対し答えが与えられているかどうかには, 2
つの場合がある. 多くの場合, 疑問文に答える形でその後の話が進められてい
く.

　一方, そのニュース中では疑問文に対する答えが与えられない場合もある.
(13) はそのような例であり, 疑問形式の文がそのニュース項目の終わりのほ
うに置かれ, その項目が終わっている.

2.4.　分裂文

　この節では, ニュースに生じる分裂文の例を見る.

　まず, 分裂文という構文について確認しておく. 本稿で分裂文と呼ぶのは,
学校文法等で強調構文と呼ばれる構文で, 例えば (17) のようなものである.

(17) a.　太郎が最近興味を持っているのは, パソコン通信だ.

　　　b.　It was perfume that Mary bought in France.

　　　　　　　　　　　　　　　　　　　　　　　　（高見 (1999: 146))

このような文では, 下線部の位置が, 話し手が最も伝達したい部分（焦点要素）
で, 通例文強勢（アクセント）が置かれる. 高見 (1999) が述べるように, 分
裂文は焦点が文のどの要素であるかを示すことができる構文である. したがっ

て，話し手は分裂文を用いることにより，焦点が文のどの要素であるかを示す，言い換えれば，その要素を強調することができる.[2]

このような分裂文が，近年のテレビニュースにおいて出現するようになっている.

(18)　4081 チームの頂点に立ったのは，<u>佐賀北高校</u>でした.
　　　　　　　（「おはよう日本」NHK，2007 年 8 月 23 日放送，轟（2014: 41））
(19)　第 31 回オリンピックの開催地に決まったのは，<u>リオデジャネイロ</u>でした.
　　　　　　　　　（「おはよう日本」NHK，2009 年 10 月 3 日放送，ibid., 41）

(18)(19) はそれぞれ下線部を強調する分裂文の形を取っている.

3.　ニュースに生じる言語現象の要因

2 節で見たように，近年のテレビニュースに見られる言語現象として，名詞句の多用，要点の省略，疑問形式の文の使用，分裂文の出現を挙げることができる.この節では，言語自体に生じているこのような現象と，ニュースでしばしばとられる様々な他の形式を関連付けることを試みる.

3.1.　ニュースに生じる言語現象の共通点

2 節で挙げた現象は，多様な言語現象に見えるが，共通している点がある.それは，要点を後置しているという点である.この点を，轟（2014）の議論に基づき，各言語現象に関して見ていこう.

要点の省略，および疑問形式の文に関しては，要点が後置されていることを理解するのは容易である.要点の省略は，文字通り要点を省き，後で述べることになるので，要点の後置である.また，疑問形式の文を使用すると，多くの場合その答えの形で要点を後から述べることになる.（答えを与えられない疑問形式の文については，後の節で関連付けを試みる.）

名詞句と分裂文に関しては，要点の後置となっていることを示すには，日本語の言語的特性について指摘する必要がある.

---

[2]　照応焦点型分裂文（unstressed-anaphoric-focus cleft）は，分裂文で通常焦点要素がくる位置に照応形（代名詞）を取り，強勢は弱い（原口・中村（1992））.本稿では，焦点要素に強勢が来るタイプの分裂文を「分裂文」と呼んでいる.

まず，名詞句について見てみよう．一般的に，日本語は「主要部末端言語」と言われる．これは，名詞句のみならず他の統語範疇の句に関しても，日本語においては句の中心となる語（主要部）が句の末端にくることを示している．名詞句においても，日本語では，主要部の名詞が最後にくることになる．

(20)　（下線部が名詞句の主要部）
　　　a.　ステージで歌っている<u>少女</u>
　　　b.　the <u>girl</u> singing on the stage

(20) が示すように，主要部が日本語では句の後ろにくるのに対し，英語では句の前にくる．一方，名詞は語彙的要素であり担う情報量も多いと考えられる．したがって，名詞句の主要部である名詞は要点である場合が多い．このことにより，近年のニュースにおいてしばしば見られるように，名詞に修飾語句がついた名詞句を文の代わりに用いると，主要部の名詞が最後にくることになり，結果として重要な情報を担う要素が後ろに置かれることになるのである．この点で，先に挙げた (2) と (4) の例をもう一度見てみよう．

(21)　与野党の激しい対立で予算が成立せず，政府機関の一部閉鎖が続く<u>アメリカ</u>．（テレビニュース）
(22)　<u>米</u>政府機関の一部閉鎖が 1 日，17 年ぶりに始まった．オバマ政権が進める医療保険制度をめぐる与野党の対立が続き，1 日からの新年度の暫定予算案で折り合えなかった．（新聞記事）

新聞記事では冒頭におかれている情報（下線部）が，テレビニュースでは，名詞句を用いることによって最後に置かれていることが分かる．下線部は，従来から報道で 5W1H と言われている情報に属する重要な情報である．

　次に，分裂文を用いることがどのように要点の後置になるのかを見てみよう．ここでも，日本語の言語的特性が関わっている．要点の位置という観点から (17) を見ると，同じ「分裂文」と呼ばれる構文でも，日本語と英語では焦点要素（強調したい部分）の現れる位置が異なっている．英語では比較的前のほうに焦点要素が置かれるのに対し，日本語の分裂文では，焦点要素が文の最後に近い位置におかれる．分裂文の焦点要素は，話し手が最も伝達したい部分であり，文の要点であると言える．したがって，分裂文に関しても，日本語は英語と異なり，要点を後置することになる．

　このように，日本語は，要点が後ろに行くような構造を言語的特性として持っている．修飾語句を伴う名詞句や分裂文はそのような構造の典型的なもの

である．近年のニュースでは，このような日本語の構造を多用している．これは，日本語がもともと持っている特性を利用することによって要点をできるだけ後ろに動かそうとする傾向と見ることができる．

　以上，近年のテレビニュースに見られる4つの言語現象（名詞句の多用，要点の省略，疑問形式の文の使用，分裂文の出現）に共通しているのは，要点を後置しているという点であることを示した．

3.2. 娯楽的な番組との類似

　上に述べたように，テレビニュースに見られる言語現象の共通点は，要点の後置である．要点を後置するとは，すなわち重要な情報を後に回すということである．

　このような情報提供の仕方は，クイズと類似している．クイズにおいては，重要な情報を解答として後に述べる．疑問文の使用は，まさにクイズと同じであるが，その他の言語現象も重要な情報をクイズの解答のように後に回すという点で，クイズに類似した情報提供の仕方を取っているといえる．[3] このことを分かりやすく示すために，先に挙げた例を，クイズのような形式に書き表してみよう．

(23)　（名詞句）
　　　与野党の激しい対立で予算が成立せず，政府機関の一部閉鎖が続く …
　　　（さて何でしょう？）
　　　（答）アメリカ
(24)　（要点の省略）
　　　いよいよ快挙に挑みます．（さて誰がでしょう？）
　　　（答）錦織圭選手
(25)　（分裂文）
　　　第31回オリンピックの開催地に決まったのは…（さてどこでしょう？）
　　　（答）リオデジャネイロ

（轟（2014: 49））

このように，近年のニュースにおいて顕著な言語現象は，重要な情報をクイズの解答のように後に回す情報提供の方法であると言える．このような方法は，

---

　[3] 轟（2012）は，このような情報提供の仕方を，「クイズ型情報提供」と呼んでいる．

従来より，娯楽番組においてしばしば用いられたものである．いわゆる「クイズ番組」は代表的な娯楽番組であるが，これに限らず，他の様々な形式の番組の中にクイズのコーナーが登場する．したがって，ニュースにおいて，クイズに似た情報提供の仕方が取られているということは，娯楽番組的な手法がニュースに取り入れられているということになる．すなわち，ニュースにおける名詞句の多用，要点の省略，疑問形式の文の使用，分裂文の出現という言語現象はいずれも，ニュースが娯楽的に脚色されるという傾向と関連したものとして捉えられる．

このことは，次のような議論によっても支持される．いわゆる「ワイドショー」などの番組では，事件の説明にフリップボードが用いられることがある．その場合，しばしば，ボードの一部がシールによって隠されている．司会者などの話者は，事件の説明をしながらそのシールを順番にめくっていく．この場合，映像としてボード全体が同時に映っていたとしても，シールの下にある部分は時間的に後で示されることになる．

音声言語においては，時間的な前後関係があり，すべての記号が同時に示されることはない．したがって，音声言語において，要点を前のほうで述べないことは，映像においてフリップボードの一部をシールで隠すのと同じ効果がある．つまり，名詞句・要点の省略・疑問形式の文・分裂文を用いることによって要点を後に回すのは，フリップボードを用いるという手法の音声言語版であるということになる．フリップボードを用いるのはいわゆる「ワイドショー」など娯楽的な番組の手法であり，これに類似した手法を音声言語的にとっていることは，ニュースが娯楽的に脚色されるという傾向の現れとみなすことができる．

3.3.　その他の形式との関連

今日のニュース番組でしばしばとられる形式が幾つかある．そのうち，この節では，「アナウンサー同士の会話」と「答えの与えられない疑問文」を取り上げ，前節での議論との関連付けを試みる．

まず，「アナウンサー同士の会話」について見てみよう．近年ニュースでよく見られる形式として，二人あるいは三人以上で会話するというものがある．村松（2005）はニュース番組のキャスター同士の会話を分析し，それらの会話のほとんどすべてが，放送されたニュース・話題に関連しているとした．村松によれば，これはアメリカのニュース番組とは大きく異なる点である．CNNなどでは，前後のニュースと無関係にプライベートな会話をする．したがっ

て，ニュースに関しその前後に会話をする，というのは日本のニュースに特徴的なことであると言える．

この現象は，次のように考えられる．一人のアナウンサーが視聴者に向けて語りかけるという形式は，従来のニュースに特有の形式である．これに対し，バラエティー番組やドラマなど娯楽的な番組はほとんどが，二人あるいは三人以上による会話形式をとっている．すなわち，このような形式の増加も，言語自体の変化と同様，ニュース全体が娯楽的に脚色されるという傾向と関連したものとして捉えることができる．[4]

次に，答えの与えられない疑問文について見てみよう．上に述べたように，疑問文が使われる多くの場合，その疑問文に答える形でニュースが進められていくが，(13)のように，そのニュース中ではその疑問文に対する答えが与えられない場合もある．そのような場合，疑問形式の文がそのニュース項目の終わりのほうに置かれ，その項目が終わる．

この現象は，ドラマでとられることのある手法と関連付けることができる．ドラマでは，話の結末がつけられない場合があり，「この先どうなるかは視聴者の皆さんのご想像にお任せします」ということが（言葉で明示されないまでも）示されることがある．ニュースにおける，答えの与えられない疑問文は，このようなドラマの手法と類似したものとみなすことができる．このように考えると，答えがあるかどうかに関わらず，疑問文全体を，ニュースにおいて娯楽番組的な手法をとるという傾向と関連したものとして捉えることができる．

4. ニュースが娯楽的に脚色される理由

前節では，今日のニュースで見られる言語現象の多くを，ニュース全体が娯楽的に脚色されるという傾向と関連したものとして捉えられるということを示した．また，ニュースにおける言語現象とニュースで用いられる他の様々な手法とを関連付けた．この節では，ニュース全体が娯楽的に脚色されるという傾向の背景となる要因を見る．

小泉 (1998) が述べるように，アメリカ CBS のニュース・スタンダード では，ニュース番組と娯楽番組が明確に区別されるべきものであるいうことが次のように示されている．

---

[4] この，ニュースにおける会話という現象に関しては，別稿にてさらに詳しく論じる予定である．

最も重要なことは，事実を扱うわれわれの報道とフィクションやドラマを
扱う娯楽番組との間に，可能な限り鋭い線…（中略）…を引くことである，
という点だ．…（中略）…それゆえに，われわれがショービジネスをやっ
ているのではないと自負することは，特に重要であり，したがってドラマ
チックで自由な表現，「事実を反映したフィクション」といった論理，そ
れに話し方による強調の仕方といった，フィクションや娯楽番組では当然
のように使われる手法を，絶対に駆使してはならないのである．

(小泉（1998: 9))

　このような，ニュースと娯楽番組との区別は，原則として日本にも存在す
る．そのことを示すものとして，NHK におけるプログラムの区分がある．1
節で述べたように，NHK の分類では，放送するプログラム全体を，「ニュー
ス」とそれ以外のプログラムに二分し，「ニュース」以外のプログラムを「番
組」としている．このように，日本においても，ニュースと娯楽番組との区別
がなされていることが分かる．
　このような事実にもかかわらず，本稿で指摘するように，日本においては
ニュースに娯楽的な要素がしばしば取り入れられる．この背景には，日本の教
育事情の影響が考えられる．
　この点では，木下（1990）における，文章の構成に関する議論が参考になる．
木下は，文章の構成として要点先行型と起承転結型を挙げている．要点先行型
は，文章の重要な点を先に述べるものである．一方，起承転結型は漢詩の組み
立て方に由来するものであり，この形式に関し木下は次のように述べている．

　　起承転結の構成は，人の心を動かす文学的効果をもっており，話し上手と
　　いわれる人のスピーチはこういう組み立てになっていることが多い．

(木下（1990: 100))

　要点先行型は論説文や論文でとられる形式である．新聞記事など報道に関わ
る言語においても，本来はこの形式がとられる．根岸（1999）は，日本語の新
聞記事を英語に翻訳する際の注意点について論じる中で，最も重要な要素を最
初に置くこと（すなわち要点先行型を取ること）の必要性を指摘している．
　これに対し，人の心を動かす起承転結型は，「そろそろと言い起こして，そ
れを承けてようやく本論にはいっていく」ものであり，論説文や論文には向か
ない（木下（1990: 119))．それにもかかわらず，日本では要点先行でないよ
うに見える説明文・論述文があると木下は述べている．木下は，過去に英語圏

の研究者が日本では説明文・論述文が要点先行でないと捉え，これに違和感を持ったと述べている．これは，要点先行でない説明文・論述文が日本において少なくないことを示している．このようになった背景を木下は次のように述べている．

> 情報の伝達よりも「人の心を打つ」ことに重きを置いた従来の作文教育では，文章を起承転結の順に組み立てるように指導する教師が多かった．
>
> (ibid., 100)

このように，日本においては，人の心を打つような文章が良い文章であると考える傾向がある．これは，書かれた文章だけでなく，話し言葉とも関係している．実際，木下も，「話し上手といわれる人のスピーチはこういう組み立てになっていることが多い．」と述べている．したがって，ニュースにおける言語的な変化の背後にも，人の心を打つような言語が良い言語であるとみなす傾向があると考えられる．

このことを示す新聞記事がある．NHK ニュースは 2017 年度より刷新されたが，以下は，これについてのアナウンサーへのインタビュー記事である．

> ―ニュースを読む仕事の魅力は．
> 鈴木　情報は記者やディレクターが現場を取材し，編集されて色んな人の手を経てアナウンサーの元に届く．それに怒ったり悲しんだりという感情みたいなものが乗って，ニュースになっていく．そこにやりがいを感じます．
> ―感情や思いがなければ，AI（人工知能）がやればいい？
> 桑子　AI が情報を届けることはできても，心を乗せて伝えられるのは人間だと思います．
>
> （「春『報道の顔』一新」朝日新聞 2017 年 3 月 31 日，下線は筆者）

この記事から，ニュースを単に伝えるだけでは不十分であり，人間らしい感情をこめることに価値があるという意識がうかがえる．発信する側が感情をこめることと，受信者の感情を引き起こすことは関連がある．したがって，この記事は，人の心を打つような言語が良い言語であるとみなす傾向を示すものと捉えることができる．

5. まとめ

　本稿では，テレビのニュースで近年見られる言語に関わる現象を取り上げ，その背後にある要因を考察した．

　ニュースで使われる言語に見られる現象には，名詞句の多用，要点の省略，疑問形式の文の使用，分裂文がある．これらは，一見すると関連性のない多様な言語現象のように見えるが，要点を後置するという点で共通している．

　本稿では，ニュースで使われる言語自体に見られる現象と，ニュースにおいて顕著になってきた他の形式とが，同じ要因によって生じているということを示した．ニュースで使われる言語に見られる現象は，要点を後置するという点で共通しており，これはクイズのような娯楽的な手法である．一方，二人以上による会話の形式などは，ドラマやバラエティーに特徴的なものである．すなわち，これらの背後には，ニュースを娯楽的に脚色するという傾向が要因として存在しているといえる．

参考文献

原口庄輔・中村捷（編）（1992）『チョムスキー理論事典』研究社，東京.

木下是雄（1990）『レポートの組み立て方』筑摩書房，東京.

小泉哲郎（1998）『テレビジャーナリズムの作法──米英のニュース基準を読む』花伝社.

村松賢一（2005）「ニュース番組における『おしゃべり』」『メディアとことば2』，三宅和子・岡本能里子・佐藤彰（編），2-29，ひつじ書房，東京.

根岸裕一（1999）『新聞記事翻訳の現場から　和英翻訳ハンドブック』大修館書店，東京.

高見健一（1999）「統語論　機能主義」『日英語対照による英語学概論』，西光義弘（編），137-183，くろしお出版，東京.

轟里香（2008）「ニュース番組で用いられる言語の変化について」『北陸大学紀要』第32号，121-133.

轟里香（2009）「日英語における強調表現」北陸大学紀要第33号，101-108.

轟里香（2012）「テレビのニュースにおける言語変化に関する一考察──映像アーカイブを用いて」第85回日本社会学会大会報告，2012年11月4日於札幌学院大学（『第85回日本社会学会大会報告要旨集』）.

轟里香（2013）「ニュースにおける省略と後置」『北陸大学紀要』第37号，169-181.

轟里香（2014）「テレビニュースにおける言語現象とその要因に関する一考察」*Osaka Literary Review*，第53号，33-54.

轟里香（2015）「ニュースで使用される言語における要点の移動について」北陸大学紀要第40号，41-53.

英語学習者の事態把握に見る日本語の「無限定性」について[*]

川畠　嘉美

石川工業高等専門学校

1. はじめに

　本稿では，日本語を母語とする英語学習者（高校 3 年生相当）が日本語の会話による映像から作成した英文の分析をもとに，日本語特有の事態把握がどのように英文作成に反映されているのかを認知言語学的に考察する．特に，認識主体と認識客体の「観る・観られ関係」の成立に注目し，中村（2016）が指摘する日本語の「無限定性」の影響がどのように英作文に反映されているのかに関連して，主として「グラウンディング」に関わる表現について検証する．

2. 英作文データ収集方法

　石川工業高等専門学校 3 年生（高校 3 年生相当）の学習者（日本語母語話者）74 名と留学生 2 名を対象に，テレビアニメ『サザエさん』の一場面を視聴させ，視聴した内容を英語で表現させた．映像視聴及び英文作成は，クラス別に2017 年 2 月 13 日と同 16 日にそれぞれ行い，第 1 回は学習者 35 名＋留学生1 名（東南アジア出身），第 2 回は学習者 39 名＋留学生 1 名（東アジア出身）からデータを得た．留学生を除く学習者 74 名の TOEIC Bridge IP(2017 年 1月 30 日実施）平均スコアは約 134.5 点である．[1]

　映像提示は各教室備え付けのプロジェクターによりスクリーンに投影する形式で行った．映像は学生の求めに応じて複数回（5 回程度）提示した．英文作

---

　[*] 本研究は JSPS 科研費 16K02947「学習者の英語熟達度と母語の事態把握の影響に関する研究：認知言語学の観点から」（代表者：川瀬義清）の助成を受けたものである．

　[1] TOEIC Bridge IP の高校生（57,210 人）平均スコアは 118.2 点，高校 3 年生（9,700 人）の平均スコアは 117.2 点．（国際ビジネスコミュニケーション協会『TOEIC® Program DATA & ANALYSIS 2016　2015 年度受験者数と平均スコア』より）

成の時間制限は特に設けなかったが，結果的には上限50分程度になった．

■映像内容

『サザエさん』の一場面（48秒）．登場人物間の会話は日本語による（詳細は英文作成時に学生に配布したハンドアウト〈資料1〉を参照）．映像には，伝聞表現や回想シーンが含まれた．登場人物の固有名詞ではなく親族名称を用いる可能性を考え，ハンドアウトには登場人物の相関図を示した．

■調査時の指示内容

・辞書（英和・和英とも）は使用禁止
・資料1のハンドアウトは参照可
・記述は手書きで行う
・語数制限なし

3. 収集した英作文データについて

3.1. 語数

学習者が作成した英文の平均語数は1人あたり64.5語（最小16語～最大189語）であった．学習者別の語数と誤用・不適切な表現の数の間に相関は認められなかった．

3.2. 分類方法・項目と結果

個々の英作文において誤用と認められるものや不適切と判断されるものを約50項目に分類・計上した．1つの表現に対して複数項目が該当する場合は，いずれの項目にも計上した．本稿では，主立った誤用を抜粋して紹介する．[2]なお，各棒グラフの薄い灰色（上部）は該当人数，濃い灰色（下部）は該当件数を示す．

---

[2] 手書きで英文作成を行っているため，スペルミスも計上し，名詞で46件31名，動詞で28件23名，その他で13件11名の誤用があった．kitchenとすべきところをkitchin, kictin, kittchenとするなど，日本語のカタカナ発音が多分に影響していることが考えられる例もあったが，本稿では紹介を割愛する．「腕を見てくれ」を "Please look at my arms.",「おつかれさま」を "You are tired." とした例など，日本語からの文字通りの直訳も見受けられた．

■名詞関連

　名詞関連で特に目立ったのは，冠詞や所有格代名詞等が名詞(句)の前に書かれていない「無冠詞・無限定」(46件21名) である (例：in company / … heard story / … singing crazy song / など).「不要な不定冠詞」(24件17名) については不可算の dinner や sake (日本酒) に不定冠詞がついている例が多かった．

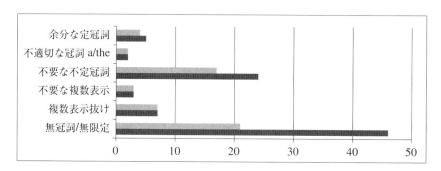

■動詞・時制関連

　動詞関連では，語幹のスペルや活用の誤用以外は，人称や時制との対応に関するものが大半を占めた．時制や人称との対応が皆無だった例 (動詞をすべて原形で使用) は70件33名，主節における時制が不適切な例は75件32名，従属節における時制の不一致が見受けられた例は46件31名であった．このほか，動詞自体が欠落していた例が26件16名，動詞部分がすべて現在形・あるいはわずか一部を除いて現在形で記述した例が40件4名あり，これらの誤用が一切認められなかった学習者は74名中10名にとどまった．

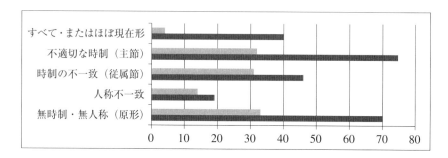

■その他：前置詞・態・代名詞について

上述した項目以外では，「前置詞の欠如」（47件28名）と「不要な前置詞」（28件21名）が目立った．

前者については，登場人物である波平が自炊していたことを表現する際に〈cook等の動詞＋再帰代名詞〉（例：cook himself）とし，再帰代名詞の前のforを含まない例が8件で最多であった．再帰代名詞の後のdinnerやmealsの省略，あるいは強調と考えられないことはないが，そのような知識を有してこの表現を使ったとは考えにくく，「前置詞の欠如」に計上した．

後者については，登場人物のマスオを家族で出迎えたことを〈welcome＋to/for人〉（例：welcomed to Masuo）と表した例が12件で最多であった．

「態」については，disappoint/surprise/boreなどの動詞を用いた文で，それらの感情を抱いた側が主語となっているため受動態としなければならないところを能動態とした例が16件16名だった．

その他特記すべき事項として，「代名詞」について，3人称にすべきところを1人称にした例が11件7名あった．このなかでは（1a）-（1c）のように，主節主語（3人称）の発言内容を従属節内で直接話法的（1人称）に表現したものなど，従属節内に多くの例が認められた．

(1) a. Katsuo answered that we are boring.
  b. Katsuo said we are freeing.
  c. Wakame noticed that my father is strange …
  d. Namihei cooked myself when he is young.

以上のように，学習者の英作文には，名詞に関しては冠詞や限定詞，動詞関連では人称や時制を中心にグラウンディング要素の欠落や誤用，不適切な表現が最も多く見受けられたため，次章では学習者の事態把握とグラウンディングとの関連について考察する．なお，参照用の具体例として，日本人学習者と留学生による実際の英文を資料2にそれぞれ示す．

4. 分析：グラウンディングとの関連から

グラウンドやグラウンディングといった概念は，Langacker（2008）によって下記（2）-（4）のように定義づけられ，（4）にあるように，ステージ・モデルにおける「認識主体」（subject）と「認識客体」（object）とを明確に区別した「観る・観られ関係」を前提としている．

458   VIII. メディア・教育

(2) The differences pertain to the identification of nominal referents and the status of the profiled process with respect to time and reality. In both cases, this assessment is made relative to the speaker-hearer interaction in the current discourse context.   (Langacker (2008: 259))

(3) The term **ground** is used in CG to indicate the speech event, its participants (speaker and hearer), their interaction, and the immediate circumstances (notably, the time and place of speaking). A grounding element specifies the status vis-à-vis the ground of the thing profiled by a nominal or the process profiled by a finite clause.   (ibid.)

(4) Grounding thereby reflects the asymmetry between the **subject** and **object** of conception: that is, the conceptualiz**er** and what is conceptualiz**ed**.   (ibid.: 260)

中村 (2016) は，言語に主客対峙の認知が反映していることをふまえたうえで，ラネカーの認知モデルが「S (観る側)」と「O (観られる側)」の対峙ありきのものであるため，両者が渾然一体となって生じる認知に適さないことを指摘し，主客対峙の認知構図が創発される手前の主客未分の認知段階で生じる認知モード「I モード」[3] 導入の必要性を主張している．さらに，日本語の認知特性について次のように述べている．

(5) 日本語の場合，主客未分の I モード認知による意味表示になるという側面を持つが，その表示の核心部分は，いわゆる概念内容 (content) と捉え方 (construal) が本来，どこまでも (観られる側 O として観る側 S として) 不可分であり未分であるという一点に，帰着する．その未分性のために，特に観る側 S は，限定のしようがなく，無人称的であり，時間も場所も同様に限定のしようがなく，無時間的で，場所もどこであってもよい (つまり S や G が確立していないのだから，グラウンディングが不要というか，不能なのである)．

(中村 (2016: 39–40))

こうした日本語の特性は，基本的な英語の語順や用法を習得した学習者で

---

[3] 認知モードには，認知像 O が観る側 S を内包し，かつ観る側 S の内部で O が成立する，相互内包型のインタラクティブな認知である「I モード (Interactional mode of cognition)」とその認知像をあたかも客観的な事態であるかのように捉える「D モード (Displaced mode of cognition)」がある．詳細は中村 (2004, 2009) を参照．

あっても，作成された英文の多くにグラウンディング要素が欠落したり，誤ったグラウンディング要素が取り入れられたり，さらには3人称で表現すべきところにグラウンドの参与体である話者が登場したりするという今回のデータに反映されている．

グラウンディングの種類は「モノ」と「関係」に二分されるが，今回のデータでは動詞・時制関連の誤用が名詞関連の誤用を大幅に上回ったことから，下記（6）に示す「モノ」のグラウンディングに比べ，（7）のような「関係」のグラウンディングに対して学習者の認識が，より薄いことが推察される．とりわけ，間接話法や「時制の一致」のように，二重の客体化を必要とする際のグラウンディングについては困難が伴うことが結果に表れている．

(6) With nouns, therefore, the primary epistemic concern is not existence, but rather identification. In learning and talking about the world, what we generally need to know about an object is not "does it exist?", but rather "which one is it?" (Langacker (2009: 150))

(7) For clauses, then, the primary epistemic concern is not identification, but rather existence—whether the event in question occurs at all.
(Langacker (2009: 151))

5. まとめ

本稿では，日本語母語話者である英語学習者の英作文に，日本語の特性である「無限定性」が反映されていることを，英語には欠かせないグラウンディング要素の欠落や誤用に基づいて分析した．

名詞関連では，約3割の学生において冠詞や所有格代名詞の欠落が認められたほか，約2割の学生が不要な不定冠詞を付加した．上述（6）のラネカーの説明に照らし合わせれば，名詞関連のグラウンディング要素の欠落は，認知主体が「モノ」を捉える際に identification を意識していない傾向が強いことの表れである．

動詞関連では，特に時制を示すグラウンディング要素の欠落が目立ち，発話時に対する，それぞれの出来事の位置づけがなされていないことが明らかとなった．

グラウンディング要素は英文に頻出し，用法基盤モデルに基づけばスキーマの定着度は高いはずである．英語教育においても，時制・人称と動詞との対応

は初期段階で学ぶ項目である．それにもかかわらず，特に動詞関連を中心にグラウンディング要素の欠落や誤用が散見されたという事実は，ラネカーによる主客対峙の認知構図だけでは説明できない．認知主体がグラウンディング関係をそもそも捉えていないのであれば，グラウンディング要素が表出されるはずもなく，今回の調査結果に関しては，日本語を母語とする英語学習者の多くが「グラウンディング関係を捉えていない」ことの説明が必要になってくる．学習者の英作文に見られた「無限定性」は，日本語の「無限定性」を反映したものであり，その無限定的な認知の仕組みを説明するには，中村（2004, 2009, 2016）が主張する，主客未分の認知段階で生じる認知モード「I モード」の導入が有効である．

　今回の調査では，日本語の会話をもとにした作文である点が，少なからずグラウンディング要素の欠落や誤用に影響していると考えられる．今後は，日本語を介さず画像から直接英文を作成した場合の調査や結果分析もふまえ，母語の認知が外国語習得に与える影響について考察する機会をつくり，日本語と英語のように認知類型が大きく異なる場合の外国語教育のあり方について考えを巡らせていきたい．

参考文献

Langacker, Ronald (2008) *Cognitive Grammar: A Basic Introduction*, Oxford University Press, Oxford.

Langacker, Ronald (2009) *Investigations in Cognitive Grammar*, Mouton de Gruyter, Berlin/New York

中村芳久 (2004)「主観性の言語学：主観性と文法構造・構文」『認知構文論 II』，中村芳久（編著），3-51，大修館書店，東京.

中村芳久 (2009)「認知モードの射程」『「内」と「外」の言語学』，坪本篤朗・早瀬尚子・和田尚明（編），353-393，開拓社，東京.

中村芳久 (2016)「Langacker の視点構図と（間）主観性—認知文法の記述力とその拡張—」『ラネカーの（間）主観性とその展開』，中村芳久・上原聡（編），1-51，開拓社，東京.

◆資料1

『サザエさん』の家族構成

波平(なみへい)とフネが夫婦
長女がサザエ
次男がカツオ
次女がワカメ
サザエの夫がマスオ
サザエとマスオの長男がタラオ

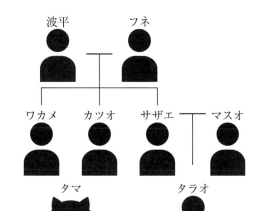

映像中の会話
〈磯野家の玄関〉
マスオ：　ただいまー．
カツオ・ワカメ・タラオ：　おかえりなさーい．
サザエ(・フネ)：　おつかれさまー．
マスオ：　どうしたんです？　みんなで．
カツオ：　みんなひまなんだよ．
サザエ：　父さんが夕食つくってくれるんですって．
〈回想〉
波平：　若いころはずーっと自炊してたんだ．まぁ，腕を見てくれ．
サザエ：　会社で男の料理教室に行ってる人の話を聞いたら，自分もつくって
　　　　　みたくなったんですって．
マスオ：　えーっ．
〈台所〉
波平：　サラダオイルに片栗粉，えーと，調味料は塩にコショウに砂糖…
　　　　酒！
〈茶の間〉
ワカメ：　お父さんが…
フネ・マスオ・サザエ・カツオ・タラオ：　ん？
〈台所〉
波平：　♪スチャラカチャンチャン，スチャラカチャン…
カツオ：　信用するからだよ
〈部屋〉
波平：　ガーッ（いびき）

462   VIII. メディア・教育

◆資料2
■日本人学習者の英作文例

Mrs. Sazae, Mr. Katuo and Ms. Wakame ★say "Okaeri" when Mr. Masuo go home.

He ①thought misterius to everyone coming ②here.

He ★says "What up?"

Mr. Katuo ★says "We are free".

She ★says "My father ③makes dinner for us"

She remembered that Mr. Namihei ④said "I ⑤every made to eat when I was young, You look forward to me."

She ★says "Mr. Namihei ★talk to ⑥man that going cook class in company, so that he want to cook dinner".

Mr. Masuo ⑦suprised that.

He found Sake when He ⑧looking for spice in kictin.

So he ★is dancing because he drink Sake.

he made his familly afraid.

He ★is noizy when he is sleeping in room.

以下は，この作文例の不適切な表現や誤用の説明（抜粋）である．

★主節の時制について
　同じ時間軸の内容を表しているにもかかわらず，現在形，過去形が混在している．ト書きや実況のように現在形で統一させているわけではなく，時制に対する感覚が薄いためであると思われる．

① thought misterius（mysterious の誤り）
　「不思議に思った」という内容を示す意図があったと思われる．

② here
　本来，発話者がいる場所を示す言葉であるが，ここではマスオがいる場所（家の玄関）を表している．

③ makes
　波平が食事をつくっている（はずの）タイミングでの発話であり，現在進行形が適切である．

④ said

主節が remembered となっているが，that 節内に時制の一致が反映されていない．

⑤ every

「いつも」のつもりで直訳したと思われる．

⑥ man that going to cook class in company

man の前に冠詞がなく，that を関係代名詞として使用しているようだが，going が続いている．a man who goes to cooking school in/at his office などとすべきところかと思われる．

⑦ surprised that

能動態で使われており，マスオが何かを驚かせたことになってしまう．Masuo was surprised at that. や Masuo was surprised to hear that. などの表現が適切である．

⑧ looking

進行形の be 動詞（was）が欠落している．

■留学生の英作文例

Masao had just arrived at home from work when Sazae, Katsuo and Wakame were waiting for him in front of the door. Masao was so surprised that he asked them why they were waiting for him. They said that they had nothing to do because Namihei was preparing for dinner for them. Namihei heard about a men's cooking class from someone from the class at the office, that's why he felt that he also wanted to cook. He used to cook for himself during his young age so he wanted to show off his cooking skill. In the kitchen, he found a lot of ingredients like salt and sugar but he also found a bottle of alcohol. He drank up the alcohol and became drunk.

大学初年次生の学術的・実務的文章のスキーマ形成

因　京子

日本赤十字九州国際看護大学

1.　研究の背景

　本稿は，大学初年次生の文章作成技能の向上を支援する方法を開発すること
を目的として，この技能の基盤をなすと考えられる目標文章の「スキーマ」
（後述）の獲得が円滑に進む学生と進まない学生が文章の優劣を判断する際に
依拠する基準を観察し，指導法への示唆を得ようとするものである．なお，本
稿では，大学で学ぶべき文章作成技能として，学術の場を含み職業場や市民と
しての活動場に広がる社会生活において用いられる実務的・専門的文章を作成
する技能を想定している．「論文・レポート」だけでなく，効率的で明確であ
ることが求められる実務文全般を対象とするが，私信や芸術的価値を志向する
文章は対象ではない．

　ある言語における文章作成の技能は，母語話者であっても自然に獲得できる
わけではない．学術的・専門的・実務的文章を作成するには，狭義の言語知識
によって文レベルの構造的整合性を確保するだけではなく，全体構成や論理展
開のあり方やスタイルについての知識が必要である（Cumming（1990: 31-
51））．その知識は，特定の文章の伝達目的と伝達対象に鑑みて，いまだ書か
れていない文章がどのような形を取るべきかを想定する力であると言え，文章
の整合性についての判断を支えるが，固定した規則の束ではなく，個々の形式
を全体の他の部分の内容や形式との均衡の中で柔軟に制御し，全体としての整
合性を保障する．これを，（目標文章の）「スキーマ」と呼ぶことがある（因ほ
か（2007），村岡（2014））．スキーマは，文章作成過程でモニターとして機能
するだけでなく，評価する際の基準として働くと考えられる（村岡（2014:
93-101））．文章の目的によって「スキーマ」は異なるが，「学術的・専門的・
実務的文章のスキーマ」（以下本稿ではこれを単に「スキーマ」と呼ぶ）は，情
報受信者の誤解と負荷とを最小化すべく，中心的主張に収斂していく諸概念と

それらが形成する全体構造についての意識，および，個々の概念や主張・言明の存在論的位置づけと相互の繋がり方を厳密かつ簡明に反映する表現手段についての知識を中核とする（村岡ほか（2009））．因・山路（2009）ではスキーマの構成要素として「全体の構造化」「局所的構造の整合性」「全体的なつながり」「論証の明晰・厳密さ」「記述内容の主題関連性」「情報のモーダルな質の表示」があげられている．

　スキーマの形成を促し，文章作成の技能を支援するうえで，いわゆる「添削」は効果を上げにくい．因・山路（前掲）は，大学初年次生の作成した文章の変化を分析して，概念操作に関わる抽象度の高い要素でも「記述内容の妥当性」にはかなり進歩が見られた一方，「論証の厳密さ」の改善が小さく，「確からしく思われる現象」と「確かな事実」の区別，個人の習慣や信念と客観的傾向との違いなど事柄の質が厳密に検討されるようになる一方，議論の前提や意義が明示化されるという変化は観察されなかったと報告している．山路・因・藤木（2013）では，工学部学生の1年生在学時と3年生在学時の文章を比較して，適切な表現の探求は，課題を添削して返却するだけでは促進されず，後に自分が所属しようとする社会で求められる思考，表現を意識する機会の存在が必要であると指摘している．

　大学生の文章作成能力の向上を支援するには，作成手順や作成した結果の表現を指導するだけではなく，彼らの持つ判断基準や価値を知りそれに働きかける必要がある．そこで本研究では，大学生が実務文の優劣をどう判断するのかについて調査を行った．

2. 本研究の概要

　「アカデミック・ライティング」の講義科目を受講した大学1年生105名が学期末に行った実務文の優劣を判断するタスクにおいて，適切な判断を下した者と判断に失敗した者とがそれぞれの選択の根拠として述べた記述を質的に分析した．

　素材としたのは，授業評価をするよう求める文章Aと，これに見られる冗長さなどを修正した文章Bである（Box 1）．学術的文章でなく日常的実務文を用いたのは，内容に関する知識の差による影響を最小化するためである．文章AもBも単文レベルの誤りを含まず，日本語として自然であるが，実務的文章としての要件をよりよく満たしているのは文章Bである．

466 VIII. メディア・教育

Box 1：評価タスクの素材

文章 A と B は，学生に「授業評価」を行うよう求めた文章です．A と B を比較して，優劣についての判断とその判断の根拠を述べてください．

〈文章 A〉 授業評価について
　今後の授業改善に役立てることを目的に，実習を含めた全ての授業科目において授業評価を実施します．授業は学生と教員との相互作用により成立しています．今後の授業を，学生と教員が協働して改善していくために，率直な意見をお聞かせください．なお，アンケートは無記名であり皆さんの個人情報は守られます．また，回答の結果が個人の成績評価に影響するようなことは決してありません．学生の皆さんはこの趣旨を理解し，学生の意見を踏まえたよりよい授業が行われるよう，授業評価の実施について参加をお願いします．授業評価の実施方法等については下記のとおりです．

記
1．授業評価実施方法について
　1）　講義・演習科目の場合
　・各科目の授業最終日に実施します．
　・アンケートには，率直な意見を記入してください．
　・記入後，アンケートは所定の回収ボックスに各自で入れてください．
　2）　実習の場合
　・実習最終日に実施します．
　・アンケートには率直な意見を記入してください．
　・記入後，アンケートは回収ボックスに各自で入れてください．
　　※最終日が学内でない場合は，次回帰校日に事務室前の回収ボックスに提出してください．

〈文章 B〉　**看護学部の皆さんへ：授業評価参加のお願い**
　授業改善を目的として，無記名のアンケート形式の授業評価を実施します．学生の皆さんは，下の要領で，必ず回答してください．
　授業は学生と教員との相互作用によって成立するものであり，授業を改善するには，教員と学生の両方の努力が必要です．このことを理解して，学生としての率直な意見を聞かせてください．この評価は，無記名式で実施しますから，回答者が特定されたり，個人情報が流出したり，回答の内容が成績評価に影響したりすることは，決してありません．

記：実施方法

1. 講義演習科目

各科目の**最終授業**で評価用紙が配布されます．記入して，所定の回収ボックスに各自が入れてください．

2. 実習科目

各実習の最終日に評価用紙が配布されます．**学外で受け取った場合には**，記入して**次回登校日**に事務室前に設置された回収ボックスに各自が入れてください．

3. 結果

3.1. 評価の正解率

105 名中，判断に成功した者が 38 名（36.2％）失敗した者が 67 名（63.8％）であった．学生たちは 1 学期間，「予め全体構造と内容を計画しなければならない」「目的と読者によって書くべき内容が決まる」「主題と議論展開の道筋を先に示す」「各段落では重要情報を先に提示する」「語彙・表現の適切性は，固有のものではなく前後の文脈や全体構造による」「同主旨の叙述はまとめ何度も繰り返さない」など，学術的・実務的文章のスキーマの特徴を具体化した言明に明示的・暗示的に接していた．しかし，効率よく端的に述べる文章よりも，諄々と繰り返しを含みながら展開される文章を高く評価した者が多数を占めた．

判断成功者（正解者）の根拠記述は，根拠の多寡や記述の厚みには差があったが，妥当性を欠くものは見られず，スキーマの形成に成功していると考えられた．一方，判断失敗者（不正解者）は，明晰さや伝達効率とは異なる価値に着目し，局所の表現に対する直観に基づいて判断する傾向が強く，スキーマが未形成であると考えられた．可能性としては「判断は正しいが根拠記述に問題がある」「判断は正しくないが着目した根拠は妥当である」という回答もあり得ると思われたが，結果としては矛盾した結果は，1 例を除いて示されなかった．この例については後述する．

3.2. 正解者の判断理由

正解者による根拠記述の例を下に示す．

468 VIII. メディア・教育

Box 2：正解者の根拠記述

> 　文章 B のほうが良いと考える．理由は 3 つある．一つは，文章 B では最初に「看護学部の皆さんへ：授業評価参加のお願い」と書いてあり，だれを対象に何が書いてあるのか，すぐにわかる．二つ目は，実施方法までの文章が，A では長くて，「なお」「また」と文がつなげられて，相互の関係が逆にわかりにくい．一方，B は，要点を押さえ，簡潔に書いてある．三つ目は，文章 A では，「率直な意見を」というお願いが何度も書かれているが，一度だけで十分伝わるから，何度も書く必要はない．この三つの理由で，文章 A より文章 B のほうがすぐれていると判断した．

正解者によって言及された特徴は，「メッセージ伝達の明快さ，迅速さ」33，「無駄のなさ」27，「項目化・段落の適切性」11，「展開の明快さ（指示語，接続語の厳密な使用）」5，「文，文体」3，「書式，記号使用の適切性」3 であった．

3.2.1. メッセージ伝達の明快さ，迅速さ

　正解者 38 名中実に 33 名が高く評価する根拠として B では中心情報が直ちに伝えられることに言及しており，「指示」の文章の要諦を理解していると考えられた．次のような記述が見られた：

> B は，題目（見出し）が内容を簡潔に伝えている／ B は，題目だけで全部わかる／ A は実施方法までの文が長く，中心がなかなか出てこない／ B は，最初に「授業評価に参加してほしい」という主題，その次に目的が端的に書かれている／ B では，授業改善に何が必要か，明確に述べられている／ B には，アンケートがなぜ必要か端的に書いてある

3.2.2. 全体の無駄のなさ

　全体的な無駄のなさに触れたのは 11 名で，簡潔性と読者の負荷との関連を認識している．次のような記述が見られた：

> A では，率直に意見を述べてほしいという同じ指示が何度も繰り返されるが，一度でいい．何度も読むのは時間の無駄である／（B は）全体の量が少なくて，すぐ読める／同じことを言うのに B のほうがわかりやすく重要な点が明確だ／ B では重要なことが十分に述べられていて，補足がなくても理解できるか

大学初年次生の学術的・実務的文章のスキーマ形成　　　469

ら簡単でいい／Ａのほうが丁寧な印象を与えるが，同じことを何度も言っていて，くどい／Ｂには無駄な文や語がない／本当に必要なことだけが書かれていて，理解しやすい

3.2.3.　項目化・段落の適切性

項目・段落の作り方が適切性に触れたのは11名に留まったが，段落や項目化は内容の違いと相互の関係に基づくべきだという認識が明確である点が注目される．次のような記述があった：

Ｂは，最初の段落で全体の概要，次の段落で詳しい説明となっていて，読みやすい／Ｂは，段落の分け方がいいが，Ａは内容で段落分けがない／Ａは，項目の間に，大した違い，内容の違いは存在しないのに項目分けしている／Ｂは，分類が適切／＊の項目は，実施方法の一部であるから，別にしなくていい／箇条書きにする意味がない／Ａの三つの箇条は，同等ではない

3.2.4.　展開の明快さ（指示語，接続語の厳密な使用）

文章の展開に関与する指示語や接続語に言及したのは5名であった．内容を吟味せず羅列することや，行きつ戻りつする非直線的展開，指示語の範囲の不適切への批判が明確に述べられている．

Ａでは「なお」「また」と次々に続けてあるが，それより，要点を簡潔に書いたほうがいい／Ａは，「なお，また」で文章がつながれていて，相互の関係が逆にわかりにくい／Ａは，目的，実施するという告知，補足，実施方法，補足，というふうに話が戻って内容がつかみにくい／Ａは指示語が何をさすか曖昧である．「この趣旨」とは何か／Ａが個人情報保護のことを「趣旨」に含めているのは不適切だ

3.2.5.　文体の適切性

言及した人数は3例のみであるが，下のような記述が見られた．

学部長から学生に「お聞かせください」というのは，不自然／Ａは，参加への呼びかけ方が弱い．

3.2.6. 書式，記号使用の適切性

特定の記号使用の適切性でなく，複数の記号を明確な機能の区別をせずに使うことを批判している点が注目される．

> B では太字が強調部分に使われているが，A では，二重線や米印などあれこれ使われていて何が大切なのかよくわからない

3.3. 不正解者の判断

A が B より優れていると判断した不正解者の根拠記述は，多くが下のようであった．

Box 3：不正解者の根拠説明

> 　文章 A のほうがいいと思う．A は，授業評価実施方法についてと，何を実施するのか，わかりやすく書いてあるが，B は記のあとに実施方法とだけしか書かれておらずわかりにくいからである．あと，授業評価の実施方法については下記の通りですと文章 B には書かれていないが，記の上には書いたほうがいいと思う．

不正解者の根拠記述は，「わかりやすいから，いい」といった同語反復的記述が多く，「丁寧さ」への強い関心が見られた．根拠として言及されたのは，「丁寧な印象」39，「全体の構成」34，「わかりやすさ」33，「（特定の）語彙の使用の適否」24，「書式や記号の使用」23 であった．

3.3.1. 丁寧な印象

不正解者の大きな特徴は，「丁寧な印象」「気分」への関心が強いことで，言及が 39 を数えた．繰り返しが評価され，端的な表現は評価されない．次のような記述が見られた．

> A は詳しく目的や内容を述べている／A のほうが丁寧に依頼していて感じがいい／A の言葉づかいは丁寧である／B は言葉が強く感じる／B は簡潔で理解が得られにくいと思う／B は高圧的強制的である／A は学生の心に伝わる書き方であるのに B の文章では必要事項が述べてあるだけで本当に評価を求めているかどうかわからない／A のほうが「率直な感想を」とあって，率直

に書ける気がする．Bのほうは短くまとまって，かしこまった感じがして正直に書けない／Bは言葉遣いが悪い．「努力が必要」といわれると回答者はいい気分にならない．

3.3.2. 全体の構成

不正解者の根拠説明には，意外にも「構成」「構造」への言及が多く，34例見られた．授業中にこれらへの言及をたびたび耳にして，重要であるという認識が形成されたと考えられる．しかし，文章Bの2つの段落が「要点（指示）」と「背景事情」という意味のまとまりを反映していることを見落とし，「突然だ」「簡潔でない」と評価し，「箇条書き」を内容との整合性を吟味せずに高く評価するなど，構成が内容を反映することへの認識が不十分である．次のような記述があった；

Bは内容に大した変化がないのに段落が二つになっている／Bでははじめに「回答してください」と書いてあるのに次の段落でまた目的が書いてあって簡潔でない／Bの第2段落は，突然来た感じがする／Bでは前触れなく突然方法が出てくる／Aは目的を再度短く途中で書いてあり，わかりやすい／Aは実施方法が二つに分けて書いてあり中もさらに箇条書きで書いてあり，わかりやすい／Aは全体が読みやすかった

3.3.3. わかりやすさ

不正解者の根拠説明には「わかりやすい」「わかりにくい」という印象の記述に止まり，その理由に触れたものは少ない．繰り返しを冗長だと感じるよりもわかりやすいと評価している．文が長いことには明白に忌避感が示され，読解力不足を感じさせる．次のような記述がみられた．

Aがわかりやすい／Aのほうが詳しい／Aには流れがある／Bはひとまとまりの意味が読み取りづらい／Bは目的が具体的でない／Bは段落の前半に生徒への呼びかけ，後半に目的と留意点が書いてあるが，全体の本意がぼんやりとしていてわかりにくい／Bはどの授業で評価を実施するのかも，目的も書かれていない／授業評価は個人情報や意見を含むプライバシーに関する記載なので詳しく評価の説明が記されているAがいい／Aは「すべての科目」と書いてあるので対象がわかるが，Bでは「実習科目」が対象だとわからない／

Bは実習の説明のところで「学外で受け取った場合」しか書かれていなくて不十分／Bの「〜たり、〜たり」の文が長くてわかりにくい／Bは一文が長くだらだらしている／Bは一文が長くて読みにくい／Aは簡潔であるが，Bは，回答者が特定されないとか情報が守られるなど，しつこく書いてあってうるさい／文章Bは，「個人情報が守られるから回答を求めている」と読み取れる．Aは，最初に授業改善という目的が書いてあるがBでは，無記名アンケートと書いてあって，授業改善より無記名が大事なことであるという印象を受ける．

3.3.4. 特定の語彙使用の適否

不正解者の挙げた根拠には，特定の語彙への注目が顕著であり，「妥当性がない」「文法的におかしい」などの断定的表現が用いられているが，妥当性を欠くと思われる指摘もあり，意味を十分に把握しているとは考えにくい．次のような記述がみられた：

Bの「下の要領で」という表現が正しくない．「要領」は行動するときに使う言葉である／「聞かせてください」は間違っている／「〜たり，〜たり」は話し言葉だから使ってはいけない／「各自が」が正しくない／「最終授業」でなく「授業最終日」としなければならない／Bには「記：実施方法」と書いてあるが「記」の横には何も書いてはいけない／「登校日」より「帰校日」のほうが正しい／Aでは実施方法は下記」と言ったすぐ後に実施方法の説明がくるが，Bでは下の通りという予告から離れている／Bは話し言葉（〜から）が使われていて文法が間違っている／Bの「無記名のアンケート方式の」と「の」が重なるのは文法的間違いである／Bは，「必ず回答」と「ぜひ回答」とあって，統一されていず，妥当性がない．

4. 正解者と不正解者の特徴と教育への示唆

4.1. 正解者と不正解者の特徴

正解者の根拠記述では，「繰り返しがない」「重要情報が早く出現する」「きちんと段落が立てられている」といった現象を評価しているが，現象に言及して直ちに「よい」と評価するのではなく，「読者の負荷を最小化する」という原則に合致した「簡潔である」，「中心情報の速やかな提示がなされている」「段落が内容のまとまりを反映している」といった特徴を指摘し，それを評価の根

拠としている．「箇条書き」や「接続詞を多用した展開」といった現象を批判するにも，「読者への負荷の最小化」の原則に反した「内容を反映しない並列」や「非直線的展開」であるという特徴を述べ，読者の情報処理に混乱を招く可能性が高いことを以て批判している．また，記号の用法や特定の書き方などについての議論では，特定の形式に内在的固定的価値を認めるのではなく，他との関係性の中で評価あるいは批判している．

　一方，不正解者の根拠の記述に顕著なのは，長さや繰り返しと関連する「丁寧さ」への高い評価と特定の形式の妥当性・非妥当性についての固定的判断である．丁寧な感じがするかどうかを重視していて，簡潔で無駄を省いた書き方を「高圧的」と感じている．また，「箇条書き」といった形式やいくつかの語彙の使用を「不適切だ」と断じており，固定した規則の存在を想定し，判断はそれに合っているかどうかで決まるという想定があると思われた．

4.2.　過渡的状態を示唆する根拠記述

　判断の適否と根拠記述の間に矛盾がある例が，一例，見られた．読者の情報解析の容易さが重要だと考えた者においても「へりくだった態度が大切」という信憑が根強く，新しい価値観の受容は徐々に進行することが窺われる．

Box 4：過渡期にあると思われる根拠記述

文章 B のほうが良いと思う．その理由の1つ目は，授業評価を行う対象者についてである．A は，誰を対象に行うのかわからないのに対し，B では，最初に「看護学部の皆さんへ」と書いてあり，対象者がすぐにわかる．2つ目は，実施方法についてである．A は，アンケートによって行うことを明確に記載していないのに対し，B は，第一文でそれを明確にしている．3つめは，B のほうが協力したいと思える文章であることである．A は，文章が全体的に押し付けがましく感じられる．「参加をお願いします」と書いているものの「授業評価は個人情報は守られるし成績に影響しないから協力しろよ」というメッセージが読み取れる．それに比べて B は，「授業評価参加のお願い」と最初に書いてあるし，文章的にも強制されているように感じにくい．最後の理由は，実施方法についてである．A は，同じことを2度ずつ書いて，くどいと感じられるが，B は，そう感じない．以上から，B のほうが A よりよいと私は考える

4.3. 教育への示唆

　大学初年次一学期末の段階では，6割強が授業での明示的提示にもかかわらず「少しずつ述べる，へりくだった印象の強い文章」を是とした．「構造化されていない」「簡潔でない」という批判の表現は使っているものの，適切な使い方とは言い難い．スキーマの獲得に成功したと見なすことができる者は3割強に止まった．

　この背景には，読書習慣の差が反映している可能性がある（大島（2008））．「長いものを読むのは苦手」と公言する学生の数が増えているという現実を前提として，インプット増加を図らなければならない．また，学習ストラテジーにも着目する必要があるだろう．「正しい知識を提供されて暗記する」という習慣を形成している学生は「一つの正解がある」という信憑を持ち，「使っていい表現といけない表現を区別してくれれば，それを暗記する」「モデルを与えられれば模倣して書く」といった期待が強い．学習内容と学習過程の想定がこのようであれば，原則や手順が提示されても，その妥当性を体感し内在化することは難しいだろう．

　凝縮された表現を主とするインプットを増やし，信念変更へと向かわせる刺激を提供しなければならない．変化を生じさせるには，教師主導の刺激だけではなく，今回の調査でも3割強は存在した「ピア」による働きかけを利用することが有効かもしれない．

　今後，特定のタイプの文章の執筆技能を向上させることを優先して練習活動に用いる文章のタイプを制限する方向と，「伝達目的・読者」と「内容と構造」の関係を意識化させることを優先して多様な種類の文章を用いる方向の，どちらがより学習者のスキーマ形成を促すかを検討する必要があると考えられた．

参考文献

因京子（2010）「実務的・学術的文章のスキーマ獲得を援助する指導──「正しいことを覚える」から「意味あることを見分ける」へ」『東アジア日本語日本文化研究』第11号，111-130.

因京子・村岡貴子・仁科喜久子・米田由喜代（2008）「日本語テキスト分析タスクの論文構造スキーマ形成誘導効果」『専門日本語教育研究』第10号，53-58.

因京子・村岡貴子・米田由喜代・仁科喜久子・深尾百合子・大谷晋也（2007）「日本語専門文書作成支援の方向──理系専門日本語教育の観点から」『専門日本語教育研究』第9号，55-60.

因京子・山路奈保子（2009）「日本人学部1年生の論文構造スキーマ形成の観察」『専門

日本語教育』第 11 号，39-44.

Cumming, A. (1990) "Expertise in Evaluating Second Language Compositions," *Language Testing* 7 (1), 31-51.

村岡貴子（2014）『専門日本語ライティング教育—論文スキーマ形成に着目して—』大阪大学出版.

村岡貴子・因京子・仁科喜久子（2009）「専門文章作成支援方法の開発に向けて：スキーマ形成を中心に」『専門日本語教育研究』第 11 号，23-30.

二通信子・大島弥生・佐藤勢紀子・因京子・山本富美子（2009）『留学生と日本人学生のためのレポート・論文表現ハンドブック』東京大学出版会，東京.

大島弥生（2010）「大学生の文章に見る問題点の分類と文章表現能力育成の指標づくりの試み—ライティングのプロセスにおける共同学習の活用へ向けて」『京都大学高等教育研究』第 16 号，25-36.

大島弥生・二通信子・因京子・山本富美子（2008）「大学・大学院の学術コミュニティへの新規参入者に対する日本語表現能力育成の可能性—専門日本語教育分野の蓄積からの支援策を考える—」『大学教育学会誌』30(2)，59-61.

宇佐美洋（2014）「分断から統合へ—人間同士の協働を目指す「専門日本語教育」」『専門日本語教育』第 16 号，3-8.

山路奈保子・因京子（2012）「論証の「厳密さ」に対する大学新入生の意識を向上させるには」『北海道言語文化研究』第 9 号，63-74.

山路奈保子・因京子・藤木裕之（2013）「日本人大学生の書き言葉習得—初年次と 3 年次における調査結果の比較から—」『専門日本語教育』第 15 号，47-52.

山路奈保子・因京子・藤木裕行（2014）「日本人大学生の学部後半における文章作成技能獲得の様相—工学系専攻の大学院生による作文自己訂正から—」『専門日本語教育』第 16 号，45-52.

山路奈保子・因京子・佐藤勢紀子（2011）「日本人学部生の書き言葉習得—学年による違い，留学生との比較—」『第 14 回専門日本語教育学会研究討論会誌』9-10.

認知文法におけるグラウンディング理論と学習英文法*

今井　隆夫

愛知県立大学（非常勤）

1.　はじめに

　本論考では，従来の「学習英文法」の説明と「感覚英文法」の説明を取り上げ，ラネカーの認知文法理論の1つグラウンディング理論（grounding）から，感覚英文法の説明方法の妥当性を明らかにする．「感覚英文法」とは，著者が「説明が比喩的・アナロジカルであるため，学習者の既存の知識に取り込みやすく，既存の知識と関連付けて有機的な深い学びが促される」と特徴づけて取り組んできた英語（コミュニケーション）学習のための英文法である（*cf.* 今井（2010, 2015, 2016a, 2016b, 2016c））．

　認知言語学の道具立ての1つ（grounding）から，感覚英文法の妥当性を考察するにあたって，認知言語学の基本的な立場を確認しておく必要がある．認知言語学の特徴について，中村（2016）で的確に纏められているので引用する．［下線は著者による］

　　(1)　言語研究の認知言語学への展開の中で，もっとも際立っているのは，〈客観〉から〈主観〉重視への移行ということができよう．認識に関して，観る側を主観，観られる側を客観とすると，あきらかに認知言語学では，観る側としての主観が注目される．観る側の認知の仕方がどうであるかという点から，さまざまな言語現象の本質を捉えようとすると言っても過言ではない．その意味で，認知言語学は主観性の言語学である．　　　　　　　　　　　　　　　　　　　　（中村（2016: 1））

　　(2)　これまでの言語学ではあまり問題にされることがなかった，この観る側の捉え方（construal）に注目することによって，言語現象をより一

---

　*　本研究は JSPS 科研費 25370738 の助成を受けたものです．

般的に捉えること（スキーマ規定）ができる. 　　　（中村（2016: 2））

上記（1）（2）の具体例としては，中村（2016）では動詞 rise の例が挙げられているので，ここでは観る側の捉え方に注目することによって「ある言語表現がなぜそのような表現になるのか」（意味的動機づけ）がわかることを別の例でみてみたい. *There is a mosquito on your forehead.* という表現では，蚊が額にとまっているのは客観的な事実である. *You have a bump on your forehead.* という表現はどうか. 客観的にはたんこぶが額にくっついているわけではないが，接触を表す前置詞 *on* が用いられている. この例も見る側の捉え方に注目すれば，簡単に理解することができる. つまり，観る側からすれば，たんこぶが額にくっついているように見えるから on が用いられていると考えられる. このように「見る側」に注目することで，意味的動機づけができる現象は多くあり，認知言語学の成果が，英語の学習や教育に還元できる点である.

　以後の節では，2 節で認知文法におけるグラウンディング理論について紹介し，3 節では，「感覚英文法」の説明方法が 2 節の認知文法理論からは支持されることを明らかにする.

2.　グラウンド化 (grounding)

　ラネカー（Langacker）によれば，グラウンド（ground）とは，「話し手」，「聞き手」と「話の場でのやり取り」のことである[1]（図と地で用いられる地（ground）とは違うので注意すべき）.[2] グラウンド化（grounding）とはモノやコトを ground に位置付けることである. モノを表す noun（名詞）は nominal（名詞句）にすることによってグラウンド化される. 一方，コトを表す clause（節）は動詞が原形の場合，non-finite clause（不定節）となりグラウンド化されていないが，動詞に時制（現在形／過去形）を持たせるか，法助動詞（will, must, may, etc.）を用いることで，グラウンド化することができる. Langacker（2008: 259）では，名詞をグラウンド化する要素として，*the, this, that, some, a, each, every, no, any* などを挙げているが，いずれも結びつく名詞は何でもいいという意味で schematic（抽象的）な表現である. 例えば，cat と言った場合，cat（という type の）想念が思い浮かぶが，this cat と

---

[1] Langacker（2008: 261）に，the ground (G) consists of the speaker (S), the hearer (H), and their interaction in the context of speech とある.

[2] Langacker（2008: 9）の脚注に記載.

this によりグラウンド化すれば，自分の近くにいる特定の cat（type としての cat の具体例：instance）が思い浮かぶことになる．つまり，this cat はグラウンド化された表現である．このように名詞が表す想念ではなく，特定のものを指示することが名詞のグラウンド化である．

　次に，節（clause）のグラウンド化について纏めてみたい．節は，finite clause にすることでグラウンド化されるが，その中の動詞によって表されるプロセスを，1 つには，modals が「ない」のか「ある」のかという対によって，話し手が事態を「事実」と捉えているか，「可能性」と捉えているかの違いが表現される．[3] 2 つには，現在か過去かという tense の対により，話し手が事態を現在のことと捉えているか，過去のことと捉えているかの選択がある．[4] さらに，グラウンド化されていない process は，グラウンドには位置付けてられておらず，想念として浮いているイメージである．[5]

　以上を簡単に纏めると，節（プロセス）のグラウンディングとは，想念として特定の時間に起こったこととして位置付けられていない動詞で表される行為（プロセス）を，特定の時間に位置付けることで，2 つのグラウンディングの方法がある．1 つは「事実」か「予測・可能性」かのグラウンディングで，「予測・可能性」の場合は，may, will, must などの modals を用いる．2 つ目は，「事実」の場合，現在か過去かによって現在形か過去形かを選択する．また，「予測・可能性」の場合，その可能性がどの程度あると捉えるかにより，助動詞の選択をする．

　また，完了形の *have* や受動態の *be* についての Langacker（2008: 299）の考察は重要である．完了形の *have* や受け身の *be* は従来の英文法では助動詞（auxiliary verbs）という扱いを受けてきたが，認知文法では，*have, be* も lexical verbs 同様に tense を持ってグラウンド化されるのですべて同じカテゴリーにあると捉える．語彙的意味はないという意味では助動詞と言えるが，グラウンド化する要素（grounding elements）かグラウンド化される構造

---

　[3] Langacker（2008: 263）に，In an English finite clause, the absence vs. the presence of a modal indicates whether the profiled occurrence is accepted by the speaker as being real (*She is angry*) or merely potential (*She might be angry*).

　[4] Langacker（2008: 263）に，clausal grounding in English consists primarily in the oppositions present (ϕ, *-s*) vs. past (*-ed*) and the absence vs. the presence of a modal (must, can, will, shall, must).

　[5] Langacker（2008: 259）に，If left ungrounded, this content has no discernible position in their mental universe and cannot be brought to bear on their situation. It simply floats unattached as an object of idle contemplation.

（grounded structure）かという分類の方が重要と認知文法では考える．この内容は，Langacker（2008: 300, Figure 9.14）にわかりやすく表示されているので，ここに引用する．[6] 真ん中の段の要素をどのように捉えるかを示す表であるが，一番上の段が Cognitive Grammar の捉え方を，一番下の段が従来の分け方を示す．

Grounding Elements	Grounded Structure			
Tense Modals	Perfect (*have* + *-ed*)	Progressive (*be* + *-ing*)	Passive (*be* + *-ed*)	Lexical Verb (V)
Auxiliary System ("AUX")				"Main" Verb

表 1: Langacker（2008: 300, Figure 9.14）

3. グラウンディングから学習英文法を考察

3.1. 現在完了進行形，未来完了進行形，仮定法過去完了

例（3）は，学習英文法では（3a）は「現在完了進行形」，（3b）は「未来完了進行形」，そして（3c）は「仮定法過去完了」という別々の文法項目として教えられている．

(3) a. Ivy has been seeing Rufus for two months.

　　b. Ivy will have been seeing Rufus for two months tomorrow.

　　c. Ivy would have been seeing Rufus for two months today.

一方，感覚英文法（*cf.* Imai（2016b: 36））では，(3a) は「事実」を，(3b) は「予測」を表すと説明している．この説明は，2 節で述べたグラウンディングの概念に支持される．認知文法から考えれば，(3a) は tense（現在）によって real（事実）としてグラウンド化されているのに対し，(3b) は will によって merely potential（単に可能性があること）とグラウンド化されている．(3c)

---

[6] *Have, be*, and the modals (as well as tense) do share an important semantic property: each profiles a highly schematic process. Hence they are indeed all verbs (due to their profiling), and "auxiliary" verbs in the sense of being nonlexical (owing to their schematicity). Nevertheless, as shown in figure 9.14, the most basic division is not between the "main" verb (V) and auxiliaries (collectively referred to as "AUX"), but rather between the grounding elements (tense and the modals), on the one hand, and all the remainder, on the other. (Langacker (2008: 299))

については，感覚英文法では（3b）と比較し，（3b）は will により 100％の確信を持っての予測を表すのに対し，（3c）は過去形（would）が距離感[7]を表し，現実からの距離を表すので，「もし今も付き合っていたら Ivy と Rufus は今日で2か月になるのに」という事実の反対を述べる表現であると説明している．この点も（3c）の文が，*if they were still dating* という if- 節が背後にあると考えれば，ラネカーの認知文法では，過去形を if- 節で用いることで仮定（hypothetical situation）を表すということ（Langacker（2008: 303））と would を用いることで，will のように確信の高い予測ができないことを表すという指摘に支持される．

3.2. 時・条件を表す副詞節の時制

例文（4）を見てみよう．

(4) a.　If I win the lottery, I'll travel around the world.
　　b.　If I will win the lottery, I'll travel around the world.

学習英文法では，「時・条件を表す副詞節では，未来のことでも現在形を用いる」と学ばれ，機械的に（4a）が正しいと判断される．感覚英文法では，（4a）は，現在形（win）が用いられているので事実を表す．つまり，「宝くじが当たるということが事実となれば」という意味になるのに対し，（4b）は，予測を表す（will）が用いられているので，「宝くじが当たることを予測すれば」という意味になり，世界旅行は，宝くじが当たることが事実となった場合に実施すべきことなので（4a）が適切と教えられる．ここでの感覚英文法の教え方も，グラウンディング理論に支持される．（4a）は tense（現在）によって real，（4b）は modal（will）によって merely potential とグラウンド化されている．

　ここで重要なのは，単に表面的にルールを暗記して正しい表現を選ぶのではなく，なぜ（4a）が正しいかを一歩踏み込んで深く理解できることである．これは母語話者の感覚を明示的に学ぶ1つの方法と考えられる．さらに，（4a）と（4b）の意味の違いは，（3a）と（3b）の意味の違いと同じ現象として有機的に学べることである．実際，（4b）のように if- 節に will が用いられる文は，この文脈では不適切であるが，ピーターセン（1990: 123）が指摘するように，

---

[7] 著者（*cf.* 今井（2010: 167-168））は，過去形は「距離感」を表し，①現在からの距離，②現実からの距離，③相手からの心理的距離の3つを表し，文脈に応じて，これら3つの距離の1つか2つが salient になると説明している．

認知文法におけるグラウンディング理論と学習英文法　　481

文脈が変わればどちらの形も可能な場合もある．例文 (5) を見てみよう．

(5) a.　If I'm late, I'll text you.
　　 b.　If I'll be late, I'll text you.

ピーターセンに倣って説明すれば，(5a) は「遅れることが事実となった場合にメールする」という場合に，(5b) は「遅れることが予測された時点でメールする」という場合に用いられる．例えば，友達の家にお邪魔し，終電に間に合うように駅に向かうが，間に合わなかった場合にはメールするので友達に家まで送ってもらう場合には，遅れた時点でメールするので (5a) が適当である．一方，今夜 7 時に友達に会う約束をしているが，会社で仕事が入るかもしれない．その場合，仕事が入った時点で遅れるかもしれないとメールするので，メールする時点では遅れるということは単に予測なので (5b) が適当である．

3.3.　be 動詞について見直す
　例文 (6) を見てみよう．

(6) a.　Maria is a sophomore.
　　 b.　Maria is cute.
　　 c.　Maria is bored.
　　 d.　Maria is loved by Nate.
　　 e.　Maria is running.
　　 f.　Maria is in the bakery.

学習英文法では，(6) の be 動詞が①連結動詞，②「存在」の意味を表す動詞，③助動詞の 3 つに分類され，5 文型の分類も表 2 のようにされる．

	be 動詞の分類	文型
a. Maria is a sophomore.	連結動詞	SVC
b. Maria is cute.	連結動詞	SVC
c. Maria is bored.	連結動詞 / 助動詞	SVC / SV(M)
d. Maria is loved by Nate.	助動詞	SV(M)
e. Maria is running.	助動詞	SV(M)
f. Maria is in the library.	存在の be	SV(M)

表 2：be 動詞の分類と文型

このような分類をすると X be Y という同じ形をした構文が，be 動詞の種類は 3 つに，文型は 3 つ以上に分類されることになる．文型が 3 種類以上というのは，もし，She's riding a bike. という文なら，SVO となってしまう．また，(6c) は (6b) と (6d) の中間に位置する表現で，bored を形容詞と取るか，bore の過去分詞で受け身と取るかで，be 動詞の種類も文型も曖昧となる．

しかし，2 節で紹介した Langacker (2008: 299) の考察及び，Langacker (2008: 398) の記述[8]にあるように，be がグラウンド化された動詞として機能していると捉えることで，(6) の文はすべて，is によって文全体が表すプロセスが現在という時間に位置付けられている（グラウンド化されている）という点で is は動詞と捉えることができる．英語教育では，X be Y で「X が Y という状況にある」という意味を表す表現として，1 つの形式にまとめる方が，学習者にとってはわかりやすく，文法のための文法ではなく，英語表現を身に付けるためのガイドとしての文法としては有益と考える．Keene & Matsunami (1969: 10) で指摘されるように，著者は，学習英文法はガイド（guide）であってルール（rule）ではないという立場を取っているので，煩雑でない説明の方が learnability（学びやすさ）の観点から有用性があると考える．なお，be 動詞構文を X be Y としてまとめる説明方法は，1980 年代に若林俊輔氏も授業の中で言及（p.c.）していたことで，若林氏が脚本と演出を担当する DVD「文型・文法事項等導入法再検討①現在完了形」[9]の説明においても be 動詞を X be Y の 1 つの構文と捉える教え方が提示されている．その要点は，現在完了形の導入は，be 動詞の過去分詞 been から始め，例 (7) のような表現を一緒に導入できるとしている．I have been … という形で，… の部分には

---

[8] A distinction is commonly made between *be* as a "copula" (connecting element) and as an auxiliary verb. Copula *be* subsumes the cases already discussed, where the compliment is an adjective, locative, or predicative nominative. Auxiliary *be* occurs in passive and progressives. The putative basis for distinguishing them is that copula *be* is the only verb in its clause, hence the true clausal head, whereas auxiliary be is subsidiary to a lexical verb which serves in that capacity. However, this rationale confuses two different notions of clausal head: lexical verb and grounded verb. In all cases, be can function as the grounded verb, giving temporal extension to a non processual compliment: She is {sad / in the garden / an actress / liked by everyone / working hard}. It is true that passive and progressive participles are based on lexical verbs. But a higher level of organization, where *be* combines with its compliment, the constructions are all quite similar and susceptible to a unified account. Langacker (2008: 398)［下線は著者による］

[9] 財団法人語学教育研究所第 3 研究グループ「文型・文法事項等導入法再検討①現在完了形」ジャパンライム DVD

busy, in this room, teaching English などの説明表現がくるという捉え方である.

(7) a. I have been busy since last Sunday.
    b. I have been in this classroom for ten minutes.
    c. I have been teaching English for ten minutes.

さらに，この導入法の良い点として，従来は，現在完了は中学，現在完了進行形は高校と，別々に導入されていた表現を中学段階で一緒に導入できることであると述べられているが，この点もグラウンディング理論により妥当性が支持されると言える．また，認知言語学の観点から，これと相性がよいと考えられる学習英文法の2つ，大西（2011: 73），田中（2013: 252）も be 動詞構文を1つの X be Y で捉えている点で通じるので，ラネカーのグラウンディング理論から妥当性が明らかな説明方法と言える.

3.4. 知覚構文

高校で学習する文法事項の1つに「知覚構文」と呼ばれるものがある．例文（8a）のように，hear / see … + O +[*do, doing, done*] という形式を取るものであるが，学習者の中には，（8a）を（8b）や I heard Blair was speaking Japanese. と言ってはいけないのかという疑問を抱く者もいる．このような学習者の疑問点を解消し，（8a）と（8b）の文の意味の違いを理解することにもラネカーのグラウンディング理論が裏付けになると考えられる.[10]

(8) a. I heard Blair speak Japanese.
    b. I heard that Blair spoke Japanese.

（8a）でグラウンド化されている動詞は，heard である．speak は時制を持っていないので，グラウンド化されていないことになるから，単なる話すというプロセスを表現しているだけである．言い換えれば，聞いた内容のタイプを指定しているだけである．よって，（8a）で表されるプロセス（事態）は1時点で行われたことであり，「私はブレアが日本語を話すのを直接聞いた」という

---

[10] 直接的ではないが，（8a）と（8b）の意味の違いに関連することが Langacker（2008: 442）で述べられているが，ここでは Langacker の Grounding の概念から意味の違いの説明を試みた．また，Taylor（2002: 432）では，iconicity の概念から2つの文の意味の違いの説明がされている.

意味になる．一方，(8b) は，heard と spoke の 2 つの動詞がグラウンド化されている．ということは，I heard that ... という事態と Blair spoke Japanese というプロセスは，それぞれ別の時点に起こったこととして理解できる．つまり，(8a) のように直接ブレアが日本語を話すのを聞いたのとは違い，ブレアが日本語を話すという情報を他の誰かから聞いたという意味になる．

高校で学習する知覚構文といえば，(9) の 3 つの形 (do, doing, done) が提示されるが，これらの 3 つの形の意味の違いについても触れておきたい．

(9) a. I saw Lola enter Chuck's house.
   b. I saw Lola entering Chuck's house.
   c. I heard my name called.

まず初めに，これら 3 つの形は時制（現在形・過去形）を持っていないのでグラウンド化されていない形である．よって，単に私が何を見たかを特定（私が見たプロセスのタイプを指定）しているだけで，I saw ... の saw によってグラウンド化されている時点で起こった 1 つ事態である．では，3 つの形はいずれも単にプロセスを表していることになるが，その意味の違いは，(9a) のように原形 (do) の場合は単体としての 1 つのプロセスを表す．[11] つまり，ローラが，チャックが家に入っていくという行為を単体として丸ごと見たという意味になる．(9b) のように -ing 形が用いられれば，単体としての行為の一部をハイライトすることから，途中の意味を表すことになる．[12] (9c) は過去分詞 (done) が用いられているが，Langacker (2008: 121) で，過去分詞のイメージが "... highlight the end of verbal process, focusing either the final participant or final state"（動詞のプロセスの終点をハイライトし，最終的な参与者か状態がフォーカスされる）と述べられている．最終的な参与者とは，行為を受ける側であり，最終的な状態は，完了した状態なので，過去分詞は受け身と完了で用いられると言える．このことより，(9c) では，「私の名前が呼ばれるのが聞こえた」という受け身の意味となる．

---

[11] ラネカーの言葉では，a verb designates a bounded event と述べている (Langacker (2008: 65))．

[12] ラネカーの言葉では，be ... -ing にすることで，"zoom in" and imposes a limited immediate scope that excludes the endpoints of the bounded event. と述べられている (Langacker (2008: 65))．

3.5. 動詞の原形

　次に動詞の原形について，グラウンディング理論から考えてみたい．動詞原形は，従来の学習英文法では，命令法，仮定法現在，to＋動詞の原形など，別個のものとして扱われてきたが，グラウンディング理論からは，いずれも原形の部分についてはグラウンド化されていない想念としての process ということになる．つまり，特定の時点に位置付けられていないというのが基本イメージである．例文 (10) を見てみよう．

(10) a.　You are my guest today.
　　 b.　Be my guest.
　　 c.　I asked Charlie to pick up the laundry.
　　 d.　Nate suggested Sage stay a little longer.

従来の学習英文法では，(10b) は命令文（命令法），(10c) は to- 不定詞，(10d) は仮定法現在として扱われるが，感覚英文法（今井 (2010: 158)）では，いずれも原形はまだ行われていないことを表すと説明している．この説明は，ラネカーのグラウンディング理論から，原形がグラウンド化されていない想念としてのプロセスであると考えれば，「まだ行われていないこと」は想念としてのプロセスからメトニミー的に出てくる意味なので，妥当な説明と言える．(10a) はグラウンド化された表現で，「今日はあなたを招待しているんだから，（お金はいらないですよ）」といった文脈で用いられる表現で，事実を述べている．(10b) は「おごりです」という意味を表す．私のゲストになるという想念としてのプロセスを提示しているが，まだそうなっていないから使える表現である．(10c) は，「チャーリーに洗濯物を取ってきてと頼んだ」という意味を表す．洗濯物をとってくるということがまだ事実となっていない（実行されていない）ので，グラウンド化されていない原形が to の後に置かれていると考えることができる．(10d) は，「ネイトはセージにもう少し長くいるように提案した」という意味を表す．提案内容は提案時には事実となっていないから，グラウンド化されていない原形 (stay) の使用が適当と考えられる．ちなみに，この表現は，従来の学習英文法では，「提案・要求を表す動詞に続く節内の動詞は原形または should＋原形となる」と表面的なルールを提示する教え方が一般的な項目であるが，グラウンディングの概念を導入することで，意味的動機づけを伴って，原形が用いられる他の表現と一緒に有機的に理解できる．

　以上のように，動詞原形がグラウンド化されていないから事実となっていないと考えることで，従来，命令法，仮定法現在，to- 不定詞と別々の項目とし

て扱われていたものを有機的に整理することができ，Littlemore (2009: 148)
で指摘されるように，深く学び，長期記憶に残る学習が期待できる．

4. おわりに

　本論では，ラネカーの認知文法理論の道具立ての1つ，グラウンディング
理論から，「感覚英文法」の文法説明の妥当性を明らかにした．英語教育での
活用のために最後に簡潔に纏めてみる．動詞は，時制（現在／過去）か助動詞
(must, should, may, might …) を持つことで，話者が命題内容を「事実」
と捉えているか，「予測／可能性」と捉えているかを表すことができる．一方，
グラウンド化されていない動詞は，「特定のグラウンドに位置付けられていな
い」という基本イメージであることから次の2つの使い方ができる．(A) タイ
プとしてのプロセスを表す．(B)「まだ事実となっていない／まだ行われてい
ない」という意味を表す．以上のことから3つの点を考察した．

　1つ目は，プロセスを表す節全体が時制（現在形／過去形）か助動詞のどち
らによってグラウンド化されているかどうかに目を向けることで，「現在形」
と「will＋動詞の原形」の意味の違い，これまで「現在完了進行形」，「未来完
了進行形」，「仮定法過去完了」と別々の項目として扱われてきた現象を有機的
に整理した．

　2つ目は，X be Y という形の be 動詞構文を be 動詞が文全体の表すプロセ
スをグラウンド化しているという点で動詞と捉えることで，「連結動詞」，「存
在の be」，「助動詞」と3つに捉えられていた be を1つのものと捉え，X be
Y という構文は，「X が Y という状況にある」という意味で捉えることができ
き，learnability（学びやすさ）の点から有効な説明の理論的根拠が提示できた．

　3つ目は，グラウンド化されていない動詞は，単なるプロセスのタイプ（想
念）を表すということから，想念は事実となっていないことから，「まだ行わ
れていない」という意味をメトニミー的に派生し，命令文や提案・要求を表す
動詞の後で原形が用いられることを有機的に説明した．さらに，知覚構文
(see/hear … ＋ O ＋ *do/doing/done*) では，グラウンド化されていない形が
see/hear の後に続くのは，知覚したプロセスのタイプを指定しているからと
し，文全体が表すプロセスをグラウンド化しているのは see/hear という動詞
1つなので，1つの時間に起こったプロセスを表す内容であることを述べた．

　英語の学習／教育では，英語コミュニケーション力を伸ばすことが目的であ
るので，グラウンディングなどの用語を用いての説明は望ましくないが，グラ

ウンディング理論を背景において，learnability（学習可能性）の高いガイドとしての学習英文法を構成することの妥当性について明らかにしてみた．

参考文献

今井隆夫（2010）『イメージ捉える感覚英文法——認知文法を参照した英語学習法』開拓社，東京．

今井隆夫（2015）「英語学習における Cognitive Motivation Model: 母語話者の持つ英語感覚の学習を認知言語学の視点から考察」『認知言語学論考 12』，山梨正明他（編），207-259，ひつじ書房，東京．

Imai, T. (2016a) "The Effects of Explicit Instruction of "Image English Grammar for Communication" on Tertiary English Classes," *Journal of Annual Review of English Language Education in Japan* 27, 137-152.

Imai, T. (2016b) *The Effects of Teaching Linguistic Motivation through Image English Grammar*，愛知教育大学大学院・静岡大学大学院共同教科開発学専攻博士論文，愛知教育大学．

今井隆夫（2016c）「感覚英文法による言語表現の意味づけアプローチ——表面的な学びから深い学びへ——」『英語教育（11 月号）』Vol. 65, No. 9, 20-22.

今井隆夫（2017）「英語感覚習得の実態と認知言語学を参照した指導法」『日本認知言語学会論文集』第 17 巻，423-429．

Keene, D.・松浪有（1969）*Problems in English——An Approach to Real Life of the Language*（英文法の問題点——英語の感覚）研究社出版，東京．

Langacker, R. W. (2008). *Cognitive Grammar: A Basic Introduction*, Oxford University Press, New York.

Littlemore, J. (2009) *Applying Cognitive Linguistics to Second Language Learning and Teaching*, Palagrave Macmillan, New York.

中村芳久（2016）「ラネカーの視点構図と（間）主観性——認知文法の記述力とその拡張」『ラネカーの（間）主観性とその展開』，中村芳久・上原聡（編），1-51，開拓社，東京．

大西泰斗・ポール・マクベイ（2011）『一億人の英文法』東進ブックス，東京．

ピーターセン・マーク（1990）『続　日本人の英語』岩波書店，東京．

Taylor, J. R. (2002) *Cognitive Grammar*, Oxford University Press, New York.

田中茂範（2013）『わかるから使えるへ　表現英文法』コスモピア，東京．

IX.
認知モード・言語進化

ヒトの言語の進化的に安定な戦略*

高橋　幸雄

盛岡大学

1.　はじめに

　本論では，言語の文法を進化的に安定な戦略（Evolutionarily Stable Strategy: ESS）と見なした時の帰結について検証する．ESS は，Maynard-Smith (1982) が提唱した生物進化に関する理論的概念である．この理論の対象は，生物の変異に伴う，現有集団と変異集団との数理的関係である．ここで進化は変異集団の拡大として捉えられる．本論は，①言語能力は生物としてのヒトの器官がもたらすものであり，②ヒトの言語器官に変異が生ずることがある，と仮定しつつ，この理論を言語の文法に当てはめようとするものである．

　本論では，たとえば「ら抜き言葉」の拡大は次のように言い換えられる．「ら抜きを行わない現有の言語集団」と「ら抜きを行う変異した言語集団」とが同じ環境に現れている際に，後者がその環境を占拠していく場合には後者に属す個体が増加する際の動機付けあるいは利得が存在するはずである．その利得は「ら抜き」を選択する場合の意思伝達上の利得であろうと思われる．

　本論は，2 節において，分析を行うための全体的な枠組みを提示し，3 節ではこの枠組みに基づく分析の事例をふたつ取り上げる．第 1 は日本語の母音の無声化であり，第 2 は日本語の擬態語動詞の可否である．4 節では「ら抜き言葉の拡大」の理論的な再解釈を試みる．5 節においてまとめを行う．

---

　* 本論は，2016 年度盛岡大学「教育の質向上に関わる助成」による補助を受けている．また後述のように一部は SALC 6 での発表に補筆した部分を含んでいる．研究に際して多くの方々からご質問と助言をいただいた．ここに記して感謝申し上げる．いたらぬ点は筆者にすべて帰する．

2. 言語と進化的に安定な戦略

　ここでは，生物進化に関わる公式を言語の文法，あるいは文法の変化，の研究に適用する方式を検討する．とくに進化的に安定な戦略という概念については Maynard-Smith（1976）の考え方「採用すべき戦略は相手方がとる戦略のいかんによる」(the best strategy to adopt depends on what others are doing) を基にする．

　基本となるゲーム理論の道具立ての説明から始める．本論は，言語は戦略の体系であり，言語によるやりとりは，戦略間の関係によって成り立っていると想定する．戦略は純粋戦略と混在戦略の2種類があり，前者は特定の状況下で特定の戦略が必ず執行される場合であり，後者はその特定戦略が必ずしも執行されない場合である．それらの戦略には利得（payoff）が伴う．本論では意思疎通の成立をもって利得がある，とみなす．ここでは「行為者 α が，行為者 β の戦略 J に対して，戦略 I を適用した際の利得 E がもたらす適性」を $E_J(I)$ と表す．これは，そのような状況が成立する確度が100%である純粋戦略の場合を指している．混在戦略で戦略が二つ存在し，それぞれ確度を p と q で表す場合（ここで $p+q=1$）戦略 I の適性は次のように表示できる．

　(1)　$pE_J(I) + qE_I(I)$

同様に戦略 I の適性は「$pE_J(J) + qE_I(J)$」となる．

　次に「進化的に安定な」という概念について述べる．これは，いかなる変異個体が登場しても，その母体となる現有集団の個体数に対して影響が与えられない場合を指す（Maynard-Smith（1976: 42-43））．ここでこの概念と本論の主張との関係を述べると次のようになる．個別言語について文法と呼ばれているものは「進化的に安定な戦略の体系」である．たとえば「ら抜き」の現象は，「変異個体（ら抜きを行う個体）が登場することによって，母体となる集団（ら抜きを行わない集団）の個体数に影響が与えられた」言語変化の現象として捉えることができる．

　このような進化的な安定性は次のような3つの公式によって捉えられる．以下で説明するように（2）の変数による表示をヒトの言語によって置き換えると相当複雑になってしまう．この意味においても（2）の表示は必要である．

　(2)　以下の何れかにおいて戦略 I は進化的に安定している
　　　a.　$E_I(I) > E_I(J)$

b.　$E_I(I) = E_I(J)$ かつ $E_J(I) > E_J(J)$

　　たとえば母体集団の戦略「ら維持」を I とし，変異個体の戦略「ら抜き」を J
とおく．(2a) は「変異個体が「ら抜き」の戦略 J を母体集団の個体の「ら維持」
の戦略 I に対して適用しても，「ら維持」の戦略を「ら維持」の戦略に適用し
た場合の利得を下回っている」ことを表している．(2b) は「変異個体が「ら抜
き」の戦略 J を母体集団の個体の「ら維持」の戦略 I に対して適用しても，「ら
維持」の戦略を「ら維持」の戦略に適用した場合の利得に等しく，かつ「ら抜
きの」戦略に対して「ら抜き」の戦略を適用する場合よりも，「ら抜き」の戦略
に対して「ら維持」の戦略を適用する場合の利得が高い」ことを表している．
「ら抜き」の広がりは，大幅に簡略化していえば，母集団の繰り出す戦略 I
「ら維持」の利得を変異集団の戦略「ら抜き」の戦略が上回っていることによっ
て引き起こされる．このことの詳細について以降の節において取り上げる．
　　本論は，言語を生物的戦略の1つと見なす．さらに言語の個別文法は，そ
のような戦略の体系を内包していると想定することとする．たとえば「ら維
持」の戦略を含む文法と「ら抜き」の戦略を含む文法があると考える．これら
2つの文法の間に (2) において輪郭を述べた生物進化の動因が作用する．

3.　言語に存在する進化的に安定な戦略

　　ここでは前節において提示した枠組みの検証を行う．

3.1.　日本語における母音の無声化
　　日本語の「桁」の第1音節に対して「北」の第1音節が無声化されているこ
とはこれまでに指摘されてきている（たとえば斎藤（2003: 5-6）を参照のこ
と）．他方では英語の strike が日本語に借用され「ストライク」となった場合
「英語の単語 strike は元来 [straik] であり母音は1つであるが，日本語のスト
ライクには母音が5個ある」というように言われることもある．とくに「スト
ライクをローマ字で書いてみよ」という指示を与えるとほとんどの場合このよ
うな反応が返ってくる．ところが自然な発音においては少なくとも第1音節
には母音に特有の有声化は感じられない．「ス・ト・ラ・イ・ク」と区切りな
がら発音すると確かに母音は5個存在するとは言えるが，しかしこれは自然
な発音とは言えない．
　　作業仮説として，この現象を一種の同化と見なすことができる．ここでは特

に無声化される母音の前後に無声閉鎖音が存在することが決定的に重要である．したがって「木田」では第1音節の母音は無声化されない．というのも，第1音節の母音の後に有声閉鎖音があるからである．他方では「ストライク」というカタカナ語は母音を5つ持つという直観があることも観察できる．このことについて本論の視点を当てはめて以下で考察する．

ここで「母音無声化を行わない個体からなる現有集団」と「母音無声化を行う変異集団」を措定する．さらに母音無声化を行う戦略を I，行わない戦略を J とする．現有集団が一切の変異個体を含まない場合には，現有集団の個体間の利得は $E_J(J)$ であり，集団全体の利得は $pE_J(J)$ となる（ここで $p=1$）．この現有集団内に戦略 I を内在し行使する特定の数の（その比率を q とする）変異個体が登場した場合，その混在集団の（母音を無声化しない）戦略 J がもたらす利得は「$pE_J(J) + qE_I(J)$」である．

次に（2）に照らして「母音を無声化しない」戦略のみの現有集団と「母音を無声化する」変異個体を含む混在集団の進化的安定性について考察する．まず「$E_I(I) > E_I(J)$」について考えてみよう．$E_I(I)$ は「母音を無声化しない個体間の意思疎通に付与される利得」である．ここで $E_I(I) = M$ とする．$E_I(J)$ は「母音を無声化しない個体に対して母音を無声化する個体が戦略を行使する際の利得」である．

(3) 母音無声化をめぐる混在集団の戦略の関係

変異個体 母音無声化 (I)		変異個体 母音無声化 (I)		現有集団 母音有声性維持 (J)

1. 母音有声化の削減のもとでの意思疎通の成立
2. 同化（無声化）は例外のない音韻過程のため母音の有声性は復元可能

  ↓
 やりとりの拡大へ

   1. 同化（無声化）が適用されない（調音の低い自然性）
   2. 変異個体から発せられる無声母音に有声性を補うための努力の付加

     ↓
   やりとりの縮小へ

これは M よりも高い可能性がある．というのも，母音無声化は原理に基づいて説明できる例外のない現象であり，したがって無声母音を有声母音として解

釈して聴解することは可能である．「母音の無声化は予測可能であり，母音の発声の際の有声化は省くことができる」という利得の可能性がある．この事例において「$E_I(I) > E_I(J)$」は成立しない．したがって戦略 J は進化的に安定な戦略ではない．

対照的に，戦略 I は安定した戦略となる可能性がある．決定的に $E_J(I) > E_J(J)$ である．不等式の左辺が表す具体的状況の 1 つは次のようなものである．「母音有声性維持の戦略 J をとる聞き手に対して，母音無声化の戦略 I を話し手が対置する場合の利得」を表している．不等式の右辺が表す状況の 1 つは次のようなものである．「母音有声性維持の戦略 J をとる聞き手に対して，母音無声化の戦略 J を話し手が対置する場合の利得」を表している．前者の場合においては，母音の有声化のための声門の有意義な（声帯の振幅を惹起する）閉鎖を実現するための努力が決定的に削減されており，その削減は復元可能である．言い換えれば，前者においては，母音が無声化されていても無声化の環境が完全に特定できるために復元可能である．したがって母音無声化が日本語においては進化的に安定な戦略であることになる．

次に日本語の母音無声化それ自体についてさらに考察を深めておきたい．とくに母音無声化には特定の音韻環境の成立が関与していることにふれておく必要がある．母音の無声化が隣接する無声閉鎖音に挟まれていることが決定的因子であることは既に述べてあるが，さらに重要な因子があることをここで加えておかなくてはならない．それは母音無声化の対象となる母音は決定的に高段母音，すなわち「い」と「う」でなくてはならない，ということである．したがって「桁」の第 1 音節においては母音無声化は発生しない．

次に，日本語の高段母音を無声化させることが進化的に安定な戦略であることについて検討を加えることとする．ここでも復元可能性が鍵を握っている．というのも母音の「調音点」（すなわち高段や下段）は先行する子音によって予測可能であるからである．たとえば [ts] には「ウ」が後続し（つき（月）），[tɕ] には「イ」が後続する（ちかい（誓い））.[1] これに基づいて次のような仮説を提起してみよう．

(4)　和語においては [ts] には [ɯ] が後続する．

したがって（4）に従わないものは外来語の響きを持つ．たとえばツインテー

---

[1] ここで [ɕ] は無声硬口蓋歯茎摩擦音を，[ɯ] は非円唇高段前方母音を表す．

ルやツァラストラ，ツォンカパ（チベットの宗教改革者）がその事例である．

　本節で論じたように，日本語の標準発音においては「い」と「う」の前後に無声閉鎖音が存在する場合には母音の無声化，あるいは母音の脱落が標準的であり安定している．むしろ逆に，そのような音韻環境において「い」と「う」を有声化する発音は，「櫛」を [kʃ] と発音せず [kɯʃɪ] と発音するほどに，「ススキ」を [sːkɪ] と発音せず [sɯsɯkɪ] と発音するほどに特異なものである．

　次節においては日本語の擬態語由来の動詞の特定の部類について分析する．

3.2. 日本語の擬態語由来の動詞

　この節においては，「ガタツク」や「ギラツク」のように，重複を含む擬態語の要素に「〜つく」という接尾辞を付加することによって形成される一連の動詞を取り上げ分析する．「ガタガタする」が存在し「ガタつく」が存在するのに対して「カタカタする」が存在していても「カタつく」は存在しない．ここでは「ガタつく」や「ギラつく」という形式を生成し「カタつく」を阻止する戦略が進化的に安定な戦略であることを検証する．[2]

　「○つく」という形式の生産性について検討するため次のような傾向について明記しておきたい．

(5)　認知モジュールと「○つく」の呼応
　　　a.　目につく
　　　b.　耳につく
　　　c.　鼻につく
　　　d.　?口につく

(5a, b, c) は，認知的な突出性を表しており，感覚器が言及されている．それに対して (5d) はそのような突出性はなく口は感覚器ではない．とくに前者においては認識上の阻害が記述されていることも明記しておきたい．たとえば「耳につく」においては，何らかの大きな音，声があって，これらが正常な聴覚的な認知を妨げているという状況が想像される．さらに観察すると，その音や声は必ずしも大きい必要はない．むしろ妨害として作用している点が肝要であり，その視覚的，聴覚的な物性よりも，本人が認識しようとしているものとの間に介在して妨害する影響力が問題となっている．

---

　[2] この節の内容は，Takahashi (2017) の一部を本論の枠組みと目的に照らして補筆したものである．

496 IX. 認知モード・言語進化

次に有声音で始まる擬態語と無声音で始まる擬態語の意味的認知的対象について ふれておく. このことについて多くの文献が言及しているがここでは Kakehi, Tamori and Schourup (1996) を引用しておくことにする. なかでも有声音の形式は認知的な大きさと強さを表しており, 無声音の形式はそのような性質を持たない.

(6) 擬態語の濁音, 清音
 a. がたがた　対　かたかた
 b. ぎらぎら　対　きらきら

(6a) は聴覚が主であり (6b) 視覚が主である. それぞれの対において濁音の事例が「○つく」型の擬態語動詞を形成しうる.

(7) 「○つく」型動詞の生成の成否
 a. がたつく　対　？かたつく
 b. ぎらつく　対　？きらつく

ここでは例文の事例を省くが, それぞれの対において濁音の事例は清音の事例に比して明確に容認可能である. さらに清音の事例が完全に容認不可能であるわけではないことも明記しておきたい.

ここで作業仮説として次のことを提案しておくこととする.

(8) 「○つく」型動詞の生成の聴覚視覚的制限
 ○つく型の擬態語動詞の生成にあたっては, 意味概念内において認知者に対して心的妨害が加えられていることが含意されていることが必要である.

たとえば「ガタつく」が成立するのは, 受信者 α が発信者 β の音声を認識しようとしている際に γ からの音が α から β への音波の伝播に介在しており, 認識を妨害している様子が背景にある. というのもここで想定されている「γ からの音」は充分に大きいからである. これに対して「カタつく」は容認可能性が低い. というのも, 「カタは小さい音を表している」のは標準的な解釈であり, 小さい音の物性は「α から β への音波の伝播」への妨害とはなりにくい.

作業仮説は擬態語動詞の生成については妥当性を有しているとはいえ, その主張内容は, 本論においては進化的に安定な戦略という概念に照らして再解釈されなくてはならない. 次にこのことについて考察する.

本論は言語の進化を想定している. したがって進化以前の状態の文法 M と

進化を含む状態の文法 N とを想定して理論的分析を試みる．ここで文法 N は「X つく」型の擬態語動詞の生成装置を含む文法システムである．その生成システムを含むことが進化的安定をもたらすと本論は想定する．次の 2 つの表現形式を比較しよう．

(9) 認知の障壁と迂言形式と語彙形式
    a. 机がガタガタして邪魔になる．
    b. 机がガタつく．

(9) は両者共に容認可能である．ここでは擬態語の要素は濁音で始まっている．ここで (9a) の形式を迂言形式，(9b) の形式を語彙形式と呼ぶことにする．清音で始まるものにはこのような容認可能性のつながりは認められない．

(10) 清音の擬態語要素，迂言形式と語彙形式
    a. 机がカタカタして邪魔になる．
    b. ?机がカタつく．

(9) とは異なり，(10a) が可能であらからといって (10b) が可能になるわけではない．

　ここには「○つく」型動詞の特異性が表れており，言語の表現上の豊かさを観察することができる．影山 (2005) は「○○する」型の擬態語動詞の意味は擬態語要素と「する」の意味の結合であると述べている．これに対して (9b) と (10b) の型は「障害」や「妨害」の意味を含んでいる．さらに語彙的形式には生成上の制限が作用している．

　ここで戦略 I を迂言形式に加え更に「○つく」型の動詞を語彙的に生成する戦略とし，他方では戦略 J を迂言的形式のみとする戦略と措定しよう．ここで $E_I(I) > E_I(J)$ が成立する．というのも「○つく型の擬態語動詞を生成し簡略化されかつ意味概念の有効な語彙化を含む形式を相互にやりとりする」変異集団は，「○つく型の擬態語動詞を生成せずに迂言形式のみで意思疎通を図ろうとする」現有集団よりも意思疎通上の経済性と豊かさにおいて勝っているからである．

　次の節においてはいわゆる「ら抜き言葉」が拡大していく際の進化的な安定性について再解釈を加える．

4. 「ら抜き言葉の拡大」の理論的な再解釈

　この節においては言語の文法を「進化的に安定な戦略の体系」の具現とみることで、日本語における「ら抜き言葉の拡大」という、近年の日本語文法において発現するに至った顕著な言語の変化、すなわち進化について再解釈を加える。本論での主張は、現有集団の文法に内在する「られる」の意味的用法のひとつ自発の用法（意味）が、変異集団においては、より統語的に豊かな構造へと置き換えられ、これが全体としてはより大きな利得を得ることによって、「ら抜き」が発生、拡大したという立場をとる。

　文化庁の『平成 27 年度「国語に関する世論調査の結果の概要」』（調査時期平成 28 年 2 月〜 3 月、有効回答数 1959 件（全体に占める比率 54.6％））の「4『ら抜き』、『さ入れ』、『やる／あげる』」によると、いくつかの語彙項目、たとえば「見られた／見れた」、「出られる／出れる」において「ら抜き」の型が高い比率を占めたという（前者は 48.4％、後者は 45.1％）。

　ここでら抜きの戦略を I、保持の戦略を J とおく。戦略が安定した戦略となるためには (2) が成立しなくてはならない。むしろ「ら抜き」を文法の標準とする方言があることが指摘されてきているにも拘わらず、本論では「ら抜き」を行う文法を備えるものを変異個体、変異集団と見なすこととする。「○られる」の型の表現には 4 つの意味「可能、尊敬、受身、自発」があると言われるが中でも大きな変化があると推測されるのは「自発」の用法の部分である。

(11)　自発の用法
　　a.　B さんの転倒による内出血が懸念される。
　　b.　B さんの転倒による内出血が心配である。
　　c.　? B さんの転倒による内出血が心配される。

(11a) の自発の用法においては個人の感情は抽象されており、(12) を接続することは出来ない。

(12)　B さんのことを思い僕は夜も寝付けない。

これとは対照的に (11b) への接続は可能である。さらに (11c) にみられるように「心配する」への「られる」付加による自発の意味の付与は容認可能性を減ずる。これは動詞「心配する」が個人的な心理を表出するものであることによる。実際、(11b) には (12) を接続することはできる。

(13)   B さんの転倒による内出血が ｛心配である／＃懸念される｝．B さん
のことを思い僕は夜も寝付けない．

このことについて更に加えると複合語の形成に際して 2 者は異なる振る舞い
を示す．

(14)   懸念事項，＊心配事項

さらに「考慮事項」，「検討事項」は可能な形式であるが，「思案事項」や「感激
事項」は存在しない．「思案」や「感激」という表現は個人的な所見に偏してお
り，このことが複合語の形成を左右している可能性がある．この傾向があるた
め一般的妥当性を含意する「○○べき」を自発の意味の「られる」に接続する
ことは不可能である．

(15)   「○○られるべき」への接続可能性
a.   懸念されるべき，考慮されるべき，検討されるべき
b. ＊心配されるべき，＊感激されるべき，?思案されるべき

ここで次のような作業仮説をたてておくことにしよう．

(16)   (15a) のクラスの軽動詞の概念構造生成（意味解釈）においては「一般
的妥当性判断」（の概念要素）と「自発性」（の概念要素）とが結合し
進化的安定性を創り出している．

一般的妥当性と自発性とがどのように結合することで進化的安定性が創出され
ているかについては，本論は述べることはできない．
　作業仮説 (16) を措定しつつ本論は「ら抜き」の拡大について次のような説
明を提案する．

(17)   言語変化の何らかの段階において，「られ」に関わる語彙的概念要素の
リストから「自発」の概念要素が脱落した

変異個体である話者 α が「られ」について「可能，尊敬，受身」の 3 通りの解
釈戦略 I をとるのに対して母体集団内の個体である聴者 β が「可能，尊敬，受
身，自発」の 4 通りの解釈戦略 J をとると想定してみよう．仮に 2 個体の間
で意思疎通が成り立つとした場合，明らかに話者 α の戦略は聴者 β よりすぐ
れている．他方では尊敬の表現は「られ」以外の文法形式も存在しているので
話者 α の解釈戦略がさらに簡略化され「可能，受身」のみとなる場合，「食べ

られる」の解釈手順は一層簡明になる．実際「検討されるべき」とその交代形「検討するべき」は意味的に酷似している．[3] その交代可能性も「ら抜き」促進のひとつの要因となっている可能性がある．

5. 残された課題

本論は進化生物学の概念「進化的に安定な戦略」を言語理論の構築に適用するという試みを展開した．それを検証するために日本語の母音無声化と擬態語動詞の一群の形成条件について考察した．さらに現在日本語において進行している「ら抜き」の現象について分析の可能性を提示した．

進化生物学のこの概念は応用数学の理論，ゲーム理論を生物の進化に当てはめたものである．ヒトもまた生物であり，言語はヒト特有の生物的戦略であるので，進化生物学の分析手順を言語学に当てはめるのはごく自然な展開であろう．

本論では数値化を行わなかった．数値化はたとえば「ら抜き」についての統計と連動させて行えるものかも知れない．この連携は，科学の定性的研究と定量的検討が言語研究においていかに実現されるべきかについての吟味に基づいて行われるべきものであろう．

参考文献

影山太郎（2005）「擬態語動詞の語彙概念構造」，第 2 回中日理論言語学研究会，https://www1.doshisha.ac.jp/~cjtl210/data1/02-kageyama.pdf.

斎藤純男（2003）「現代日本語の音声」『音声・音韻』（朝倉日本語講座第 3 巻），1–21，朝倉書店，東京.

文化庁（2016）『「国語に関する世論調査」の結果の概要』，http://www.bunka.go.jp/koho_hodo_oshirase/hodohappyo/pdf/2016092101_besshi.pdf.

Kakehi, H., I. Tamori and L. Schourup (1996) *Dictionary of Iconic Expressions in Japanese*, Trends in Linguistics, Mouton de Gruyter, Berlin, New York.

Maynard-Smith, John (1976) "Evolution and the Theory of Games: In Situations Characterized by Conflict and Interest, the Best Strategy to Adopt Depends on

---

[3] ただし主語に付属する助詞は部分的に異なる．たとえば「北朝鮮からのミサイル迎撃を検討するべき／は検討するべきである」では「は」と「を」の両者が可能であるが「北朝鮮からのミサイル迎撃＊を検討されるべき／は検討されるべき」においては「を」は容認不可能である.

What Others are Doing," *American Scientist* 64, 41-45.

Takahashi, Yukio (2017) "An Auditory-Visual Selectional Restriction on the Formation of Mimetic Verbs in Japanese," 6th International Conference of Scandinavian Association for Language and Cognition, University of Lund, Sweden.

「間」と認知モード

向井　理恵

高岡法科大学

1.　はじめに

　認知言語学では,「ことばは形式と意味のペアリングである」と考える. では, 言語使用における形式のない部分は, どのように考えたらいいのであろうか. 例えば,「言葉と言葉のあいだの沈黙」と通常考えられる「間」は, コミュニケーションにおいて, 非常に重要な役割を果たしている. 私たちが日常的に使う「間が合う」,「間がいい」, あるいは「間が悪い」,「間抜け」などの表現は, それを如実に示している. コミュニケーションにおいて欠くべからざる機微を内包する, 決まった形式をもたない「間」や,「言語」というよりは「言語使用」そのものを, 認知言語学の枠組みで捉えるには, 認知の生成の過程を考えることが必要になる. ラネカーの認知モデルは, 観る・観られ関係に基づいているが, そもそも概念化者が対象を「観る」ということは, どのような認知の局面を表しているのであろうか. また,「観る」こと以前の認知のあり方とは, どのようなものであろうか.

　本稿は,「観る」こと以前に焦点を当てた中村 (2004, 2009, 2016) の認知モードを援用し,「観る」ことと,「観る」こと以前をダイナミックに行き来する認知のあり方を浮かびあがらせることで, 言語使用における「間」の現れを記述できることを主張する.

2.　「メタノエシス」としての「間」

　従来の「間」の研究においては, 日本の生活や芸術, 文化に息づく「間」の研究が多く見られるが, 本稿では, 個々の場面で「間」が何を表しているかではなく, より認識レベルに還元したスキーマとしての定義, すなわち「メタノエシス」としての「間」（木村 (2005)) を認知モードに適用することで,「間」

の認知のあり方を記述していく.

2.1. 音楽のノエシス面とノエマ面

　木村 (2005) は，音楽演奏を例にとり，メタノエシスという現象について説明している．氏によると，音楽の演奏には次の3つの契機があり，実際の演奏ではそれらが一体となっているという．理想的な音楽演奏では，「間」が音に先行している.

(i) 　瞬間瞬間の現在において次々と音楽を作り出してゆく行為

(ii) 　自分の演奏している音楽を聞くという作業

(iii) 　これから演奏する音や休止を先取り的に予期することによって，現在演奏中の音楽に一定の方向を与えるという作業

　第一の契機は，その都度の現在を刻み，第二，第三の契機は「非現在」という括りで一つにすることができる．我々は純粋な現在の瞬間は意識することはできないが，空間的に投射された過去や未来は意識することができる.

　木村氏は，フッサールの術語を用いて，前者を「ノエシス的」な時間，後者を「ノエマ的」な時間と呼んだ．「ノエシス」とは，「人間の意識の対象志向的あるいは対象構成的な作用の側面」を指し，「ノエマ」は「そのノエシスの作用によって志向され構成された対象」を指す．音楽演奏の例で言うと，「間」は「音と音とのあいだ」に内在するが，これは単なる沈黙ではなく，その都度の音楽の生成を促す自己運動的な動的構造であり，ノエシス面を動かす「メタノエシス」であるとしている.

　メタノエシスとは何か．音楽の演奏者は，その都度の音楽演奏に従事しながら，既に演奏した音を聴き，またこれから演奏する音も頭の中に入れておかなくてはならない．この場合，話し手の意識に表象された，普通の位置づけではノエマ面にあるはずの「既に演奏した音」が，むしろ「次に演奏する音」を限定する「ノエシス的」な作用を営むことになる．だから，それはもはや単なるノエマではないということにもなる．演奏者が，自分のつくっている音を聴くという場合，この「音」は，単なるノエマ的客体ではなく，それ自身が自己産出的な自律性を獲得して，演奏者の意識の中でノエシス的主体の位置に移る．しかしその間にも演奏者は演奏する行為を止めるわけにはいかないから，「音をつくる」というノエシス行為の主体ももちろん働いている．だから話し手の意識の中には，現在演奏している主体のほかに，自分の奏でた音楽そのものが「ノエシス化」した第二の主体が，ノエシス的な作用を営んでいることになる.

西田幾多郎の次の文が言わんとしていることも，このことに違わない．

> 作られたものは作るものを作るべく作られたのであり，作られたものということそのことが，否定せられるべきものであることを含んでいるのである．しかし作られたものなくして作るものというものがあるのでなく，作るものはまた作られたものとして作るものを作って行く．
>
> （1988 年「行為的直観」『西田幾多郎哲学論集 II』岩波文庫，p. 308）

　つまり，「作られたもの」，すなわち「ノエマ面」は，「作るもの」，すなわち「ノエシス面」と円環構造をなしており，決して切り離されるべきものではないということである．先に言及した「第二の主体」は，一応は既に演奏された「音楽」であるが，それは音の集合としての音楽ではなく，ノエシス的な性格を帯びている．木村氏はこの「第二の主体」のことを「間」と読み替え，本当の「間」とは「音の隙間ではなく，音の鳴っている最中にも開けているもの」であるとしている．

> 音と音とのあいだの音のない空白，これを普通は「間」と呼ぶのだが，生きた音楽においてはこれは決して単なる沈黙ではない．「間」のすぐ次に来る音が生きた音になるのも死んだ音になるのも，演奏者が「間」それ自身の演奏者に伝える指示を的確にキャッチしてこれを実現するかしないかにかかっている．（中略）「間」はつねにそれ自身のうちに未来産出的な志向性を有していて，次に来るべき音はこのノエシス的な未来志向性に従って方向づけられるのである．ということは，いま問題になっている「第二の主体」というのはこの「間」のことではないのか．
>
> （木村 (2005: 61–62)）

　以上が，メタノエシスとしての「間」なのであるが，この構造は，我々に意識されるや否や，単なる「音と音とのあいだの音のない空白」，つまり「ノエマ的」なものになってしまうというジレンマを抱えている．これは，純粋経験としての「時間」が常に空間的なイメージに汚染されることと等しい．「間」はそれをつかもうと意識した瞬間に，我々の掌からすり抜けてしまう存在であり，対象化するには，常にその痕跡を見るしかないが，メタノエシスとしての「間」は，決して二者間の空間的な断絶ではなく，それ自身のうちに「未来産出的な指向性」を有した，二者をつなぐ動的・時間的な作用なのである．

2.2. 間主観的な「間」

我々は，対人関係においても，相手との間合いを感じ取り，「間が合う」とか，「間がもたない」経験をすることがあるが，「間」は主体内部だけではなく，主体間にも存在する.

木村氏の音楽演奏の例で言うと，複数の演奏者が合奏する際，理想的な演奏においては，それぞれの演奏者は各自のパートを独自に演奏しているという確実な意識を持っているだけではなく，音楽自体が自律性を確立しているような状態を体験することがある. また，聴衆にも「熱気」が生まれ，演奏者と聴衆とのあいだに一体感が生まれることもある. これは，それぞれの主体内部のノエシス的な「間」が統合され，高次の「メタノエシス的」な原理が働いているということである.

合奏が成り立っている際，主体の内部では，間主観的に統合されたメタノエシスが，個別的なノエシス面を止揚して，それに先行しながら，それを規制し，限定していく. このとき，主体内部では，全体的意識と個別的意識が同時に経験され，主体が二重化している. ソロの演奏と同様，複数の演奏者による合奏においても，「間」が経験されているが，これは「間主観的な間」とすることができる. 各主体のメタノエシスが統合され，大きな動的構造となって，各主体のノエシス・ノエマ転換を同じタイミングで動かしている. このように，個人のノエシス面を動かすメタノエシスが間主観的に共有されているとき，他者との一体感が経験されている.

読書の例も見てみよう. 音楽の場合と同様，文字の知覚といった瞬間瞬間のノエシス的な行為（個別的意識）を一つのまとまった読書行為へと統合するべく，既に読み終えた部分が，もう1つの主体のように働き（全体的意識），文意の展開に方向性を与えている. この2つの主体は明らかに別個のノエシス的主体であるという. だからこそ，気乗りしない読書においては，活字だけ拾って意味が頭に入ってこないし，逆に活字はきちんと読まないで意味だけを理解するという「斜め読み」という読書の仕方が可能になるというわけである. 音楽の場合と同様，本来ノエマ面にあるはずの「読まれたこと」が，次の行動を限定する「ノエシス的」な作用を営むので，それは単なるノエマではなくなり，ノエシスがノエマをつくり，さらに，つくられたノエマはノエシスを動かす高次のメタノエシスとして，循環している. このような循環が，「主体の二重化」を作り出している. 主体内部でもう一つの主体として，次の行動を導いていくこのメタノエシスは，各人のノエシス面を包み込み，間主観的に統合されたメタノエシスでもある. そして，このメタノエシスこそが「間」であり，

個人の活動や他者との活動に方向性を与えていく自己運動的な作用なのである．

3. 認知モードとの関わり

上記の「間」の定義を，認知モードの観点で捉え直すと，どのようになるだろうか．

3.1. 2つの認知モード

中村（2004, 2009, 2016）は，外界との主客未分のインタラクションを基盤とした，2つの認知モードを導入している．私たち認知主体は，一定の認知能力と行動力によって対象と相互作用しながら，認知像を形成しているが，その認知のようすをモデル化したものが，Iモード認知（Interactional mode of cognition）である．

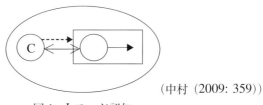

（中村（2009: 359））

図1　Iモード認知

両向きの二重線矢印は，認知主体Cと何らかの対象との身体的インタラクションを表している．例えば，地球にいる概念化者と太陽との位置的インタラクションなどが想定できる．破線矢印は，視覚や視線の上昇などの認知プロセスを表している．この認知プロセスによって，四角で示される太陽の上昇といった認知像が構築される．外側の楕円は，認知の場（field of cognition）を示しているが，ここでは認知像が認知主体を内包し，かつ認知主体の内部で認知像が成立しているような，「相互内包型のインタラクション」が生じている．

一方，Dモード（Displaced mode of cognition）は，図2に示されるように，認知主体が，対象とインタラクトしながら認知像を構築していることを忘れ，認知の場（楕円）の外に出て（displaced）認知像を客観的存在として眺めるような認知のあり方である．これは，「観る」距離を内包した主客対峙の認知モデルに等しい．また，displacementは，概念内容（認知像）と捉え方（認知像構築の認知プロセス）が，それぞれ独立し自律しているということでもあ

り，これによってヒトの時空を超えた認知像の構築を可能にしている．

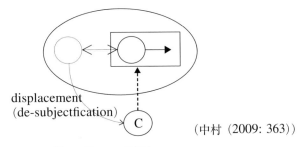

(中村 (2009: 363))

図2　Dモード認知

　太陽の例で言うと，「太陽が昇る」という事態がこのDモード認知によるものである．「認知主体は，太陽との位置的インタラクションによって，『太陽が昇る』という認知像を形成しているのだが，そのような認知の生起している場から出て，あたかも『太陽が昇る』という客観的事態と対峙して（それを眺めている）いるような気分になっている」ということである．

3.2.　2種類のDモードとリアリティー

　さらに，中村 (2016) は，ある認知像が本当（リアル）であるとか，本当でない（ノン・リアル）と言ったりするときの，リアリティー判断について，次のように述べている．

> ある事態がIモードによって生じる認知像であることが感じられるならば，その事態はノン・リアルと判断され，Iモード認知の関与した認知像だということが感じられないならば（つまりDモード認知のみに徹した認知であれば），それは客観的な事態としてリアルと判断される．

(中村 (2016: 35))

　太陽の例で言えば，地動説の以前においては，「太陽が昇る」という事態をリアルと判断する際の認知構造は，図3のようになる．背景にIモードを持たない徹したDモード認知である．概念化者は，「太陽が昇る」という事態を客観的事実とみなし疑わない．一方，地動説の後における，「太陽が昇る」というのはリアルではないという認知像は，「地球が自転していて，その地球上からみると太陽が昇っているように見えるだけだということ，つまり太陽の上昇が認知像であることを知っているから」であり，図4に示されるような，

I モード認知をメタ的に眺めて，D モード認知で捉え直しているということができる．このように，「太陽が昇る」という表現それ自体は変わらない，つまり形式は同じなのに，リアリティー判断の違いにより，2 種類の D モード認知が想定できることは，形式を持たない「間」の認知を考えるにあたって，非常に示唆的である．

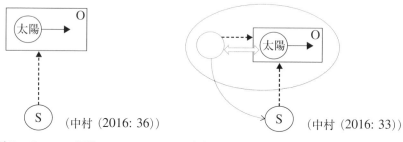

図 3　リアルの認識　　　　　　図 4　ノン・リアルの認識

3.3. メタノエシスと認知モード

木村氏の提唱する「ノエシス」，「ノエマ」を，中村（2004, 2009, 2016）の認知モードの観点から捉え直すと，以下のようになる．

(1)　ノエシス：I モード認知による作用
(2)　ノエマ：I モード認知によってつくられ，D モード認知よって認識される像

上記の二対は，それぞれ多少のずれを内包していることは否めないが，これまで，芸術や文化，哲学の文脈でしか語られてこなかった「間」という概念を，認知言語学の観点から考える足掛かりになると考える．そして，この「間」にこそ，言語の生成と変化を決定づける要因や，人を感動させ，他者と一体感を感じる契機があると考える．

概念化者が対象を「観る」という距離感を内包しているのは，D モード認知であり，そこで結ばれる像が「ノエマ」である．一方，「観る」こと以前の状態を表しているのが I モード認知であり，「ノエシス」の作用なのである．そして，この 2 つのあり方は，別個に存在するわけではなく，互いに関連している．

では，「間」と同値である，高次の「メタノエシス」はどのように規定できるであろうか．これは，I モード認知（ノエシス）によってつくられた像が，D

モード認知によって認識される（観られる）際に，そのつくられた像（ノエマ）が今度は，さらなる I モード認知（ノエシス）を動かす契機になるということである．

(3) メタノエシス：I モード認知によってつくられ，D モード認知によって認識された像が契機になって営まれる，高次の I モード認知

図で表すと，以下のようになる．認知の場から外に出た概念化者が，像を認識したことによって，新たな I モード認知へと促されるわけである．高次の I モード認知を行う概念化者は，点線で囲まれた C で表している．物事がうまくまわっている，すなわち「間がいい」状態というのは，このように I モード・D モード転換がスムーズにいっているときではないだろうか．このような，「間」が概念化者を動かしている状態の認知を，純粋な I モード認知，D モード認知と区別して，「間の認知モード」(M モード認知：*Ma*-generating mode of cognition) と呼ぶことにする（向井 (2017)）．

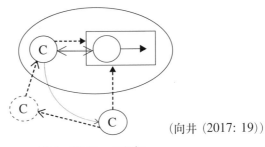

(向井 (2017: 19))

図 5　M モード認知

太陽の例で言うと，天動説から地動説へのパラダイムシフトを経験している人の認知のあり方と言えるかもしれない．文字通り「太陽が昇る」ということを常識として疑わなかった概念化者が，「実は，太陽が昇っているのではなくて，地球が自転していて，そう見えるだけなのだ！」と発見したときの驚きや感動はいかほどだっただろうか．そのときの概念化者は，客観的事実（D モード認知）と自分の感覚（I モード認知）とを交互に参照し，かつての常識と新たなリアリティーが交錯するような認知のあり方になるだろう．そのような段階を経て，「太陽が昇る」という状況が自分の見えに過ぎないことをメタ認知する状況（図 4）に至るのである．図 3 の認知構造が当たり前だった状況から，図 4 の認知構造が新たな常識として固まっていく段階には，この図 5 の段階

があったと考える．特定の個人の世紀の発見のまさにその瞬間でなくても，地動説が優勢になり，社会に浸透しつつあるタイムスパンにおいては，これまでの常識がノン・リアルに，新しい発見がリアルに落ち着いていく過渡期であるので，その時代の多くの人々の認知のあり方も，図5のような揺れを内包したものであったはずである．よって，リアルがノン・リアルになるときには，図3→図5→図4というダイナミックな変化が経験されていると言える．DモードからIモードに戻る瞬間も加えると，以下の図6のようになる．

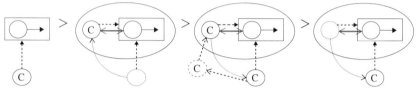

(向井 (2017: 20))

図6　リアルがノン・リアルになるとき

しかし，図4のようなメタ認知に落ち着いたとしても，私たちは，ややもすると，外界とインタラクトしている自分を忘れて，図3の認知に戻ってしまう．あるいは，図3とは異なるDモード認知に落ち着くのではないだろうか．私たちは，このノン・リアルをも引き連れて，つまり「『太陽が昇る』ということは私たちが構築している認知像に過ぎないのだ」ということも含めて，図4の認知構造を1つのリアリティーとして認識していく．地動説の教育を受けている人であれば誰もが，「地球が自転していて，その地球上からみると太陽が昇っているように見えるだけだということ」を「太陽が昇る」という言葉の中に無意識のうちに読み込むだろう．よって，そのような見えの上に認知像が構築されているということをさらにモノ化し，それを1つの事実として眺めるような認知像で生きている私たちがいる．図7はそれを図示したものである．このようにして，私たちは，また新たなリアリティーを構築していくのではないだろうか．これは，「太陽が昇る」というノン・リアルが，そのノン・リアルをも内包した新たなリアルになるということでもある．図8の右から2番目の図から一番右への図は，この変化を表しているが，これは，「太陽が昇る」が文字通りリアルとして捉えられている天動説の時の状況とは異なるリアリティーである．同じリアリティーでも，より進化したリアリティーと言えるだろうか．図では，新しく創発する認知像に色をつけて表している．そして，このリアリティーも，いつの日か，ノン・リアルであると判明するかも

しれない可能性も，私たちは否定できないであろう．このように，私たちのリアリティーは，消滅と生成を繰り返し更新されていく．

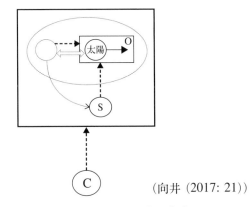

（向井（2017: 21））

図7　ノン・リアルがリアルになるとき

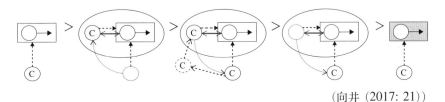

（向井（2017: 21））

図8　新たなリアリティーの構築

図8において，2つのDモード（リアリティー）の間に，3つの段階がある．1つ目は，Dモード認知からIモード認知に戻る瞬間，2つ目は，Iモード認知とDモード認知を行ったり来たりしている状態，3つ目は，Iモード認知からDモード認知に至る瞬間である．これら3つの状態は，Mモード認知（メタノエシス）の一局面に他ならない．よって，Mモード認知は，固定化したリアルとリアルの間にある，リアルとノン・リアルが入り混じった，いわば虚実皮膜の状態であり，新しいものが創発する契機をはらんでいる．

また，このような状態が他者と共有されていれば，そこには 2.2. で言及した「間主観的な間」が生じていることになる．図9に示すように，各主体のメタノエシスが統合され，大きな動的構造となって，各主体のIモード・Dモード転換を同じタイミングで動かしている．各主体の個別的意識は共通のメタノエシスによって動かされているので一体化した認知の場（一番外の楕円）で生じ，さらに認知の場から抜け出た各人のDモード認知も，点線で囲まれたC

が担うIモード認知（全体的意識）を促す契機として主体間で共有されている．いささか図式的に過ぎるが，このような状態が，「間主観的な間」を作り上げている認知モード（間主観的なMモード）であると考える．

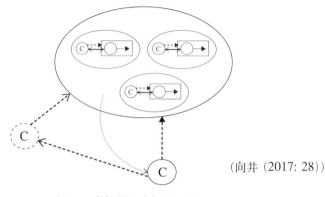

(向井 (2017: 28))

図9　間主観的なMモード

4. Mモードの射程

本稿では，「間」という概念を認知モードの観点から捉え直すことで，最初から固定化した認知のあり方ではなく，Iモード認知とDモード認知を行き来するようなダイナックな認知の在り方（Mモード認知）を浮き彫りにした．概念化者の心を動かすような言語表現を「間のいい表現」と呼ぶとすると，それは，概念化者にこのような認知を促す契機を内包している表現であると言える．このような認知のあり方を想定することで，概念化者の心の中に，驚きや戸惑い，余韻，感動，また他者との一体感を呼び起こすような言語表現を記述できると考える．例えば，矛盾した語の結合であるオクシモロンは，安定と安定のあいだにある，既存の表現では語れない，不安定に揺れる概念化者の認知のあり方を内包しているし，オリジナル表現をずらし他者の感性を取り込んで初めて成立するパロディは，間主観的なMモードの最たる現れとすることができる．逆にいえば，自分の感覚（Iモード）と世間一般の常識（Dモード）との間にずれが生じており，既存の表現では「間が悪かった」から，すなわちIモード・Dモード転換がスムーズにいかなかったため，これらの表現が創発したともいえる．また，意外な着地点へと概念化者を連れて行く逆説表現や，盛り上げて行って最後に落とす漸層法などは，IモードからDモードへの瞬

間の移りを内包しており，それが，驚きや落差の「間」として感じられる．一方，D モードから I モード，そして徐々に D モードに戻っていく様は，俳句の切れ字などが私達の意識に与える余韻の「間」とすることができる．また，音楽演奏と同様，一連の語りにおけるさまざまな「間」の現れも，M モードの観点から記述可能である．このように，言語使用そのものを一つのダイナミックな認知のあり方として捉えることによって，言語の生成と変化の要因や，人を感動させ他者との一体感を感じる契機を含む，コミュニケーションの機微にアプローチできると考える．

主要参考文献

Fauconnier, Gilles and Mark Turner (2002) *The Way We Think: Conceptual Blending and The Mind's Hidden Complexities*, Basic Books, New York.

木村敏 (1982)『時間と自己』，中公新書，東京．

木村敏 (2005)『あいだ』，ちくま書房，東京．

Langacker, Ronald W. (2008) *Cognitive Grammar: A Basic Introduction*, Oxford University Press, New York.

Langacker, Ronald W. (2009) *Investigations in Cognitive Grammar*, Mouton de Gruyter, New York.

Mukai, Rie (2017) *Cognition of Ma in Language: A Cognitive Linguistic Approach*, Doctoral dissertation, Kanazawa University.

中村芳久 (2004)「主観性の言語学：主観性と文法構造・構文」『認知文法論 II』，中村芳久 (編)，3-51，大修館書店，東京．

中村芳久 (2009)「認知モードの射程」『「内」と「外」の言語学』，坪本篤朗・早瀬尚子・和田尚明 (編)，353-393，開拓社，東京．

中村芳久 (2016)「Langacker の視点構図と(間)主観性——認知文法の記述力とその拡張——」『ラネカーの(間)主観性とその展開』，中村芳久・上原聡 (編)，1-51，開拓社，東京．

脳内現象としての言語

―認知と言語のメカニズム―*

濱田　英人

札幌大学

1.　はじめに

　言語とは何かを考える場合に，もっとも基本的であり且つ重要なことは，言語は人間を離れては存在しないということである．したがって，このごく当然なことと真正面から向き合うことなく，その本質を捉えることはできない．つまり，言語は人間の精神活動の重要な一部であるわけである．

　我々は言語を使って思考し，また，他人とのコミュニケーションを図っていることはいうまでもない．ここで重要なことは，言語化の対象とは何か，という根本的な問いにどう答えるかということである．より具体的に言えば，例えば，旅の車窓から富士山が見えたときに，我々はその状況を「あっ，富士山だ」，あるいは「富士山が見える」と言語化するわけであるが，このとき，言語化の対象は外界世界の知覚対象である山なのだろうか，ということであるが，結論から言えば，答えは否である．このことは (1) のように，認知言語学の視点から中村 (1997) でも明確に述べられている．

(1)　まずなんらかの客観世界があって，われわれ人間はその世界とインタラクトしながら，人間にとっての世界像を形成している．つまり，われわれが現実世界と思っている世界は，客観世界と人間とのインタラクションによって構築される世界像だというわけである．この世界像は，五感や推論能力などの認知機構を通して形成される世界像であるため，「認知的世界像」あるいは「認知世界」と呼ぶことのできるものである．そして，言語が直接対応しているのは，この認知世界であっ

---

　* 中村芳久先生の認識論（I モード認知，D モード認知）との出会いにより，言語の本質的側面の研究に目を開かせて頂けましたことに，氏に深く感謝申し上げます．

て，客観世界ではない． (中村 (1997: 25))

　そして，このように言語が脳内現象であるということは，認知文法の言語観とも一致しており，Langacker (1987) は (2) のように，事態とは特定のニューロンの発火パターンであることを明確に述べている．

(2) Mind is the same as mental processing; what I call a *thought* is the occurrence of a complex neurological, ultimately electrochemical event; and to say that I have formed a *concept* is merely to note that a particular pattern of neurological activity has become established, so that functionally equivalent events can be evoked and repeated with relative ease. I will use the term **event** to designate a cognitive occurrence of any degree of complexity, be it the firing of a single neuron or a massive happening of intricate structure and large-scale architecture. (Langacker (1987: 100))

そして，このことを前提として，認知文法では，言語の意味記述には (3) で述べられているように，認知主体の記述対象の事態の概念化や心的経験，認知操作が本質的に関わっていることから，言語表現の意味は認知主体の概念化，つまり事態をどのように捉えているかというであり，また，それが生じる概念世界を言語の意味の在り処と考えるのである．

(3) [...] conceptualization, mental experience, and cognitive processing are proper concerns of semantic analysis. (ibid.: 99)

　そこで小稿では，根源的な問いである人間（認知主体）の事態把握の根底にある概念形成とその言語化のメカニズムとはどのようなものであるのかを中村 (2009, 2012) の認識論，認知科学，また，脳科学の知見から明らかにしたい．

2.　知覚と認識のメカニズム

　我々は対象物を知覚し，それが何であるかを認識する．この場合，その対象物や事態の存在は認知主体がその対象物や事態を知覚することでいわばその存在が確立するのであり，それが何であるかという認識は知覚と同時並行的に概念世界（脳内）でなされているわけである．では，そもそも我々がその知覚対象が何であるかが分かるということはどういうことなのだろうか．

516   IX.　認知モード・言語進化

　このことに関してまず言えることは，人間が知覚対象をそれとして認識する
ことができるためには，その対象の概念が脳内にすでに存在していなければな
らないということである．このことについて Ramachandran（2011: 246）は
生物進化の初期の段階で，脳は対象物の知覚表象を作る能力を発達させ，人間
はさらに進化の過程で第 2 の脳を獲得し，この第 2 の脳が表象の表象，つま
り，メタ表象を作り出すことを可能にし，このように生じた表象が脳内でメタ
表象化されることで概念が形成されると述べている．したがって，知覚対象の
認識はその表象を，すでに確立されたメタ表象と脳内でマッピングすることで
得られるわけである．この概念形成については，Barsalou and Prinz（1997）
でも同様に述べられており，（4）のように，我々がモノや事態の概念をもつと
いうことは，それを脳内でシミュレートすることができるということであると
述べている．

(4)　Perceptual symbols do not function as isolated "snapshots" of per-
　　　ceptual experience.　Instead, they become organized into symbol
　　　systems that enable the simulation of entities and events in their
　　　absence. [...] The construct of simulation competence leads to a
　　　somewhat surprising definition of concepts: Having a concept is hav-
　　　ing the ability to simulate its referents competently in their absence.
　　　　　　　　　　　　(Barsalou and Prinz（1997: 280））（下線筆者）

　そしてこの考え方は Langacker（2008）の 'engaged cognition' 'disengaged
cognition' とも合致している．前者は（5）のように認知主体が物理的世界で
対象物と直接インタラクションしながら，その対象物を脳内で認識する過程
（認知の仕方）を表したものであり，これを図 1 のように示している．

(5)　[...] an act of engaged cognition, where a person interacts directly, at
　　　the physical level, with something in the world（W）．[...] A is the
　　　processing activity, [...].

　　　　　　　　　　　　　　　　　　　(Langacker（2008: 535-536））

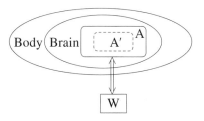

図 1: Engaged Cognition　　　　　　　　　(ibid.: 535)

それに対して，'disengaged cognition' とは知覚対象が抽象化されることで得られた概念の脳内での認識を表したものであり，これを図2のように図示している．

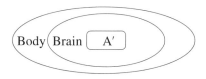

図 2: Disengaged Cognition　　　　　　　　　(ibid.)

この図2で重要なことは，図1では破線で表示されていた A′ の四角が実線の表示に代わっていることである．この A′ は (6) で述べられているように，知覚対象の認知処理から得られた 'simulation' であり，したがって，実線の標示は概念として確立したことを表したものである．

(6)　A′ is said to be a **simulation** of A. [...] simulation is widely recognized as having a fundamental role in conceptualization [...].　　(ibid.: 536)

3. 人間の事態認識の本質

3.1. 中村 (1997, 2004, 2009, 2012) の認識論

前節では人間の概念形成に知覚が重要な役割を担っていることを述べた．[1] この点で重要なのは，中村 (1997, 2004, 2009, 2012) の提唱する認識論であり，中村 (ibid.) は我々の認知の本質は対象との主客未分の直接的なインタラ

---

[1] この知覚の重要性については，Goldstone and Barsalou (1998) も認識作用には知覚作用がその根底にあると述べており，さらに Bueno (2013) は人間が概念的な能力を発達させることができるのは，知覚体験があるからだ主張している．

クションによって認知像が創発することであるとし，太陽の上昇を例に挙げ，この事態との直接的なインタラクションによって創発する認知像は「陽」と「昇る」が区別されていない「陽昇る」のような感覚的な統合体であると述べている．そしてこのような認知の在り様をIモード認知と呼び，図3のように図示している．

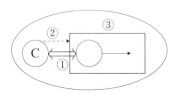

外側の楕円：認知の場
C: Conceptualizer（認知主体）
① 両向きの矢印：
　　身体的インタラクション
② 破線矢印：認知プロセス
③ 四角：認知像

図3: Iモード認知

(中村（2009: 359））

つまり，このIモード認知を図示した図3は，認知主体（C）が対象と直接インタラクションすることでその認知像が創発することを表していると同時に，外側の楕円で描かれた「認知の場」は認知主体の認識世界，つまり，認知主体そのものであるから，そこには主体と客体の対峙はないわけである．

たとえばこのことは，鳥が飛んでいる様子を見ている状況を考えても納得がいく．この場合には，図4のように，知覚対象が目の網膜を通して脳内に取り込まれ，鳥の形状や色，動きに反応するニューロンが発火してクラスターを形成することで表象が生じる．我々が鳥が飛んでいるということを認識することができるのは，このメカニズムに因るのであり，この表象を作り出しているのは認知主体自身なのであるから，表象と認知主体の間には主客の対峙はないわけである．

図4

その一方で，我々人間は知覚された事態が脳内に取り込まれて生じた表象を客体として捉える認知能力を有しており，中村（ibid.）はこの認知様式をDモード認知と呼び図5のように図示している．

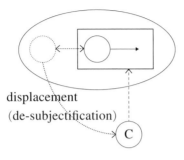

図5: Dモード認知　　　　　　　　　　　(ibid.: 363)

中村の認識論で重要なことは，我々が知覚した事態を言語化するということは，その事態を脳内で客体化（対象化）するというDモード認知が関わっているということである．中村（2012: 295）は事態の認識は本来的にはIモード認知であり，それがDモード認知へと移行したことが言語進化を可能にしたと主張し，言語の多様性や言語の類型はIモード認知をどれくらい残しているかであると述べている．

この主張は言語の起源からしても納得のいくものである．およそ180万年前のホモ・エレクトスの時代の原型言語はひと続きの音で，その部分部分は独立の意味をもっておらず，音連鎖全体である意味を表していたと推定されているが（池内（2010: 109）），これはまさにIモード認知がそのまま言語音として表出したものであると言ってよい．そしてそれがその後の言語進化によって，知覚された事態を自律的概念であるモノと依存的概念であるコトにカテゴリー化されるようになった根底には，人間の認識のIモードからDモードへの移行があったわけである（中村（2012: 297））．そしてこのことを基礎として，この中村の認識論から，人間の言語分化（多様性）の在り様がおのずと見えてくるのであり，我々の事態認知とその言語化の関係には，知覚対象と直接インタラクションしてIモード認知で創発した認知像をDモード認知でカテゴリー化（たとえば，「鳥飛ぶ」という表象を「鳥」と「飛ぶ」にカテゴリー化）して言語化する（つまり，Iモード性を保ちながら言語化する）傾向が強い言語と，知覚対象をDモード認知で捉え直し（つまり，「見え」のままではなく，事態全体をメタ認知的に捉え），その捉え直された構造を言語化する傾向が強

い言語があるということになるのである.

中村（2009）はI/Dモード認知の違いを（7a-d）の観点から特徴付け，日本語がIモード認知を強く反映している言語であるのに対して，英語はDモード認知を強く反映している言語であることを多くの言語現象を挙げて論じている.

(7) a. 身体的インタラクションの有無
    b. メタ認知的か否か
    c. R/T認知，あるいはtr/lm認知との連動性
    d. 有界的か非有界的か　　　　　　　　　　　　　　（中村 (ibid.: 371)）

3.2. 左脳・右脳の機能と認知モード

前節では知覚対象の認識は本来的にはIモード認知であるが，人間はそれによって生じた認知像を客体として捉える認知能力を有しており，これをDモード認知と呼び，このことが根源的基盤となって言語化が生じる際に，Iモード性を残しながらDモード認知して言語化する言語と，Dモードでメタ認知的に構造化して言語化する言語があり，その典型が日本語と英語であるとする中村の認識論を概観した.

この中村の認識論は脳科学の知見からも十分納得のいくものである．このことに関して興味深いのは月本（2008）の主張であり，言葉を発する際には日本語話者は左脳で発話内容を構成するので，右脳の自他分離を担う部分（下頭頂葉と上側頭溝）を刺激しないため，認知的な部分と言語的な部分がなめらかに統合されているのに対して，英語話者は右脳を経由するために自他分離を担う部分を刺激し，認知的な部分と言語的な部分がなめらかに統合していないと述べ，この違いを図6のように示している.

脳内現象としての言語　　　　　　　　521

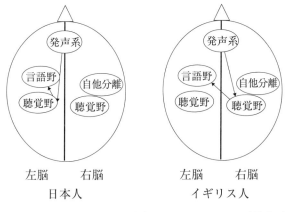

図 6　　　　　　　　　　　　　　（月本 (2008: 193)）

　そして，月本 (ibid.: 203-204) はこのように日本語話者と英語話者では左脳と右脳の活性化が異なっているために，日本人の心は状況や環境に埋め込まれている度合い大きいので言葉で補う度合いが少なくてすむのに対して，イギリス人の心は状況や環境に埋め込まれている度合いが小さいので，言葉で補う度合いが大きくなると述べている．

　この左脳と右脳の機能の違いについては，分離脳患者を被験者とした実験等により研究が進んでおり，左脳が認識された実体 (entity) を意味処理して言語化する領域であるのに対して，右脳は実体を視覚空間的に認識する領域であることが分かっており，Corballis (2003) でも以下のように述べられている．

(8)　These neurological observations laid the groundwork for the popular view of hemispheric organization that emerged in subsequent years that the left hemisphere "controls" language, while the right hemisphere is responsible for visuospatial perception.
　　　　　　　　　　　　　　　　　　　　　　　(Corballis (2003: 171))

　そしてこのことからすると，日本語話者は I モード認知で事態を認識し，それを D モード認知して言語化するが，この D モード認知は事態を左脳の言語中枢で処理する過程で関わるものであるのに対して，英語話者は知覚対象を右脳で D モード認知して，処理された情報を左脳の言語中枢で言語化すると考えることができる．そして実際にこのことは，(9a) のように，「見え」のままを言語化することが慣習化している日本語話者の事態認識の仕方と，(9b) の

ように，自分を含めて事態全体をメタ認知的に構造化して言語化することが慣習化している英語話者のそれぞれの特徴を考えても納得がいく．[2]

(9) a. 山がみえる．
    b. I see a/the mountain.   (Hinds (1986: 53))

また，中村 (ibid.) が (7d) で I モード認知が非有界的であり，D モード認知が有界的であると特徴つけていることも左脳と右脳の機能の違いとみることができる．というのは，Chechlacz et al. (2015) の左脳・右脳の機能に関する研究において，被験者に図 7 (A) を見ながら書き写すという実験から，右脳に損傷がある被験者は (B) のように描き，左脳に損傷のある被験者は (C) のように描いたという結果が得られているからである．

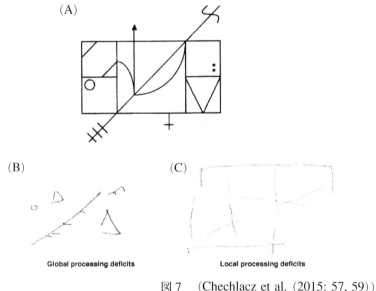

図 7   (Chechlacz et al. (2015: 57, 59))

---

[2] 右脳がメタ認知に関わっていることは Ramachandran (2011) でも (i) のように述べられている．
 (i) [...], one job of the right hemisphere is to take a detached, big-picture view of yourself and your situation. This job also extends to allowing you to "see" yourself from an outsider's point of view.   (Ramachandran (2011: 272))

脳内現象としての言語　　　　　　　　523

Chechlacz et al. (ibid.) はこの実験結果から以下のように，左脳は非有界的認知処理であり右脳は有界的認知処理であると結論している.[3]

(10)　We demonstrated that the reproduction of local features in figure copying was supported by a neural network confined to the left hemisphere, [...], we demonstrated that processing and reproducing global features in complex figures is supported by the right hemisphere.　　　　　　　　　　　　　　　　　　　　(ibid.: 60-61)

3.3.　日英語の語や構文の多義性のメカニズム

　これまで述べてきたことは，(11) のように，日本語では状況に応じて表現が異なるのに対して，英語では異なる状況を1つのイメージ・スキーマで表現できることとも関係している.[4]

(11)　a.　川に**かかっている**橋 (the bridge **over** the river)
　　　b.　通りに**突き出した**バルコニー (the balcony **over** the street)
　　　c.　飛行機が家の**上空**を飛んで行った.
　　　　　(The plane flew **over** my house.)
　　　d.　道路の**向こうにある**家 (the house **over** the road)

つまり，日本語話者はIモード性を保持して「見え」のままを言語化するので，状況が異なればそれに応じた表現が必要となるが，英語話者は知覚した事態を右脳で客体視して視覚空間的に捉えて言語化するためイメージ・スキーマ化しやすいのである．このことは，Amorapanth et al. (2012) が前置詞の意味の認知処理は右脳でなされ，言語処理は左脳でなされていることを実験から明らかにし，それを踏まえて次のように主張していることからも支持が得られる.

(12)　[...] the right hemisphere plays a special role in extracting schematic representations from pictorial ones. (Amorapanth et al. (2012: 235))

---

[3] この主張は Lamb et al. (1989) が「見え」の中にある知覚情報を詳細に処理するのは左脳の機能であり，右脳は全体を処理すると述べていることとも一致する.

[4] 前置詞の空間的な意味が図式的な位置関係を表すイメージ・スキーマであることは Gibbs (2005) でも以下のように述べられている.

(i)　[...], image schemas are frequently employed in the analysis of spatial meanings of prepositions by demonstrating how topographic relationships are used to conceptualize more abstract domains.　　　　　　　　(Gibbs (2005: 115))

そして，この違いは，語や構文の意味拡張のメカニズムが日本語と英語では本質的に異なっている可能性を示唆しているとも考えられる．つまり，英語ではプロトタイプからスキーマを活性化してそこから多義が生じる傾向が強いが，Ｉモード性を保っている日本語ではスキーマの活性度が低く，プロトタイプレベルでの意味拡張が基本ではないかということである．というのは，プロトタイプからの意味拡張が，(13) で述べられているように，連想や知覚上の類似性に基づいているということは，その根底に対象との直接的なインタラクションが前提となるからである．

(13)　However, it can also happen that B conflicts with A's specifications but is nonetheless assimilated to the category on the basis of an association or perceived similarity. A is then a **prototype** (at least locally), and B an **extension** from it.　　　(Langacker (2008: 18))

そしてこのことは，たとえば，日英語の二重目的語構文の違いや日本語の「Ｖ テイル」と英語の 'be V-ing' の意味拡張を考えてもある程度納得がいく．英語の二重目的語構文が 2 つの目的語の間の所有関係という構文独自の意味をもつのはスキーマ認識によるのであり，それに対して日本語の場合は方向を表す「に」格と行為の対象を表す「を」格の意味がそのまま保持され，それが構文をなすということにすぎない．また，日本語の「Ｖ テイル」は眼前の状況を描写する現象文をプロトタイプとして，知覚情報と経験的知識を結び付けることによって結果状態や存在様態等に意味拡張しているが，英語の 'be V-ing' は始まりと終わりを認識できる事態の内側をプロファイルするというスキーマからの意味拡張により多義となっている．

さらに言えば，プロトタイプからスキーマの設定には，(14) で述べられているように，主体化を伴うわけであるが，主体化は知覚と認識が融合している状態のＩモードから認識を分離するというＤモード認知によって可能となるのであり，このことからも，Ｉモード性を強く保っている日本語話者の認識の場合には，プロトタイプからの類似性に基づく意味拡張の傾向が強いと考えられる．

(14)　Clearly, this relation between the prototype and the schema is nothing other than subjectification.　　　(Langacker (2008: 539))

4. まとめ

　小稿では事態認知と言語化のメカニズムに関する中村（1997, 2004, 2009, 2012）の認識論の根幹である，人間の認識は本来的にはＩモード認知であり，それを基礎として，Ｉモード認知を保ちながらＤモードで言語化する傾向が強い言語と，知覚対象をＤモード認知でメタ認知的に捉え直して言語化する傾向が強い言語があるという根拠が脳科学の知見にも求められることを述べた．

参考文献

Amorapanth, Prin, Alexander Kranjec, Bianca Bromberger, Matthew Lehet, Page Widick, Adam J. Woods, Daniel Y. Kimberg and Anjan Chatterjee (2012) "Language, Perception, and the Schematic Representation of Spatial Relations," *Brain & Language* 120, 226-236.

Barsalou, Lawrence W. and Jesse J. Prinz (1997) "Mundane Creativity in Perceptual Symbol Systems," *Creative Thought: An Investigation of Conceptual Structures and Processes*, ed. by Ward, Thomas B., Smith, Steven M. Smith and Vaid Jyotsna, 267-307, American Psychological Association, Washington, D.C.

Bueno, Otávio (2013) "Perception and Conception: Shaping Human Minds," *Biosemiotics* 6, 323-336.

Chechlacz, Magdalena, Dante Mantini, Celine R. Gillebert and Glyn W. Humphreys (2015) "Asymmetrical White Matter Networks for Attending to Global Versus Local Features," *Cortex* 72, 54-64.

Corballis, P. M. (2003) "Visuospatial Processing and the Right-hemisphere Interpreter," *Brain and Cognition* 53, 171-176.

Gibbs, Raymond (2005) "The Psychological Status of Image Schemas," *From Perception to Meaning*, ed. by Beate Hampe, 113-135, Mouton de Gruyter, Berlin/New York.

Goldstone, R. L. and L. W. Barsalou (1998) "Reuniting Perception and Conception," *Cognition* 65, 231-262.

Hinds, John (1986) *Situation vs. Person Focus*, くろしお出版, 東京.

池内正幸 (2010)『ひとのことばの起源と進化』開拓社, 東京.

Lamb, R. Marvin, Lynn C. Robertson and Robert T. Knight (1989) "Attention and Interference in the Processing of Global and Local Information: Effects of Unilateral Temporal-parietal Junction Lesions," *Neuropsychologia* 27, 471-483.

Langacker, Ronald. W. (1987) *Foundations of Cognitive Grammar*, vol. 1: *Theoretical*

Prerequisites, Stanford University Press, Stanford.

Langacker, Ronald W. (2008) *Cognitive Grammar: A Basic Introduction*, Oxford University Press, Oxford.

中村芳久 (1997)「認知的言語分析の核心」『金沢大学文学部論集　言語・文学篇』第 17 号, 25-43.

中村芳久 (編) (2004)『認知文法論 II』大修館書店, 東京.

中村芳久 (2009)「認知モードの射程」『「内」と「外」の言語学』, 坪本篤朗・早瀬尚子・和田尚明 (編), 353-393, 開拓社, 東京.

中村芳久 (2012)「認知モード・言語類型・言語進化—再帰性 (recursion) との関連から—」*Kanazawa English Studies* 28, 金沢大学英文学会, 285-300.

Ramachandran, V. S. (2011) *The Tell-Tale Brain*, W. W. Norton & Company, New York.

月本洋 (2008)『日本人の脳に主語はいらない』講談社, 東京.

執筆者一覧

（論文掲載順）

春木　仁孝	大阪大学名誉教授（言語文化研究科）
上原　聡	東北大学高度教養教育学生支援機構・大学院 国際文化研究科
大薗　正彦	静岡大学人文社会科学部
西嶋　義憲	金沢大学人間社会研究域経済学経営学系
金　容澤 （KIM Yong-Taek）	Georgia Institute of Technology, School of Modern Languages
王　安	岡山大学文学部
古賀　恵介	福岡大学人文学部
村尾　治彦	熊本県立大学文学部
屈　莉	金沢大学大学院人間社会環境研究科客員研究員
中谷　博美	金沢大学大学院人間社会環境研究科客員研究員
岡本　芳和	金沢星稜大学人文学部
都築　雅子	中京大学国際教養学部
嶋田　裕司	群馬県立女子大学文学部
岡田　禎之	大阪大学大学院文学研究科
山田　仁子	徳島大学総合科学部
樋口　万里子	九州工業大学教養教育院
田中（松本）瑞枝	金沢大学大学院人間社会環境研究科客員研究員
岩崎　真哉	大阪国際大学国際教養学部
貝森　有祐	東京大学大学院総合文化研究科博士後期課程
廣田　篤	金沢大学大学院人間社会環境研究科博士後期課程
堀田　優子	金沢大学人間社会研究域歴史言語文化学系
森　貞	福井工業高等専門学校一般科目教室（人文社会科 学系）
守屋　哲治	金沢大学人間社会研究域学校教育系
宮浦　国江	北陸学院大学人間総合学部
澤田　茂保	金沢大学国際基幹教育院
大橋　浩	九州大学基幹教育院

米倉 よう子	奈良教育大学教育学部
市川 泰弘	日本工業大学工学部共通教育系
谷口 一美	京都大学大学院人間・環境学研究科
廣瀬 浩三	島根大学外国語教育センター
小林 隆	石川工業高等専門学校一般教育科
大津 隆広	九州大学大学院言語文化研究院
今泉 智子	北海道大学大学院国際広報メディア・観光学院博士課程
高島 彬	金沢大学大学院人間社会環境研究科博士後期課程
阿部 宏	東北大学大学院文学研究科
轟 里香	北陸大学国際コミュニケーション学部
川畠 嘉美	石川工業高等専門学校一般教育科
因 京子	日本赤十字九州国際看護大学看護学部
今井 隆夫	愛知県立大学外国語学部非常勤講師
高橋 幸雄	盛岡大学文学部
向井 理恵	高岡法科大学法学部
濱田 英人	札幌大学地域共創学群

別記：中村芳久教授退職記念論文集刊行会

堀田優子（代表）

濱田英人

村尾治彦

轟　里香

谷口一美

岩崎真哉

市川泰弘

森　　貞

川畠嘉美

小林　隆

ことばのパースペクティヴ

ISBN978-4-7589-2254-8　C3080

編　者	中村芳久教授退職記念論文集刊行会　［別記］
発行者	武村哲司
印刷所	日之出印刷株式会社

2018 年 3 月 20 日　第 1 版第 1 刷発行©

発行所　　株式会社　開　拓　社

〒113-0023　東京都文京区向丘 1-5-2
電話　（03）5842-8900（代表）
振替　00160-8-39587
http://www.kaitakusha.co.jp

JCOPY ＜出版者著作権管理機構　委託出版物＞
本書の無断複製は，著作権法上での例外を除き禁じられています．複製される場合は，そのつど事前に，出版者著作権管理機構（電話 03-3513-6969，FAX 03-3513-6979，e-mail: info@jcopy.or.jp）の許諾を得てください．